MW01171246

JUNTAS
ES MEJOR

TITULO: *Juntas es mejor.*
Resiliencia femenina en tiempos de incertidumbre.

AUTORAS: *Verónica Sosa y Eva Ramírez©, 2021*
COAUTORAS: *Abigail Silva, Alexandra Ramírez, Ana Goffin, Ana Yael González, Anabella Arroyo Hernández, Ángela Kohler, Ángela Simo, Angélica Cifuentes, Ariana Onno, Barbara Wanzelee, Beatriz Born, Carmen Castrejón, Celinda García, Danny Zapata, Deyanira Martínez, Diana Alí Ocaña, Eline Pedersen, Estela Barrachina, Esther Masdeu, Eugènia Dinarès, Eva Medina Rodríguez, Fernanda Da Conceição Ferreira, Greta Aguilar, Hatice Özalp, Irene Morillo, Irene Salvador, Juanita Guerra, Karry Carrasco, Kimi Turró, Layla Edward, Lidia Monzón, Lina María Londoño Noreña, Lola Villaescusa, Lourdes Serra, Lucía Allende, Lya Martínez, Martha De Armas, Mary Anne, Merling Sapene, Montse Baró, Mylene Fernström, Nancy Bravo, Norma Camero Reno, Paula Dinaro, Rebeca Rodríguez, Rosa De Vincentis, Rub Díaz, Sandra Ontiveros, Saskia Harkema, Silvia García, Susi Velasco, Tere Egaña, Urania Yanes, Verónica Antúnez, Viola Edward, Vivian Watson, Viviana Toro, Zureya Queipo.©, 2021*

COMPOSICIÓN: *HakaBooks - Optima, cuerpo 12*
DISEÑO DE LA PORTADA: *Hakabooks©*
FOTOGRAFÍAS: *Lourdes Serra i Novo©*

EDICIÓN Y CORRECCIÓN DE TEXTOS: *Tu voz en mi pluma*

1ª EDICIÓN: *noviembre 2021*
ISBN: *979-85-49241-32-9*

HAKABOOKS
08204 Sabadell - Barcelona
☎ *+34 680 457 788*
🏠 *www.hakabooks.com*
✉ *editor@hakabooks.com*
🅵 *Hakabooks*

Quedan prohibidos, dentro de los límites establecidos por la ley y bajo los apercibimientos legalmente previstos, la reproducción total o parcial de esta obra por cualquier medio o procedimiento, ya sea electrónico o mecánico, el tratamiento informático, el alquiler o cualquier forma de cesión de la obra sin autorización escrita de los titulares del copyright.
Todos los derechos reservados.

JUNTAS ES MEJOR

Resiliencia femenina en tiempos de incertidumbre

INTRODUCCIÓN

Dos de las palabras más utilizadas y sentidas en el corazón de la humanidad durante los últimos tiempos son: resiliencia e incertidumbre. Tanto es así que, al leerlas, la posibilidad de que tu primer pensamiento esté vinculado a la gran crisis global que estalló en 2020 es muy elevada y nos ha zarandeado a todos, independientemente de nuestra ideología, raza o clase social.

Durante el año y medio que ha transcurrido desde que la existencia humana se viera abocada a un retiro forzoso, hemos transitado por una situación tan desconcertante como incierta. Los primeros meses de 2020 fueron, cuanto menos, complicados. Pero en lugar de achicarnos, decidimos crecer, empoderarnos, poner toda nuestra creatividad al servicio de la comunidad para sostener a otras personas que requerían de nuestra calidez y apoyo. ¡Somos muy grandes, mujeres! Y esa grandeza es la que mostramos al mundo a través de un proyecto que habla de nosotras, de valores, de compromiso social, de empatía, de comprensión, de vulnerabilidad, de fortaleza, de arte, de colaboración… en definitiva de Amor.

Por otra parte, mi querida amiga y aliada Verónica Sosa y una servidora somos mujeres emprendedoras, entendemos que los negocios son una parte más de nuestra esencia. Y, en los tiempos que corren, es importante generar acciones que fomenten la autoridad y la visibilidad como profesionales de los diferentes sectores que representamos. Así que, tras meditarlo en profundidad y guiadas por la ilusión de contribuir a ese gran cambio social que estamos necesitando desde hace tanto tiempo, elegimos unirnos para publicar el primer libro de SHE Emprendedoras en colaboración con Tu voz en mi pluma.

¡Hemos vivido tantas situaciones surrealistas durante los últimos meses!, ¡hemos sido testigo de tantas experiencias de reinvención y superación! Que fue muy sencillo para nosotras determinar los objetivos que queríamos alcanzar con este proyecto.

En primer lugar, el homenaje. Este libro es un gesto de reconocimiento a la resiliencia femenina y recoge el deseo de mostrarle al mundo el enorme potencial que las mujeres somos capaces de desarrollar, en especial, cuando el viento no sopla a favor. En segundo lugar, sentíamos en el alma que era importante dejar constancia de lo vivido, no olvidar que lo impredecible y la incertidumbre encierran valiosos aprendizajes. También hemos querido poner en valor el liderazgo colaborativo y las conexiones inteligentes que han servido de sostén a muchas personas durante esta etapa. Y con todo ello, crear un proyecto esencialmente femenino y perdurable en el tiempo.

Según la Real Academia Española, la resiliencia es la capacidad de adaptación de un ser vivo frente a un agente perturbador o un estado o situación adversos. Y la incertidumbre es la falta de conocimiento seguro y claro que se tiene de algo. ¿Te resuena? Las cincuenta y ocho coautoras que han formado parte de este proyecto, junto con Verónica y conmigo, saben mucho de ello y han abierto las puertas de sus corazones para compartir contigo su esencia, la verdad de sus vidas.

En esta pequeña obra de arte, hemos unido nuestras voces para decir alto y claro que somos creadoras de vida, resilientes, que estamos dotadas de una inconmensurable capacidad de adaptación a las circunstancias, cualesquiera que sean estas. Que se puede aprender a vivir en plenitud sin saber lo que ocurrirá mañana. El secreto está en soltar el control, practicar la aceptación y tomar decisiones pensando en el bien común. Y que las mujeres somos tejedoras desde tiempos ancestrales. Con nuestras redes de amor y sabiduría acogemos, sostenemos, anudamos, protegemos, apoyamos y creamos vínculos sanadores que reconfortan el alma y nos dan aliento para seguir en el camino con la certeza de que JUNTAS ES MEJOR.

VERÓNICA SOSA

Hoy celebramos que este gran sueño finalmente se ha convertido en una maravillosa realidad. Recuerdo aquellas primeras conversaciones con Eva en las que buscábamos la mejor manera de darle vida a lo que hoy nace y brilla, tanto por su hermoso diseño como por su maravilloso contenido. Se trata de una serie de historias de mujeres increíbles cuyos testimonios, todos únicos y a la vez impregnados de una misma fortaleza, han hecho posible demostrar con hechos una gran verdad que hace tiempo descubrí y que hoy comparto con el mundo: «Juntas es mejor».

Si doy un vistazo al pasado, puedo observar mi historia de vida con nuevos ojos, puedo ver aquellos momentos en los que llegué a sentir que, poco a poco, había ido perdiendo esa visión de crear unidad, esa idea de que juntas podríamos llegar más lejos. En cambio, hoy soy consciente de que mi forma de percibir el mundo, simplemente muestra que mi camino me ha preparado para dar y recibir soporte en un mundo lleno de adversidades. Juntas hemos comprendido que muchos finales también implican muchos nuevos comienzos, que donde hay sombra también hay luz y que donde hay luz, siempre habrá esperanza.

Ahora bien, el presente es muy bonito, pero responde a muchos momentos de profunda introspección y generaciones de ejemplos. Mis padres, mis hermanos y yo nos hemos visto separados físicamente por razones que escapan de nuestras manos, pero a pesar de las distancias, siempre hemos compartido esta cultura de apoyo mutuo incondicional. La frase «juntas es mejor», me transporta a viejos tiempos cuando mis abuelas se esmeraban por tener al clan unido, a todos los primos jugando y riendo juntos. Independientemente de las diversas rupturas, ¡la familia siempre es lo primero!

En mi adolescencia, la primera ruptura fue la de mis padres, luego pasé por una relación bastante volátil que me llevó aún más a la desconexión de mi ser, sin mencionar el hecho de convertirme en inmigrante y la gran ruptura que esto implica. Cada experiencia me ha permitido recopilar historias propias y llegar a la conclusión de que crecemos frente a las adversidades y que, aunque podemos lograrlo solas, el apoyo de terceros facilita mucho el proceso y además lo hace más ameno, porque se disfruta tanto del dar como del recibir. Ahora entiendo que toda mi vida he estado entrenando para dar forma a una frase que básicamente me define, «juntas es mejor».

Deseo dedicarle cada palabra de este libro no solo a mi madre, quien siempre ha sido mi gran apoyo, sino también a cada una de las maravillosas mujeres de mi familia, a mis amigas, a las *SHEcas* y al resto de las mujeres del mundo. En SHE decimos «a tu ritmo y a tu estilo», porque somos únicas y, cuando nos unimos, tenemos la habilidad de hacer que las cosas grandes pasen, de mejorar nuestro entorno, expandir nuestro amor y salvar a nuestro planeta. Con este libro, celebramos este viaje maravilloso llamado VIDA.

EVA RAMÍREZ

Mi nombre es Eva Ramírez, fundadora de Tu Voz en mi Pluma. Soy escritora, poeta, creadora de espacios para la consciencia a través de la palabra y mentora de autores. Si me centro en lo profesional, podría contar que soy autora de tres libros publicados: *100 Mensajes para mis hijos* (Ed. Obelisco), *Te escucho en verso* (Ed. Poesía eres tú) y *Hasta que la mente nos separe* (Ed. Hakabooks); tengo otros dos libros en proceso de publicación y dispongo de un sello editorial propio, con el que le he brindado la oportunidad de publicar a una veintena de autores. También compartiría que hace siete años, agotada de intentar cumplir con un rol impuesto por el entorno familiar, cultural y social, decidí atender los reclamos de mi alma. Por segunda vez en mi vida, entré en un proceso arduo e intenso, no sabía cómo ponerme en el número uno de mi lista de prioridades y necesité tiempo para trascender las interferencias que no me permitían escuchar la sabiduría interna que alberga en cada una de nosotras. Pero como dice una buena amiga, el tiempo de Dios es perfecto, así que cuando estuve preparada, me fue revelado el propósito. Desde entonces, acompaño y contribuyo a dar voz a todas aquellas personas, profesionales y emprendedores, que no son escritores de formación, pero tienen un mensaje importante que quieren compartir con el mundo, o desean impulsar sus proyectos y sus negocios utilizando una de las herramientas de *marketing* más poderosas de todos los tiempos: escribir y publicar un libro de calidad.

Y si me adentro en una faceta más personal, os revelaría que vivo entregada a la misión de dar a conocer y difundir la magnitud real del poder de la palabra. Tengo la certeza profunda de que sin el conocimiento, no hay consciencia; y si no somos conscientes del alcance que puede llegar a tener todo aquello que decimos o escribimos, resulta muy complejo responsabilizarse del uso que les damos a cada una de nuestras palabras. Por eso trabajo con personas que desean expandir sus mensajes desde la responsabilidad que implica el bien común. Y ahí es donde conecto con Verónica Sosa y comienza la aventura de unir nuestros talentos y ponerlos al servicio de la humanidad en este proyecto internacional y multitudinario.

Los últimos tiempos han sido como esa gran ola que llega sin avisar justo en el momento en el que decides salir del mar; te coge por sorpresa, te revuelca, te descoloca. Durante el revolcón, tragas agua, te falta el aire, las piedras y las conchas de la orilla te golpean, la arena te araña la piel… Por un momento, sientes miedo, no quieres morir ahogada y no lo harás, pero te quedan el susto, los rasguños, el mal sabor de boca y una melena enredada e indomable que necesitará de paciencia y amor para volver a ondear al viento libre y esplendorosa.

Somos conscientes de que no podemos detener la ola, sería muy arrogante creer que podemos controlar el mar. Pero sí tenemos toallas para arroparnos, ungüentos para las heridas y muchos peines para desenredarnos el cabello las unas a las otras, mientras compartimos historias y aprendemos de los consejos de quienes, antes que nosotras, atravesaron por un tsunami personal y hoy están aquí para contarlo. Ese es el propósito de este libro: estrechar lazos, tender puentes, tejer redes de amor y gratitud en las que sostenernos cuando nos sorprenda alguna ola, en las que mecernos y disfrutar cuando haya calma. Hermanadas, unidas, aliadas… porque ahora ya sabemos que JUNTAS ES MEJOR.

COLABORACIÓN

Un recuerdo muy frecuente de la infancia es de cuando mi madre nos repetía una y otra vez la importancia de la unión entre nosotros como hermanos y la necesidad de cada uno de colaborar en casa. Para ser sincera, tengo más recuerdos de mi madre tras de mí o de mis hermanos que de nosotros colaborando en casa; pero lo cierto es que, aun sin darnos cuenta, su mensaje caló en nuestros corazones y, de manera inconsciente, nos unimos y comenzamos a colaborar más y apoyarnos siempre que las circunstancias así lo requirieron. Me alegra poder decir, además, que es una actitud que se ha mantenido en el tiempo y que ha hecho trascender nuestras relaciones.

La vida nos ha puesto a cada uno en un país distinto y esto no ha nublado nuestra conexión, ya que todos sentimos y sabemos que siempre estamos ahí para sostenernos, ayudarnos y escucharnos cuando hace falta. A mi parecer, la colaboración trae consigo esa sensación de hermandad, ese vínculo fuerte que mejora y fortalece las relaciones.

En SHE, este valor se manifiesta cuando cada uno de los que forman parte de un equipo sienten que pueden y que quieren contribuir con sus conocimientos de manera amorosa. Esta práctica es la base de nuestra existencia, ya que todos nos enriquecemos mutuamente y, tal como mencioné anteriormente cuando hablábamos de la honestidad, la combinación de estos valores da paso a la confianza colectiva, y esta, a su vez, permite la existencia de proyectos cuya fortaleza los hace imposibles de derribar.

En el liderazgo femenino encontramos una circularidad en quienes lideran el equipo. Esta dinámica fomenta la proactividad, la innovación y la buena comunicación entre sus miembros con el firme propósito de lograr el mejor resultado, que será, sin duda, el que beneficie a todos. En otras palabras, promovemos lo que me gusta llamar «conexiones emocionalmente inteligentes», a través de las cuales las personas encuentran oportunidades en las que todos salimos beneficiados. Con dichas colaboraciones, podemos causar un impacto beneficioso a nivel individual, colectivo y del planeta. ¡Un ganar, ganar, ganar!

Colaborar es responsabilidad de todos y cada uno de los miembros del equipo. Debemos tener en cuenta que, para facilitar el proceso, es necesario trabajar la fortaleza interna individual, nuestra intención y ser responsables de nosotros mismos. Es por esto que, en SHE, nos basamos en el desarrollo personal como base fundamental para el crecimiento y el afianzamiento de un valor tan importante como el de la colaboración.

CONECTANDO CORAZONES

El verdadero amor no es otra cosa
que el deseo inevitable de ayudar al otro
para que sea quien es.

Jorge Bucay

ABIGAIL SILVA

Germinar: del latín germinare, de génesis, de comenzar a desarrollarse, del primer momento.

Después de germinar nace la planta, fruto de una pequeña semilla. Una planta que puede ser de jardín o de las que rompen el concreto y se hacen paso por la vida.

A partir de esta idea del crecimiento, mi mayor anhelo es formar niños y jóvenes felices y emocionalmente seguros para que en su proceso de germinación enfrenten con valentía los retos del futuro. Quiero seguir empoderándolos porque creo en su potencial y son ellos la esperanza del futuro. Seguiré ayudando a los padres en la hermosa tarea de educar desde el amor y el respeto.

Si tienes una planta sabrás que igual es con nuestros niños y jóvenes: si queremos que su luz se expanda y se reconozca, debemos regarlos con amor, con palabras positivas, entendimiento, compañía y empatía.

Encontré mi misión cuando supe que los niños y jóvenes necesitaban ser escuchados

Nací en México y estudié licenciatura de Comunicación Humana en la Universidad de las Américas. Después, hice dos maestrías una en educación especial y otra en problemas de lenguaje y una especialidad en estimulación temprana. Desde siempre supe que quería involucrarme con los niños y que deseaba ayudarlos.

Mi pasión por el trabajo con las familias y los estudiantes me llevó a encontrarme con mi proyecto de vida: Conectando Corazones, que apoya a la comunidad hispana. He pasado más de veinte años trabajando con niños y jóvenes con trastornos del lenguaje y aprendizaje. Actualmente trabajo en una escuela elemental en Chicago, dando apoyo a niños en la parte académica.

Las etapas del desarrollo son muy importantes, a mí me marcaron la vida. Cuando hay alguien que te puede guiar o brindar una palabra precisa, esto puede marcar tu vida para siempre. Como veía tantos jóvenes que estaban pasando situaciones complejas en sus casas, hallé mi propósito. he encontrado que ayudar a otros alimenta mi autoestima, porque en realidad me estoy ayudando a mí misma.

Me encanta trabajar con niños y jóvenes y estoy segura que si acompañáramos a los niños para que desde temprana edad descubran sus pasiones, de verdad les ayudaríamos a dar pasos de gigantes. Si forjamos su potencial y les apoyamos desde el entendimiento, ganamos mucho.

Cada niño, cada joven es semilla

Los educadores debemos ayudar a que nuestros niños saquen sus habilidades y talentos a relucir. Tenemos que ser capaces de encender la luz que cada uno lleva adentro. Te aseguro que si a un niño lo riegas solo con palabras que lo lleven a sentirse grande y lo conduces desde el respeto y el amor, tendrá mejor desempeño en su entorno y en su esfera social.

Es un trabajo que debe ir de la mano con los padres, por eso, mi función no se remite solo al acompañamiento del menor, sino que es de complementación y cercanía con los padres. Los adultos tenemos que ser generadores de confianza para ellos. Créeme que si tus palabras son negativas y tu comunicación es hostil, no habrá manera de potenciar las capacidades de tus hijos. Comunícate desde el amor y la confianza.

Si logras que un niño o joven crea en sí mismo contribuirás a que en el futuro sea un adulto empoderado. Por eso, crea espacios de bienestar y ofrécele a esa nueva vida la posibilidad de brillar desde el comienzo.

Ayudar fue la herencia más preciada que me dejó papá

Papá siempre apoyó a otras personas y nunca discriminó a nadie. Desde pequeña yo lo admiraba por esas ganas de ayudar que siempre mostraba. Él hacía lo que lo movía por dentro y siempre me fascinaba su tenacidad y como se levantaba cada día con deseos de ir al trabajo. Nunca lo vi enojado o cansado, al contrario, siempre lucía feliz. Aún recuerdo cuando era niña e iba de visita a su oficina. Al entrar, se escuchaba el tac, tac, tac de las máquinas de escribir. Todavía puedo percibir el aroma de ese lugar y las imágenes de esos días se pasean por mi mente como recuerdos que se niegan a escapar.

Las puertas eran de madera fina y sigo pensando que hacían falta varias sillas en aquella oficina, para la cantidad de personas que asistían allí, diariamente. Era una oficina enorme y con un toque de elegancia. Lo primero que se veía cuando llegabas, era una sala donde estaban las tres secretarias que nunca daban abasto con el volumen de trabajo. Seguía una sala de espera y al final, la oficina de papá, gigante y con un gran escritorio.

Tengo recuerdos muy vivos de esa oficina. Siempre había muchas personas esperándolo. Es que, a decir verdad, papá tenía un corazón muy noble y como hacía parte del sindicato de la empresa lo buscaban siempre para pedirle ayuda. Desde entonces empecé a ser consciente del beneficio de ayudar a las personas. Yo era pequeña, y esos momentos en su oficina marcaron para siempre mi camino y el recorrido que he hecho hasta el momento.

Me encantaba ir a visitarlo porque su oficina también hacía las veces de museo. Siempre había muchísimos objetos. Tenía regalos de todos los estados de México que le traían las personas a las que él ayudaba. Mis hermanos y yo admi- rábamos cada regalo, porque eran muestras de gratitud hacia él por su bondad. Cuando salíamos a los pasillos nos decían: «tu papá es increíble», «tu papá es un guerrero», «tu papá nos ayuda mucho», etcétera.

Realmente a mis dos hermanos y a mí nos marcó su generosidad. Mi hermano se convirtió en doctor y en la actualidad hace trasplantes con médula y se involucra con los casos de una manera muy profunda. Tanto, que lo he visto llorar por los pacientes. Mi hermana es psicóloga y ahora está en Barcelona realizando campañas de prevención con niños. Al final, todos nos dedicamos a ayudar a los demás, genuinamente.

Como he dicho, los primeros ejemplos de bondad vinieron de casa, desde esas primeras visitas al trabajo de papá, donde empezamos a entender que veníamos al mundo con la misión de cambiar y transformar la vida de los demás. Desde esos momentos, ya lejanos, papá nos enseñó que podemos encontrar la felicidad cuando somos útiles para nuestros semejantes.

Nuestras acciones y compromisos con el otro son fuentes de felicidad para nosotros mismos. Como decía la Madre Teresa de Calcuta: «Al final de nuestras vidas no seremos juzgados por cuántos diplomas hemos recibido, cuánto dinero hemos conseguido, cuántas cosas grandes hemos hecho. Seremos juzgados por: "yo tuve hambre y me diste de comer", "estuve desnudo y me vestiste", "no tuve casa y me diste posada"».

Cuando los educadores entablamos relaciones cercanas con los niños, es como si tuviéramos una varita mágica, esa varita mágica que se ha adaptado siempre, ya sea representada con cualidades mágicas en la literatura de fantasía, en los cuentos infantiles, así como en la cultura popular de algunos países, pero que siempre está presente. Para mí, solo podemos lograr la magia si alcanzamos el respeto y la empatía por parte de los niños. Así es que, los educadores nos convertimos en magos, la magia curativa es la del amor, la comprensión y el respeto.

Un día conocí un niño llamado Miguelito; decía que él era muy malo para la matemática. Yo le dije que no, que él era mi genio matemático.

Todos los días lo animaba con pensamientos positivos y palabras edificantes y, de repente, empezó a ser bueno en matemática. Fue como por arte de magia. Sí, se lo dije tanto que lo creyó y le empezó a gustar la matemática.

Con esta experiencia, que acabo de narrar, quiero mostrarte una vez más que la magia existe. La magia se puede hacer por medio de las competencias emocionales, porque es esto lo que puede predecir el éxito de los niños y jóvenes de manera más fiable. Debemos animarlos a desarrollar sus pasiones y estas serán beneficiosas para su desarrollo intelectual.

Si nos tomamos el tiempo de activar la varita mágica y conocer los intereses profundos que tienen nuestros niños y jóvenes, esos que demandan un conocimiento profundo, encontraríamos que estos son estimulantes efectivos para potenciar sus capacidades y habilidades en general.

Estoy convencida que invertir el tiempo en los niños y jóvenes es lo mejor que podemos hacer

Las alas de los niños comienzan a extenderse solo cuando empezamos a creer en ellos. Cuando creemos en su verdad y sobre todo, cuando creemos en sus capacidades. Más allá del papel de protectores, ¿qué tal si jugamos al papel del mago que desea encontrar la magia como dé lugar? Los padres y los educadores debemos entender, a la perfección, que un día los niños y jóvenes seguirán nuestro ejemplo y no nuestros consejos.

Yo empecé cuando estaba en México. Le pedí a la directora que me diera un espacio para hacer talleres con los padres y comencé a ver el impacto que tenían.

Llevo más de veinte años trabajando con niños y jóvenes. Veinte años buscando la magia. Trabajar con ellos tan de cerca y conocerlos ha sembrado en mí las ganas de ayudarlos y motivarlos para sacar lo mejor de ellos. Creo en el potencial de cada uno y considero que invertir tiempo en ellos es la mejor inversión que los adultos podemos hacer. Ellos mañana cambiarán el mundo.

Alimentas tu interior

Los beneficios de ayudar son por partida doble, porque tu cerebro recibe pensamientos positivos y eso te beneficia. Decidí ayudar a niños y jóvenes porque ellos tienen potencial, tienen voz y un papel importante, en el aquí y el ahora. También porque son los que pueden marcar una diferencia para que tengamos un mundo con empatía, cordialidad y entendimiento del uno al otro. Todo está conectado, lo que a mí me enseñaron en casa es lo que quiero transmitir a mis hijos y posiblemente ellos quieran replicarlo después.

Ayudar alimenta tu autoestima y esto te da la sensación de autorrealización. Sentirse bien y ayudar a otros es una sensación indescriptible. Es un acto altruista que cada persona puede elegir. Yo lo aprendí por el ejemplo de mi papá, por lo que vi y viví en casa y por cómo me educaron mis padres. Ayudar se vuelve un círculo en el que nos beneficiamos todos. Te da una sensación de bienestar que invade todo tu cuerpo desde la cabeza hasta la punta de los pies. Es como una felicidad adictiva donde tu cerebro recibe pensamientos positivos para premiarte.

Los niños son el futuro de este planeta. Invertir en ellos hoy es la mejor inversión

Querer ayudar a los niños y jóvenes sigue siendo mi motivación principal, creo en mi proyecto y creo que darle el tiempo a los jóvenes es lo mejor que puedo aportar al mundo. Son ellos los que transformarán todo. Si los ayudamos a desarrollar la empatía, a edificar y entender en profundidad a su entorno y a comunicarse de manera eficaz les estaremos enseñando habilidades que les permitirán adaptarse rápidamente al mundo y también a reinventarse las veces que deseen.

Trato siempre de encontrar un equilibrio y no presionarme

He vivido las cosas intensamente y antes, en ocasiones, me sentía presionada. Frené porque me di cuenta que esto debe ser por placer, por ayudar, pero también debe ayudarme y hacerme sentir bien.

Mi familia es importante y sé que no puedo apoyar a otros si no ayudo primero a mi entorno, a mis hijos. Primero debo cubrir sus necesidades, encontrar armonía en mi círculo familiar, involucrarme con ellos y no descuidarlos. Hallar equilibrio entre emprendimiento y familia es un gran reto, realmente.

Soy empática, me pongo en el lugar del otro y trato de comprenderlo, trato de estar en su situación para lograr confianza. La empatía, la forma en que creo esa atmósfera de empatía para que puedan confiar en mí, es una gran cualidad que me acompaña. Tengo facilidad para conectar con las personas y que ellas confíen en mí.

Todas las personas tenemos un mensaje para darle al mundo, algo para compartir

Juntas es mejor y una conexión inteligente es compartir talentos sin envidias, sin rivalidades. Solo pensando en trabajar en equipo para el bienestar de otras personas, para servir. En una conexión inteligente no existe el yo hago todo o es mi proyecto. Sí existe la cooperación, el crecer juntas, el conectarnos para nuestro bien y el de la humanidad.

Cada una de las personas que se involucra en mi proyecto es mi mejor experiencia. Cada una de las que comparte conmigo su talento, ese libro, ese mensaje para impactar la vida de otra persona, ¡esa es mi mejor experiencia!

Todos los invitados a Conectando Corazones son especiales desde el día uno. Todos y cada uno tienen un lugar especial porque dieron su tiempo, su talento y su amor para entregar su mensaje. Todos los invitados que han pasado y han dejado una huella, han entregado un mensaje para la persona que tenía que escucharlo.

Esta es mi mejor experiencia: coincidir en la vida con todas las personas que estén conmigo para Conectando Corazones

Sé que padres y niños están sufriendo. Los niños y jóvenes se han quedado sin su vida. Todos han tenido que cambiar los hábitos y adaptarse a una nueva realidad. Para mí los chicos son unos campeones, porque se han tenido que aislar y han perdido habilidades sociales, aunque también ha sido un renacer a otros aprendizajes, como, por ejemplo, el compartir.

El reto más grande es acompañarlos, decirles que no están solos, por eso creo programas donde podemos estar juntos, donde leemos y nos encontramos.

La realidad ha hecho que lo común ahora sea conectarnos por internet. La pandemia afectó mentalmente a muchas personas y si esto causa miedo a un adulto imagina lo que significa para un niño o adolescente. Sé que los padres también necesitan un descanso y para ellos es importante un espacio que les haga llevadera la situación. Al final todos necesitamos ser escuchados: niños, adolescentes y adultos. Creemos esos espacios donde nos escuchemos, donde germinemos, donde pasemos de ser semillas a ser grandes plantas de raíces fuertes.

Al final todos podemos habitar un mismo espacio donde reguemos con amor y bondad, donde nos ayudemos y donde solo tengamos el deseo inevitable de ayudar al otro a ser quien quiera ser.

Vamos a ser semilla, raíz y flor…

María Montessori dijo: «Siembra en los niños ideas buenas aunque no las entiendan. Los años se encargarán de descifrarlas en su entendimiento y de hacerlas florecer en su corazón».

Abigail Silva Michel

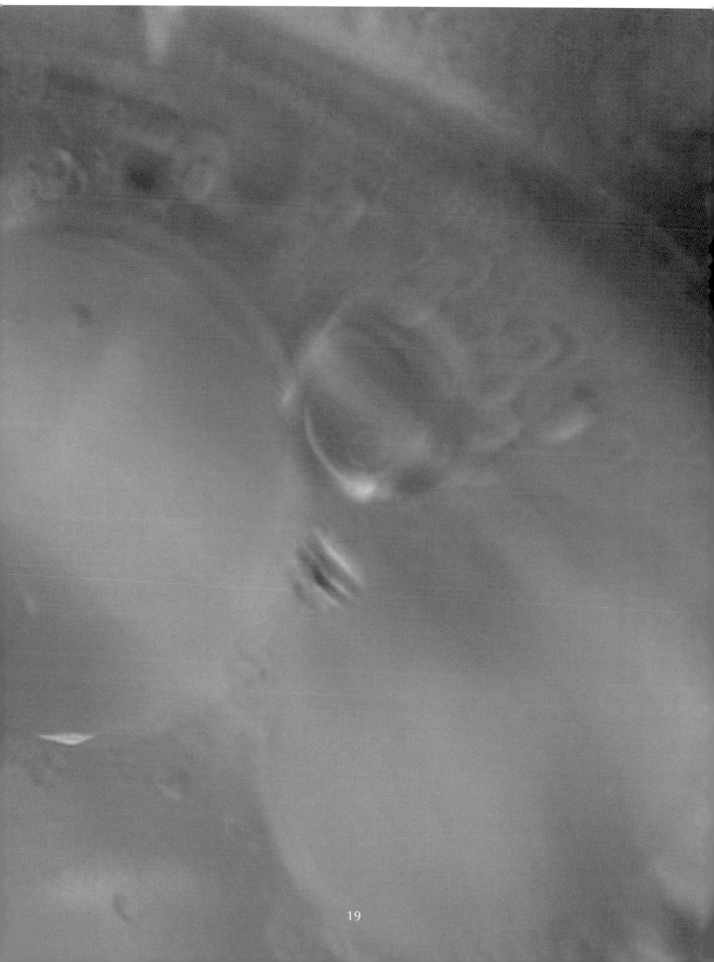

CONQUISTA TU RIQUEZA

Haz lo que amas y el dinero llegará.

Marsha Sinetar

ALEXANDRA RAMÍREZ

A muchas personas les cambia la vida un amor, un viaje o una pasión. A mí la vida me la cambió una sopa de pollo. Sí, una sopita de pollo me llevó al éxito financiero. Sí, una sopa de esas que rememora los sabores de casa. Esos sabores que eran tan distantes y tan extraños para mí después de dejar mi país natal. Puede sonar un poco extraño y hasta pintoresco que la vida te dé un giro por una sopa, ¿verdad? Pues, ¡me pasó a mí! Bueno, antes de que esa sopa fuera la punta de lanza para transformar mi vida hacia el éxito, yo viajaba por el mundo entero tocando el piano en una reconocida orquesta femenina de mi ciudad natal: Cali, en Colombia. La música y la sensibilidad creativa siempre han jugado un papel fundamental en mi vida, y han desarrollado en mí, una creatividad única e incomparable. Amo la música y amo los números.

El piano fue el instrumento que me llevó a conocer varias partes del mundo

Pasé años enteros entre tarimas, *shows*, aplausos y festejos sobre los escenarios. Llevé mi vida durante muchos años en un pequeño equipaje de país en país, de ciudad en ciudad, hasta que llegué a Miami y me quedé aquí en búsqueda de oportunidades. Siempre digo que Dios y la vida me dieron la oportunidad desde muy pequeña

de conocer otras culturas y ampliar mis horizontes. Llegué a Miami como madre soltera con un equipaje lleno de sueños, sin saber inglés y sin un peso en el bolsillo. No conocía a nadie, no tenía dinero, pero tenía la convicción de lograr mis metas.

Fueron días difíciles y confusos. A muchas personas que llegamos a otro país la vida no nos sonríe de inmediato. Fue un proceso de adaptación y de mucho aprendizaje. Viví en mi propia piel lo que le pasa a la mayoría de emigrantes recién llegados a un nuevo país: vivir con lo del día a día, cheque a cheque y contar monedas para pagar la comida. Como madre soltera, esto fue un reto enorme para mí y para mi hijo. No tenía un dólar en el bolsillo, pero siempre me mantenía conectada con mi sueño de convertirme en una profesional y hacer una nueva vida en este país.

Sabía que las cosas no iban a ser fáciles, pero siempre visualicé mis sueños, y con la ayuda de Dios, lo logré. Tenía muy claro lo que quería conseguir con este cambio de vida total. Ese viaje de tantos años atrás me abrió camino a un mundo maravilloso que me lo ha brindado todo y que me permitió estudiar, crecer y convertirme en una profesional, como siempre soñé.

Cuando dejé Colombia, tuve que salir de mi zona de confort y también tuve que hacer un ejercicio de crecimiento personal muy importante. Abandoné por completo esa zona que me hacía sentir segura y protegida. Aunque viajaba todo el tiempo con la orquesta, yo tenía mi círculo social, mis amigos, mis espacios y lo más esencial: mi familia. Cuando decidí venirme a Miami, mi vida cambió para siempre, después de varios años, fue un cambio maravilloso. A pesar de todas las dificultades, nunca pensé en rendirme, por el contrario, tenía la convicción de que iba a lograr todo lo que me propusiera.

Al inicio tuve trabajos con jornadas extenuantes. Trabajé como mesera hasta altas horas de la noche y muchas veces sin auto para volver a casa, pero siempre con la mejor actitud, y mi mejor cara. Tenía claro lo que quería desde siempre: salir adelante y brindarle un mejor futuro a mi hijo. Tuve trabajos extenuantes que no me dejaban tiempo libre y demandaban mi completa atención, pero seguía adelante. Recuerdo aquel día de verano, en el que mi vida cambió para siempre; era una jornada como muchas, un día de tarea extenuante en el restaurante donde trabajaba. El reloj marcaba más de las 4:00 p.m., yo estaba muy cansada y con mucha hambre. Las personas seguían llegando cuando se me ocurrió la bendita idea de ir a la cocina y tomarme una «sopita de pollo», tomarla a escondidas y rápidamente. Pensé que no pasaría nada. Recuerdo que era un vaso pequeño y sabía que solo me llevaría unos segundos tomarla.

Cuando estaba a punto de tomarme la sopa...

En el momento en que me dirigí a la cocina a tomarme mi sopita y regresar rápidamente, apareció un hombre gigante, con una voz muy fuerte y autoritaria. De repente me llevó hasta el rincón de la cocina, y allí en frente de todos, con su voz fuerte me gritó, me humilló y me dijo: «Y a ti, ¿quién te dio permiso para comer?» En ese momento mi vida cambió. Me sentí la mujer más humillada y triste del mundo, la mujer más pequeña que puede existir en la faz de la tierra; soy pequeña de estatura, pero ese día fue como si me hubieran aplastado hasta lo más profundo del planeta. Comencé a llorar sin cesar y sin consuelo. Fue allí, en ese momento cuando decidí transformar mi vida para siempre. Fue allí donde decidí que nunca nadie más me trataría así. Renuncié. Renuncié sin tener otro empleo, y sin tener ahorros. Fue ese el día en que decidí estudiar… estudiar finanzas. Con valentía decidí hacer mi carrera profesional. Ese momento fue el impulso que Dios usó para transformar mi vida. Así que *la sopita de pollo* se ha convertido en pieza clave en mi éxito personal y profesional.

Hoy agradezco a la vida porque esa sopa de pollo me ayudó a salir de la existencia de escasez y pobreza en la que yo vivía. Ahora estoy segura de que cuando cambias tu mentalidad, lo haces para lograr el cambio. Ese momento me dio la fuerza para cambiar mi situación y también para empezar a trabajar por las mujeres fuertes y valientes como yo. Soy una mujer apasionada, persistente, llena de entusiasmo, fiel a mis valores y principios, que ama a Dios y ama ayudar a la comunidad latina a alcanzar la libertad financiera y a cumplir sus sueños. Esa valentía y ese compromiso me llevaron a donde estoy ahora, reconocida como una de latinas más influyentes de la nación y la mejor creadora de contenido financiero en EE.UU.

Logré mi título en finanzas de la Universidad Internacional de la Florida (FIU) y soy autora de un *best seller* y conferencista internacional. Me convertí en la *coach* número uno de finanzas para millones de latinos y emprendedoras del mundo. Soy CEO de Moneywise Business Group, fundé el único Movimiento y Congreso Financiero para Mujeres: Financiallyfitlatina y Expofinanzas Mujer. También soy la experta financiera de un importante canal de televisión de Estados Unidos y he transformado la vida de miles de personas a través de mis segmentos televisivos, radiales y escritos. Fui catalogada como una de las TOP 30 Emprendedoras del 2020 por Yahoo Finance, reconocida por el prestigioso *Huffington Post* como mujer de impacto y conferencista en la prestigiosa Universidad de Harvard. Todo esto se logró, gracias a mi persistencia, a mi deseo de transformar el mundo de otras mujeres, y llevarlas a lograr sus sueños. No fue fácil, pero se logró.

Por qué finanzas

En Latinoamérica no fuimos educadas para el éxito financiero, no nos dijeron que podíamos ser millonarias, ni que podíamos ser mujeres exitosas, ni empresarias. No fuimos educadas con conciencia de ahorro. Aprendimos lo que nos enseñaron. Si no tienes las finanzas organizadas en tu hogar, menos lo vas a lograr en tu empresa. Cuando organizas tus finanzas, ves los resultados en tu cuenta bancaria. Si no las controlas, ellas te controlarán a ti. Mi propósito de vida es la educación financiera, es empoderar a las mujeres. Mi objetivo es que logren el éxito financiero porque todas somos merecedoras del triunfo. La mayoría de la gente no cuenta con un plan de jubilación y no tiene la educación financiera para atravesar las crisis y las crisis llegan sin avisar. Aunque la educación financiera es fundamental en nuestra vida, la realidad es que no lo enseñan en los colegios ni en las universidades. La falta de conocimiento financiero de la población latina hace que se pierda la confianza y surja el desinterés por prever un futuro con mejores oportunidades en el aspecto económico. Además, esta carencia solo conduce a tomar malas decisiones financieras que tienen consecuencias negativas en el bienestar general y en el de cada familia.

Yo fui empleada del gobierno norteamericano durante quince años y en ese tiempo adquirí una experiencia que me da la autoridad para hacer lo que hago. Decidí emprender porque empecé a sentir que mi propósito ya no era sentarme frente a una computadora, sino que cada día crecía en mí el deseo de ayudar a la comunidad. Sigue siendo esa mi motivación, más aún cuando recibo infinidad de mensajes con agradecimientos y testimonios de las miles de mujeres que hemos transformado, lo que me confirma que estoy en el lugar correcto.

No todo es color rosa

El obstáculo más grande para mí ha sido despertar la conciencia y la necesidad, entre los latinos, de educarse financieramente. La mayoría no cuentan con un plan financiero ni ahorros para su jubilación y muchos están solo a un cheque de la quiebra. Esta ha sido una ardua labor, pero he abierto camino para el bienestar financiero de la comunidad. Es increíble cómo la educación financiera no solo afecta a las personas, sino también a su entorno y a sus negocios. Sin embargo, aún no existe la conciencia de tomar acción alguna al respecto. Mi interés es educar y empoderar para que el desconocimiento e inexperiencia en el tema no sigan conduciendo a las toma de malas decisiones y al uso de prácticas financieras inadecuadas.

Los retos son grandes, sobre todo porque a veces trabajo tanto que me olvido de Alexandra. Tengo un espíritu empresarial tan fuerte que no descanso.

Además, entre los hijos, la empresa y la casa el tiempo vuela. No hay nada perfecto y sé que el reto es que tengo que trabajar en Alexandra mujer y no solo en la empresaria. Poco a poco he logrado encontrar el equilibrio y el balance personal; me ha ayudado el desarrollo de la parte espiritual, la música, el gimnasio y la playa. Esto es el balance en mi vida personal, porque la música siempre va a habitar en mí, la llevo en la sangre y en el alma.

Los mejores ejercicios no solo son los que se practican en el gimnasio, también lo son los de orden espiritual como el agradecimiento, por ejemplo. Lo practico en mi negocio todos los días. También soy muy humana. Si no fuera humana y sensible a las necesidades de las personas no podría ayudar a los demás. No trabajo solo por dinero sino por propósito y pasión: el amor y la pasión por ayudar a una familia a lograr el éxito financiero, a comprar una casa, a avanzar con su emprendimiento.

Nada es alcanzable si no tenemos conexiones inteligentes o conexiones divinas como yo las llamo. Las conexiones divinas nos van presentando oportunidades increíbles en la vida. Esas conexiones son las que hicieron que yo diera una conferencia en Harvard y también que fuera nominada como una de las Top 30 de las Emprendedoras del 2020. Yo entiendo que las conexiones divinas son riqueza para ti. Una sola persona te puede conectar y darás el gran salto que tú no imaginabas, por eso, cuido las conexiones divinas y son parte clave de mi empresa. Por ejemplo: con SHE y mi querida amiga Verónica, hemos logrado no solo una conexión espiritual sino una conexión empresarial extraordinaria. He podido conectarme con mujeres emprendedoras maravillosas de Europa y posicionarme en este continente. Ha sido una conexión inteligente que transformó mi vida. Ahora soy: «mi pequeña gigante», como me dice la misma Vero, una pequeña gigante, que con su corta estatura ha logrado hacer cosas gigantes. Porque no hay límite, ni color, ni raza, ni estatura, para lograr los sueños.

Una crisis siempre es una oportunidad de cambio

Una crisis puede desestabilizar y también preparar para un gran cambio inesperado. Una crisis también puede ser una oportunidad para crear. Puedes ver una crisis con los lentes de que es una situación difícil y decisiva para ti. Para mí este tiempo ha sido de cambios positivos. Ha sido de retos, de lágrimas, de miedo. Pero, ¡alto! El miedo no me ha paralizado. He seguido creando. Este tiempo ha sido una oportunidad de mejora. Tienes que estar preparada para enfrentar las crisis, aunque sean inesperadas. Todos tenemos vibraciones y la vibración más baja es la del miedo. Lo bueno es que tienes la opción de escoger con qué emoción quieres vibrar. El miedo va a estar siempre presente, pero puedes aprender a avanzar con él. Aprender a aceptar que el miedo siempre estará, no quiere decir que vas a quedar enfocada en eso, por el contrario, debes hacer que él sea tu aliado para continuar adelante con más ánimo.

Las crisis siempre llegan sin avisar, por eso, tienes que estar asegurada, tener ahorros, o un testamento ya que no sabes si te vas a enfermar. Todo esto forma parte de la planificación financiera y es lo que le enseño a mis clientas. Hay que tener todo preparado, tener seguridad financiera, dinero para vivir de tres a seis meses, por ejemplo. Yo lo gestiono con planificación. Soy amante del ahorro y esta es mi clave del éxito. Siempre he tenido mis ahorros, sin ellos este tiempo hubiera sido muy difícil.

Impactar positivamente en la vida de tantas personas alrededor del mundo llena mi corazón de orgullo y felicidad. Recibo a diario testimonios de transformación financiera de personas que han asistido a mis conferencias, cursos, que han adquirido mi libro *Conquista tu riqueza financiera en 21 días* o la agenda financiera FINANCIALLY-FITLATINA.

Todas tenemos derecho a triunfar y la base es creer en ti misma con tanta fuerza que los demás tengan que creer en ti. Cree en tus talentos, en tus sueños y en que Dios siempre está a tu lado. Dios te hizo única y extraordinaria, capaz de lograr lo imposible. Descubre tu pasión de vida, conéctate con tu propósito, desarrolla tus talentos y ponlos al servicio de los demás. Eso te dará la verdadera victoria.

Conquista tu riqueza

Eres la única que puede llevar el timón de tus finanzas. Todos mis proyectos financieros están enfocados en empoderar a las mujeres empresarias. He creado estos maravillosos proyectos para educarte y empoderarte financieramente; para darte todas las herramientas financieras y de negocio que te permitan lograr tus sueños y metas. Te equipo para el triunfo financiero y te empodero para cumplir tus metas, conquistar tu riqueza y crear abundancia.

Estoy feliz de ser la pionera y única mujer creadora de la primera cumbre financiera del mundo y el primer Club de Riqueza para mujeres. A estos eventos asisten mujeres de todas partes del mundo que desean conseguir su transformación para siempre. Quiero llevar a todas las mujeres el mensaje de que luchen por sus sueños. Dios nos hizo únicas y extraordinarias, capaces de lograr lo imposible. Descubran su pasión de vida, conéctense con su propósito, desarrollen sus talentos y pónganlos al servicio de los demás. Eso les dará la verdadera victoria.

Mi interés es seguir con la creación de maravillosos proyectos, educar y empoderar financieramente a la mujer, además de ofrecerle todas las herramientas financieras y de negocio para que logren sus sueños y metas. Equipo a la mujer para el triunfo financiero. Yo nunca me conformé con lo que la vida me ofreció. Pasé de tocar el piano por el mundo a recibir clientes en un restaurante. Luego me convertí en una referente del mundo de las finanzas para la comunidad hispana y todo lo logré por mis propios medios. Una sopa me cambió la vida, aproveché la oportunidad para crecer y llegar muy lejos. Empodérate. ¿Estás dispuesta a ir en busca de tu propia riqueza? Pues, ¡hazlo!

Alexandra Ramírez

DE RANA A BRUJA

Pies, ¿para qué os quiero si tengo alas para volar?

Frida Kahlo

ANA GOFFIN

Soy Ana Goffin, nacida en México, de nacionalidad belga mexicana. Conferencista, psicoterapeuta con varias especialidades (adolescentes, parejas, trastornos alimentarios, sueños, técnicas de modificación de la conducta, entre otros), maestra en salud mental y escritora. Dedicada en cuerpo y alma a impartir talleres y charlas. A empoderar mujeres desde la confianza real y la salud mental. Suena bien, ¿verdad? Esto me saca una gran sonrisa del corazón cuando me veo a través de los libros que he escrito.

La risa tiene dos matices: la realidad y la fantasía con la que decoramos nuestras historias para que suenen rimbombantes. Lo cuento porque yo fui una rana por mucho tiempo, una mujer pegostiosa y verde cuyos saltitos nadie podía escuchar por ser el anfibio más obediente y miedoso de la manada. Era una ranita peculiar. Desde afuera podría parecer fuerte pero estaba plagada de miedos. Así es difícil, casi imposible, dar saltos para dar un gran brinco.

Siempre fui curiosa, cualidad que me llevó a explorar más allá de mi territorio conocido y me ayudó a adentrarme en el mapa para aprender otras maneras de vivir distintas a las aprendidas en mi pantano familiar. Sin embargo, no fue fácil sentirme segura. No lo logré hasta que comprendí como a las ranitas no las besan los príncipes y les solucionan la vida. Yo necesitaba tener poder personal y confianza auténtica. El poder del príncipe es suyo y las historias familiares se reescriben, por tristes o duras que sean. La verdad es que esto no cae del cielo, no es una manzana que simplemente llevas a la boca, tampoco está a la venta. Pero, sí se puede conseguir cuando estamos dispuestas a salir del fango del pantano para convertirnos en brujas. Leíste bien, ¡en brujas!

¿Qué me llevó a emprender como escritora?

Para sanar mi historia y dejar de ser una rana verde y chiquita elegí varios caminos de transformación. La escritura fue el más poderoso de ellos, el más sanador. Mi motivación.

He publicado varios libros de ensayo y una novela:

- *¿Brujas o Histéricas? Tratado de los amores caóticos y el sufrimiento crónico*
- *Bruja sabia o histérica perdedora*
- *Brujas sabias, suegras felices*
- *La culpa tras la ventana –Relatos para reflexionar alrededor de la culpa femenina*
- *Cómo desaparecer una ballena y otras fábulas del empoderamiento*, (*best seller*) Libros del Marqués
- *La tinta de su piel Libros del Marqués, novela*
- *En la boca del cocodrilo -Historias de abuso y violencia-* Libros del Marqués/Fig Factor Media
- *Today´s Inspired Latina. Volume VII. Life stories of success in the face of adversity.* (coautora)

Entiendo que la psicoeducación debería ser parte esencial en la formación de todas las personas. Soy una firme creyente sobre el papel decisivo que tiene la mujer en la sociedad ya que es la principal educadora y, en muchos casos proveedora en la familia.

Tan iguales y tan diferentes

¿Tú eres una bruja?

«Me pinto a mí misma porque soy a quien mejor conozco». Once palabras, ni una más, para revelar el poder personal y el autoconocimiento de la pintora mexicana Frida Kahlo. Esta frase resuena en mi mente porque sin conocimiento personal seguiremos siendo ranas...

Si yo te pidiera en este momento que hicieras un bosquejo de ti misma, ¿podrías plasmar cómo y quién eres? Y no me refiero a tu exterior, ese lo puedes ver todos los días en un espejo. Aludo a lo que hay dentro de ti, ¿cómo dibujarías el cuento que te cuentas sobre tu existencia?, ¿el propósito y el sentido de tu vida?, ¿tus miedos, tus amores y desamores?, ¿tus éxitos y tus fracasos?, ¿tus creencias?, ¿los lugares en los que has vivido?, ¿tus sueños?... Todo aquello que has ganado o perdido en el camino.

En un mundo ideal todas sabríamos plasmar las respuestas a estas preguntas, sin embargo, a la mayoría de las mujeres no nos dieron una educación emocional formal; muchas hemos sido instruidas académicamente, no todas. Y la materia «conócete a ti misma», jamás ha sido una asignatura curricular. Realidad que nos hace reprobar en la vida, porque no contamos con las herramientas necesarias para afrontar los retos que esta nos presenta. Son muy pocas las familias que saben cómo alfabetizar a sus hijos para dilucidar los mensajes de sus emociones y de sus vivencias.

Así, con un dibujo incompleto de mi persona, yo inicié mi vida adulta e hice verdaderos malabares para compaginar mi vida personal y profesional. Paseaba «desnuda» por la calle, sin nada que cubriera mis miedos, y con los sueños enterrados. Sin ningún soporte para detener las tormentas que cruzaba, en un fallido intento por sentirme completa. Para aprobar en la vida…

Para mí adquirir confianza y poder personal fue todo un proceso. Era una «enanita emocional». Me tomó mucho tiempo y trabajo personal ser la mujer que soy hoy. Una mujer segura y confiada. No me apena decirlo, me caí muchas veces en el camino. Pero aprendí.

Yo creo que emprender es mucho más que abrir un negocio y crear una buena planificación estratégica. Implica un cambio profundo. Para despejar el camino es necesario mirar hacia adentro y así proyectar afuera, en el entorno, todo aquello que eres y haces.

No basta con ser creativa, entusiasta, realizar investigaciones y tener mucha disciplina. Cuando eres mujer, el desafío es aún más grande. Además de luchar para conquistar tu espacio en el mercado laboral o empresarial es esencial aprender a conciliar las dificultades de pareja, familiares, sociales y profesionales ¡Vaya reto!

Por añadidura, muchas mujeres nos hacemos las cosas más difíciles. En lugar de crear alianzas y redes de apoyo, ¡nos metemos el pie entre nosotras! Cuando en realidad nos necesitamos unas a las otras para atrevernos a volar y comprender que:

• Sin conocimiento personal no hay desarrollo.

• Sin salud mental no hay prosperidad.

• Sin confianza real no hay empoderamiento creativo.

• Juntas siempre es mejor.

• Sí podemos convertirnos en mujeres emprendedoras exitosas que transforman sus habilidades y contextos en oportunidades para crear negocios increíbles.

Te invito a soñar, crear, trabajar en ti misma y ¡volar! ¿Te atreves? No olvides que detrás de cada gran mujer siempre hay un buen par de alas y, ¡una escoba de bruja por si fallan!

Las brujas fueron las primeras emprendedoras y líderes colaborativas en la historia de la humanidad. ¿Eres una de ellas?

La naturaleza las hace brujas.

Es el genio propio de la mujer y de su temperamento.

Por el retorno regular de la exaltación es sibila.

Por el amor, maga.

La mujer imagina: engendra sueños y dioses.

Es mujer y pide a las flores que curen a los que ella ama.

Jules Michelet. *La bruja*

No me refiero al arquetipo de la bruja mala: una mujer que se relaciona de manera agresiva, se victimiza y vive quejándose. Por añadidura, no tiene la magia que envuelve a las brujas de los cuentos o de la mitología.

Hablo de las brujas que están entre nosotras y son mujeres con la capacidad de contactar con un amor incluyente. Un amor capaz de abrazar, cobijar, acercar y comprender al otro, de la misma manera que lo hicieron las mujeres al inicio de la historia, en equipo. Desgraciadamente, no siempre podemos ser brujas con la capacidad de reírnos de nosotras mismas, de nuestras dificultades ante los cambios y enseñar nuestra luminosidad e inteligencia. Y así arribamos al grotesco terreno del horror, sutil o evidente, como si se tratara de «triunfar en una batalla».

Es justo aquí donde empieza a desarrollarse el drama porque entramos en el campo de la rivalidad y los celos, abandonamos a nuestra «banda de mujeres» y dejamos de ser un soporte entre nosotras.

Retomé esta idea de mi primer libro, *Brujas o Histéricas*, con la finalidad de que puedas identificar:

1. Las situaciones en las que sobrerreaccionas sin que haya sucedido una gran catástrofe en tu vida. Nos pasa a todas. Las emociones nos dominan porque estamos desenchufadas de nosotras mismas. Tapamos nuestro malestar llenándonos de quehaceres. Pareciera que si estamos ocupadas estaremos seguras y aparentaremos ser mujeres de éxito, cuando la realidad es que al vivir tan ocupadas perdemos contacto con lo que somos y sentimos. Vivimos agotadas.

2. Competimos entre nosotras. ¿Tú le has metido el pie a otra mujer para opacarla?

¿Cómo recuperar la magia de ser brujas al emprender?

Para recuperar la magia es necesario cambiar de rol. Actuar un papel diferente en tu propia historia. Ese rol lo eliges tú, hoy en día podemos escogerlo, no está predeterminado como lo estuvo en la Edad Media.

Cuántas brujas murieron en la hoguera por su sabiduría o por tener ideas distintas a las proclamadas por la Iglesia. Definitivamente no eran brujas malas, eran mujeres con voz propia en una época en la que no estaba permitido saber.

La realidad es que eran unas emprendedoras osadas, laboriosas y atrevidas.

Jules Michelet, el gran historiador francés, en su libro, *La bruja,* revisa el tema de la caza de brujas durante la Edad Media y aventura la teoría de que las mujeres con un gran poder de seducción, no solo por su belleza sino también por su sabiduría, eran quemadas en la hoguera. Como no se comprendía su poder, las castigaban. Actualmente nos castigamos unas a otras.

La sabiduría da poder, un poder real y auténtico. ¡Las llamadas brujas sanaban a los enfermos y fueron las primeras curanderas en la historia! La medicina se inicia a través de los conocimientos sobre la herbolaria que transmitían las mujeres de una generación a otra. Desde este punto de vista las brujas son sabias, ¿eres una de ellas?

Shinoda Bolen (analista jungiana) considera que las brujas son mujeres sabias como aquellas mujeres al inicio de la historia de la humanidad. ¡No pierden el tiempo quejándose! Ella relaciona la sabiduría con el poder personal y con decir la verdad sin rabia.

«Las brujas no se quejan. Imaginan, sueñan y ponen manos a la obra sin desenchufarse».

Cuando crecimos en una familia o en un medio social donde el patrón de conducta es la queja rabiosa o la queja pasiva, aprendemos a relacionarnos de esa manera, y cuando nos lamentamos somos incapaces de vivir nuestro presente. Los «hubiera» o «debiera» nos impiden vivirlo. Sin contar, por añadidura, con que dejamos de ser una compañía grata. ¿A quién le gusta estar al lado de una persona que invade el lugar donde se encuentra con sus quejas, directas o encubiertas, chismes, rumores o con su rabia y enojo?

Las quejosas creen que merecen una vida diferente, no la que tienen, de esa manera viven insatisfechas sin poder ver lo que el presente les da.

Esta situación es el primer impedimento para emprender.

Cuando alguien rompe este patrón de quejosa, enseña a las demás otro modo de estar en la vida: con compasión hacia nosotras mismas y hacia las demás, con sabiduría y con humor. Todos vivimos experiencias dolorosas, hay que verlas desde un lugar más soleado. Así se convierten en aprendizaje. Esta actitud positiva toma el lugar tan incómodo y desagradable de mirar hacia atrás y ver el pasado desde la desdicha de haber vivido lo que no deseabas, pero así fue. No hay poder humano para cambiar lo que ya pasó, solamente podemos modificar la manera de mirarlo.

Mi interés no es juzgar o criticar a las quejosas, yo misma lo fui. Hoy quiero invitarte a que seas una bruja. Yo no pude volar hasta que dejé atrás mis patrones destructivos y cambié de rol. Dejé de quejarme para enfrentar la incertidumbre del pasado y la que estamos viviendo ahora. Cada vez que yo misma me victimizo acudo a mi bruja interna. Tomo mi escoba y barro las quejas que he vomitado en el día. Vacío mi persona de la negatividad para recargarme de energía.

¡Imagina la frustración de no poder volver el tiempo atrás para hacer las cosas de otra manera! Estás a tiempo de pensar en esto. Las brujas sabias son atrevidas y capaces de ver su pasado sin rencor y sin dolor. Las histéricas son exactamente lo contrario. Es cierto que no eres una histérica al estilo de aquellas pacientes de Freud que se desmayaban, quedaban paralizadas o perdían voz. La modernidad ha traído una nueva especie de histéricas muy diferentes a las que imaginamos al escuchar esta palabra.   Cuántas veces escuchamos a los hombres decir al final de una discusión con una mujer: «¡Lo que pasa es que estás histérica!» ¿Qué hay detrás de esta frase? Muchas ideas erróneas sobre las mujeres. No se es histérica por ser mujer; se es, cuando entramos al equipo de las víctimas, las controladoras, las dependientes, las narcisistas, las teatrales, las quejosas, las culposas o las temerosas. Ahí sí, hemos comprado una membrecía al club y no es precisamente el de SHE. Una vez que has dado un paso por la puerta de ese lugar, el club de víctimas, has enterrado a tu bruja interna y te has desconectado de lo que eres. Te has caído de la escoba. Por suerte, es posible levantarte y retomar el vuelo. Te lo digo porque yo hasta la escoba perdí.

¡Las emprendedoras conscientes somos brujas sabias conectadas con nuestras emociones y sabemos cómo dejar atrás los patrones que hoy ya no nos funcionan!

Te invito a tomarte un tiempo para pensar, ¿algo de lo que has leído hasta este momento te hace *click*?

Estoy convencida de que hay circunstancias que no puedes cambiar. Sin embargo, siempre puedes decidir cómo colocarte para afrontarlas, la postura que vas a tomar. Y si me dices: «¡No puedo hacer nada!», sí estás eligiendo adoptar una postura: la de no hacer nada y dejar que la vida y la situación sean las encargadas de resolverla.

No decidir, significa decidir que le dejamos a la suerte nuestro destino.

Posiblemente, el dolor sentido y vivido sea la llave para abrir tu conciencia hacia el camino del amor, el éxito, la conciencia y la conexión.

Yo estuve ahí, casi todas lo hemos vivido. No todas nos atrevemos a iniciar un viaje de autodescubrimiento. Sin embargo, ahí está la puerta.

¿Quieres abrirla?

Ana Goffin

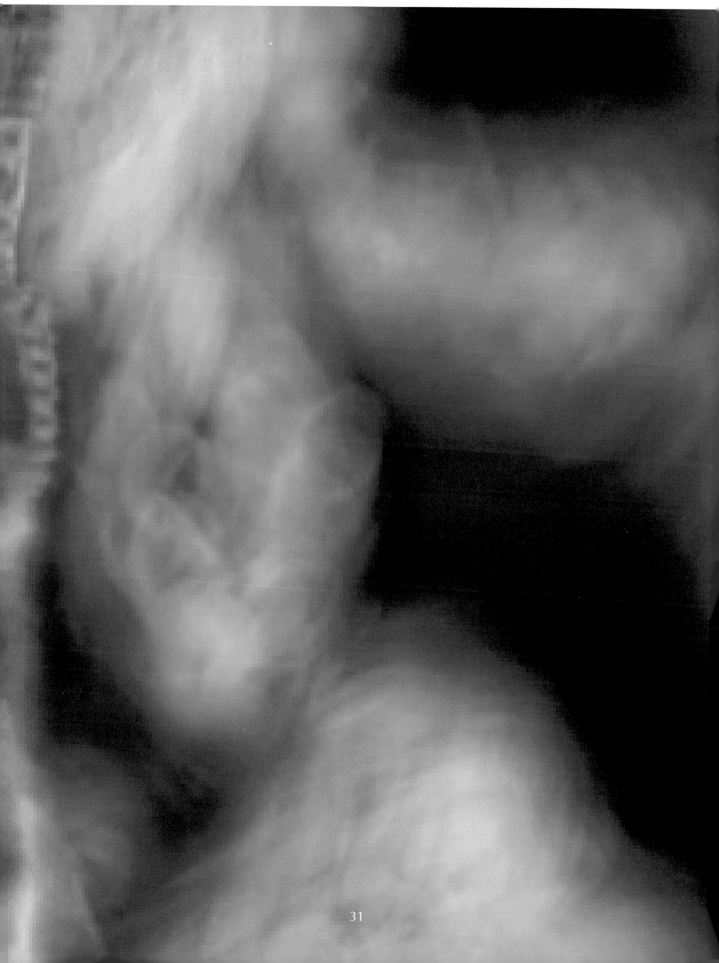

DOULA DEL BUEN MORIR

*La llamada a la muerte es un llamado de amor.
La muerte puede ser dulce si la respondemos
afirmativamente, si la aceptamos como una de
las grandes formas eternas de vida y
transformación.*

Hermann Hesse

ANA YAEL GONZÁLEZ

Debo confesar que jamás imaginé encontrarme en este camino. Me gustaría comenzar por contarte mi historia. Quizás lo más fácil sería retomar el texto de la charla que compartí, hace ya cuatro años, en una conferencia que di en Bélgica ante un grupo de mujeres hispanohablantes. Sería fácil, pero muy extenso como para presentarlo aquí. El tiempo es un juego, una ilusión y, paradójicamente, también es una herramienta que debemos explotar para nuestro beneficio. Pensar que podemos controlarlo es un error. Este periodo que pasó me demostró lo importante que es estar para alguien más, practicar la empatía, y lo esencial que fue descubrirme.

A veces las circunstancias de la vida nos llevan por caminos que no responden a decisiones basadas en nuestro sentir o nuestro bienestar. Nos adjudicamos presiones o compromisos sociales o mentales como si tuviéramos que cumplir un rol fijo impuesto en la vida. Es ahí, justamente, donde debemos detenernos para replantearnos lo que realmente queremos Ser.

Me gustaría que mientras lees estas palabras recordaras que nuestra presencia en este mundo no es infinita; sin embargo, nuestra huella permanece eterna a través del legado de amor que dejamos en los demás. Y este camino, lo podemos hacer juntas.

Confieso que fue el anhelo de ser una madre consciente lo que despertó en mí el deseo de vivir plenamente, aceptar, aprender a perdonar y a perdonarme, integrar lo que significa el desapego y, una vez en ese camino, pude comprender que en el arte del buen morir es donde aprendemos a vivir intensamente.

Con esta comprensión decidí darle un giro de ciento ochenta grados a mi historia, hasta ese momento totalmente enfocada en el trabajo corporativo a niveles nocivos, y evolucionar hacia una vida plena, entregada al servicio y al agradecimiento de cada día. Tras una formación oficial en Bélgica, mediante un organismo de la Federación Paliativa, y un diplomado en Sufrimiento Emocional reconocido por la Universidad de Colorado Boulder en Estados Unidos, hace ya casi cinco años que me dedico a guiar y acompañar emocional y espiritualmente a quien necesite aceptar, comprender o prepararse para trascender. Pueden ser pacientes paliativos o personas sanas quienes estén dispuestas a invertir en una planificación temprana para comenzar el camino de serenidad hacia el umbral de su vida. También estoy certificada como *coach* de Respiración Consciente y Renacimiento, una terapia cuya base es el trabajo con la respiración y la transformación de los pensamientos limitantes u otros patrones y emociones que nos condicionan en las distintas áreas de nuestra vida, con el objetivo de poder liberarnos de ellos para renacer a una vida de conciencia plena.

Mi intención personal como doula del buen morir es centralizar en el proceso paliativo a la persona que trasciende y a sus seres queridos. Escuchar con el alma, abrir el corazón para crear armonía, respeto y tranquilidad en cada individuo. Estar presente en amor para guiar en gratitud y, de manera correcta, en cualquier forma que necesiten para trascender en paz.

Con la inspiración de esta frase del filósofo francés Montaigne: «Quién enseña a alguien a morir, le enseña a vivir», decidí fundar Rumbo Umbral, una plataforma digital, con el objetivo de fomentar, difundir, informar, integrar y crear espacios para concientizar sobre el buen morir, su planificación temprana y la organización de retiros multidisciplinarios de preparación a un trascender en serenidad.

Recordando las sabias palabras de Ram Dass «Somos almas y como tales no respondemos ni a espacio ni a tiempo, somos infinitos». Pero en este plano, tener la oportunidad de compartir, estar presente en amor y significar tanto en la vida de las personas que guío y acompaño o en la de sus seres queridos es y será siempre un gran honor y un privilegio para mí.

Creando Presencia Eterna

Aprendo a vivir al enseñar y acompañar a otros en el camino hacia el umbral; es ahí donde encuentro cada día una razón de seguir esparciendo el mensaje. Dejar de ver la muerte como enemigo a vencer es el primer paso para comenzar con una planificación de nuestro buen morir. Estar en paz con uno mismo es el mejor regalo e inversión con la que podemos obsequiar a nuestros seres queridos y a nosotros mismos. Mientras más pronto trabajemos en nuestro plan de vida, más tiempo tendremos para dejar huella y crear presencia eterna en nuestros círculos de amor.

Viviendo responsablemente

Lograr un balance entre lo que es verdaderamente importante y lo que pensamos que es urgente, además de identificar aquello que creemos que debemos cumplir para los demás ha sido uno de los desafíos más grandes en la construcción de mi rol de emprendedora. Tener claridad, estructura y ser fiel a mis propios valores son los vórtices o matrices de un camino laborioso pero altamente consagrado al éxito. Parece más fácil decirlo que lograrlo, pero se puede. Tal y como yo lo siento, uno de los primeros pasos es atenderme y aceptar que estamos en aprendizaje y evolución constante. Por ese motivo, ahora ya no dudo en tomar una pausa para regular y reajustar el esquema cuando siento que lo necesito. Estoy siempre atenta al contenido de valor y conocimiento que está a mi alcance. Y, sobre todo, me permito nadar en un mar de agradecimiento y

servicio constante para que mis metas se mantengan cuerdas y armoniosas. Se trata de un trabajo diario de crecimiento interno —de introspección, de conexión individual para recordar mi humanidad y, al mismo tiempo, mi espiritualidad—, que me impulsa a una vida congruente y enfocada a la concretización de mi propósito de vida.

Oportunidad, afinación y agradecimiento cada mañana

Creo que hay varios retos a enfrentar y a conquistar en el camino al emprendimiento. Uno es saber desarrollar tu marca al mismo tiempo que tu propio desarrollo personal. El otro es encontrar el equilibrio entre la mente y un corazón más enfocado sin perder su intensidad, su creatividad y su habilidad de conectar e intuir.

Creo que el liderazgo compasivo es un arte y es la clave al éxito en una sociedad que más que nunca necesita reconocerse y reconectarse con su verdadera esencia y sustentabilidad como especie. Aprender la regla de oro: todo se puede resolver en el momento que aceptamos nuestra responsabilidad y sabemos gestionar nuestras emociones para ver soluciones en los momentos más críticos.

Quiero confesarte que algunas personas no entienden cómo puedo conjugar ambas partes de mi emprendimiento: una parte de mi labor sin fines de lucro (acompañamiento directo del paciente paliativo) y la otra (el desarrollo de retiros para personas sanas que buscan esa conciliación y planificación temprana y sesiones de *coaching*). Quizás no es fácil entenderlo a primera vista, pero puedo asegurarte que si tienes clara tu misión y tu visión, te darás cuenta de que siempre existe la manera de lograr abundancia y éxito en la vida al estar al servicio de los demás y al hacer el bien en la sociedad aportando valor y amor en la vida de la gente.

Inundada en fe, amor y luz

Una cualidad muy preciada para mí es la empatía sumada al amor y la fe en nuestra humanidad. Ese creer y crear. Ese confiar en que todo sucede de la forma perfecta en el tiempo perfecto, aceptar y soltar. Ese saberme en constante aprendizaje propio y externo. Ese trabajar por hacer una civilización más empática. Ese tener menos miedo. Esa mayor conexión entre mente, corazón, alma. Esa constancia de meditar. Ese respirar consciente. Ese transitar de la mano en la comprensión de nuestra inmortalidad. Esa compasión, esas ganas de ayudar a los demás, esa amabilidad sobre todo con nosotros mismos. Por todo eso, evoluciono en armonía, entregada a crear legados de serenidad y amor eternos.

Vivir conscientemente para trascender serenamente

En nuestra cultura tenemos el concepto de que ir despacio es algo negativo; como cuando alguien es lento si no hace una actividad dentro de un plazo determinado o no cumple con las expectativas. Catalogamos una película como lenta cuando nos aburre. Cuando el servicio de un restaurante es malo, probablemente digamos que es por ser lento. Nos comemos a diario el mensaje: lo lento es malo. Sin embargo en la jerarquía de experiencias que realmente brindan y crean valor en nuestra vida, la escala es precisamente contraria: lento es igual a superior. ¿O es que acaso no preferimos una comida que haya sido preparada lentamente, al estilo «de la abuela»; o no preferimos que el paso de una caricia de alguien amado se alargue por más segundos o minutos? Sea dicho de paso que para que un abrazo sea registrado en el sistema nervioso debe durar mínimo diez segundos.

¿Cómo entonces podemos procurar un vivir consciente al ir de prisa? Y, más importante aún, ¿cómo comenzar a hablar de trascender o detenernos a pensar sobre nuestro camino hacia el umbral de la vida, si no hacemos espacio o tiempo para tener esta charla con nosotros mismos o con quienes más amamos?

La primera conexión inteligente, y consciente, es con nosotros mismos, al unísono con nuestro ser; es una forma de aceptar que estamos en constante evolución y aprendizaje. Al reconocer este aspecto de nosotros mismos, apreciamos en el prójimo, sea quien sea, una oportunidad de crecimiento sinérgico, libre de juicios y abierto a potenciar los talentos en un trabajo armonioso. Cuando somos capaces de aceptar el ser de los demás de la misma forma gentil que nos aceptamos individualmente, las posibilidades de crecimiento conjunto son infinitas. Conectar desde la consciencia es sabernos siempre alumnos y aprendices los unos de los otros, es un trampolín a la convivencia exitosa.

El momento preciso: aquí y ahora

Aceptar la incertidumbre, aceptar esa falsa identidad, ese yo aislado. El yo que no existe pues solo existe el yo conectado. Aceptar que morimos constantemente para recrearnos. Comprender que el universo se actualiza y se renueva a sí mismo a través de la muerte. Mantener el equilibrio aun cuando el piso desaparezca por algunos instantes.

Nunca, la humanidad había vivido, al mismo tiempo y en tal magnitud, una situación de alta ansiedad, miedo y pérdida como bajo la pandemia del 2020 causada por un virus. Nunca fuimos confrontados de tal manera a nuestros esquemas de hacer y ser al mismo tiempo. Una sociedad que se catalogaba como autosuficiente se dio cuenta de la alta dependencia que tenía y tiene de otros procesos e individuos. En un despertar de consciencia de esta intensidad existe la oportunidad de crecimiento interno y de generación de nuevas creencias, rituales, hábitos y oportunidades. Esta pandemia nos permitió aprender a despedirnos de nuevas formas; contribuyó a sacar un balance récord entre el cómo estábamos gestionando nuestro tiempo versus el cómo queremos gestionarlo verdaderamente. Para algunos fue una prueba de fuego, para otros fue la ocasión para reconocernos y renovar nuestros votos de amor y cuidado. Hoy agradezco a la divinidad suprema ser parte de este milagro y darme cuenta de ello.

Ana Yael González

EL VIAJE DEL AUTOCONOCIMIENTO

Ser una misma, simplemente una misma, es una experiencia tan increíble y absolutamente única que es difícil convencerse que a todo el mundo le pasa algo tan singular.

Simone de Beauvoir

ANABELLA
ARROYO HERNÁNDEZ

Nací en Venezuela, en una familia intercultural con raíces en España y Cuba. Soy una persona extrovertida e inquieta y desde niña tuve una inclinación natural hacia las personas, los estudios y los negocios. Siempre estuve rodeada de mujeres, criadas fundamentalmente para el hogar, con naturaleza emprendedora (aunque ellas no lo exteriorizaran, tenían esa certeza en su interior y me la transmitieron). Las mujeres de mi vida me animaron a estudiar, a prepararme para ser una mujer independiente, para ser el mejor ejemplo de las nuevas generaciones y también en nuestra propia familia.

Elegí la carrera de Derecho, me especialicé en el Derecho Penal por mi espontánea vocación de servicio hacia las personas y mi interés de indagar en sus historias de vida, en las condiciones de su entorno, determinantes o no para cometer delitos. Durante mi trayectoria profesional de veinticinco años en el Tribunal Supremo de Justicia accedí a numerosas historias a través de los expedientes. Logré un equilibrio entre mi vida personal y profesional con nuevos estudios, pasiones e intereses que me condujeron a desarrollar una nueva perspectiva sobre la vida que elegimos, con independencia a nuestro entorno, así como la responsabilidad de escribir nuestras historias y desarrollar nuestro auténtico liderazgo.

Tuve la oportunidad de continuar mi formación, trabajar, viajar, ampliar mi mentalidad e integrar algunos conocimientos que luego se convirtieron en una nueva forma de ser mujer. Para llevar las mejores prácticas en mi familia, cuidar mejor de mis hijos y equipos de trabajo, estuve acompañada por extraordinarias y talentosas mujeres. Juntas apoyábamos una estructura dirigida por hombres con acceso a las más altas funciones en las organizaciones y a quienes todavía podemos ver en muchos ámbitos de nuestra vida.

Siempre hay un giro que nos impulsa a más

Luego de diplomada en estudios de alta gerencia, formada en negociación en la Universidad de Harvard y en *coaching* empresarial internacional acreditada por la UNESCO, Naciones Unidas (ANUV) y la International Coaching Federation (ICF), decidí realizar un importante giro de vida personal y profesional con base en mis fortalezas, valores, pasiones y en mi verdadera naturaleza o esencia femenina.

A los cincuenta años decidí emigrar a España. Llegué a Valencia, hermosa ciudad mediterránea, donde mi visión sobre el liderazgo del siglo XXI se expandió, específicamente en relación con el liderazgo femenino, su empoderamiento y la importancia de conocernos a nosotras mismas para responsabilizarnos de cómo vamos a utilizar nuestra voz y reescribir nuestras historias.

Conocí y puse en práctica la aplicación de los modelos más avanzados de éxito establecidos en investigaciones de universidades reconocidas internacionalmente y en estadísticas. Acompañé a mujeres en procesos de crecimiento continuo en el mundo empresarial y emprendedor, basados en las fortalezas humanas, la mentalidad, el manejo asertivo del lenguaje y rediseño de vida.

Comprometida con ser parte de esa transformación que claman los nuevos tiempos, me uní a SHE y valoré mucho la importancia de trabajar en comunidad, la generosidad, la excelencia, los valores, la responsabilidad social empresarial y la visión de propiciar el aprendizaje continuo de las mujeres de habla hispana en el mundo. Juntas podemos escribir una muy buena historia, potenciar nuestra singularidad y ser el mejor espejo para las demás generaciones.

Siempre hay un camino que te guiará hacia otras latitudes, y me refiero a otros niveles, donde encontrarás que puedes asumir retos, que puedes ir más allá de donde estás.

Necesitas aceptar esos giros, tener el control; necesitas tomar el impulso y así abrirte a nuevas oportunidades y experiencias. Es momento de hacerlo, es momento de releer tu historia para dirigirte hacia otro capítulo, esta vez escrito con conciencia, sin dejarte llevar, sino asumiendo tú misma la responsabilidad y el poder de la acción.

Si te preguntas cómo puedes lograrlo, sigue leyendo porque todavía quiero compartir más de mi historia contigo.

Tu conciencia con relación a tu vocación es la mayor motivación

Mi motivación más poderosa tiene que ver con mi vocación auténtica hacia el ser humano y su desarrollo hacia la verdadera grandeza que todos tenemos en nuestro interior.

Cuando la encontré sentí que hallé una poderosa verdad que me hace levantar cada mañana con entusiasmo e ilusión. Aunque haya pasado por numerosos cambios, desafíos y retos, sigue siendo la misma motivación: las personas, específicamente las mujeres, la satisfacción del trabajo en equipo, ese camino del yo al nosotros como la auténtica realización personal.

Soy una apasionada por el aprendizaje continuo, volcada hacia las personas, los negocios y proyectos sociales. Siempre con una actitud de emprendedora que procura a diario respetar los espacios que he reservado como no negociables como mujer sobre mi autocuidado y conexión personal.

La mujer que soy es más aventurera, arriesgada, cercana, perseverante y cree que todo es posible. La empresaria es más analítica, planificada y directiva. Ambas salen a relucir según el rol que desempeñe.

Ahora bien, las partes que nos componen no están allí para confrontarse, sino para crear una armonía especial y única. Al entenderlo, podemos echar mano a más habilidades, podemos mirar con una visión más amplia y lograr nuestros objetivos.

Cada una de nosotras puede desarrollar habilidades únicas, que nos impulsen hacia los objetivos y nos permitan aportar a quienes nos rodean.

En este sentido, puedo asegurar que mi cualidad más preciada es mi mirada apreciativa hacia las personas, las valoro por el potencial o talento que poseen, por reconocer siempre su trayectoria o situación actual, por sus auténticas habilidades o destrezas, así como por cada uno de sus logros que siempre puede transformar o conducirle a su mejor historia.

Quiero que entiendas que tu mirada es poderosa, y puedes condicionar las posibilidades de realización de los otros si así te lo propones, ayudándolos a alcanzar y cumplir con sus propios retos. Esa es la mirada expansiva de mi propuesta de servicio para «mentorizar» a mujeres emprendedoras.

Conéctate con tu consciencia, con tu vocación, despierta ante la realidad de quién eres y para qué estás aquí, y así tendrás mejores recursos para afrontar los retos. Te sorprenderás por todo lo que puedes lograr, solo necesitas exponerte a nuevas realidades, y aceptar tus cualidades, tus habilidades, tus fortalezas, así como también tus debilidades y amenazas para reconciliarte con tu esencia y reconocer entonces cómo puedes trabajar desde ti misma, desde tu esencia para lograr tu desarrollo integral.

Afronta los retos y sorpréndete

Tienes un reto ante ti: afrontar los cambios y la incertidumbre con la mejor actitud de aprendizaje, con creatividad y con asombro; darle la vuelta a los errores y verlos como una experimentación continua para «ser adaptativa» y poder además ver las nuevas oportunidades, y los mejores escenarios posibles.

En mi caso, para lograrlo he tenido que desaprender antiguos conocimientos previamente adquiridos que ya hoy son obsoletos, reescribir mi vida a diario centrándome en lo relevante e importante y en mis verdaderas fortalezas humanas ante la inevitabilidad del cambio y los retos cotidianos.

Como mujer emprendedora me he sorprendido a mí misma al descubrir que en el límite entre lo que sabemos y no sabemos hay un lugar lleno de posibilidades en el que puede emerger algo nuevo y siempre mejor.

Necesitas llegar a ese lugar, necesitas adentrarte allí para emerger junto a lo nuevo, junto a lo mejor. Para entender con más amplitud tu propósito.

Llegué a la verdadera comprensión de mi propósito luego de mirar muy dentro y hacerme una serie de preguntas que me ayudaron encontrar la claridad y certeza de que voy en la dirección correcta para impulsar el liderazgo femenino en el siglo XXI, su grandeza y genialidad a través de su historia.

A continuación, te comparto alguna de las preguntas con las que me confronté para encontrar claridad y certeza. Te invito a responderlas para ti:

- ¿Quién eres?
- ¿Cómo te definirías?
- ¿Cuáles son tus valores?
- ¿Qué te apasiona?
- ¿Qué te inspira?
- ¿Qué es lo que más te gusta hacer?
- ¿Qué es único y original en lo que haces?
- ¿Qué es lo que haces muy bien y de manera espontánea?
- ¿Qué quieres hacer de tu vida? Cuando piensas en ello, ¿se te pone la piel de gallina?, ¿se te acelera el ritmo cardíaco?, ¿se dilatan tus pupilas?
- ¿Qué es lo que más disfrutabas cuando eras niña?
- ¿Qué es lo que más aprecias de ti misma?
- ¿Qué es lo que quieren y necesitan de ti?
- ¿Cómo cambian las personas o se transforman como resultado de lo que compartiste con ellas?

Cuando descubres tu propósito y tus talentos, alcanzas una sintonía contigo misma y con todo lo que te rodea, por lo que sentirás una inmensa paz y felicidad.

En el momento en el que los descubras, y los desarrolles con paciencia y perseverancia, verás como poco a poco se cumplen tus más profundos anhelos y sueños.

Creo que todos los seres humanos tenemos cualidades preciadas y cuando las combinamos natural e intuitivamente para servir a los demás, queda una huella única en nuestras relaciones. En mi caso me siento como una mujer capaz de ponerme en el lugar del otro, me reconozco como empática.

La empatía hace que las personas se ayuden entre sí; está estrechamente relacionada con el altruismo, el amor, la dedicación y la capacidad de ayudar a los demás.

La empatía me ha permitido relacionarme con los otros con mayor facilidad y conexión. Es muy importante el relacionamiento para mantener un sano equilibrio, para establecer relaciones constructivas y enriquecedoras.

De allí que lo aplique en mi emprendimiento y en mi vida personal, como una forma de ser y afrontar la vida al saber escuchar a los demás, además de propiciar conversaciones valiosas o significativas.

Cada vez que tengo un reto me pregunto cómo lo vivo; depende de mí y mis circunstancias poder transformar mi perspectiva sobre la situación de incertidumbre.

Esta y otras preguntas me conducen a mirar mi interior, enfocarme en mis fortalezas, mis valores y ser flexible para desarrollar una mentalidad de aprendizaje continuo para tomar las decisiones acertadas, avanzar y hacer los giros que me apuntarán en la nueva dirección. Transformo en certidumbre o certeza lo que sí está en mis manos y que pertenece a la esfera de mi responsabilidad personal o profesional.

Gestiono mi vida durante mis espacios sagrados de conexión y reflexión para centrarme a primera hora de la mañana en el silencio, luego me pongo en movimiento a través de mi caminata diaria y en las respuestas que surgen como un susurro interior. Me acompaña siempre mi cuaderno para plasmar esas notas que me aportan la claridad necesaria para continuar.

Definitivamente el futuro puede ser incierto; la certidumbre la encuentro en lo que mi corazón reconoce como las decisiones que sí puede tomar cada día.

Establece una conexión inteligente

Comencemos por definir a qué me refiero con conexiones inteligentes. Estas son el resultado de equilibrar nuestra inteligencia intrapersonal con la interpersonal ante nuestra necesidad humana básica de encontrarnos con otras personas en comunidad para intercambiar valores, talentos y apoyo.

Para ello necesitamos cierta destreza que nos permita movernos en tres ámbitos distintos: el mundo interno, el mundo externo y el mundo de los demás para obtener mejores resultados y favorecer nuestras relaciones.

Nuestras conexiones inteligentes nos hacen crecer, nos inspiran y son recíprocas. Espontáneamente, cada integrante ofrece su saber hacer y siempre hay que honrar a cada una de esas personas que te conectaron, te abrieron una puerta o tendieron un puente de posibilidades para ti, para tu emprendimiento o empresa.

Necesitas cultivar estas conexiones inteligentes, establecerlas, para así disfrutar los beneficios.

Anabella Arroyo Hernández

SOY LA SEMILLA DE MI MADRE ASESINADA

Si ayudo a una sola persona a tener esperanza,
no habré vivido en vano.

Martin Luther King

ÁNGELA KOHLER

Soy la semilla de mi madre asesinada.

Esta es la mejor descripción que puedo hacer sobre mí. Quedé viva para compartirte a través de estas cortas líneas mis tres p: mi propósito, mi pasión y mi placer.

Me llamo Ángela Kohler. El nombre de Ángela lo llevo como forma de gratitud a la mejor amiga de mi madre y lo cargo con todo orgullo porque lo relaciono siempre con la figura del ángel, ser celestial y bondadoso. Nací en un pequeño municipio llamado Sonsón, ubicado a cuatro horas de la capital del departamento de Antioquia, Colombia. Sonsón es un lugar impresionante, no solo por su entorno espectacular de naturaleza sino también por su importancia histórica y su gente amable.

Fue precisamente en este municipio donde en el año 1988 mis ojos de adolescente presenciaron lo que sería el momento más desafiante de mi vida. Mi madre, una mujer de cuarenta y cinco años, líder y soporte de personas vulnerables, para quien la educación de sus cuatro hijos era su prioridad aunque ella solo había cursado algunos grados de primaria era asesinada frente a los ojos de mi hermano de catorce años y los míos de trece años. Como es apenas lógico, mi cerebro no daba crédito a lo que estaba pasando y tardé en reaccionar. Mi hermano y yo estamos

vivos, pudimos morir en ese mismo espacio pero no fue así. Hoy somos la semilla y la voz de esta mujer porque a las personas se las puede eliminar, pero no a sus ideas.

Seguí el legado de mi madre; al terminar mi bachillerato como una de las mejores estudiantes, obtuve mi cupo en la universidad pública más importante de la región, la Universidad de Antioquia, donde estudié becada toda la carrera de Psicología. Al finalizar mis estudios ingresé a una de las instituciones públicas más reconocidas de Colombia, el SENA, Servicio Nacional de Aprendizaje.

Tuve el privilegio de estar en el SENA por diecisiete años, ocupé varios cargos, en su mayoría de dirección. Jamás imaginé que aquella profesional recién graduada que entró a una institución con más de dos mil servidores públicos para dejar su hoja de vida, dieciséis años después sería su directora. Hazaña que pocos pueden contar. Renuncié al SENA porque quería experimentar otro desafío, ahora desde la capital de mi país, Bogotá, en el Ministerio de Educación. Allí me desempeñé como directora y varias veces encargada como viceministra. Desde allí recorrí mi país y vi de frente las desigualdades e inequidades de cientos de personas para quienes los programas sociales no llegan, en parte por actos de corrupción de algunos mandatarios.

Trabajé sin descanso durante veinte años y recibí todas las condecoraciones como la mejor empleada. Alternaba el trabajo con los estudios de mis maestrías y especializaciones en las áreas de Educación, Gerencia y Derecho. Luego tomé una de mis mayores decisiones de vida, renuncié a mi actividad profesional y laboral para dedicarme a trabajar como voluntaria, esto también en honor a la memoria de mi madre.

En el año 2016, ya sin rangos y etiquetas, solo siendo Ángela, me trasladé a EE.UU. con el deseo de permanecer por un año. Sin estar en mis planes, conocí tres meses después de mi arribo a quien hoy es mi esposo. Juntos vivimos en un lugar bellísimo llamado St. Petersburg, ubicado en el estado de la Florida. Desde este espacio ubicado frente al mar nace mi idea de poner a disposición de la humanidad mi formación, experiencia y, ante todo, mi recién descubierto propósito de vida: servir. Desde mis pasiones y lo que me genera placer, la pedagogía y la enseñanza, creé una red de conocimiento a la que llamé Happynar, espacio donde confluyen los expertos en las áreas de bienestar y felicidad desde las neurociencias. Con ellos aplicamos cuatro C: Concebimos y Creamos Conocimiento de Calidad para mejorar la vida de cientos de personas alrededor del mundo. Al interior de Happynar nace un hermoso colectivo de mujeres que tenemos cuatro elementos en común, somos mujeres, inmigrantes, emprendedoras y latinas, por eso decido llamarnos: las mujeres miel.

Mi mayor aprendizaje de todo este trayecto de vida es que si tú no tomas decisiones, la vida lo hará por ti y sin consideración. Por eso si hay una decisión que has aplazado, ¡tómala ya! Si yo no lo hubiera hecho no estaría aquí compartiendo contigo con la compañía de mi esposo desde un lugar que me da todas las opciones de crear y ayudar a muchas personas por día.

En mi familia no había emprendedores, pues mis tres hermanos, como yo, solo han estado vinculados al sector estatal desde hace muchos años. Cuando llegué aquí, me di cuenta de que la mayor emprendedora fue mi madre, antes no le había reconocido ese papel. Como lo leíste en mi biografía, mi madre era una defensora de los derechos humanos que luchó mucho por las personas vulnerables. En la época de la violencia en Colombia, en 1988, ella fue asesinada frente a mí y mi hermano, allí mi vida se dividió en un antes y un después. Hoy siento que esto que hago todos los días es la continuidad de lo que mi madre empezó, del trabajo que dejó inconcluso, porque ella murió a los cuarenta y cinco años, víctima de la violencia, pero dejó las semillas.

Sumado a lo anterior, Happynar nace además por el apoyo de mi esposo Steve después de un viaje a Colombia. Recorrimos juntos gran parte del país que él no conocía, y al llegar al Cabo de la Vela, quedó impresionado con las condiciones de vida y la pobreza de La Guajira. Al volver me dijo: «Ángela, tú tienes que hacer algo por tu país, utiliza tu formación y tu experiencia» y así nació esta comunidad, hace solo once meses.

Mi mayor motivación para crear Happynar y MIEL fue el deseo de transformar a las personas, para que pasen de vivir desde el ego a vivir desde el propósito, tal como yo lo hice, y de esta forma no se pierdan los regalos que la vida tiene para quienes tenemos la apertura para tomar decisiones y recibir. Esto enmarcado en el servicio, porque es el legado que me dejó mi madre.

Al crear esta red de expertos interesados en trabajar por las comunidades vulnerables de sus países de origen, se organizó un subgrupo con cuatro características muy especiales: todos sus miembros éramos mujeres, inmigrantes, emprendedoras y latinas. Tristemente, esas cuatro cualidades son también condiciones de vulnerabilidad. Te hablaré sobre estas con más detalles adelante.

Mi madre es mi guía. Desde hace un año, me levanto tempano cada mañana para crear nuevos espacios que me permitan cumplir con mi propósito, mi pasión y mi placer, y así llegar a cientos de hombres y mujeres alrededor del mundo. Ha sido una de las mayores y desafiantes experiencias de mi vida.

Mujeres Inmigrantes Emprendedoras Latinas (MIEL) nace luego de seis meses de crear Happynar. porque me levanté un día, de aquellos que deseas estar a solas contigo misma, me paré frente al espejo y me observé de pies a cabeza, quería ver más allá de la simple imagen que el espejo reflejaba, y me pregunté, ¿Por qué te sientes orgullosa querida Ángela? Afortunadamente fue una gran lista de cualidades, sonreí. ¿Ángela bella qué te hace diferente? Y entre otras empecé por mi condición de mujer, de lo cual me siento profundamente bendecida, por todas las luchas que a lo largo de la historia hemos hecho para dignificar nuestro importante rol en la sociedad.

También vi en aquel reflejo a una mujer que cuatro años atrás tomó la decisión de dejar su país de origen, Colombia. Amo mi país, pero en ocasiones siento que no me merece; pensaba en los actos de corrupción y desigualdad que ocupan los titulares de las noticias cada día. En ese sentido veía el reflejo en el espejo de una mujer migrante que ha tenido el desafío, como miles, de integrarse a un país con otra cultura, sin perder su identidad y sus raíces.

Parada frente al espejo, sin maquillaje y con ropa deportiva, luego de sentirme orgullosa por lo que he hecho de mi vida y de reconocerme como mujer y migrante, sigo mi conversación interna. Pienso en la palabra emprendedora, años atrás no me veía en ese rol, mi mente estaba programada para trabajar en el sector público hasta jubilarme, sin preocuparme por mi salario porque estaba asegurado. Me siento honrada de haber hecho un recorrido tan importante como servidora pública, porque mucho de lo que hoy soy se lo debo a estos veinte años de experiencia. Pero sentía que había más para mí. Di un salto al vacío sin saber lo que vendría, algo raro en mí que planeaba todo minuto a minuto. Cuando miro hacia atrás me felicito por la decisión tomada y por el camino recorrido con aciertos y desaciertos que yo llamo maestros.

Sentí que me faltaba hablar más conmigo misma. «Ángela también eres latina» me dije, y esto también es un hermoso elemento diferenciador, pues en medio de señalamientos y discriminaciones nos abrimos paso con nuestro talento en los países donde llegamos como migrantes. Ya había consolidado cuatro importantes elementos diferenciadores, tenía que organizarlos y ponerlos al servicio de la humanidad. Eso es lo que siempre me pregunto cuando genero nuevas ideas.

A varios días de este diálogo interno en voz alta, conversé con tres amigas que forman parte de la comunidad de expertos Happynar con las que tenía una gran conexión. Las escuchaba emocionada por el privilegio de tener ese encuentro con estas maravillosas mujeres de las que un par de meses atrás no sabía de su existencia. De esto se trata Happynar, de generar conexiones todo el tiempo y desde allí reconocer el valor que se encuentra en cada persona. Al escucharlas con toda la atención, pensaba que las cuatro mujeres tenemos las mismas características que días atrás había visto en el reflejo del espejo: somos mujeres, somos migrantes, somos emprendedoras y

somos latinas. Qué hermosa coincidencia y así se los hice saber, las tres saltaron de alegría de sus sillas, sus ojos y rostros se iluminaron.

Luego de la reunión con las amigas, visitamos con mi esposo a su hermano quien se encontraba en el hospital por una situación de salud que debía controlar, y en la sala de espera, pensaba y pensaba en aquella maravillosa reunión, y de nuevo llegó a mi mente una imagen, la de una abeja. ¿Por qué llegó? Aún no lo sé, pero de allí tomé el nombre de MIEL, las cuatro palabras debidamente organizadas, miel: Mujeres Inmigrantes Emprendedoras y Latinas. No aguanté hasta el día siguiente para decirles, «Mujeres a partir de hoy nos llamaremos MIEL», les expliqué el porqué y a todas les encantó. A partir de ese momento se iniciaba un nuevo capítulo en la corta vida de Happynar.

Es importante que conozcamos el panorama de nosotras las mujeres migrantes latinas. Desde hace un par de años tenemos una tendencia al alza: las latinas emprendedoras están aumentando a un ritmo acelerado, especialmente en los Estados Unidos. Solo entre el 2007 y el 2017 el número de mujeres de origen hispano en el país norteamericano creció un 137%, según un estudio encargado por el National Women´s Bussines Council. Sin embargo, los ingresos y empleos que generan aún no están donde deberían: la investigación, realizada por Ventureneer y CoreWoman Empodera, revela que, si su posición estuviera a la par con las mujeres blancas, sus empresas emplearían a ochenta mil personas más y sus ingresos se dispararían casi un 160%.

Las emprendedoras latinas somos tan diversas como nuestros países de origen y sus situaciones personales. En palabras de Susana Martínez, coautora del informe: «No todas las mujeres empiezan igual ni en el mismo sector y sus necesidades no se pueden meter en el mismo saco». Mientras las hispanas de primera generación que no hablan inglés necesitan ser incluidas en el sistema financiero y tener un mejor acceso al crédito y formación básica para que sus negocios puedan crecer, hay empresarias establecidas que requieren de aceleradores e inversionistas. Sin embargo, solo el 0.6% de todas las inversiones hechas con fondos de capital de riesgo se destinan a mujeres afroamericanas o latinas en los Estados Unidos.

Con este panorama en mente y reconociendo que una de mis mejores experiencias es la de producir conocimiento rodeada de mujeres, pues ellas son mi espejo y en ellas me veo reflejada, —mujeres creativas, líderes, innovadoras, recursivas—, me puse en la tarea de tocar puertas a colectivos que tuvieran como fin el empoderamiento femenino. En los últimos meses he sido convocada para participar activamente en más de diez colectivos de mujeres, lo que me llena de orgullo. Gracias por creer que puedo ser un aporte para las mujeres en el mundo hispano. Esta es mi mayor cualidad, establecer redes de contacto y transmitir conocimiento de valor.

En medio de las necesidades de capacitación en español, con empatía y empoderamiento, y al tener el colectivo MIEL, reunimos a treinta poderosas mujeres, migrantes, emprendedoras y latinas que están en siete países diferentes y creamos el I Congreso Mundial de las Mujeres MIEL: Emprendimientos digitales exitosos. Tal y como nosotros ya lo hicimos desde Happynar.

Este evento fue producido por Happynar, nuestra comunidad global de aprendizaje con sede en los Estados Unidos, que reúne a más de ciento veinte expertos en las áreas de bienestar y felicidad, con un enfoque neurocientífico. En Happynar generamos conocimiento de calidad para mejorar la vida de las personas, sin importar su condición socioeconómica, por eso el 95% de nuestro contenido es gratuito.

Admiro profundamente a las mujeres que se levantan cada mañana a luchar por sus hijos, por su país, ellas son líderes sociales y arriesgan su propia vida por el beneficio de los demás. A las mujeres que, de alguna manera, en medio de su soledad, de su angustia y de su miedo, salen adelante en un país nuevo, desconocido, donde no se habla su idioma y donde no tienen sus documentos en orden. Esas son las mujeres que a mí me inspiran: las que no tienen visibilidad, las que son anónimas, las que trabajan dieciocho horas al día, las que se sienten solas, y que aun en medio de todo eso logran surgir.

No creemos en nosotras, emigramos con miedo y eso nos lleva a tener una profunda desconfianza. La cultura nos ha vendido que nos vamos del país para trabajar incansablemente y así mandar ayuda a nuestras familias, no a crear empresas. Hay que derribar esos imaginarios y empezar a trabajar en la confianza. Inspirados en el ese poderoso evento académico que se llevó a cabo en el mes de septiembre, escribimos el libro llamado *Las 10 P de los emprendimientos digitales exitosos*. La filosofía de Happynar es producir conocimiento de alto valor, para el bien de otros. Una de mis pasiones es escribir y ahora lo hago con más frecuencia.

Este libro recoge de forma organizada y sistemática este modelo creado, fruto de mi experiencia laboral de veinte años en cargos de gerencia, mi formación como psicóloga, mis tres maestrías, mis tres especializaciones, las más de cuatro mil horas de actualización y mi reciente experiencia como emprendedora. Las 10 P son: propósito, prospecto, problema, planeación, posicionamiento, producto, políticas, *partners*, plataforma y promoción.

En este libro te entregaremos elementos tan importantes como los diez principios del emprendedor. Los anticipo en este escrito, como parte de mi regalo para ti: pasión, perseverante, preparado, práctico, positivo, prudente, puntual, preciso, paciente y productivo. Además, vas a tener en cada una de las P de los emprendimientos digitales exitosos 10 preguntas tipo mentor para que reconozcas cómo está tu emprendimiento y además 10 estrategias para llevar al máximo tu empresa. De esta forma encontrarás en el capítulo: Los principios del emprendedor, de mi poderoso libro, la definición de cada una de las 10 P y 100 preguntas de las 10 P, más 100 estrategias de las 10 P. De esta forma tendrás a un experto mentor en 10 áreas diferentes, lo cual no vas a encontrar en ninguna otra parte.

Escribo este libro porque soy una convencida de compartir el conocimiento con quienes nos rodean. Así quiero ser recordada cuando ya no esté en este mundo material. Si hoy Happynar es un emprendimiento exitoso ¿por qué no compartir la estrategia con los demás? Si ingresar al mundo digital era una sabia recomendación para las empresas, después de la pandemia se ha convertido en necesidad imperiosa.

Para mí el mundo *online* es clave en la generación de los nuevos emprendimientos y la creación de igualdad; lo tengo claro desde el año 2002, cuando empezó la discusión sobre los ambientes virtuales de aprendizaje en el SENA, la entidad estatal más importante para la formación del talento y el desarrollo humano en Colombia.

Creo que la educación es lo que permite el equilibrio en las sociedades. La vida de un niño está marcada por el lugar en el que nace y no debería ser así. Además, la flexibilidad de tener un proyecto que pudiera llevarse a cualquier lugar del mundo también era un reto, Yo estuve veinte años en una oficina y no quiero volver a eso.

Quienes estaban aplazando la decisión de ingresar al mundo digital se han visto forzados a hacerlo, porque ocurre algo en el universo, y es que cuando tú no tomas decisiones, la vida las toma por ti y lo hace sin consideración, de la noche a la mañana.

Ese es mi motor. Hacer mi parte para transformar aquello con lo que no estoy de acuerdo. De forma paralela a mi labor con Happynar y MIEL, me dedico a escribir, antes lo hacía desde un ejercicio académico y con otros énfasis, hoy lo hago desde las áreas de bienestar, felicidad y emprendimiento. En el año 2020 escribí mi libro: *Alcanza el éxito: conectando con tus cinco ex*, en el que me refiero a los cinco elementos fundamentales en el éxito: la existencia, la exigencia, la excelencia, la experiencia y lo extraordinario.

El primer capítulo está dedicado a mi madre, pues yo fui la única persona que estuvo con ella durante sus últimas veinticuatro horas de vida y recuerdo con detalle cada una de las cosas que hicimos hasta que murió frente a mí. La primera ex es existir, por eso empiezo con mi madre; el solo hecho de que estés vivo ya te hace una persona exitosa. Quien asesinó a mi madre pudo girar su arma y acabar con mi vida y la de mi hermano, pero no lo hizo, no nos asesinaron, tenemos la misión de seguir con su trabajo y sus pasiones. Ella es la mujer que me dio la vida y marca mi propósito, y gracias a ella sigo encontrando mi inspiración.

Te invito a conocer más sobre Happynar y Mujeres MIEL a través de la web www.happynar.com e integrarte a estas dos redes de conocimiento para que sigamos transformando vidas. Esto dice el libro *Un curso de milagros*, de la psicóloga Helen Schucman: «Yo no soy un ser terrenal teniendo una experiencia espiritual, soy un ser espiritual teniendo una experiencia humana».

Ángela Kolher

VUELVE A TU HOGAR Y SANA

Camina como si estuvieras besando la tierra con tus pies.

Thich Nhat Hanh

ÁNGELA SIMO

Soy hija del amor y mi misión en esta vida es amar. Y entre todas las posibilidades que hay en este mundo para llevar a cabo esa misión, mi alma eligió a la sanadora.

Ya desde muy niña y gracias a mi padre, descubrí el don de sanar que nacía a través de mis manos. Desde entonces camino por este mundo y acompaño a las personas que se acercan a mí para transformar el dolor en consciencia; las guío y les enseño a cambiar sus hábitos de vida para que recuperen su salud.

Elegí la fisioterapia como vehículo de actuación para llegar al alma de la persona a través de su cuerpo. Un cuerpo sano es fruto de una mente sana, unas emociones equilibradas y un espíritu feliz. Así que me he convertido en un «geolocalizador» que te facilita que llegues a tu verdadero ser por el mejor camino para ti y recuperes tu poder interior y tu salud.

La vida es tan sabia que siempre te regala experiencias para que aprendas a vivir. A veces esas experiencias vienen disfrazadas de dramas, otras veces de comedias, pero siempre hay verdaderas perlas de sabiduría que esperan ser abiertas y degustadas para que evolucionemos y nos amemos.

Una de esas perlas llegó a mí cuando estaba terminando la carrera de fisioterapia, vino disfrazada de hernia sacro lumbar. Mi cuerpo se quedó clavado y el dolor era tan fuerte y agudo que hasta respirar era doloroso. Cualquier movimiento, por ligero que fuera, me hacía ver las estrellas y mi vida se paralizó. Consulté a cinco de los mejores neurocirujanos entre Madrid y Barcelona para tener diferentes opiniones y todos coincidieron en el tratamiento: operarme, olvidarme de la fisioterapia y buscar otra profesión. Aquello, como bien comprenderéis, me sumió en una profunda crisis existencial.

Todos a mi alrededor me recomendaban la cirugía. Además de la hernia discal, las pruebas clínicas habían detectado una malformación congénita llamada mega apófisis transversa, es decir, he nacido con la 5.ª vértebra lumbar más grande de lo normal y eso implica que la vértebra roza con la cresta iliaca y se ha formado una especie de pseudoarticulación, lo cual le resta movilidad al disco intervertebral y lo hace muy propenso a terminar herniado, tal cual sucedió.

Pero una voz interior me decía: «Ángela, date un año sabático, cuida de ti, de tu cuerpo y de tu mente, y sánate a ti misma».

Tras mucho meditar y preguntarme para qué estoy viviendo esta experiencia, tomé la decisión de escuchar a mi voz interior y ser mi primera clienta.

Tomé consciencia de lo mal que usaba mi cuerpo y comprendí por qué se había roto, aprendí a usarlo adecuadamente, reeduqué mi postura corporal y recuperé mi alineación y mi centro de gravedad.

Además tomé consciencia de cómo la escucha de mi cuerpo me llevó al encuentro conmigo misma, a la escucha de mi voz interior, y fue gracias a esa perla de sabiduría que inicié mi viaje interior y sané.

Vuelve a tu hogar y sana. Tu hogar eres tú misma, no lo olvides jamás. Cuida de ti misma, escúchate a ti misma, ámate a ti misma y tu cuerpo sanará.

La experiencia como motor del emprendimiento

La propia experiencia personal me llevó a emprender. El hecho de haber sanado siguiendo mi intuición y mis conocimientos me dio una fuerza interior muy grande y me empoderó. Eso me incitó a abrir mi propia clínica de fisioterapia. Me especialicé en antigimnasia, higiene postural y en reeducación postural. Me dediqué a enseñar a las personas a usar adecuadamente su cuerpo, a escucharlo, porque el cuerpo también tiene sus razones, como bien decía Thérèse Bertherat, la creadora de la antigimnasia. Los resultados eran tan buenos que las personas que venían se lo contaban a su familia, a sus amigos, a sus compañeros de trabajo. Así se creó una red de personas que venían a las clases ya no solo por sus lesiones, sino también para prevenir y aprender a usar bien sus cuerpos y, sobre todo, para sentirse a gusto.

Además, por aquel entonces, descubrí otro de mis dones: la capacidad de percibir el micromovimiento óseo, algo que no se ve pero que se puede sentir y que nos pone en contacto con el misterio de la vida. Como la clínica de fisioterapia funcionaba a pleno rendimiento, pude practicar esa capacidad con muchas personas que venían a hacer rehabilitación y que estaban abiertas a experimentar este nuevo enfoque de la microterapia. Pude entender que los cambios que experimentaban ocurrían no solo a nivel físico sino también a nivel mental, emocional y, en algunos casos, a nivel espiritual.

A partir de ahí, empecé a observar la interrelación entre cuerpo y mente y este fue el motor que puso en marcha mi vida, tanto a nivel personal como profesional, y al que estoy entregada en cuerpo y alma a través del método de sanación consciente que desarrollé a lo largo de treinta años de experiencia clínica y al que llamé microosteopatía cuántica, una técnica biodigital que, a través del reequilibrio del micromovimiento de los huesos, consigue relajar las fascias (auténticas autopistas de la información) y restablecer la conexión entre cuerpo y mente, lo que trae consigo un despertar de consciencia.

Hoy sigo totalmente comprometida con este camino de sanación consciente a través del cuerpo pues nos lleva de la mano a un nuevo mundo, el de la experiencia personal. La microosteopatía cuántica es un puente que establece ese encuentro entre cuerpo y mente que te permite que conectes con tu ser. Desde ahí puedes sentir tu cuerpo, tu organismo, y saber qué ocurre dentro de ti, dentro de tu ser. Sentir que cuerpo y mente son las dos caras de la misma moneda y que han de caminar al unísono para que la salud se despliegue y se irradie.

Gracias a la neurociencia y a la física cuántica, estamos descubriendo que cuando cuerpo y mente entran en coherencia hay una memoria celular que activa los mecanismos de autosanación que ponen en marcha la salud, ese equilibrio interno que nos pertenece por naturaleza.

Es un mundo que me apasiona cada día más y más y que sostiene mi negocio y mis proyectos profesionales con fuerza y vitalidad para seguir avanzando y evolucionando.

Todas las mujeres que habitan en mí tienen alma de líder

Reconozco que siempre he tenido alma de líder y que a través de mi profesión he desarrollado mis dones y talentos. Debo decir que encontré muy pocas desavenencias entre la empresaria y la mujer que soy, ya que mi crecimiento personal está muy unido a mi desarrollo profesional.

Recuerdo que mi madre decía: «Esta hija mía cura más con el amor que da que con sus tratamientos…» De manera natural me surge amar, cuidar y escuchar a cada cliente, y desde ese encuentro entre almas, me resulta muy cálido acompañarle en su proceso sanador. Siento que las mujeres, por el hecho de ser madres, tenemos ese instinto amoroso de cuidar del otro. Y claro, eso es un valor en mi profesión. Las personas que acuden a la clínica están viviendo unas experiencias dolorosas que a veces arrastran desde hace muchos años y les resulta muy confortable sentir un buen trato amable, atento y cariñoso. En ocasiones, ese trato amable y cariñoso confundió al cliente y viví alguna experiencia de intento de abuso sexual que supe cortar de raíz y simplemente quedó en agua de borrajas, como decimos vulgarmente.

Uno de los retos que encuentro como mujer emprendedora en el campo de la fisioterapia del siglo XXI es la visión académica que aún está anclada en el paradigma de la física newtoniana que ve al cuerpo separado de la mente y, por lo tanto, dependiente de algo externo para recuperar su salud. Es un enfoque mecanicista del ser humano que ve al cuerpo como una máquina que hay que llevar al taller para repararla. Esto lo veo cada día en la consulta. Todavía la sociedad tiene que abrirse al nuevo paradigma de la física cuántica, donde cuerpo y mente son uno y se interrelacionan constante y continuamente.

Tú eres el creador de tu vida, la consciencia está creando nuestras experiencias de vida. Si cambias tu nivel de consciencia, cambias tus experiencias de vida. Y esto es lo que se llama la creación consciente. Cuando cambias tu mente, cambia tu cuerpo y cambia tu vida.

Por todo esto disfruto al entregarme a mi proyecto de vida desde la valentía de ser fiel a mí misma y escuchar mi voz interior y así, desde mi experiencia de vida, acompañar a otros hacia su sanación.

Una de mis cualidades más valiosas es la intuición. Desarrollar la escucha de mi voz interior me ha traído siempre grandes regalos y, entre ellos, me ha hecho llegar hasta ti. Así que desde aquí doy las gracias por esta bendita intuición.

Conectar con el corazón

La conexión inteligente es el amor inteligente. Es el amor el que nos conecta, nos une y lo hace siempre de una forma inteligente.

Cuando el ser humano conecta su corazón al cerebro aparece la magia y suceden los milagros. El corazón, es decir, el amor, nos guía, y el cerebro, nuestra inteligencia, se pone al servicio del amor. Desde ahí nacen las relaciones colaborativas, donde todo el mundo aporta lo mejor de sí mismo, desde la confianza mutua y la tranquilidad de espíritu. La persona que vibra en amor es colaborativa. La persona que vibra en miedo es competitiva. Para vivir una experiencia de liderazgo colaborativo es fundamental que todas las personas que creen esa experiencia vibren en amor.

Llevado a mi campo, el de la sanación, voy a compartir un testimonio muy directo. Mi padre sufrió unos ictus en octubre de 2018 que volvieron a repetirse dos meses más tarde. A consecuencia de ello quedó afectado a nivel cognitivo y a nivel motor, tuvo dificultades en la marcha y

en la coordinación. Había que darle de comer, vestirle, ducharle. Yo lo atendí desde el primer momento y eso le daba mucha confianza y seguridad.

En marzo del 2019 participé en un congreso mundial organizado por el Dr. Joe Dispenza que reunió a unas mil quinientas personas de todo el mundo. En los eventos, el Dr. Dispenza ofrece los últimos avances de la neurociencia aplicados y enseña el método que ha creado de sanación cuántica. Los dos últimos días del congreso se destinan a llevar a cabo las sanaciones de las personas que lo precisan. Cuando llegó ese momento, todos estábamos preparados en círculos para hacer la sanación de las personas interesadas. Una voz interior me dijo que visualizara a mi padre dentro del círculo de sanación. Estaba tan desesperada por la situación de mi padre que pensé que no perdía nada si probaba lo que me decía esa voz interior. Hice caso a mi intuición. Vi a mi padre allí tumbado recibiendo sanación de todos nosotros, y sanando. El evento terminó y volví a Madrid. A la semana recibí una llamada de mi padre, feliz. Saltaba de alegría y me decía que se había curado.

Este es un ejemplo clarísimo de cómo las consciencias unidas por el amor y, en este caso, con el foco dirigido a la sanación, colaboran unidas para obtener el resultado deseado de manera prodigiosa y misteriosa.

Autoconfianza versus incertidumbre

Mi mayor reto fue confiar en mí misma y ser consciente de que soy la creadora de mi vida. Si creo en mí, todo es posible. Aunque a mi alrededor todo parezca derrumbarse, el poder está dentro de mí y yo elijo en cada momento lo que quiero crear. Ahora soy más consciente que nunca de la importancia de todos estos años de viaje interior. Gracias a ese crecimiento y ese desarrollo personal puedo decir que el 2020 ha sido uno de los mejores años de mi vida.

• Lancé al mundo mi nuevo servicio de microosteopatía cuántica que está siendo un éxito y de manera natural me especialicé en sanación familiar.

- Decidí vivir el confinamiento como un retiro espiritual.

- Aproveché el tiempo libre para escribir el libro de microosteopatía cuántica que llevaba cinco años queriendo escribir y sin tener nunca tiempo.

- Mi economía se quedó a cero porque nos obligaron a cerrar la clínica lo que me hizo tomar consciencia de que yo soy mi economía y al día de hoy tripliqué mis ingresos.

- Me regalé un máster de Creatividad aplicada al Liderazgo Personal y Profesional para estar preparada para los tiempos que vienen.

- Contraté a una *coach* para dar un salto cuántico en mi vida.

- Tomé consciencia de lo importante que es mi crecimiento y mi desarrollo personal para salir victoriosa en tiempos de crisis.

- Aprendí a vivir en la incertidumbre gracias a todas las experiencias que la vida nos ofrece.

Ahora vivo en el momento presente y doy gracias porque cada día es un día más de vida. Eso hace que mi mente esté tranquila, sin preocuparse por el futuro, algo muy necesario en los tiempos que vivimos.

Mi camino es un camino de expansión de la consciencia a través de la salud, me siento muy bendecida y muy agradecida por ofrecer mis servicios al mundo, por ser de beneficio para muchas personas y por compartir mi experiencia de vida con tantas mujeres emprendedoras maravillosas.

Mujeres que somos conscientes de que unidas sembramos las semillas de amor en el planeta Tierra, creando una red de liderazgo creativo y colaborativo que irá creciendo con el tiempo y nos llevará hacia el mejor destino que imaginamos, al destino de nuestros corazones, nuestro verdadero hogar.

Por eso quiero despedirme con mi frase preferida: «Vuelve a tu hogar y sana».

Ángela Simo

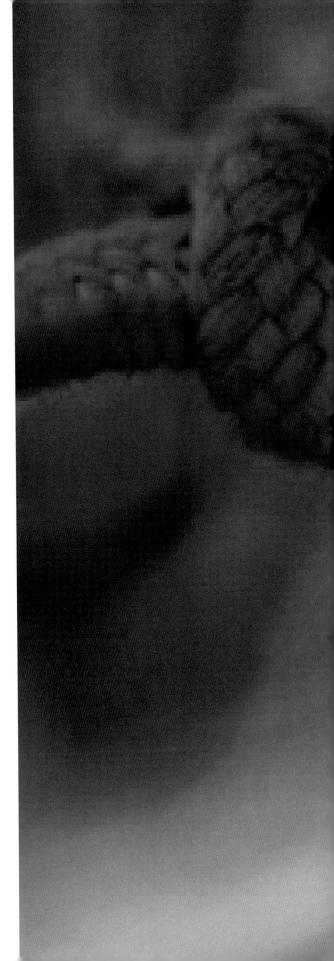

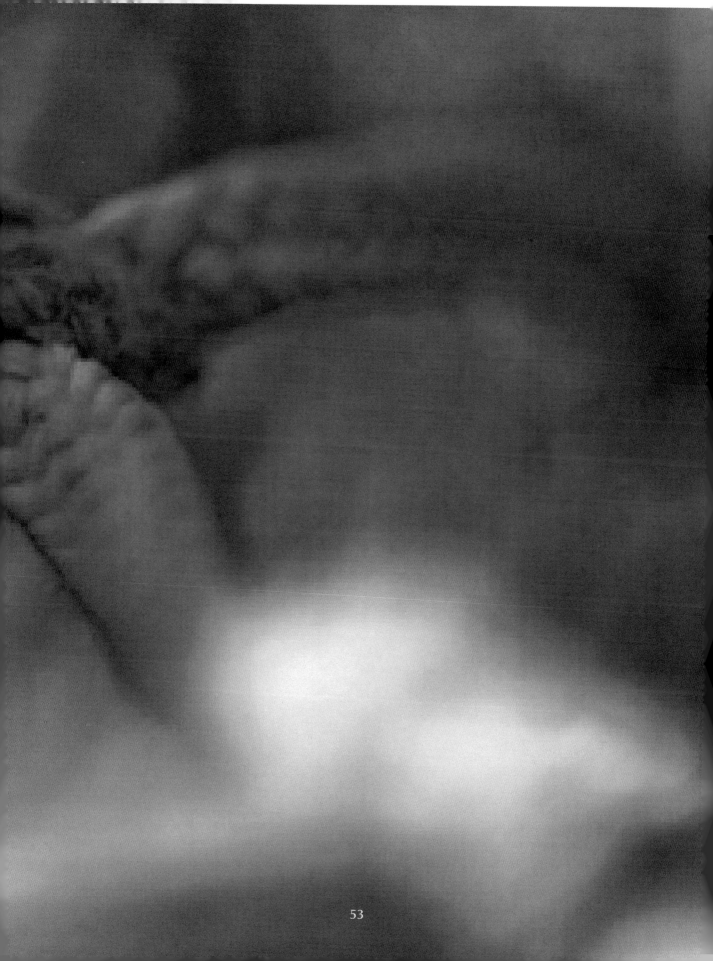

¿ESTÁS CONECTADA CON TU PROPIA ALMA Y ESENCIA?

Porque ¿qué aprovechará al hombre,
si ganare todo el mundo,
y perdiere su alma?

Nuevo Testamento, Mateo 16:26

ANGÉLICA CIFUENTES

¿De qué te sirve tener todo en el mundo terrenal si te falta el alma? Cuando tú no estás conectada con lo que haces ni con tu emprendimiento no está pasando nada en tu vida. Hasta el momento en que conecté con los regalos de mi alma y con lo que era mi alma no supe realmente el mensaje que debía compartir con el mundo entero.

En el pasaje de tenerlo todo, aparentemente, y sentirme, a la vez, vacía atravesé un largo camino que empezó en Colombia y llegó hasta Canadá. Fueron años de aprendizajes, escaladas y caídas hasta estar en el punto donde me encuentro hoy, donde mi alma vibra alto y mi camino es acompañar a muchas mujeres para que conecten con su negocio y logren que este sea su mayor herramienta de realización.

Antes de llegar a mi momento actual en Canadá, antes de tomar la decisión y buscar la manera de mudarme de país, quiero contarte un poco acerca del mío. Nací en uno de los países con más diversidad de aves en el mundo: Colombia. Así que no fue extraño que yo también naciera ave, aunque con algunas particularidades y diferencias. Tenía miedo y me producía vértigo la idea de volar.

¿Un ave con miedo a volar?

¡¿Cómo le explicaba esto al mundo?! ¡¿Cómo enfrentaría esta verdad?! Más difícil aún: ¿cómo se lo explicaba a papá y mamá?! Había tanto que debía explicarles a ellos, aunque yo no quisiera, y aunque a veces me quedaba sin ánimo de dar razones, era una constante la necesidad de buscar siempre su opinión o aprobación. En este caso, el hecho de contarles sobre mi miedo a volar, no podía ser la excepción. Anticipadamente sabía que no podía darme el permiso de sentir miedo, pero sí sentía ganas de que ellos lo supieran.

Yo había nacido para ser grande y llegar lejos, eso lo tuve claro y seguro desde siempre. Aunque soy sincera y reconozco que sintiéndome ave, prefería muchas veces la seguridad de una jaula al vértigo que me daba la posibilidad de volar. La puerta de la jaula se abrió en muchas ocasiones y siempre desperdicié la oportunidad de escape. Fueron muchas las veces que pude volar, pero sentía que necesitaba la aprobación de los que me rodeaban y me producía un miedo aterrador cruzar la puerta.

¿Alguna vez has sentido compasión por un ave enjaulada y has querido derribar la puerta con tus dedos para otorgarle la libertad? ¿Alguna vez has escuchado el melancólico canto del ave encerrada y has soñado con que sus alas se extienden? Tal vez si hubieras abierto la puerta de mi jaula, habría perdido el afán de mi fuga, porque aún no estaba segura de alzar mi vuelo.

Primeros vuelos...

Cuando aprendí a sintonizar conmigo misma pude por fin alzar vuelo. Solo en el momento en que de verdad conecté con lo que me gustaba y con lo que quería hacer pude ser consciente de que el tiempo había pasado y que en un abrir y cerrar de ojos ya tenía cuarenta años. Ahí aprendí a escuchar los latidos de mi corazón y entendí que quería vivir de otra manera. Desde ese momento y hasta ahora se han unido a mí más de dos mil mujeres en bandada, agitando sus alas hacia el mismo propósito: equilibrar el Ser con el Hacer.

Aprendí a moverme con serenidad y a soltar la culpa. Me hice responsable de mis propios vuelos y cambié la jaula por los cielos intensos donde ya no tenía la necesidad de controlarlo todo, fui libre. Antes me mostraba siempre, no vulnerable, tan capaz e invencible. Me sentía imparable, pero por dentro estaba muy vacía. Por eso, siento que todas debemos estar conectadas al mundo entero a través de vibraciones positivas. Es importante que tú, mujer, emprendedora, esposa, madre y empresaria tengas la energía conectada realmente con tu esencia y con lo que entregas en tu trabajo. Tu esencia debe estar enlazada con la capacidad transformadora que ofreces al mundo.

Aprender esto me tomó muchos años. Por eso quiero que sepas que una de las herramientas que más va a influir para conectarte realmente con tu alma y esencia es el autodescubrimiento. Mantente muy receptiva a las señales, a las voces y a las palabras que te dices a ti misma. Yo tuve que aprender a escucharme para empezar a darme cuenta de mis propios deseos, necesidades, anhelos, sueños y logros.

Manifiesta tu voz interior que a veces viene con tantos mensajes secretos para ti, para que logres esta conexión y puedas mantenerte en armonía y equilibrio; es absolutamente esencial que te des tiempo para estar consciente en cada momento, hagas lo que hagas. Habla conscientemente con las personas, comparte con ellas, descansa, dedica tiempo para ti y para los que te rodean, pero siempre conscientemente.

Contadora o psicóloga...

Aunque pasé quince años de mi vida entre números y cuentas, desde niña soñaba con ser psicóloga. Fantaseaba con ser la orientadora que escuchaba a las estudiantes de mi colegio cada vez que tenían problemas. Terminé estudiando contaduría pública sin entender esa decisión. Solo cuando llegué a Canadá entendí que esa carrera de contadora era la que me iba a ayudar y abrir las puertas de este nuevo país. Hoy, por fin, comprendo que esta carrera me ayudó a aterrizar donde estoy ahora.

Con mi incansable vuelo llegué a este país. Siento que aquí me hice mujer, conecté con mi placer sexual, volví a disfrutar mis pasiones y, poco a poco, fui cambiando de piel hasta renovarme por completo. Llegar aquí fue mi despertar y mi conexión con un cambio consciente para encontrar mi fuerza creadora.

En este proceso de cambio de piel, con cada capa que se desprendía de mí, aprendía a conocerme. Fui conociendo mis fortalezas, mis sensibilidades, mis límites, el gran sentido de lo que hago: el autoconocimiento, el agradecimiento, el equilibrio, el disfrute de mi vida, el entendimiento, el saber pedir ayuda, el hacerme cargo de mí, de mis hijos; el involucrarme, el comprometerme cien por ciento con ellos, mi gran pasión y el autodescubrimiento en muchos aspectos de mi vida.

Descubrirme como mujer y verme de otra manera fue un renacer

Mi emprendimiento me confrontó con miedos y creencias. Ahora estoy convencida del mensaje que quiero dar y de que quiero ayudar a otras a hacer que sus negocios en realidad sean su mayor oportunidad de realización como mujeres.

Yo tenía creencias limitantes sobre el dinero y esto venía de papá, porque él tuvo una crisis de la que nunca se recuperó y luego se resignó a trabajar y ganar un salario común.

Si no te va muy bien económicamente puede ser porque tu mente está llena de ideas erróneas en torno al dinero. Por lo general —como a mí— estas creencias te llegan al cerebro a través de tu familia, tu cultura o tu entorno. Sin embargo, siempre hay posibilidad de cuestionarlas. Yo tuve que hacer un proceso interno para llegar al punto de descubrir que muchas creencias habían sido heredadas.

Nunca he dejado de cuestionarlas porque no estoy dispuesta a parar de evolucionar. Si cambias tu forma de relacionarte con el dinero, te sentirás bien cuando empieces a tener más y más.

Con mis conocimientos en *reiki*, programación neurolingüística, neurociencia, angeloterapia, epigenética y naturopatía me dedico a empoderar a otras mujeres, así como yo logré romper estas barreras y empoderarme de mi propia vida. Porque solo cuando tú logras alinear mente, cuerpo y alma puedes conectarte con tu verdadero propósito, sin perder la esencia de tu alma. Suena bien, ¿verdad?

Tuve que derribar muchas creencias y expandir mi mente a otras posibilidades que también son totalmente válidas. La meditación es una de las herramientas que me ayudó a conectar y, sin quererlo, fui convirtiéndome también en una guía de meditación para las mujeres que empezaron a formar parte de mi grupo. La meditación existe desde tiempos inmemoriales y si la sabes usar te dará las bases para alcanzar a conectar con tu esencia interior, te permitirá crear un vínculo que se expanda en energía entre tu alma y tu cuerpo.

Volar en bandada

¡Si a pesar del miedo a las alturas te atreves a volar, te invito a mi bandada!

Lo que me motivó a iniciar mi emprendimiento fue conectar con el llamado de vida que tenía. Sentía que debía transmitir mi mensaje y ese fue el impulso principal, pero luego, cuando aterrizo me doy cuenta de que no estoy sola, voy acompañada y eso me hace sentir más poderosa.

Después de ser un ave que tuvo miedo a la libertad, volar en compañía me abrió las alas al mundo. Cuando volamos en bandada nuestra supervivencia aumenta, al ser un grupo grande nos hacemos más fuertes y logramos protegernos de los depredadores. Volar en bandada también nos permite llegar más lejos usando menos energía.

Sigo alineada con las aves que vuelan conmigo. Siento que puedo ayudar a otras mujeres al tiempo que mi proyecto evoluciona y esto es cien por ciento la razón de mi vida. Me interesa que las mujeres descubran su brillo y acepten su autenticidad. Porque cuando encuentras por fin la luz, logras germinar como semilla. Si miras hacia dentro de ti y reconoces tu luz, le darás fuerza para brillar con más intensidad.

Cuando supe que podía empoderar a otras mujeres y expandir mi mensaje de vida no tuve duda

que mi camino sería este. Tengo acuerdos que me mantienen en equilibrio con la mujer empresaria, madre y esposa que soy. Uno de los acuerdos más grandes es estar en presencia auténtica en todos los momentos de mi vida. Tener presencia plena y auténtica con mi familia, con mi esposo, con mis amigas, con mi comunidad y con mi trabajo. Estar en cada momento de manera consciente. Respeto estos acuerdos y en mi agenda también tengo hábitos saludables y actividades de bienestar. El reto más grande es ser mi propia jefa y cruzar la puerta de la jaula para alzar vuelo y empoderarme.

Empatía y altruismo

Desde que emprendí el vuelo y se unieron a mí otras mujeres, que al igual que yo deseaban conectar con su ser, siempre tuve claro que estaría en función de los demás y desde el momento inicial he puesto mi empatía y altruismo al servicio de mi emprendimiento. Por eso, siempre he pensado en la importancia de comunicar nuestros saberes, así como lo hacen las abuelas que están dotadas de gran sabiduría y la comparten de generación en generación. Esos consejos sabios de las abuelas que nunca olvidas y que por más que pasen los años sigues recordando, esa ancestralidad en la manera de comunicar los saberes y compartir el conocimiento, eso es lo que quiero. Así es que me conecto con SHE, porque sé que cuanto más juntas estemos más podremos lograr.

Antes, las abuelas hacían trueques y así rescataban las semillas, las plantas y los conocimientos ancestrales que eran herencia milenaria. Eran ellas las que permitían que estos saberes y semillas se transmitieran a las presentes y futuras generaciones. A partir de ellas se generaba esa manera de autoconciencia y vinculación con lo esencial. Así que dije: «¿por qué no hacerlo ahora?, ya no será con semillas reales, pero sí con conocimiento». «¿Por qué no pasar de generación en generación todo mi conocimiento y rescatar la importancia que debe tener para todas las mujeres que su negocio esté realmente conectado con su esencia?».

Sé servir, pero también sé dar un «no» como respuesta. Como un ave que está solamente donde se siente cómoda, sé poner límites perfectamente y soy coherente con lo que pienso, deseo y hago.

El mejor momento es cuando dejo de ser una y me convierto en todas

Sin importar cuál sea la conexión o el encuentro que tenga con alguien, siempre va a primar la idea de que cada persona es única, incluso cuando las conexiones no dan frutos. No juzgo si son buenas o malas conexiones; no tengo que tildarlas de inteligentes, si da el fruto es positivo para mí y si no, me da un aprendizaje.

Una conexión inteligente no significa que siempre tenga que funcionar, porque independientemente del resultado —como ya he dicho— me deja un aprendizaje, lo que es igual a una ganancia. Siento que fue inteligente cuando no juzgo si es bueno o malo, sino que hay conexión, como la que hubo para dar nacimiento a mi grupo Inspiration-elle. Este, sin duda alguna, ha sido mi mejor vuelo en bandada, también es la mejor experiencia porque no estoy sola, somos muchas y cada una tiene su propio brillo, su propia historia, su propia autenticidad, su propio proceso y su propio despertar.

El mejor momento es cuando dejo de ser una y me convierto en todas. Ese es el momento de Inspiration-elle, el momento de tener hermanas y amigas escogidas por mí. Así es como nacen los encuentros alrededor de un chocolate; como cuando era una adolescente y en casa nos sentábamos con mis hermanas a compartir una taza caliente. Así nace mi grupo de aves en bandada a la que se van uniendo más y más mujeres.

El ser humano siempre le ha tenido miedo a lo desconocido

Al inicio de esta situación de pandemia, que sacudió al mundo entero y nos aisló, no conocíamos lo que pasaba, en cambio, ahora ya se nos hizo familiar. Mi mayor reto en esta «nueva normalidad» es el manejo del tiempo.

Yo soy piel, soy quinésica, me encantan los abrazos y siento que lograr esa conexión genuina a través de una pantalla ha sido uno de los retos más grandes para mí. Mi contacto siempre fue personal, al igual que mis reuniones y grupos. El reto fue lograr la conexión genuina con las personas.

Esto también me enseñó que cuando tienes una conexión desde la esencia y tu propósito es verdadero no hay barreras ni límites ni nada. Comprendí que sí se puede lograr la conexión, aunque, en la actualidad, volemos a distancia.

Tuve que soltar la creencia y el apego de creer que la conexión tenía que ser personal porque, si no, no iba a funcionar. He tenido que conectar con el amor y la grandeza, que sobrepasan los límites del espacio, sin duda alguna. No necesito espacio ni tiempo para demostrar cuánto puedo ayudar. Mi propósito está tan conectado con mi esencia que el límite ni siquiera es el cielo.

Y eso es lo que quiero dejarles a todas las mujeres que se unan a mí. Quiero que cada una conecte realmente con lo que es y sobre todo que cada una encuentre su autenticidad y empiece a experimentar el disfrute de hacer lo que realmente quiere y desea, porque, como dijo Natalie Kendall, «si nunca sueñas con volar, nunca te despertarás con alas...».

Equilibra tu Ser con tu Hacer.

Angélica Cifuentes

CONVIRTIENDO REVESES EN VICTORIAS

La perseverancia es la virtud por la cual todas las otras virtudes dan su fruto.

Arturo Graf

ARIANA ONNO

Soy Ariana Onno y vengo de una familia completamente multicultural. Nací en la Habana, mi padre en Estonia, mi madre en Encrucijada, mi abuela materna en Isabela de Sagua, mi abuela paterna en Asturias, mi abuelo materno en Zamora, y mi abuelo paterno en Tallin. Esta enorme diversidad me enseñó desde muy pequeña la riqueza que encontramos en las diferencias y, al mismo tiempo, me brindó la oportunidad de entender la grandeza de la unión, de la multiculturalidad, de la mezcla y, sobre todo, del amor. Creo que cada cultura nos brinda un enfoque distinto y fortalece el desarrollo de una personalidad más compleja y diversa.

Desde muy temprana edad me dijeron que debía soñar, porque si lo hacía muy fuerte y con mucho anhelo el universo se encargaría de darme toda la energía para que se hiciera realidad. Hasta el día de hoy he soñado libremente, me he propuesto un gran número de metas y, con mucho trabajo y esfuerzo por lo general he logrado alcanzarlas. Obviamente, los resultados no son siempre los soñados, pero creo que es mucho mejor perseverar hasta conseguir hacer algo, que tan solo intentarlo. En palabras de Steve Jobs: «Estoy convencido de que la mitad de lo que separa a los emprendedores exitosos de los no exitosos es la perseverancia». Cuando nos movemos y perseguimos nuestros objetivos con perseverancia y

buena disposición, incluso si los resultados no son los esperados, aprendemos algo para mejorar la siguiente vez que nos arriesguemos.

A nivel académico y profesional mi vida también ha cubierto diversos territorios, supongo que la mezcla está en mi sangre. Estudié educación en Cuba y publicidad en Madrid, trabajé en RR.HH. y, a partir de 2012, en Hõbe, una firma española creada por grandes expertos artesanos que se inspira en los viajes, en la naturaleza y en el sentido de la vida. Allí me encargo de diseñar joyas en las que se puede ver reflejado mi diario vivir. Cada estudio ha marcado e impulsado una etapa distinta. Me parece indispensable moverme de acuerdo a las necesidades, simplemente me adapto y evoluciono. Actualmente, estoy terminando un máster en neuromarketing y, además, estoy escribiendo un libro sobre Neurofashion, marca que tengo registrada.

Con el pasar de los años aprendí a delimitar espacios y a enfocarme en las áreas que me generan mejores resultados. Todos mis logros los conseguí gracias a que pude aprender a convertir reveses en victorias. Para mí una crisis no es más que una nueva oportunidad, vivo mi vida con una actitud resiliente, rompiendo esquemas y sin permitir que el miedo me paralice. Es totalmente normal sentir miedo, pero como reaccionamos ante él es una elección. Al final del día, los riesgos y los cambios siempre nos dejan algo positivo. Tomemos las riendas de nuestro emprendimiento y evitemos que la incertidumbre o las expectativas nos priven de reaccionar y evolucionar.

Soy libertad pura

Cuando tomamos la decisión de emprender siempre tenemos muchas razones para hacerlo: la búsqueda de un mayor ingreso, flexibilidad horaria, independencia y muchas otras más. Sin embargo, hay una pieza fundamental en mi vida que me lleva a tomar decisiones en cada una de las áreas, la libertad. Quizás el hecho de haber vivido en un país en dictadura me hizo valorar más mi libertad y ahora es simplemente una necesidad constante en mí. Decidí que tenía que arriesgarme y emprender para poder tener la vida que yo quería, trabajar en lo que me gustaba y a mi manera. Disfruto poder elegir el dónde, el cómo y el cuándo actuar de una forma u otra, y este tipo de libertad solo la podía conseguir a través de mi propio emprendimiento.

En mi familia todas las mujeres se han destacado por su libertad, autonomía e independencia. Ellas siempre me demostraron que nosotras podemos tomar las riendas de nuestras vidas y elegir el futuro que queremos. Mi abuela predicó con el ejemplo, fue la primera mujer que estudió neurocirugía en España. Mi madre, por otro lado, es una mujer sumamente fuerte y valiente. Esto me hace pensar que llevo la libertad en las venas porque vengo de una familia donde las mujeres siempre han sido muy adelantadas a su época y han luchado por alcanzar sus sueños. He sido educada para tomar riesgos, para enfrentarme a mis miedos. El peor error es permitir que nuestros temores nos frenen. Como dice el refrán: «Quien no arriesga, no gana».

En la actualidad trabajo en varias líneas de negocios. Desde hace dieciséis años soy dueña de una agencia de comunicación, Digital Box Media, que se especializa en espacios televisivos para convertir medianas empresas en grandes empresas. En la agencia nos encargamos de cubrir todo lo referente al proceso de creación de campañas publicitarias que incluye la negociación con la cadena que corresponda. Por otro lado tengo una marca de joyas, Hõbe, que debo admitir es mi pasión. Hõbe significa plata en estonio y es un nombre que adquirí en honor a mi padre. Me enorgullece decir que es la primera marca de joyería sostenible en España, que además presenta diseños únicos que son Neurofashion. Nos complace crear diseños con sentido donde cada joya tiene un significado y hace que quien la porte se identifique con ella. También soy socia en una empresa llamada Madrid Sostenible Fashion Week. Esta es la primera semana de la moda sostenible de Europa. Como es de conocimiento común el mundo de la moda es famoso por ser la segunda industria más contaminante en el mundo y esto es algo que hay que cambiar. A través de esta empresa, nos atrevemos a demostrar que es posible mantener la pasión por la moda con el uso exclusivo de material sostenible. Esta es nuestra contribución para un mundo mejor.

Mis roles de mujer y de empresaria no se contraponen

Uno de los factores que más afecta el cumplimiento de los distintos roles que tenemos como mujeres es ser mamás. Cuando nos convertimos en madres, nuestra vida cambia radicalmente y nuestro tiempo nos deja de pertenecer, ya que las decisiones que tomamos dependen en gran medida de nuestras prioridades. Al ser responsables de la vida de otro ser humano, el bienestar familiar siempre será nuestra prioridad y eso limita un poco nuestra libertad, o al menos inclina la balanza significativamente en nuestras elecciones. No soy ni madre ni esposa, solo mujer y empresaria. Como mi vida, mi felicidad y mi éxito están apegados a mis logros profesionales. Siento que en Ariana la mujer y la empresaria no se contraponen, sino que más bien se complementan. Cabe destacar que mi actividad no me exige renunciar a ningún aspecto de mi vida personal. Por el contrario tengo la libertad de compaginar mi trabajo con todo lo que quiero y eso incluye el tiempo para descansar, pasear, estudiar, leer y todo lo que me provoca y me hace feliz. Siempre tengo tiempo para mí.

Esto no siempre fue así. Recuerdo que pasé muchos años sin respetar mis espacios. Solo trabajaba y ni siquiera me sentaba a comer. Pero un día decidí cambiar porque comprendí que no es posible respetar a los demás si no empiezo por mí. Muchas veces sucede que confundimos el amor propio con el egoísmo. Es necesario que cuidemos de nosotros para luego poder cuidar a nuestro entorno. A veces somos un poco víctimas del hacer y debemos aprender a establecer límites. En mi vida, todo cambió cuando reconocí el poder que hay en la palabra «no». No es para nada sencillo, pero cuando comprendemos que en ocasiones el decirle a otros «no» es decirnos a nosotras «sí», encontramos la fortaleza. Me ha pasado mucho que me llegan propuestas de negocios que me fascinan y quiero aceptarlas de inmediato, pero luego me detengo a pensar que tengo un tiempo limitado al día y el aceptar dicha propuesta limitaría mi libertad. No ha sido fácil internalizarlo y llevarlo a la práctica. De hecho, creo que ha sido mi mayor reto, pero los resultados hacen que valga la pena. Decir que no me hace sentir mal porque yo me quiero comer el mundo, el problema es que cuando abarco más de lo que puedo controlar, el mundo me termina comiendo a mí. Como dice el refrán: «Quien mucho abarca, poco aprieta», así que ahora tengo tres prioridades que son tres líneas de negocios y cualquier plan que tenga se debe ajustar a eso. De esta manera puedo gestionar mi tiempo y ser productiva.

Me caracterizo por ser flexible, empática y perseverante y creo que esta es la clave para tener buenas experiencias tanto a nivel personal como profesional. Es muy importante la capacidad de adaptación, si un mercado no está dando frutos, pues cambiamos nuestra forma e incluso nuestro producto para que se adapte a las necesidades, pero no nos rendimos. Esto solo te lo da la flexibilidad y la perseverancia. Muchas veces seremos nosotros los que nos encontraremos con un «no», pero si nuestra meta es clara, debemos enfocarnos en hacer los ajustes pertinentes y encontrar la manera de transformarlo en un «sí». Simplemente mejoramos, nos adaptamos y crecemos, porque las metas claras llevan a resultados claros.

La honestidad es la base de cualquier conexión

Soy una persona muy independiente y, en general, trabajo enfocada en mis objetivos. A veces la vida nos presenta a personas maravillosas que se vuelven conexiones inteligentes que nos permiten crecer y establecer una relación orientada al ganar-ganar. Sin embargo, cuando decido ayudar a alguien, lo hago desde un interés honesto en su beneficio, no porque espere obtener una ganancia. Si más tarde esa relación genera algún negocio que me resulte provechoso, lo acepto y disfruto, pero mis conexiones no se originan en el interés. Creo que cuando forzamos relaciones para obtener favores los resultados suelen ser contraproducentes. En otras palabras, el interés

genera frustración, la frustración lleva al enfado y el enfado ocasiona conflictos. Me parece que es redundante decir que esto no es bueno para los negocios.

He trabajado muy poco en liderazgos colaborativos, pero sí he tenido conexiones inteligentes, es decir, relaciones en las que dos personas se ayudan y colaboran entre sí sin ningún otro interés que apoyarse y crecer juntas. Un ejemplo podría ser mi relación con una amiga que me ha demostrado una y otra vez que siguen existiendo personas muy buenas en el mundo. Ella siempre está pendiente de mí y de mi progreso, me presenta personas y me ayuda a hacer buenos negocios. Hemos pasado de tener una relación profesional a convertirnos en amigas muy cercanas. Nos preocupamos la una por la otra y actuamos de acuerdo a ello y buscamos nuestro bienestar.

Toda crisis genera oportunidad

Tal como mencioné antes, nací en Cuba y el haber vivido en una dictadura, con tantas limitaciones y con tantos problemas, me ha hecho ver la vida de una manera diferente. Trato de mantener una actitud resiliente y busco encontrar el lado positivo de cualquier circunstancia. Con la pandemia muchos negocios se han visto afectados y el mío no es la excepción. Este año ha sido difícil, pero debemos mantenernos enfocados en la meta y hacer los cambios que sean necesarios para seguir adelante. En chino, la palabra crisis se traduce como 危机 (WeiJi). Esta palabra está formada por dos caracteres, el primero es Wei, que significa peligro y el segundo es Ji, que significa oportunidad. Me gusta esta visión ya que asociar crisis con oportunidad explica un poco mi dinámica de vida. Incluso si en un principio la crisis es negativa nos motiva a cambiar y mejorar, nos ofrece una oportunidad de crecimiento.

Después de una pérdida económica, o una baja financiera, busco la manera de evolucionar y hacer cosas nuevas. Creo que todo tiene un ciclo y debemos ser capaces de aceptar cuando el ciclo termina para poder cerrarlo. A la gente le cuesta mucho cerrar puertas y es comprensible, pero es un proceso necesario para poder avanzar, si no corremos el riesgo de quedarnos estancados y frustrarnos. Gracias a mi historia de vida, a todas las experiencias que he vivido, a la pérdida de mi padre, a emigrar y empezar de cero, gracias a todo esto he aprendido un millón de cosas, entre ellas, a cerrar etapas cuando noto que lo que hago no me conduce a nada. Cuando una puerta se cierra, siempre se abre otra. Es sorprendente lo que podemos experimentar en ese nuevo mundo de posibilidades. Esta es una cualidad que a los seres humanos nos cuesta mucho desarrollar porque estamos llenos de apegos emocionales y materiales, pero es necesario que veamos que esos apegos muchas veces nos frenan y no nos permiten alcanzar nuestra paz y espiritualidad.

En el mundo de los negocios tenemos que saber improvisar para resolver problemas y adaptarnos, si no corremos el riesgo de desaparecer. Desde siempre he pensado que tengo la capacidad de convertir reveses en victorias, y las dificultades, o en este caso los tiempos de tanta incertidumbre, me brindan muchos aprendizajes y me conducen a encrucijadas donde puedo elegir tomar riesgos, avanzar y abrirme a la posibilidad de ganar o seguir mi curso hacia una pérdida segura. En conclusión, mi manera de gestionar estos tiempos ha sido con actitud positiva y concentrada en el hacer. Cuando me enfrento a un problema, respiro, analizo la situación en busca de la enseñanza y procedo a convertirla en algo bueno para mi vida. Este es mi modo de romper esquemas y moldes en cualquier plano y afrontar la vida con resiliencia. Mi recomendación para las mujeres es que no se detengan por nimiedades, hagan los que las haga felices y entréguense con toda la energía que les sea posible a la tarea de perseguir sus sueños. Somos nosotras con nuestras diferentes elecciones las que decidimos en qué dirección ir o, si es necesario, parar y decir que no. Recordemos que al tener un propósito claramente trazado podemos ir avanzando con pie firme y mucha perseverancia porque al final no hay nada más satisfactorio que ser las dueñas de nuestro propio destino. Si fracasamos de una manera, lo intentamos de otra, pero no nos detenemos.

Ariana Onno

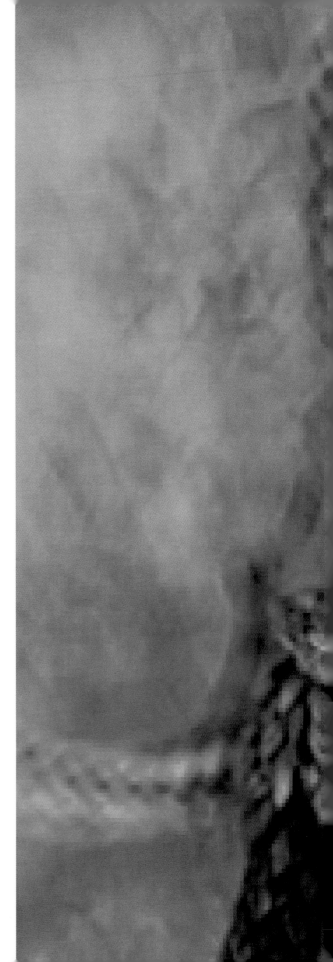

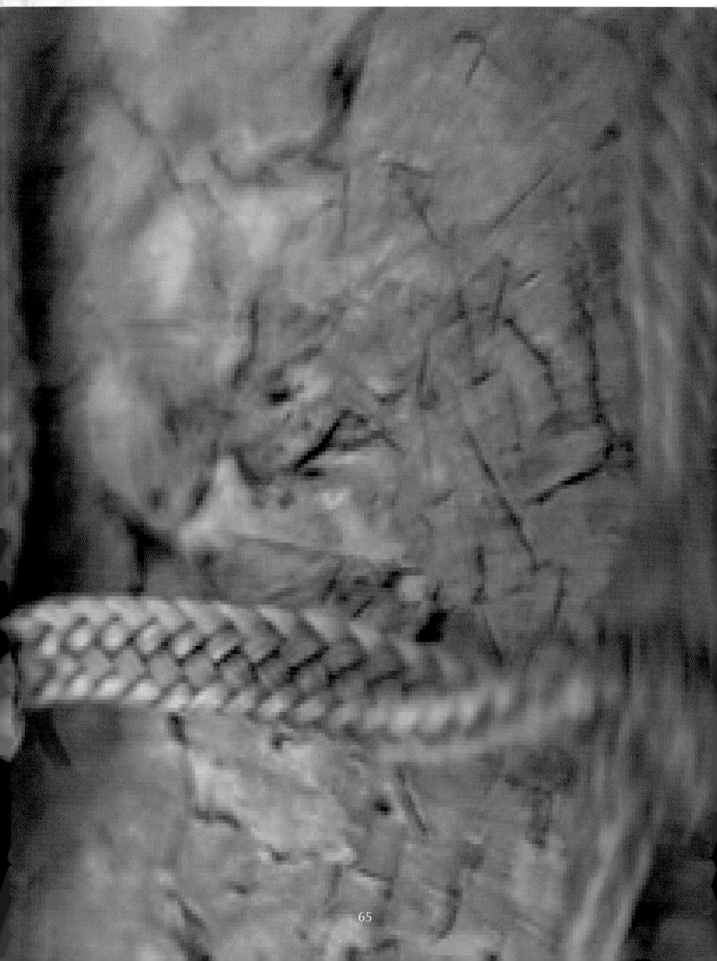

ERES COCREADORA DE TU REALIDAD

Todos los caminos te llevan de vuelta a la espiritualidad y a la intuición.

Dra. Mona Lisa Schulz

BARBARA WANZELEE

Nací en La Victoria, Venezuela. Soy la segunda de tres hermanas, Era la más tranquila, soñadora, pero algo despistada, vivía en el mundo de las maravillas.

Hija de una profesora de castellano y literatura, amante de la paz, y de un médico que dedicó su vida a recetar productos naturales de la medicina alternativa.

No soñé con una profesión, pero sí con calidad de vida, con disfrutar hermosos paisajes, coches y lujo. A nivel profesional me imaginé vestida de ejecutiva, empresaria, madre y esposa amorosa y dedicada. Todavía conservo los planos de la casa de mis sueños.

Fue gracias a mi padre que adquirí ese sentir emprendedor, y la frase: «Un empleo no te da estilo de vida» la tengo grabada como el ADN que corre por mis venas.

Solía dibujar bocetos de ropas, veía las películas europeas como si supiera que terminaría de este lado del mundo; me atraían los hermosos abrigos, los gorros para el cabello, las botas para el frío, pero, a pesar de haber crecido en un clima tropical ¿de dónde había yo encontrado esa fascinación por la belleza de las ropas de invierno?

Yo decoré, laqueé y tapicé los muebles de casa, pinté las paredes y hasta diseñé la remodelación de nuestro hogar. Hoy me doy cuenta de que la belleza, los colores, las texturas y los matices siempre llamaron mi atención.

Estudié derecho, y fue lo que me conectó con el trabajo de oficina en empresas y me llevó a estudiar Dirección de Empresas en la Universidad de Sevilla, España. Aprendí que no son los negocios tradicionales sino solo las empresas con la estructura y el funcionamiento de un sistema las que te generan estilo de vida.

Y así lo atraje a mi vida. Hoy desarrollo mi negocio con productos naturales, hago teletrabajo, lo que aporta también belleza y salud a otros seres humanos junto a la oportunidad de aprender a desarrollar su propio negocio como un sistema. Me dedico a lograr mi estilo de vida soñado y a enseñar a otros a hacer lo mismo, aplico mi propio sistema de trabajo al que llamo CALLS y apalancándome con una empresa consolidada.

Encuentra tu motivación y encontrarás tu abundancia

Lo recuerdo como si fuera ayer. La motivación más grande para aprender ha sido mi estilo de vida. Después de un intento fallido para crear mi propia empresa de comida rápida venezolana, me sentía frustrada ya que no se parecía en nada a lo que aspiraba se convirtiera mi vida. Había tratado de tomar dos caminos que yo creía eran el paso más rápido al estilo de vida deseado.

El primero, acompañar al que para entonces era mi pareja a cumplir su sueño con el que seríamos millonarios.

El segundo, montar un remolque de comida rápida y crear un sistema estandarizado convirtiéndolo en franquicia. Esto dependía para entonces de terceras personas, quienes antes de abrirlo ya habían renunciado por problemas personales.

Me sentía frustrada, no me reconocía al verme en el espejo, la belleza había desaparecido, y una triste mirada de cansancio por las noches de desvelo invadía mi rostro. La colección de exquisitos perfumes que rociaba en mi cuerpo cada mañana para ir a la oficina la había sustituido por olor a fritura.

En definitiva, no era yo, y no me veía cocinando todos los días de mi vida porque no era el estilo de vida que deseaba.

Entonces sentí la necesidad de conectar con mi parte intelectual y nuevamente con el ámbito corporativo empresarial.

En internet encontré un video que mostraba el trabajo en equipo, el trabajo en conjunto, el crecimiento constante, el poder creativo y lo mejor de todo sistema, la palabra mágica.

Fue cuando mi corazón, con latidos de alegría, sintió haber encontrado de nuevo eso que tanto amaba, esa luz casi extinta que pareció volverse a encender solo con la esperanza. Recuerdo que salí rápido, subí las escaleras de la segunda planta de mi casa y me encerré en el baño. Frente al espejo soñé como cuando era niña, me trasporté al mundo de múltiples posibilidades, y mis ojos llenos de lágrimas sintieron que era a lo que me dedicaría, a trabajar en equipo con un objetivo en común: lograr ese estilo de vida deseado. Me vi en el escenario trasmitiendo desde el amor y desde el poder creativo.

La motivación hoy sigue siendo la misma que la del primer día, crear ese mundo de colores, matices, texturas y belleza en todo lo que me rodea, bajo un sistema estandarizado que en vez de encasillarme me motive a seguir vibrando con mi esencia y me permita ser cada vez más libre y responsable.

No dejes morir a la nena dentro de ti

Habita aún en mí esa nena caprichosa que siempre quiere tener lo que desea, y he ahí la perseverancia que me caracteriza, esa mezcla de rebeldía que me incita a rebelarme frente a toda metodología y a cuestionar cada explicación. Hay una lucha interna constante entre el poder creador y el seguir instrucciones, peleo cada día por no ser la niña buena según las expectativas de quienes me rodean, por eso es que en ocasiones me resulta tan difícil hacer tareas.

La constancia, la dedicación y la profesionalidad de seguro traen resultados. El mundo del logro no es para quienes se quedan en soñar, sino para quienes realmente vibran con la energía de materializar.

Cada día de mi vida como emprendedora y empresaria me disputo entre lo que otros esperan de mí, lo que yo espero de mí, y lo que realmente hago; y he ahí la magia.

Está en mí la mujer que cree, que quiere y que lucha desde la vibración de ser empresaria. Vive también en mí la apasionada, la creativa, la que aspira ser la mejor madre, la mejor esposa, la mejor amiga, socia y la mejor versión de ella misma. Hoy descubro que esa es mi mejor cualidad, saber escucharme a mí misma, saber sentirme, haber tomado conciencia de cuando necesito tiempo para mí, para descansar, para amarme, para consentirme, para ser impulsiva y, sobre todo, para perdonarme.

Mi mayor cualidad es dedicar cada día de mi vida a conocerme, a parar cuando así lo necesito, y a reinventarme cuando así lo siento en mi alma. Esa cualidad constante de parar para sentirme también la aplico a mi negocio cuando siento en mi corazón que es momento de hacer las cosas diferentes.

Consciencia, libertad y energía creadora

Para llegar a la independencia lo más fácil y lo más difícil a la vez es pensar como emprendedora.

Fácil porque basta una decisión para iniciarte. Difícil porque la aventura comienza una vez que dejas de depender de alguien para cubrir tus necesidades básicas y te lanzas al maravilloso mundo de la libertad consciente y responsable.

Cuando comencé, pensé que bastaría con cubrir mis necesidades y vivir de mi pasión, pero el poder creativo jamás se detiene; es como encontrar la llave que abre la puerta para que Alicia entre al país de las maravillas. Los emprendedores queremos crecer cada vez más.

A medida que pasa el tiempo muchas veces nos sentimos solos, como si tuviéramos que pelear en un mundo competitivo.

¿Qué emprendedor empresario no ha pasado por esto?

Todos, me atrevería a decir. Pero el tiempo y el aprendizaje consiente son claves en esta nueva era de transformación, cuando las distancias se hacen más cortas y la comunicación es global. De hecho, las únicas limitaciones que pueden aparecer para nuestra expansión empresarial son las de nuestras propias creencias y la necesidad de querer saberlo todo o tener la razón.

El tiempo sigue siendo el mayor de nuestros tesoros, porque solo a nivel consciente podemos descubrir que no estamos solos, y que tampoco lo sabemos todo. Que siempre hay personas que saben más, que conocen más, que tienen más, que son tan dioses como lo somos nosotros, y que existe una manera más rápida, más fácil y equilibrada de hacer negocios, de conectarse con empresarios desde nuestra esencia. Es por esto por lo que me atrevo a afirmar que más allá del conocimiento, es la conciencia la que nos hace libres.

Cuando alcanzamos un nivel de consciencia en el que nos apropiamos de la libertad no hay cabida a la competencia. Somos capaces de disfrutar de múltiples posibilidades en los negocios. Entonces, también tomamos consciencia de la energía más expansiva, la creadora, esa que nos impulsa como luz de vida.

Al apropiarnos de esa energía creadora no somos más víctimas del control, sino que nos dejamos llevar por la corriente que fluye. Cuando nos dejamos llevar, los milagros ocurren. Esos resultados que solo provienen de la fe inquebrantable y de la confianza de que cada paso que das con intención pura, amor y dedicación te permitirá cosechar los mejores frutos.

Llega el momento en que todo encaja: debes estar atenta

Cuando vibras en amor, en confianza, creatividad y dedicación, consigues a las personas correctas, y aparecen esas conexiones inteligentes, como sucedió cuando sentí en mi pecho el susto de haber conocido al amor de vida para crear juntos nuestro imperio.

No estar sola, sentirme acompañada e impulsada por el poder de logro y resultado ha sido una hermosa bendición.

Nada de esto hubiese sucedido sin haber conectado con cada una de las personas de mi equipo a quienes amo, y con quienes he contado y me han seguido en mis locuras e iniciativas. Por sobre todo han aportado lo mejor de cada una para lograr el objetivo en conjunto.

Pude desarrollar un liderazgo colaborativo que en mi industria se ha materializado desde que nos unimos a trabajar dos equipos de *crossline*, o lo que llamamos «cruce de líneas», todo con la única intención de crecer conjuntamente. También cuando tuve la oportunidad de aprender de otros colegas que trabajan en otras empresas, y cuando les compartí lo que sé, con la mejor intención de hacer que esta industria sea más limpia, transparente y con una credibilidad intachable.

Ese fue el mayor de los retos que se me presentó a lo largo de estos casi nueve años en la industria del mercadeo en red: colaborar y cocrear en vez de competir. Esto resulta complicado para muchos, sin embargo, algo ha estado sucediendo en los últimos meses. Durante el 2020 conecté de manera consciente con seres humanos y empresarios con quienes realmente amo trabajar; su energía impulsadora, hace que confíe en cada uno de ellos y sus iniciativas. Solté el timón y mi barco sigue andando, gracias a todo un equipo hermoso de personas que creen, no solo en el proyecto sino, más allá de eso, en cada uno de ellos.

En ocasiones me preguntan por qué evito lo que muchos llaman realidad y mi respuesta es que logré todo lo que en mi ser sentí al visualizar cada beso y abrazo del hombre que amo, cada recorrido por las calles europeas, cada paseo en avión y hasta en los grandes hoteles cinco estrellas. Vivo en la casa con suelo de madera que imaginé de niña, y casi a diario recibo mi café en la cama. Acorté las distancias entre mi familia cercana y yo, sueño que tenía desde que pisé Bélgica, mi segundo hogar.

El amor abunda en mi vida, y lo doy y lo recibo

por parte de cada uno de mis socios. No digo que no lloré, tampoco que no me costó y que no tuve que transformarme y reinventarme en múltiples ocasiones, cuestionándome cada una de mis creencias. Sí digo que independientemente de los momentos tristes, todo lo he materializado, ¿para qué dedicar ni un segundo en materializar la catástrofe?

Alguien tiene que visualizar el amor, el crecer, el cooperar, el lograr, ¿o es que acaso no forma esto también parte de la vida?

Creo que cada ser humano tiene el derecho de lograr su estilo de vida deseado, ese que inspira a levantarse cada mañana. Creo que cada situación te ha llevado al mayor de los logros, ese que llamamos vida. Creo que leer estas líneas no es casualidad para ti y que todos tenemos el deber y la responsabilidad de lograr. Siento en mi corazón que no tiene nada que ver con luchar sino con fluir, es preciso dejar de hacer lo que estás acostumbrado para encontrar ese sistema que te lleva a construir la mejor versión de tu vida.

Yo encontré con quien conectar para lograr; y tú ¿qué estás esperando para dar ese primer paso y cocrear tu realidad?

Barbara Wanzelee

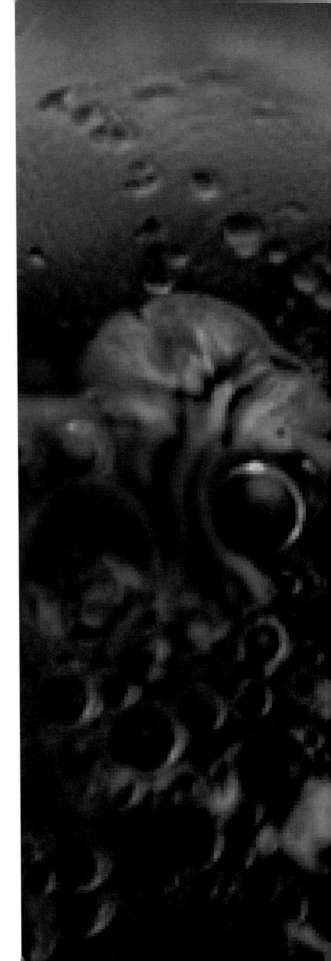

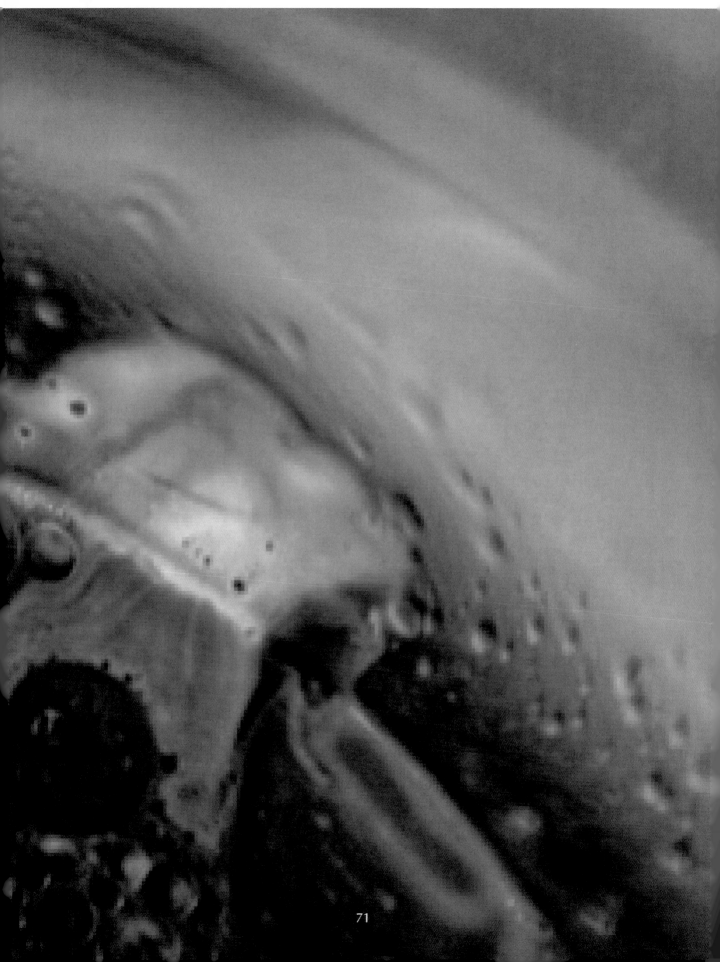

DIVERSIÓN

La diversión es el ingrediente perfecto para hacer de la vida un camino más agradable, nos distrae y nos aporta esa energía positiva que consigue impulsar y potenciar nuestra creatividad.

Aunque a muchos les cueste creerlo, la diversión no es patrimonio de uso exclusivo de los niños. De hecho, en un mundo ideal, todos los seres humanos, sin límites de edad, incorporamos una buena dosis de diversión en nuestro día a día. Esta es una chispa que nos permite ver el mundo con nuevos colores.

¿Qué sería de nuestra vida sin diversión? Cuando disfrutamos de lo que hacemos, nos convertimos en mejores personas porque aprendemos a ver el mundo a través de un lente distinto, más relajado y con menos presiones, es como vivir en un mundo diferente.

Históricamente, civilizaciones como la griega y la romana daban gran importancia a los lugares construidos especialmente para socializar y para divertirse. Sin embargo, con el tiempo, hay costumbres que lamentablemente se van perdiendo.

La palabra diversión no solo se refiere a las actividades que generan una gran alegría, sino también a aquellas que benefician nuestra salud al brindarnos un entretenimiento ameno, interesante y relajante. Durante esos momentos especiales, disfrutamos de la tranquilidad de estar haciendo lo que nos gusta, sin siquiera pensar en el tiempo que estamos invirtiendo en ello.

Particularmente, encuentro sumamente gratificante el sentido del humor y este ha sido vital en todos los aspectos de mi vida. Hoy puedo disfrutar cada momento, reírme de mí misma y de la vida, y esta actitud me permite encontrar un punto divertido incluso en las circunstancias más duras. Este aspecto es de suma importancia para nuestro crecimiento y nuestra transformación.

Es increíblemente placentero no sentir la presión ni del exterior ni del tiempo, ya que hacemos lo que amamos, y es eso exactamente lo que nos sucede en SHE. Aquí creemos que una sonrisa vale más que mil palabras, así que avivamos la diversión a través del humor e impulsamos nuestra creatividad al agregar mayor sentido a nuestro propósito.

EL ORGULLO DE SER EMPRENDEDORA

*La vida no es lo que nos pasa,
sino lo que hacemos con aquello
que nos pasa.*

Viktor Frankl

BEATRIZ BRON

Emprender es algo innato en mí. Nací para ser emprendedora y hasta podría afirmar que me programaron genéticamente para ello.

Mi abuelo, mi mamá y mi papá eran comerciantes. En mi familia todos lo eran. Más que comerciantes, emprendedores.

Mi abuelo llegó a Costa Rica antes de la Segunda Guerra Mundial escapando de la creciente Europa nazi. Esto implicó audacia, inspiración, motivación y valentía para enfrentar los riesgos de trasladarse a un mundo desconocido. Esas son las características que necesita un emprendedor para entrar en el mundo de los negocios.

Mi mamá cursó el sexto grado en el nuevo continente y luego se dedicó a acompañar a su padre en sus aventuras de negociante lo que la convirtió en una mujer audaz, brillante y aguda, con una visión extraordinaria para crecer y aprovechar las posibilidades que se presentaron.

Desde el primer día percibí a una mujer modelo de emprendimiento, que tomaba decisiones, asumía riesgos, automotivada y comprometida con esa visión del mundo que dice: «quien arriesga, gana».

Las enseñanzas de la curiosidad

Soy la menor de cinco hermanos. Cuando nací ya estaban los negocios establecidos. Una inmensa curiosidad me impulsaba a preguntar de forma constante, me instaba a observar, escuchar y descubrir también aquello que no se decía.

Durante las vacaciones de la escuela acompañaba diariamente a mi mamá a la zapatería. A los seis años de edad, mi rol era sentarme en una grada a media altura de las escaleras en forma de caracol para cuidar que no entraran clientes a robar. Esta tarea acentuó mi observación del lenguaje corporal para poder intuir la intención de los compradores. Aprendí a observar dinámicas de familias, conductas normales y a reconocer aquello que no era adecuado y de esa manera ver hacia dónde dirigía mi enfoque.

A los ocho años desempeñaba el rol de cajera sentada al lado de la caja registradora cobrando, dando vuelto, empacando zapatos luego de comprobar que era el par correcto. ¡Cuánta responsabilidad me daban a tan corta edad! Por ósmosis aprendí finanzas, ingresos, gastos, inversión. Incorporé algo muy importante: la energía del flujo cíclico del dinero que entra y sale y vuelve a entrar y salir. La salud financiera está en esa dinámica constante: invertir- ganar- gastar- disfrutar- invertir- ganar - gastar- disfrutar…

Una sensación de abundancia, de absoluta confianza tanto en mí como en mi entorno.

Una lección poderosa

Puedo afirmar sin miedo a equivocarme que esta es una de las lecciones más poderosas de mi vida. Me ha llevado a emprender sin miedo, a arriesgar, a tener la plena confianza en que, pase lo que pase, siempre voy a estar bien. Tengo la capacidad de encontrar el camino para seguir. Agradezco esta sensación de abundancia aprendida porque evito el miedo que tanta gente padece a mi alrededor. Este aprendizaje de confianza y de abundancia marcó en mí las decisiones que tomo, los riesgos que asumo, en fin, la forma en que vivo la vida.

Liliana, una excelente vendedora, y Meca me acogían como compañera en sus labores. Vender junto a ellas, observar las técnicas instintivas de sentido común me enseñaba tanto como las poderosas clases de mercadeo de la universidad. Más aún, cuando un cliente se iba sin comprar, mi mamá siempre preguntaba el porqué.

¿Por qué? Una simple pregunta que hoy se estudia como camino al éxito y la llaman evaluación. En esa simple pregunta mi mamá adquiría el conocimiento de qué mercadería comprar en el futuro para servir a sus clientes, sabía si había sido atendido de la manera correcta y sobre todo, pensaba qué tenía que cambiar para que ese cliente volviera una próxima vez.

Todavía escucho el comentario de mi mamá cuando decíamos «qué lindos zapatos»: «Acá, lindos zapatos son aquellos que se venden. El cliente es el que determina, el que dirige. Estamos acá para servir».

Empleada versus emprendedora

Estudié en la universidad Ciencias del Comportamiento y trabajé como empleada en varias empresas adquiriendo experiencia en varios rubros, en especial en depender de un jefe. Siempre soñé con mi propio negocio, sabía que ser empleada era pasajero. Quería tener mi visión, mi motivación, una libertad sin límites de expansión. Mi abuelo siempre decía que el empleado siempre tiene una pared enfrente, un límite que no puede pasar, y que el empresario tiene como límite el cielo.

Como dije antes, emprender ha sido algo natural para mí y he reinventado mis emprendimientos varias veces. Empecé con una tienda de accesorios para baño y cocina, luego una gran empresa de alta seguridad, seguida por una empresa verde que ayudaba a bajar las emisiones de gases en los vehículos y una venta de macetas, hasta llegar a la actual que me devolvió a mi centro, a las ciencias del comportamiento. Lo interesante es que ahora el producto soy yo. Eso es lo diferente.

Hubo una exploración distinta que me llevó a un descubrimiento interesante. En vez de empresaria vendedora me transformé en maestra, acompañante, guía y mentora.

La dinámica de la venta es maravillosa, más íntima, más personal, una conexión de alma a alma. El cliente adquiere un acuerdo implícito de apertura de su corazón para encontrar crecimiento, transformación, paz y felicidad.

La motivación va *in crescendo* al ver que aparece la sonrisa y que se enciende la luz en los ojos de la persona a la que impacto, y que se suaviza su piel cuando acaricio su alma.

Creí que mis hijas habían sentido un cambio drástico al reinventarme como Beatriz. Sin embargo, al preguntarles cómo se sentían con la nueva mamá afirmaron que yo siempre he sido así. Siempre he tocado vidas, enseñando y transformando ambientes sin que fuese por un trabajo remunerado. Entré en razón que es cierto. Ese ha sido mi don desde chiquita.

Pero, al ser natural, sin esfuerzo y fácil para mí, no creí que fuese una fortaleza, especialmente porque muchas veces fui criticada por ello.

Si buscamos la definición de don vemos que es la habilidad para hacer algo, algo que nos gusta y nos apasiona, que hacemos fácilmente, con rapidez. A veces lo tenemos muy cerca y no es fácil reconocerlo.

El proceso de emprender

Todo los emprendimientos que he atravesado han tenido una característica en común: el proceso. El alcanzar las metas establecidas lleva tiempo y paciencia, lo que hace que saber esperar sea indispensable para poder emprender.

Este es el reto más importante en el arte de emprender, saber esperar en paz y con paciencia. Es como sembrar un árbol frutal:

• se prepara el terreno,

• se siembra la semilla,

• se riega,

• se abona.

Cuando afloran las primeras señales de vida se continúa con el abono y los cuidados hasta que un día vemos las pequeñas flores. Entonces empezamos a exponernos más y reinvertimos los recursos en abono, agua y diferentes elementos.

Lleva tiempo y dedicación, aparecen los primeros frutos. Si midiésemos el tiempo, diría que transcurren alrededor de tres años después de haber sembrado la primera semilla.

Cuando estamos inmersos en el proceso la automotivación es fundamental ya que la recompensa no es inmediata. A mediano y a largo plazo sentimos que estamos arriesgando el todo por el todo. Hay que sostenerse de forma emocional, personal y económica con recursos propios durante por lo menos un año. No es una tarea fácil si no se está preparado. Se aliviana y facilita si emprendemos listos, conscientes de lo que necesitamos para que no nos tome por sorpresa e interfiera en el desarrollo del emprendimiento.

No se puede comparar la seguridad y la certeza que sentimos cuando somos empleados y recibimos nuestras remuneraciones todos los meses, con la incertidumbre y el riesgo que vivimos al ser emprendedoras y no tenemos el ingreso económico asegurado.

La importancia de los valores

Los valores ocupan un lugar muy importante cuando se decide el camino del emprendimiento. La integridad y la dignidad se convierten en faro de luz durante este camino porque hay que ser valiente a la hora de tomar decisiones. Como dice Brené Brown: «La integridad es elegir lo que es correcto sobre lo que es divertido, rápido o fácil».

La filosofía simple pero profunda y poderosa que me ayuda en todos los ámbitos de mi vida es la siguiente: «No hagas a los demás lo que no te gusta que te hagan».

Esta es la manera de crear conexiones inteligentes, basadas en la autenticidad y la verdad. La verdad a veces es incómoda pero siempre es valorada porque refleja la aceptación mutua, el respeto y la importancia de la diferencia y la diversidad.

La plataforma en la que mi trabajo se ha apoyado con autenticidad y vulnerabilidad es la que nos permite vivir en paz y mirarnos al espejo con orgullo y dignidad.

Certeza en un mundo de incertidumbre

En los últimos tiempos, el mundo nos ha acentuado la incertidumbre creando desconcierto, ansiedad y caos. La fórmula que he creado para facilitar este camino y hacerlo más agradable y divertido, con menos estrés y ansiedad, es crear certeza en lo único que puedo controlar, mi mente. Cuando aprendo a manejar mis pensamientos, controlo mi diálogo interno que es el determinante en la respuesta química de mi cuerpo. Por lo tanto, se refleja directamente en mis acciones y mis decisiones. Al crear certeza invito a actuar y no a reaccionar impulsivamente, le doy prioridad a la intuición para dejar de lado y restarle poder al miedo.

Es así como le doy vuelta a toda circunstancia que ocurre afuera: agradezco, pauso y fortalezco mi conversación interna, digo que pase lo que pase voy a estar bien, y que de esta situación solo vendrán cosas buenas. (Afirmación original de Louise Hay).

Entonces, ¿qué es ser emprendedor?

Ser emprendedor es vivir en un mundo de incertidumbre en donde los resultados dependen de mí, de cada riesgo, cada decisión, cada aventura que yo decida. Es el mundo de la libertad, de la osadía, de los aprendizajes de múltiples caídas y experiencias exitosas, de la dignidad e integridad y sobre todo de la valentía con la que vivimos la vida.

En resumen todo esto nos apunta **al orgullo de ser emprendedora.**

Beatriz Bron

EMPRENDER ES AYUDAR A DIOS[1]

… Solo le pido a Dios
que el futuro no me sea indiferente…
Que la reseca muerte no me encuentre,
vacía y sola sin haber hecho lo suficiente…

León Gieco

[1] Esta expresión me acompaña desde que descubrí a Etty Hillesum y el diario que escribió en el campo de concentración de Westerbork.

CARMEN CASTREJÓN

Todo empezó en un pasillo de hospital cuando tenía catorce años y cuidaba a mi abuela Pepa. Salí a buscar ayuda para atenderla en su higiene y, de repente, una voz clara y firme se alzó dentro de mí: « aquí te quiero, así te quiero, ayudándome». Era Dios, dirigiéndome su Palabra. Era Él, lo sabía con certeza. Yo seguí pasillo adelante buscando a Rosa o a Vicky que eran las auxiliares que trabajaban aquella mañana de sábado, e hicimos lo que había que hacer, como si no hubiera pasado nada. Pero, como un secreto de chiquilla adolescente se había quedado grabada esa voz divina y determinada. Sentía una alegría y un contento que no se parece a nada en el mundo y que no sé explicar con solo palabras.

Desde ese día de julio hasta aquí han pasado treinta años durante los cuales los lugares, las personas y los proyectos me han vinculado al proyecto de Dios: llevar amor, ternura y alegría a los rincones donde la vida a veces se empeña en mostrar su lado más oscuro y sufriente.

Di mis primeros pasos en los barrios del Polígono Norte y las tres mil viviendas, en Sevilla, mi ciudad natal. Allí me enamoré de los chavales hasta las trancas, y aún me dura. Aquella aventura me embarcó en otra aún mayor que fue hacerme religiosa y ser Carmelita de la Caridad de

Vedruna durante doce años. Esta etapa estuvo llena de experiencias humanas fundantes para mí: Ceuta, con sus niños de la calle y sus pateras; Madrid, con el asentamiento de chabolas de El Salobral y el encuentro con las gitanas y lo gitano; Salamanca con mi comunidad de hermanas, verdadero círculo de mujeres sororas, donde ahora sé que comenzó el despliegue consciente de mi creatividad femenina y donde se hizo firme mi compromiso con la suerte de los niños y las niñas vulnerables.

Todo el amor vivido fue ampliando mi corazón y mi libertad interior, sin que me enterara. Y de repente, me descubrí enamorada profundamente de mi hombre, David. Atravesé los días y las noches que supuso aquel discernimiento, y después del tiempo y el dolor, Dios confirmó de nuevo su llamado, «Yo tengo un plan contigo y seguirá adelante, si tú quieres. No necesito que seas monja, ni casada, ni nada, solo tú. Solo Carmen». Y con eso me levanté sobre mis pies, y fortalecida y contenta llegué a Barcelona, donde vivo desde hace nueve años.

Desde el balcón de mis cuarenta y cuatro años, confirmo, agradecida, una visión:

mi corazón está lleno de nombres[2],
el Dios de la Vida me da propósito y sentido de vivir,
cuando aparece el Amor solo puedo
rendirme y confiar.

Propósito

La motivación poderosa que me lleva a emprender es siempre la de traer amor y bienestar a la vida de los niños y las niñas del mundo. Amor y bienestar como base de los derechos humanos fundamentales y como motor de la transformación social necesaria y urgente. Esa motivación hoy sigue vigente. No puedo zafar de ella, aunque a veces, seguirla, sea un desafío intenso.

Esta motivación me cuestiona en mis formas de hacer, me interpela en mis valores y hábitos de vida, me desvela en la noche, me hace sentir exhausta e impotente cuando aparecen las garras de la injusticia, el abuso y la ignorancia elegida.

2 Expresión poética de Pedro Casaldáliga.

A veces me cuesta diferenciar quien es una y quien es la otra. Hasta aquí la emprendedora ha tomado mucho espacio, ha accionado mi vida, la ha revolucionado y llenado de entusiasmo. La emprendedora es vital, llena de energía, de coraje, de ternura, de ganas de vivir, de superarse, de darlo todo en cada gesto, en cada decisión, en cada acción. Y nos ha llevado a vivir muy hacia afuera, de a ratos esto nos aleja de nuestro interior.

Ahora, en todo este último año y medio, siento que la mujer ha despertado y pide su lugar en la mesa, quiere traer su voz y su madurez, su calma y su saber, sus tiempos y sus contradicciones, su desnudez y su inocencia, su pasión y su fortaleza, su alegría y su mesura. A veces la veo como si fuera la casa donde la emprendedora puede descansar si se lo permitiera.

Los acuerdos vienen de la sabiduría compartida en que el amor tiene la última palabra, y no se puede hacer nada más que consentir, cuando aparece. Donde hace falta amor, allí que vamos, *salga el sol por dónde salga*. Entonces la mujer entiende a la emprendedora y *li fa costat*[3]. Con solo mirarse, se entienden, y sin mediar más palabras, abren las compuertas del amor que tengan en su haber.

Los desacuerdos vienen en los ritmos, en las sobreexigencias, en el accionar que lucha, en la fantasía del salvar, en los costes asociados al sacrificio, los esfuerzos desmesurados, la extenuación, los complejos, la precariedad económica, los no merecimientos, el olvido de mí misma.

En estos desacuerdos están parte de mis retos como mujer y emprendedora. Siento que ha llegado mi momento de recordar el camino del encuentro entre ellas y de equilibrar las energías masculinas y femeninas que ya están en mí. Parte de mi emprendimiento pasa por aquí, por esta armonización.

Además encuentro otros retos que comparto con otras mujeres emprendedoras sociales, por ejemplo, confiar en que nuestros proyectos tienen valor, pueden monetizarse con criterios éticos y

conscientes y nos han de ayudar a salir de la precariedad económica y social en la que, a veces, nos encontramos. También crear unas metodologías de medición del impacto que visibilicen la importancia de apostar por la infancia y tomarla en serio. Uno más, traer la voz de los cuidados al centro de la gestión mundial como único camino hacia un mundo más sostenible, amable y vivible.

Creo que las cualidades más preciadas en el ser humano son la honestidad y la bondad amable y compasiva. Trato de dejarme inspirar y conformar por ellas y las incluyo en mi manera de vivir el emprendimiento. Sin una comunicación integral honesta se me hace difícil imaginar cualquier colaboración por pequeña que sea. Sin experimentar la bondad del bien común no veo posible la sostenibilidad del mundo.

Para mí una conexión inteligente es aquella que permite que las partes, a través de ese encuentro, se transformen creativa y libremente y generen algo nuevo que integre las esencias y las transcienda.

Mi mejor experiencia de liderazgo colaborativo la viví en Salamanca, en el verano de 2005. La fundación en la que trabajaba había entrado en crisis económica irreversible. Yo solo llevaba dos años participando, pero el proyecto contaba con más de treinta años de trayectoria en los cuales se habían forjado muchas historias de éxito personal y colectivo. Fue muy duro para mis compañeras transitar ese cierre, pero allí estaban conscientes, valientes y confiadas en lo que aún estaba por llegar. Acompañamos todo el proceso, tomamos algunas decisiones difíciles y pedimos ayudar para «mantener con vida» algunos de los proyectos que generaban un impacto de mucho valor en las personas y comunidades que participaban.

Con todo, llegó el verano y con él la expectativa de la celebración del campamento urbano, Proyecto Margarita. Pero no había equipo ni recursos para sacarlo adelante. Esa era una de las imágenes de la realidad.

---

3 Expresión catalana que hace referencia a acompañar con solidaridad, mimo, ternura, compromiso.

Aquella espera de los niños, las niñas, los jóvenes, las familias nos acompañaba en nuestros espacios de compartir, en nuestros espacios de meditación y en nuestras fantasías «y si…» Y sentimos cómo se colaba tímidamente una idea loca que era, «¿y si lo intentamos?»

Imaginad la energía y la fuerza de nuestras emprendedoras internas, de Mercedes, Lola, Concha, Herminia, Chiti y la mía propia… Nada había que pudiera parar lo que ya se había puesto en marcha.

Primero cultivamos en nuestra comunidad el deseo, la esperanza… y un día, en nuestra oración de la mañana el Evangelio de Lucas nos regaló el mensaje, «…Después de esto, designó el Señor a otros 72, y los envió de dos en dos delante de sí, a todas las ciudades y sitios a donde él había de ir. Y les dijo: "La mies es mucha, y los obreros pocos…"[4] Lo recibimos como una señal de confirmación.

Seguimos pidiendo inspiración para identificar las personas con las que podíamos compartir nuestro proyecto. Fueron llegando una a una, Teresa, Cristina P., Cristina S., Inés y Efran. Y cuando el grupo estaba, nos pusimos manos a la obra.

Cada una puso lo mejor que tenía. Entre todos lideramos una edición del proyecto Margarita que fue un verdadero milagro. Experimentamos la fuerza y el permiso de quienes habían salido del proyecto, la confianza y la liviandad de quienes habían pasado por eso más veces, la ilusión y la alegría de los chicos y las familias que se prestaron a todo.

Y el campamento salió, innovó, se disfrutó, y fue el primer paso de una nueva etapa que dura hasta hoy.

Siento que el mayor reto ante las dosis de incertidumbre es no dejarme atrapar por la fantasía de seguridad y continuidad de las cosas como están y se muestran ahora. Es aprender a vivir en ese equilibrio que, paradójicamente, solo puede darse porque permanece en constante movimiento. Es perder el miedo a dejar de ser quien soy ahora, para evolucionar y llegar a ser quien he sido siempre, independientemente de lo que haga. Es confiar en que si el propósito está clarificado dentro, lo de fuera se pondrá a su servicio. Es creer con confianza plena que la vida quiere vivir en mí, y en nosotros, y que abrirá caminos y posibilidades, en lo pequeño y cotidiano, y en lo grande y transcendental.

Surfeo esta incertidumbre y sus retos cuando los reconozco en mí, valido lo que me provocan internamente, los acojo en mis sentires, procuro los espacios de calma que me acercan al Dios de la vida y sus cosas; cuando me dejo acompañar, amar, cuidar; cuando lloro, duermo, creo arte y me entusiasmo con todo aquello que me despierta el corazón y las entrañas. Confío en que, como decía mi abuela: «Mañana será otro día y también saldrá el sol».

Carmen Castrejón

---

4 Lc 10, 1-12

BUSCANDO UN MUNDO MEJOR

La acción más pequeña es mejor que la intención más grande.

Pablo Ferreirós

CELINDA GARCÍA

Mi nombre es Celinda García, mexicana, administradora de empresas y especialista en *marketing* digital, *personal branding* y capital humano. Soy una mujer muy apasionada por los retos, sumamente curiosa y con un inagotable deseo de aprender. Desde muy temprana edad, descubrí en mis padres el amor por los negocios al observar cómo dirigían a cada uno de sus colaboradores y su responsabilidad ante los compromisos con sus proveedores y clientes. Mientras crecía, fui testigo de cómo los comportamientos y actitudes individuales podían llevar a las personas al éxito o al rotundo fracaso en sus tareas. En conclusión, mis padres y mi capacidad para aprender de las experiencias de terceros me guiaron en la vida.

Tenía una infancia normal dentro de una familia tradicional. Era muy feliz, pero un día, cuando apenas había visto primaveras, mi padre falleció. Su muerte generó un gran desequilibrio en mi familia, muchos miedos a no ser capaces de administrar los negocios sin él. Sin embargo, tal como él nos había educado, gracias a su ejemplo, mi mamá y mis hermanos mayores con una gran fortaleza se enfocaron a cumplir con sus responsabilidades de una manera honesta, y eso nos permitió continuar el legado con éxito.

Mi educación siempre estuvo encaminada a los negocios y al contacto con las personas. Tuve claridad para elegir una carrera que me permitió especializarme y colaborar con quienes me rodeaban. En 2002, terminé mi licenciatura en administración de empresas y, siguiendo mi instinto, busqué aplicar mis estudios al mundo corporativo. Gracias a que tuve la oportunidad de apoyar en Recursos Humanos pude valerme de toda mi disciplina, compromiso y servicio para transformar el departamento desde adentro. La confianza reinante entre todos los colaboradores permitió desarrollar nuestras capacidades: paciencia, perseverancia, valor del tiempo y productividad. Trabajar todos unidos y en armonía por un mismo fin nos llevó a obtener grandes resultados.

Años más tarde, también pude desarrollarme en el área comercial. Allí me encargué de supervisar procesos y mejorarlos; crear contactos y desarrollar excelentes habilidades de negociación, persuasión y empatía que son muy útiles a la hora de establecer relaciones comerciales sanas, humanas y de mutuo beneficio.

Con los años, tuve la bendición de casarme con un hombre maravilloso, y juntos desarrollamos la agencia de *marketing* Merkatail AMD. Al principio solo atendíamos clientes locales, más tarde fue una empresa nacional al poder cubrir las necesidades de clientes corporativos. Luego de dos años de altibajos, el mismo negocio obligó a nuestra empresa a convertirse en una de las primeras en generar toda su operatividad de manera digital. Así descubrimos un nuevo propósito. Con nuestros talentos y habilidades logramos ser una agencia de *marketing* digital enfocado en desarrollarnos en un mundo más consciente. Hoy en día, a pesar de las circunstancias actuales, nuestra empresa ha servido de puente, ha sido un medio de visibilidad y enlace para conectar a las personas de todo el mundo que buscan llevar un mensaje o un servicio con la única finalidad de ser portadores de herramientas, fe y esperanza.

De la monotonía al despertar

Los seres humanos somos animales de costumbres y en muchos casos eso está muy bien. Sin embargo, cuando tus días solo se mueven bajo la rutina, llega un momento en el que te sientes sin propósito, desmotivada y lastimosamente, desanimada. Creo que sobra decir que esta no es una buena combinación. Yo pasé exactamente por una experiencia similar hace cuatro años y esta fue la principal razón por la que desperté. Me di cuenta que los últimos seis años de mi vida habían estado sumergidos en una completa monotonía. Mis acciones se ejecutaban en modo automático durante todo el día, desde el comienzo de mi día hasta el término del mismo. Esta situación, el levantarse todas las mañanas sin una motivación para hacer exactamente lo mismo del día anterior me tenía abrumada por completo. Sentía que los días eran iguales, que las semanas eran interminables, y que mi función no me generaba ningún reto, así que tomé las riendas de mi destino y decidí aventurarme a un nuevo desafío que me devolviera la vida y emprendí.

Desde muy pequeña, disfruté al relacionarme con las personas. Era algo que se me daba muy fácilmente y desarrollé herramientas para sacarle provecho a esta cualidad. Me enfoqué en mejorar mi sentido de la escucha y a lo largo del tiempo pude notar que esto me apasionaba plenamente. Un día como hoy, hace ya cuatro años, finalmente comprendí que mi verdadera pasión era conectar con las personas, que tenía la habilidad de escuchar cómo se sentían, saber qué necesitaban y que yo podía ser el medio por el cual ellas podrían dar vida a sus proyectos y sueños. En ese momento de introspección pude comprender que mi verdadero propósito en la vida era ayudar a los demás a través de la puesta en práctica de mis habilidades para encontrar una solución a cada problema y canalizarlas con las personas adecuadas. Mediante conexiones personales, soluciones de necesidades y actores clave, pude ayudar a muchas personas a encontrar esa luz que veían distante, les brindé la oportunidad de encontrar la claridad necesaria para poder empoderarse y actuar de una manera más sólida y progresiva.

Aun así, con esta evolución y autoconocimiento, no podía decir que mi propósito estaba plenamente definido. Sabía que ayudaba a mucha gente, que tenía una gran red de contactos que contribuían en la resolución de conflictos, y que además conocía a muchas personas con mensajes de esperanza, metodologías y muchos saberes, pero cuyas palabras tenían poco alcance. Traté de ensamblar estas ventajas a mi favor para terminar de darle forma a mi propósito de vida, ayudar a especialistas en muchas áreas, mediante procesos de difusión vanguardistas de *marketing* digital. Pude transmitir este mensaje de manera global a miles de personas y, básicamente, de esta manera cumplí mi sueño de ayudar a otros a través de simples conexiones.

Ahora mi vida ha cambiado, cada día que pasa disfruto plenamente al ver cómo conectamos con la gente. Todos los días son diferentes, son nuevas oportunidades para hacer que más y más mensajes de especialistas puedan cumplir sus objetivos. Toda esta situación me llena de mucha dicha, puesto que a través de mí emprendimiento me he convertido en un eslabón clave para magnificar el alcance de cada mensaje, ayudando no solo a algunos, sino a miles o millones de individuos.

Separar la vida personal de la profesional es un reto cuando emprendes en familia

Cuando emprendemos, sabemos que transitamos un camino difícil que nos retribuye con libertad, flexibilidad y crecimiento personal si trabajamos con decisión, dedicación, perseverancia y mucho amor. Al mismo tiempo, dedicarle tiempo y atención a la familia mientras trabajamos en una empresa propia con las múltiples responsabilidades que tenemos es también un desafío. La clave está en encontrar un equilibrio en el que podamos movernos por ambos mundos, el personal y el laboral, y priorizar las actividades en las que seamos más necesarios. He aquí el detalle, ¿se han preguntado qué sucede cuando tu esposo es también tu socio? En este caso el reto es aún mayor porque tenemos que hacer un esfuerzo consciente para separar nuestra relación de esos otros roles. Si un día tengo diferencias con mi socio, debo redirigir mis emociones para que esto no afecte más tarde mi relación con mi esposo. Por ende, la convivencia se hace más compleja, pero también llena de beneficios.

Trabajar de manera independiente en un emprendimiento familiar muchas veces nos enfrenta a situaciones en las que tenemos que tomar decisiones difíciles. Especialmente porque todo lo que hacemos afecta directamente a nuestra familia. Esto también hace que seamos más analíticos y que algunas veces encontremos decisiones pensadas con cabeza más fría y consciente. En muchas circunstancias me veo envuelta en situaciones contradictorias en las que ejerzo un doble rol, como por ejemplo ser esposa y socia o ser amiga de alguna colaboradora y, a su vez, dirigirla. Esto sin mencionar que hay que mantenerse íntegra a la hora de establecer conexiones con las personas adecuadas. Es por ello que trabajé de manera más amplia y profunda para mantener un equilibrio que se adapte a los requerimientos de cada aspecto de mi vida. Cuando alcanzo este nivel, tengo la bendición de disfrutar de lo que más amo en compañía de mis seres queridos y del constante crecimiento personal y profesional, como mujer y como empresaria.

Uno de los más grandes retos que me ha traído el emprendimiento es comprender que ahora el trabajo se multiplica, ya que las responsabilidades crecen. Las decisiones que tomo deben ser bien pensadas y los desaciertos pasan a recaer todos en mí. Debo evaluar todo con triple filtro porque mis elecciones afectan a muchas personas que ahora dependen de mí. Por esto me gusta mantenerme bien informada, estar al día con los últimos avances sobre cada tema, estudiar para tener vigente mi conocimiento y a su vez transmitirlo diariamente a quienes me apoyan. Es así como nunca dejo de crecer, de evolucionar y de avanzar hacia mis metas. En mi trabajo, al igual que en el mundo, es fundamental alcanzar los resultados deseados porque estos garantizan la continuidad de nuestras relaciones comerciales y profesionales. Cada cliente persigue objetivos distintos y siempre doy lo mejor para cubrir o incluso exceder las expectativas porque, de esta manera ellos se sienten cada vez más cómodos

y me brindan su confianza y futuras referencias. Siempre me he caracterizado por ser una persona amable y empática con las demás. Disfruto mucho ser así porque esto me facilita poder impactar de manera positiva en la vida de los demás. Además, me considero una excelente hija, siempre pendiente de las necesidades de mi madre y, al mismo tiempo soy una gran hermana. Procuro tener a mis seres amados siempre cerca y además busco inspirarlos para que, a través de mi ejemplo, puedan ver que todos podemos ser grandes empresarios, solo tenemos que decidirlo. Por último, soy una mujer de gran corazón, comprometida con las causas sociales. Siempre trato de brindar la mejor versión de mí con la finalidad de trascender y ayudar a mi entorno inmediato con los recursos necesarios para cumplir con todos los compromisos. Es así como vivo, como me nutro de manera positiva, como me lleno de alegría y como acumulo razones para sentir esta gratitud infinita.

Vivo de conexiones inteligentes

Una de mis principales virtudes siempre ha sido conectar con las personas, por eso ahora lo hago de una forma más estratégica. Aprendí a desarrollar alianzas con personas claves para poder facilitar nuestras labores y, por consiguiente, tener la posibilidad de apoyar para suplir las necesidades de las personas que así lo requieren. Vivir dentro de este mundo de conexiones inteligentes me permitió muchas experiencias satisfactorias, una de ellas es el poder tener un liderazgo colaborativo en donde, con nuestras conexiones, podemos materializar la visión que tenemos para ayudar a miles de personas a lo largo de nuestras vidas. Juntos colaboramos para cambiar el mundo.

Hay ejemplos de este tipo de relaciones en toda mi carrera como empresaria. En la actualidad genero alianzas con importantes actores del mundo consciente, con el propósito de producir bienestar emocional a personas con problemáticas sociales. Nuestro trabajo es acercar las herramientas necesarias para así impactar positivamente la vida de las personas. Durante el desarrollo de cada proyecto, en ocasiones, el trabajo parece verdaderamente extenuante y las actividades, interminables. No obstante, es difícil describir en palabras el grado de satisfacción y el orgullo que se siente al ver el acto consumado, al observar la sonrisa genuina de miles de personas en las que he impactado; la forma tan sincera, tan real, en la que me agradecen. En ese momento, es fácil olvidarse de la sensación de cansancio y de las largas jornadas trabajadas, pues se hace evidente que nuestra ardua labor ha valido la pena. Por esta razón, siempre estaré dispuesta a ayudar a los demás y a trabajar al servicio de mi comunidad.

Nuestra actitud ante la vida define como nos afecta la incertidumbre

La vida es incertidumbre y eso está bien. Es muy aburrido saber qué va a pasar el día de mañana. Cuando nos enfrentamos a lo desconocido, tomamos riesgos, nos atrevemos a más, encontramos soluciones que de otra manera jamás hubieran pasado por nuestras cabezas. No quiero decir con esto que la pandemia sea buena, solo digo que nuestra actitud es la única que marcará la línea entre el éxito y el fracaso. Debemos enfocarnos en las cosas que podemos hacer y en cómo podemos contribuir para juntos superar esta difícil etapa. Es cierto que debimos sacrificar mucho y cambiar mucho más aún, pero necesitamos recordar que el cambio también trae consigo oportunidades y es ahí donde nuestra mente positiva hace magia. Por muchos años me sentí vacía a pesar de tener una vida en apariencia ideal. Era una mujer de muchos éxitos laborales, económicamente estable, casada, con una familia que me amaba y aun así transitaba por la vida sin un propósito. Un día desperté y entendí que lo que me faltaba no lo podían llenar los libros y talleres, el verdadero disfrute se encontraba en mi interior.

Ser empresaria no fue fácil, puesto que nadie me enseñó la manera más sencilla de ser profesional, pero es arduo trabajo y la noción de haber crecido tanto en una empresa que empezó literalmente desde cero es infinitamente gratificante. Desde mi experiencia, creo que debes encontrar la receta secreta de tu pasión, esa receta debe poder encantar y fascinar a todo aquel que la pruebe. Pero una vez la encuentres, debes memorizarla y practicarla para que cuando tus clientes la necesiten, tú seas capaz de repetirla. Sin embargo, aunque muchos piensan que lo más importante es el producto, yo considero que la principal atracción es que haya un líder dentro de la empresa que te lleve de la mano durante todo tu proceso, que te diga de qué manera debes abordar los retos y que además te aconseje la manera más sencilla para hacerlo de forma organizada y estratégica con el fin de alcanzar los resultados deseados. Básicamente, se trata de ser congruentes entre lo que ofrecemos como producto y los resultados que obtendrás.

Incluso más importante que todo lo mencionado anteriormente es desarrollar la capacidad de comprender que en cada movimiento existen personas que comparten tus mismas características, problemas y recursos, y que, ayudados por el liderazgo, pueden alcanzar resultados inimaginables. Si quieres llegar rápido lo puedes hacer solo, pero si quieres llegar más lejos lo debes hacer siempre acompañado. Tal como lo expresa SHE con su lema, «Juntas es mejor».

Celinda García

MUERE AL PASADO Y HAZ REALIDAD TUS SUEÑOS

No soy producto de mis circunstancias.
Soy producto de mis decisiones.

Stephen Covey

DANNY ZAPATA

Seis años atrás, vivía en Venezuela donde tenía un estatus que cualquier persona desearía tener. Era autónoma como asesora de recursos humanos, gozaba de la libertad y del tiempo para mí y mi familia, tenía mi propia casa e ingresos con los que podía darme ciertos lujos que hacían feliz mi vida y la de mis hijos, pero un día me enamoré de un francés y decidí dejarlo todo por amor, para venirme con mis hijos a Francia, sin imaginar que esa historia no tendría un final feliz.

Volver a Venezuela ya no era una opción y tuve que quedarme para hacerme cargo de mi decisión. Sin contar con que allí comenzaría mi calvario. No solo porque no pude ejercer mi profesión debido a que no reconocieron mis diplomas y porque tampoco me creyeron capaz. Fueron días muy difíciles que no se los deseo a nadie.

Nada de lo que hacía funcionaba, a tal punto que un día me vi viviendo de la beneficencia pública; incluso una vez pasé por la penosa situación de tener que pedirle comida a una amiga para alimentar a mis hijos.

Ese bendito día lloré como nunca había llorado y, digo bendito, porque ese mismo día me prometí que eso no volvería a ocurrir. Entonces tomé la decisión de volver a emplearme, pero esta vez, haciendo el trabajo que otras mujeres habían hecho para mí: limpié pisos.

Pero algo pasó, mientras se me cerraban muchas puertas, una se abrió: la comunidad de la Sociedad para Hispanas Emprendedoras (SHE). Créeme que muchas cosas mejoraron para mí, solo que después de seis meses, aun implementando una cantidad de recursos disponibles para lograrlo, no terminaba de despegar.

Hasta que un día en el que me sentí como en una encrucijada, ocurrió el punto de quiebre. Tuve que sincerarme y aclararme con lo que realmente quería ser. Luego de mucha reflexión, llegó ese momento en que pude reconocer mi frustración y mi dolor por sentir que había botado a la basura cinco años de estudio y veinte de experiencia y de logros. Durante todo ese tiempo, mientras seguía estancada, estuve añorando y deseando que la época dorada volviera.

Comprendí, que si quería renacer profesionalmente, debía soltar y olvidar esa cadena que no me dejaba avanzar. Solo así pude aceptar que aunque me doliera desapegarme de todo lo que amaba, añoraba y deseaba volver a tener, debía hacerlo porque eso ya no volvería.

Abraza tu dolor por última vez y libérate

Después de reflexionar pude abrazar mi dolor por última vez, liberarme y comenzar a ver todo ese potencial que dormía dentro de mí. Entender que debía morir a mi pasado, para renacer y seguir existiendo como profesional, ¡fue trascendental!

Muchas veces he vivido circunstancias dolorosas que no elegí vivir, pero han sido esas circunstancias, las que han marcado un antes y un después en mi vida. De niña e incluso de adolescente no era consciente de lo que significaban, sin embargo, sería mi conciencia la que les encontraría un sentido, haciéndome comprender para qué las había vivido.

Recuerdo que cuando tenía alrededor de seis años de edad, espontáneamente, comencé a tomar algunas decisiones, porque mi instinto de supervivencia me impulsaba a buscar espacios donde me sintiera más segura. Hacer esto me resultaba tan gratificante a esa corta edad, que empecé a sentir y a desear que las personas que amaba pudieran también tener esa experiencia, lo que hizo que me fuera convirtiendo, sin proponérmelo, en una dadora y protectora para otros.

Al mismo tiempo que esto ocurría, mi faceta de soñadora también comenzó a aflorar, imaginaba y proyectaba la película de quién quería ser y así, sin mucho afán, fui desarrollando la cualidad de mujer visionaria que soy ahora y que me ha impulsado en mi faceta como emprendedora.

Necesitas abrazar tu dolor por última vez, comprenderlo, conocer su origen y decidir sanarlo. Sí, la sanidad emocional es una decisión, es tu decisión. Tómala, libérate de las emociones que generan dolor, dales un nuevo significado a las heridas. Míralas desde la perspectiva del aprendizaje, del hacia dónde te dirigen y, con seguridad, lograrás una mejor realidad para ti.

Sí, todos los caminos llevan a Roma si te haces consciente de ellos

Todos estos valores que fueron creciendo en mí de manera espontánea me ayudaron significativamente como profesional en esta etapa de mi vida en la que he decidido ser valiente y dar un gran paso. Al transitar por todos estos acontecimientos que me marcaron y, en los que muchas veces tuve que morir y renacer, en gran parte debo el aprendizaje de abrazar el miedo y ver la manera de seguir adelante, sin ser realmente consciente de que se trataba de un proceso natural y necesario que me ayudaría a lograr mi verdadera transformación.

Como toda transición, ese momento llegó y sucedió en Francia donde pude empezar a entender en profundidad, todo esto que me venía ocurriendo. Encontré, a partir de ese momento, la razón por la que estoy aquí y mi motivo para emprender.

En los años anteriores no fui capaz de verlo claramente, estaba tan sumergida en lo que venía haciendo por años de manera habitual, que sin ánimos de sonar presumida, nunca me detuve a pensar en qué era lo que me había hecho tan exitosa en todo lo que había llevado cabo a lo largo de mi vida, no solo en el plano profesional, sino también en el personal. Fue entonces,

cuando pude ver lo que siempre estuvo allí, esperando ser descubierto.

Durante mucho tiempo había estado desarrollando mi rol de líder motivacional, pero tan solo hace poco fui capaz de reconocerlo. Ahora sé que lo soy y comprendo mi empatía con lo que los demás sienten y necesitan, mi entrega cuando sirvo a otros y mi sueño de inspirarlos para que también despierten esa vocación de servicio para la construcción de algo mejor.

Y digo hace poco, porque aun cuando hace once años que me hice autónoma, profesionalmente, fue hace solo dos años que me permití mostrar ese don que yo no era consciente de que estaba en mí y solamente esperaba ser revelado.

Estás obligada a dar de lo que tienes

Estoy convencida de que tengo el deber y la obligación de compartir este regalo; sería muy desagradecida, si no dejara fluir el efecto multiplicador que este puede aportar a otras personas, que aún no saben lo maravillosas y mágicas que pueden ser.

Es por ello que tengo un sueño: que en cada uno de nosotros, despierte ese superhéroe en hibernación y que juntemos nuestros poderes para la construcción de un mundo más perfectamente humano.

Ha sido precisamente ese sueño el que me llevó a emprender y el que sigue sosteniendo cada una de las acciones con las que deseo llevar a un buen puerto mi proyecto de negocios.

Ni por un instante dejo de reconocer y de mantener vivo mi propósito de vida. Siento la responsabilidad de mostrar ese líder motivacional que el Universo posó en mí, aun cuando al atreverme sigan susurrándome las voces que me recuerdan el terror al que yo llamo timidez.

Todos tenemos una misión y la mía es no olvidar por qué estoy aquí: vine a este planeta a inspirar y a elevar a otras personas que como yo quieren aportar valor a este mundo que solo necesita personas dispuestas a hacerlo. Esta es la única adrenalina que me mueve a dar el paso para que esto sea posible.

Este también es el pensamiento que me ha acompañado durante toda mi existencia, incluso en los roles que día a día llevo en paralelo con mi emprendimiento, especialmente el de ser mujer y madre a la vez, en el que por ser la cabeza de hogar el rol de madre se ha convertido en muchos otros roles que han ido haciendo desaparecer un poco a la mujer.

En estos tiempos de incertidumbre, para mí ha sido de un valor incalculable contar con el apoyo de la familia de SHE. He saltado al abismo del emprendimiento, he dejado atrás lo que otros definen como lo «seguro», pero no lo he hecho sola, lo he hecho de la mano de esta comunidad que me respalda y me anima.

Presta atención a la mujer que vive en ti

Sé que hay una mujer, que vive en mí, a quien soy responsable de dar amor, cuidar y consentir, pero como a la vez sé que ella es comprensiva y generosa, le robo parte del tiempo que le corresponde para dedicarlo a mi rol de madre y emprendedora. Muchas veces llevo a esa mujer al tope, sin detenerme un minuto a pensar en ella, quien en lugar de defender lo que por derecho le corresponde y se merece, cede sin quejarse y, a veces, sin sentir pesar.

Recuerdo que mi madre solía decirme: «Ser luz en tu hogar es lo primero antes de ser luz para los demás»; esto se ha convertido en mi mayor reto, encontrar ese equilibrio en el que mi bienestar se mantenga como una prioridad.

Me he visto, volviendo solo la mirada hacia ella cuando está exhausta y necesita recuperar un poco de ese tiempo que la madre y la emprendedora le han tomado para brillar, pero soy consciente de que no dejarle suficiente espacio no está bien.

Aun así, no dejo que se apague la luz de esa mujer que vive en mí, la enciendo cada día, alimentando mi espiritualidad, una de mis cualidades más valoradas por todos los beneficios que me aporta como ser humano. Tener esa energía elevada es lo que da tranquilidad a mi mente y hace que mantenga mis otros roles en armonía con las acciones que llevo a cabo, tanto en lo personal como en lo profesional.

Todos los frutos que brotan de mi espiritualidad son claves para sustentar mi emprendimiento porque le dan más claridad a mi propósito, hacen que mi autorrealización vaya en ascenso y me permiten crecer en mis relaciones interpersonales; son el pilar más importante de mi emprendimiento y donde me apoyo para la obtención de resultados más efectivos. Sin duda alguna, son estas relaciones interpersonales las que primordialmente he tenido como canal disponible para ir más allá de los límites de recursos que se me han presentado y obtenerlos en la combinación de los conocimientos que surgen de las colaboraciones o conexiones inteligentes.

¿Y a qué me refiero con el término *conexiones inteligentes*? Básicamente, a todas las relaciones que se establecen entre las distintas personas, marcas o negocios, sin importar el lugar en donde se encuentren o se ejecuten, para unir ideas e intereses, que no necesariamente tienen que ser idénticos, con el fin de producir beneficios para una comunidad.

Mi mejor experiencia de esto que defino y en lo que creo, es lo que he vivido en SHE, donde el éxito de cada una de las mujeres que somos miembros de la comunidad se refleja en el éxito del trabajo en equipo, en el que cada una desde su individualidad cuida que su compañera no falle en lograr la victoria que consiste en alcanzar su propósito.

Creo firmemente —aunque suene trillado— que todo pasa por alguna razón y que nada es eterno, todo tiene su ciclo de vida; cuando algo muy difícil llega a ti, es porque el Universo te está abriendo puertas y la única persona que puede discernir si abrirlas o dejarlas cerradas, eres tú.

He aprendido que las oportunidades llegan a ti, como el carrito de helados que cuando niña solía escuchar a lo lejos con sus campanitas. Si lo escuchas y no vas a su encuentro para escoger el helado que tanto deseas, simplemente pasará y te quedarás con esas ganas enormes de habértelo comido.

Hoy son las personas más elevadas las que están aprendiendo las lecciones y las que están mirando desde su corazón las oportunidades que estos tiempos difíciles traen consigo, porque no todo es totalmente negro, ni todo es totalmente blanco, siempre hay un punto que hace la diferencia y tú decides si verlo o dejarlo pasar sin percibirlo .

Vivir con incertidumbre o dejar que la incertidumbre viva en ti, es solo tu decisión.

Danny Zapata

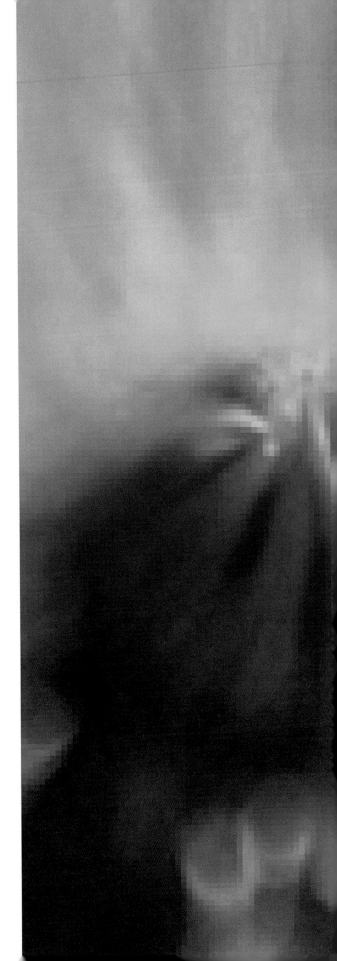

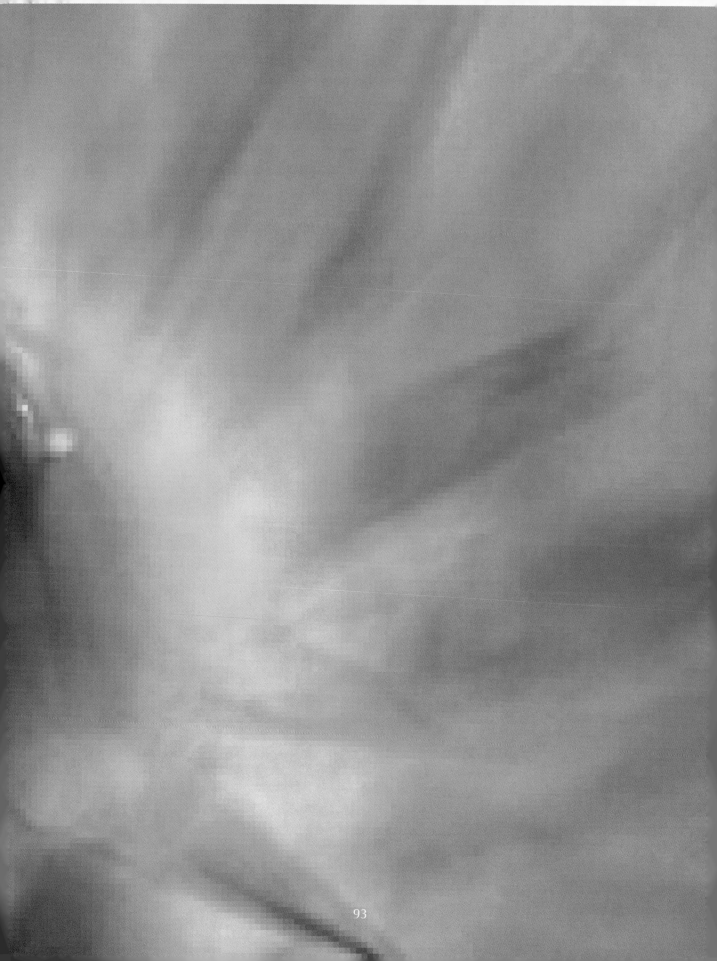

ATRÉVETE A SER TU MEJOR VERSIÓN

Nuestro miedo más profundo no es el de ser inapropiados. Nuestro miedo más profundo es el de ser poderosos más allá de toda medida. Es nuestra luz, no nuestra oscuridad, lo que nos asusta.

Marianne Williamson

DEYANIRA MARTÍNEZ

Mi nombre es Deyanira Martínez y nací en la hermosa isla de Quisqueya. Me crié en una de esas familias disfuncionalmente funcionales con padres que, aunque me amaban, no sabían amarse a sí mismos. A la tierna edad de veinte años, emigré a EE.UU., no era una niña, pero estaba a años luz de tener la madurez de una mujer. Ya había obtenido mi título en Comunicación Social y tenía una personalidad fuerte, llena de seguridad y entusiasmo por la vida. Me sentía lista para comerme el mundo. Era una mujer inteligente y profesional que, adicionalmente, dominaba varios idiomas.

El tiempo pasa muy rápido y no espera por nadie. Hace ya treinta años que llegué con una maletita de ropa llena con mis escasas pertenencias y trescientos dólares en los bolsillos. Agradezco inmensamente las muchas oportunidades y lecciones —aprendidas— que este país me ha brindado, tanto las buenas como las no tan buenas, ya que, aunque en ocasiones cueste comprenderlo, hoy sé que los planes de Dios son perfectos.

En aquel entonces, la expectativa y la realidad no se pusieron de acuerdo y todo el proceso de inmigración fue como un balde de agua fría que me trajo muchas inseguridades. Lamentablemente, no todo era color de rosa, me enfrentaba a un mundo nuevo y a una nueva cultura. A pesar de hablar inglés, el idioma seguía siendo

una barrera porque, en especial para una comunicadora, era necesario tener mucho roce, experiencia y desarrollar nuevas herramientas que me permitieran expresarme tan eficientemente como en mi lengua natal. Pasé de ser un derroche de optimismo y seguridad a ser una persona confundida y abrumada que se sentía pequeña en el nuevo ambiente.

Fue un período personal bastante difícil. Desde que llegué, toqué puertas en el área de la comunicación pero en vista de las pocas oportunidades, decidí cambiar de campo. La poca receptividad me llevó a pensar que no iban a tomar en serio mis estudios realizados en otro país y decidí volver a la universidad. Esta segunda vez, estudié Administración de Empresas, una opción que tenía más demanda y que me permitiría entrar en el mercado laboral más rápidamente. Gracias a esta carrera, conseguí varios trabajos que me condujeron a una empresa de distribución de publicaciones. Terminé trabajando en el área de publicidad del *New York Times*, lugar donde me he mantenido durante veintidós años. Además, dirijo un grupo de diversidad e inclusión para empleados latinos, una práctica muy común en las empresas estadounidenses.

Con el paso del tiempo, el mundo de la comunicación me siguió llamando, comencé a trabajar en la televisión y a hacer publicaciones como *freelance*. Asimismo, hace tres años, escribí una colaboración en un libro que me inspiró, más tarde, a publicar mi propio libro, *El arte de atreverse*. Todo se ha ido dando naturalmente, la vida me tomó de la mano para regresarme a mi rumbo original, la comunicación. Ahora puedo decir en voz alta que soy periodista, autora, estratega de comunicación y empresaria.

El sentido de autopreservación y supervivencia puede ser una gran motivación

Al igual que la mayoría de los inmigrantes, cuando llegué a Estados Unidos, no me encontraba viviendo el sueño americano. Por el contrario, conseguí trabajos con los que solo ganaba un sueldo mínimo, no conocía a nadie, no tenía dinero ni proyectos. Fui consciente por primera vez de las dificultades de mudarse y establecerse en otra cultura, pero aún tenía mis sueños, quería tener una casa y alcanzar cierto nivel de estabilidad. La necesidad de salir adelante, de ser esa persona que sabía que estaba destinada a ser, me sirvió de motivación y alimentó mi espíritu.

En el momento menos pensado, sin planearlo, quedé embarazada en una relación completamente tóxica que me dañaba mucho en el plano emocional. Me armé de valor, decidí priorizarme, respetarme, amarme, creer en mi valía y elegí ser madre soltera. No puedo decir que fuera sencillo, pero definitivamente fue la mejor decisión. Cuando mi hijo era solo un niño, nos mudamos a un apartamento que costaba más de lo que yo podía pagar y, como consecuencia, me busqué tres empleos. Como resultado del deseo de sobrevivir más que de la pasión, nació mi primer emprendimiento. Comencé a vender productos Avon. Era todo muy nuevo para mí, pero me encontraba en una lucha por la custodia de mi hijo y no tenía la más mínima intención de permitir que lo alejaran de mí. Esto me dio más fuerza aún para enfocarme y persistir en salir adelante por mi familia.

Con los años, una vez garantizada nuestra seguridad y estabilidad, esta motivación ha cambiado. En la actualidad puedo permitirme pensar más en lo que me apasiona y trabajar en el área que me gusta. Ahora todo es diferente, cada nuevo proyecto me hace sentir que tengo un propósito, que sirvo, que puedo aportar algo. Antes pensaba que tenía todo el tiempo del mundo, ahora mi actitud es distinta: es ahora o nunca. Soy consciente de que suena un poco exagerado, pero la verdad es que no sabemos qué pasará mañana ni cuánto tiempo nos queda en este mundo. Es mi momento de aprovechar las muchas oportunidades que se me presentan, pero siempre en armonía con este deseo, esta nueva misión de vida.

Solo veinticuatro horas y tantas cosas por hacer

Las mujeres nos caracterizamos por ser multifacéticas y esa es una cualidad sencillamente estupenda. Somos capaces de hacer todo lo que nos proponemos y más. Sin embargo, cuando abarcamos demasiadas actividades desde nuestros distintos roles, es común sentir que competimos constantemente con el tiempo. Hay momentos en los que queremos involucrarnos en tantos proyectos que sentimos que veinticuatro horas al día no son suficientes para dedicarle atención a todos y cada uno de ellos. Considero que uno de los más grandes retos a los que nos enfrentamos hoy es a ser capaces de conseguir el equilibrio entre nosotros, la casa, el trabajo y el emprendimiento.

Para algunas personas, el emprender es una liberación total que les permite renunciar a sus empleos en calidad de dependencia. Sin embargo, yo no soy una de esas personas. Me cuesta mucho soltar, ya que también me gusta mi trabajo y, además, el ser empleada de una compañía tan buena me ofrece muchos beneficios. He aquí mi gran dilema, amo escribir, crear contenido en mis diversas redes sociales, hacer lo mío, pero a la vez quiero mantener mi empleo. Hasta este momento he podido llevar ambas cosas, ya veremos lo que me depara el futuro. Mi gran desafío diario ha sido aprender a priorizar, a organizarme y a enfocarme en las actividades con las que me he comprometido. Como mencioné antes, a veces me dejo llevar por las ganas de hacerlo todo hoy, mientras aún puedo, pero finalmente he entendido que, en ocasiones, es necesario decir que no. Ahora me doy el tiempo para pensar dos veces antes de entrar a un proyecto que me llama, pero para el que sé que no tengo tiempo.

Generalmente, cuando tengo muchas actividades simultáneas, debo sacrificar el tiempo que le dedico a una de mis facetas y esta suele ser la de ama de casa. Me olvido de la limpieza, de la ropa, de la cocina y demás quehaceres. Sin embargo, esto no quiere decir que falle en alguno de mis roles, sencillamente estoy empezando a delegar y, en mi caso, mi rol de ama de casa es donde la solución es más simple, porque son tareas que no necesito hacer yo directamente. Ahora contraté un servicio que se encarga de mi casa y me deja tiempo para mí, para descansar o incluso para dedicarme a alguna otra actividad de mi interés. El descanso es fundamental porque junto al cansancio, vienen pensamientos negativos como el desánimo y las ganas de rendirnos. Obviamente, la pandemia no ha sido un factor positivo para la sociedad, pero sí ha traído muchos cambios y, en algunos casos, estos han sido beneficiosos. Durante la cuarentena, encontrar un equilibrio entre mis facetas ha resultado un poco más fácil. Antes pasaba mi día yendo y viniendo, en constante movimiento, y eso requiere de mucho tiempo y energía. La virtualidad nos genera un mejor manejo de nuestros tiempos.

Todos los seres humanos tenemos un millón de virtudes que, bien empleadas, nos brindan la posibilidad de entregar siempre nuestra mejor versión en cualquier faceta de nuestras vidas. En mi caso en particular, considero que mi mejor cualidad es la perseverancia. No me doy por vencida fácilmente; si quiero algo, lo logro y si empiezo algo, lo termino sin importar el tiempo que me tome. También soy una mujer honesta, comprometida y leal que siempre actúa con buenas intenciones. Muchas veces esto se traduce en ingenuidad, pero estoy tratando de desarrollar un sexto sentido para leer las intenciones de aquellos que se quieren aprovechar y así evitar malas experiencias. Aunque todavía pienso que esta última es una cualidad, creo que hay que saber manejarla para que no nos afecte negativamente.

Ganar-ganar siempre será correcto

La vida en sí misma se mueve a través de conexiones personales, laborales, emocionales, espirituales y demás. Por eso, es importante saber determinar cuáles son las conexiones positivas. Hoy se habla mucho de hacer conexiones inteligentes y yo no puedo estar más de acuerdo con eso. Estas relaciones surgen cuando ambas partes pueden salir beneficiadas. Aclaro: el beneficio no tiene por qué ser necesariamente económico, es posible crear relaciones en las que cada uno obtenga resultados satisfactorios que respondan a objetivos individuales. La idea es que podamos unir nuestras habilidades y nos complementemos para hacer un proyecto juntos. Muchas veces, la conexión inteligente puede consistir

en abrir puertas a quienes lo necesitan, sin más intención que la de colaborar, ayudar y apoyar para que estas personas alcancen un nivel más alto. La vida da muchas vueltas y quizás mañana seremos nosotros quienes necesitemos que nos tiendan la mano.

Una experiencia extraordinaria que sirve de ejemplo fue la puesta en circulación de mi libro *El arte de atreverse*, en Nueva York. Empecé este proyecto con mucho miedo de que pudiera ser un fracaso y que dañara mi credibilidad, pero inmediatamente me di a la tarea de visualizar que todo iba a ser un éxito. Me alié con organizadores que me ayudaron muchísimo, abrí el evento para compartir historias de mujeres destacadas de la ciudad y esas mujeres, a su vez, empezaron a convocar a otras mujeres. Cuando el día finalmente llegó, me llamó la que sería mi maestra de ceremonia para comunicarme que no podría asistir porque había muerto un familiar. Una persona que estaba en el evento empatizó conmigo y me ofreció hacerlo ella. Al final resultó ser mejor que la idea original y todo se dio tal como yo lo había visualizado: estuve rodeada por una gran audiencia y eso me llenó de humildad. Fue como un sueño.

Con perseverancia y esfuerzo, todo fluye

El año 2020 trajo consigo la pandemia de CO-VID-19. Esto inició una época cargada de muchos cambios, miedos e incertidumbre que nos ha afectado en todas nuestras áreas. El no saber qué va a pasar, cuánto tiempo nos tomará solucionar la situación actual y respirar en la calle con libertad, fue desde un inicio mi mayor reto. Lidiar con tantos problemas, con tantos cambios, me dejó exhausta y, en diciembre, comencé a sentirme deprimida. Tengo un trabajo corporativo, usualmente ejecutado en una oficina y además con mucha interacción humana, pero durante todo un año he trabajado solo desde la casa. Era responsable de un equipo de cinco personas y las tuve que dejar ir. Es inevitable que ese tipo de situaciones me afecte.

Sin embargo, he decidido dejar de pensar en la incertidumbre y permitirle actuar a Dios, dejo todo en sus manos, ya que con preocuparme no voy a cambiar nada. En su lugar, estoy tratando de mantener una actitud positiva y de visualizar un mundo mejor. Ahora me muevo con la idea de mantener una vibración alta para poder fluir, para poder ver oportunidades donde no las hay o, mejor dicho, donde no solemos verlas porque nuestra visión está nublada por tanta negatividad. En otras palabras, el trabajar mucho en mí, en mi vibración y mis pensamientos me permite mantenerme enfocada y resiliente. Cuando limpiamos nuestra mente y adoptamos una actitud positiva, nuestro camino y nuestro entorno comienzan a fluir.

Hoy elijo ver el lado positivo de la cuarentena, porque en mi caso lo ha habido. De hecho, me obligó a hacer una pausa que ha sido un gran alivio. No había notado cuánto la necesitaba. Estaba haciendo demasiadas cosas, dedicándome a muchos proyectos al mismo tiempo y esto estaba afectando mi equilibrio emocional. Cada día se presentaban nuevas oportunidades y yo quería dividirme para involucrarme en todas, como si no hubiera un mañana. Está bien ser multifacética y dedicarse a desarrollar las pasiones personales, pero muchas veces aceptamos ser parte de actividades que, aunque no sean malas no se alinean con nuestro propósito. Cuando el tiempo es limitado, es importante filtrar y enfocarnos en las que sí lo hacen.

Hoy soy la directora ejecutiva y fundadora de DeyaMedia Corp, una agencia de contenido y medios, así como productora del segmento televisivo y digital *Conversando Con Deya* que se transmite en Nueva York, y en plataformas digitales. Además, escribí *El arte de atreverse*, un libro donde revelo las lecciones aprendidas en mi recorrido personal y empresarial. Asimismo, soy coautora de libros inspiracionales como *Today's Inspired Latina*, *Quarentana Beyond* y *Juntas es mejor*. También soy la vicepresidenta de la Asociación Nacional de Periodistas Hispanos en Nueva York y vicepresidenta del *Latino Network* del periódico *The New York Times*, todo esto mientras me desenvuelvo como gerente de operaciones en el área de publicidad para este mismo periódico. Como dije antes, son muchas responsabilidades, pero todas están enfocadas a mi pasión, propósito y misión de vida.

Ahora me paso el día creando contenido para las diferentes plataformas de todas las comunidades. Esta es una experiencia maravillosa porque está ligada a mi pasión original, la comunicación. Creo que hay que atreverse a actuar incluso si estamos llenos de miedos y sentimos que aún no estamos preparados, porque lo cierto es que nunca vamos a estar completamente listos para todo. Tenemos que amarnos y aprender a tomar riesgos calculados, pues estos nos permiten experimentar y conocer de qué somos capaces. Yo tiendo a intervenir en proyectos con muchos miedos, me obligo a hacerlo porque si no nunca avanzaría al siguiente nivel. Cuando llegué a Estados Unidos, empecé a trabajar en áreas administrativas, pero poco a poco fui tomando riesgos y la vida me fue llevando de vuelta a la comunicación. No le huyamos a las pasiones, enfrentémoslas.

Deyanira Martínez

EL CAMBIO SIEMPRE ES POSIBLE

*El fracaso es parte de la vida,
si no fracasas no aprendes y si no
aprendes no cambias.*

Paulo Coelho

DIANA ALÍ OCAÑA

Queridas lectoras:

Permítanme contarles mi historia. ¿Por dónde empezar? Bueno, creo que como en toda presentación, comenzaré con mi nombre. Me llamo Diana Alí Ocaña y tengo cuarenta y cuatro años. Soy mujer y madre, este rol es el que más alegrías me regala. Con estas dos primeras facetas ya develo la mitad de mi ser. Amo ser madre y amiga, me gusta ofrecerle al mundo un poco de las bondades que otros han tenido conmigo. También me puedo describir como peluquera y autora, ya que ambos roles aportan matices que me definen. Mi lado profesional ha contribuido a crear la mujer que soy hoy. Considero que se trata de dar y recibir, de sumar y nunca restar.

Cuando pequeña, era una niña muy extrovertida. Algunos me calificarían de alegre y buena, sin embargo, estas eran solamente las apariencias. En realidad, era una niña con una vida muy complicada y, a pesar de mi corta edad, sufría enormemente por mi baja autoestima, tenía incontables temores e inseguridades. Me sentía carente de atención, sufría mientras esperaba que el mundo me notara y hacía lo imposible para recibir algunas migajas de afecto, un poquito de amor que llenará mi vacío interno. Esta condición emocional, me llevó, en múltiples ocasiones, a aceptar situaciones y tener comportamientos que no me llenaban ni me hacían

feliz. Solo actuaba como otros esperaban que lo hiciera, olvidándome de mí y haciendo cosas que en realidad no quería hacer. Esta actitud me acompañó hasta hace muy pocos años. Me encantaría decir que hace mucho me di cuenta de mi situación, que la analicé y cambié radicalmente en un segundo, pero no voy a mentirles, a exagerar ni volver fantasioso un proceso que ha sido difícil y, aunque con paso firme y decidido, me ha tomado bastante tiempo. Poco a poco he sido capaz de transformar todo lo malo en algo mejor. He cambiado cuanto he podido en mis distintas facetas con el objetivo claro de corregir mis errores y embellecer mi vida, porque ahora sé que eso es, exactamente, lo que merezco: una vida de plenitud, aceptación y paz. Cambié para mejorar mi relación conmigo y, automáticamente, con mi entorno. Como bien lo expresó Mahatma Gandhi, «Si quieres cambiar al mundo, cámbiate a ti mismo», más claro es imposible. Al iniciar el cambio mi percepción del mundo y la visión que el mundo tenía de mí se vieron ajustadas a una nueva realidad que me favorecía.

La experiencia me ha demostrado que cambiar siempre es posible. Solo necesitamos decidir dar los primeros pasos, empezar por elegirnos y comprometernos con nosotras mismas. Es normal tener miedo, pero debemos sacar fuerzas desde lo más profundo de nuestro ser y luchar, derribar las barreras y seguir adelante. Si la niña, la adolescente y la adulta que hay en mí hemos hecho las paces para producir un cambio que nos libera y favorece a todas, estoy totalmente segura de que tú también lo puedes hacer. Empieza dando el primer paso, al día siguiente darás el segundo y así sucesivamente. Sin darte cuenta, habrás recorrido un gran trayecto. Ten en cuenta que cada pequeño paso te acerca un poco más a la meta.

Me pago y me doy el cambio

¿Quieren saber un secreto? Está bien, en realidad, no es tan secreto porque muchos lo han mencionado antes. Tomaré prestadas las palabras de Henry David Thoreau que lo dice mejor que yo, «las cosas no cambian; cambiamos nosotros». Yo misma me convertí en mi motivación. Claro está, siempre hay personas a nuestro alrededor que nos acompañan en el proceso y a quienes les debemos el mundo, pero el cambio empieza con nuestra decisión y disposición; se mantiene con nuestra persistencia y compromiso. Un día entendí que si yo no me valoro, no puedo esperar que otros lo hagan. Buscar mi bienestar, cuidarme y satisfacer mis necesidades es ahora una prioridad. Siguiendo estas pautas, pude ver cómo cambió mi vida: de tener una inagotable tristeza pasé a vivir una paz embriagadora, la que pienso mantener en los años venideros.

Este cambio es mi interpretación del éxito y así como tengo mucho que agradecer, también quiero retribuir de alguna manera todas las bendiciones de las que ahora disfruto. Por este motivo me animé a contarles mi historia, a compartir mis aprendizajes. Soy consciente de que, hay muchas mujeres desesperadas que sufren como sufría yo y que quizás inconscientemente esperan ansiosas un cambio que les permita llenar sus vidas de felicidad y tranquilidad. Si tú eres una de ellas, deseo que mi historia te sirva de ejemplo para entender que, incluso, cuando nos sentimos débiles, inseguras y temerosas todo lo que necesitamos es voluntad para iniciar el cambio. Nadie lo puede hacer por nosotras, es una decisión personal. Nos pueden acompañar y apoyar, pero siempre dependerá de nosotras.

Aunque sé que mi fórmula no tiene que ser exactamente la que tú necesitas, al menos te puede orientar. Ese es el objetivo de mi libro *Me cuido y cuido*: compartir mis experiencias, acompañarte en los momentos difíciles y, de ser posible, orientarte. Cada acción cuenta, cada palabra importa. Sé que tendríamos un mundo infinitamente mejor si cada uno trabajara primero en sí mismo como persona. He comprobado que cuando uno está bien y es feliz consigo mismo, cualquiera que sea su versión de la felicidad (por ejemplo, para mí la felicidad es vivir en paz), todo a su alrededor cambia y mejora. Por ello es que hoy sigue siendo mi propósito de vida compartir ideas y miradas diferentes de las diversas situaciones en las que nos encontramos a diario; escuchar cuando alguien lo necesita; regalar una sonrisa; dar un abrazo amoroso, y, lo que quizás más me apasiona en la actualidad, analizar hasta

descubrir cuáles son las necesidades de las personas que me hablan y cómo puedo ayudarlas. Mi fin último es conseguir que quien lea mi libro o me escuche, a través de lo que comparto, sienta mi apoyo, mi empatía, y, aunque sea por un ratito, se sienta un poco más feliz, más en paz.

Tantas mujeres coexisten en un mismo cuerpo

Como mencioné al principio, hay varias versiones de mí: la mujer, la peluquera y la autora. Tenemos muchas cosas en común, pero, a la vez, somos fáciles de diferenciar. Como mujer, me encantaría dedicar más tiempo a mi rol de madre y de ama de casa; a estudiar y aprender más cosas para compartir; como dice la Cábala, «a vaciarme compartiendo» para poder llenarme después de más conocimiento. Como peluquera, debo decir que amo mi trabajo porque allí aprendo constantemente de mis clientas y me desarrollo muchísimo en diferentes áreas de la vida. Sin embargo, también es cierto que a pesar de mi amor e inmensurable agradecimiento por este oficio, siento que es hora de cerrar el ciclo y avanzar en nuevas direcciones. Pero no es fácil y, muy a pesar de mis ganas de seguir cambiando a nivel profesional, acepto que todo tiene su tiempo y espero pacientemente a que llegue mi oportunidad para compartir mi experiencia desde otro lugar. Por último, como autora, estoy siempre enfocada en los talleres, en seguir dando pasitos sin desfallecer, con el propósito de que cada día mi mensaje pueda llegar a un mayor número de personas para ayudarlas a ser su propio motor de cambio.

Mis tres mujeres interiores son guerreras y luchadoras, pero como seres humanos, al fin, tienen necesidades distintas. En ocasiones es complicado otorgarnos a cada una su respectivo tiempo y espacio y esto genera conflicto. Pero nunca bajamos los brazos, porque entendemos que ser mujer emprendedora no siempre es fácil y que, por muy difícil que parezca, debemos encontrar un balance y aprender a priorizar aquellas actividades que nos generan bienestar psicológico y emocional. Es indispensable definir horarios y poner límites para no exigirnos más de la cuenta y poder disfrutar del camino.

Como resultado de esta práctica, hoy me siento empoderada y continúo mejorando mi autoestima cada día, porque comprendo que este es un trabajo constante. Considero que las mejores cualidades de cualquier ser humano son la persistencia y el compromiso. Siempre debemos dar lo mejor de nosotros, en cualquier situación. Probablemente cometamos errores, habrá mejores maneras de proceder, pero toda experiencia es una enseñanza. Si nos equivocamos, aprenderemos de nuestros errores, y si hay mejores maneras de resolver un conflicto también las podremos aprender y aplicar en el futuro, pero nada de autoflagelarnos, porque debemos recordar que, incluso en el error, actuamos con compromiso y responsabilidad, de la mejor manera que en el momento supimos o pudimos hacer. Toda mala experiencia es una oportunidad para crecer.

Hay niveles de conexión inteligente

Para empezar, tengo que estar conectada conmigo misma, con mi energía y con mi objetivo, porque siempre necesito encontrar y respetar el equilibrio entre lo que pienso, siento, digo y hago. En consecuencia, soy capaz de proceder con mi mente en paz. Cuando este proceso interno está encaminado, me resulta posible establecer conexiones externas buenas y saludables. En el pasado me dedicaba a seguir la corriente, aunque no me sintiera a gusto con el camino por el que esta me llevaba, lamentablemente no estaba lista para defender mi voz interior. Hoy, sin embargo, no solo escucho esta voz, sino que la defiendo y la represento. Me doy el lujo de filtrar mis relaciones y alimentar solo aquellas en las que sé que me respetan. En la peluquería, todos formamos un vínculo más o menos estrecho, pero siempre hay conexiones positivas. Por eso me parece apropiado decir que vivo dentro de una magnífica red de conexiones inteligentes, porque tienen una base fuerte y son bidireccionales. En otras palabras, nos sumamos porque todos tenemos algo que aportar.

A nivel más íntimo también tengo una red de apoyo de personas con quienes nos complementamos y amamos, a pesar de las obvias diferencias generacionales o vivenciales. Ejemplos de ello son mi hijo y mi pareja. En el caso de mi pareja, cada uno ve la vida desde un lente particular, ya que tuvimos infancias totalmente distintas, pero son estas diferencias, precisamente, las que nos hacen complementarnos. Por último, hay una conexión externa, inteligente por demás, que me encantaría destacar porque me ha llenado a nivel personal y profesional —sin mencionar que fue mi guía en un camino antes desconocido—. Su nombre es Eva y es una mujer excepcional. Es una profesional meticulosa y de excelencia. Como si esto fuera poco, además es un ser humano dulce, cariñoso, empático, y asertivo. Con ella escribir mi primer libro fue mucho más que crear y desarrollar ideas. Me ayudó a crecer profesionalmente, a desarrollarme en muchos niveles, a enfocarme en una actividad sin dispersarme, aprender sobre valores y hacerlos parte de mi vida, mi ser y mi vocabulario. También comencé a emplear herramientas tecnológicas que me eran extrañas, pero, en especial, aprendí a sentirme cómoda al actuar y a expresar mis ideas respetándome y mostrándome como quien realmente soy, sin pretensiones, sin miedo a ser juzgada por lo que no sé, sino altamente valorada por lo que sí sé.

Si no tememos al cambio nos adaptamos, incluso en tiempos de incertidumbre

La situación mundial actual ha generado la expansión del miedo y la energía negativa con la misma rapidez con que se ha expandido el virus. Lamentablemente, esto no es algo que podamos controlar. Todo lo nuevo y que escapa a nuestro control se transforma automáticamente en un reto. Para mí, la parte más difícil ha sido aceptar cada situación que se me va presentando. A nivel laboral, la mayoría de los clientes vienen con miedo a la peluquería, porque es inevitable escuchar las noticias y estar a la expectativa. Los entiendo; es una situación que nos ha afectado a todos por igual, pero me gusta pensar en mi peluquería como una zona neutral que sirve para limpiar nuestra mente y hacer nuestra energía un poco más positiva. De esta manera todos nos vemos beneficiados. Mi estrategia suele ser cambiar la dirección de la conversación, enfocarnos en resaltar lo bueno. Muchos nos quejábamos de que no teníamos tiempo para el hogar, para la familia e incluso para nosotros mismos y, a pesar del motivo de este cambio, ahora lo tenemos y eso hay que agradecerlo.

La actitud positiva frente a las circunstancias es la que nos permite continuar. Obviamente, tenemos altibajos, nos desanimamos, nos preocupamos o queremos rendirnos y seguir la corriente, pero esto no soluciona nada. Debemos apoyarnos, confiar en que todo cambiará y sumar nuestro granito de arena para que juntos lleguemos al final de esta carrera. Antes de la pandemia yo estaba llena de planes. Iba a cambiar los horarios en la peluquería con la intención de disponer de más tiempo para dedicarle a mi libro y a todas las actividades que conlleva. A pesar de lo mucho que me emocionan estos planes, entiendo que ahora no es el momento para ellos, los pospongo, pero no los olvido. Sé que no soy el ombligo del mundo y que cada quien vive y sufre sus propias carencias, pero opino que no hay problema pequeño o grande: si nos afecta es importante. Si mi hijo está triste porque no puede ir al colegio, es importante. Si hay personas que están pasando por situaciones económicas complejas y el dinero no les alcanza para llegar a fin de mes, es importante. Si estás sano, pero el aislamiento te debilita emocionalmente, es importante. Sin embargo desafortunadamente y por mucho que me afecte, no puedo resolver los problemas de todos. Incluso cuando paso el día pensando en ello, lo máximo que puedo hacer es enfocarme, darme fuerzas y motivarme para estar bien, estable emocionalmente y colaborar en la medida de lo posible. Porque si me permito entrar en ese bucle generalizado de desesperación no podré servir de apoyo cuando mis familiares o amigos realmente necesiten de una palabra de aliento, de aire fresco y de una dosis de optimismo.

Así, mis amadas lectoras, he compartido con ustedes mis secretos, enseñanzas y estrategias para conseguir una vida más acorde a nuestras necesidades. Solo si cambiamos, lograremos alcanzar la vida que queremos, porque para merecerla tenemos que luchar por ella. No olvidemos que la vida es una aventura y es para vivirla, no para sobrevivirla. Dedicarnos tiempo es importante y respetarnos es indispensable. Digamos «no» si lo necesitamos, mirémonos al espejo y descubramos a la persona increíble que ahí se refleja y relacionémonos desde el deseo de compartir, no desde el apego insano.

Finalmente, es necesario que aprendamos a perdonarnos porque todas nuestras experiencias nos hacen ser quienes somos en la actualidad.

¡Vivan y sean felices!

Con todo mi cariño.

Diana Alí Ocaña

ESCUCHEMOS A LA NATURALEZA

El gran libro siempre abierto y que hay que hacer el esfuerzo de leer es el de la Naturaleza.

Antoni Gaudí i Cornet

ELINE PEDERSEN

Soy Eline Pedersen, doctora, madre, esposa, mentora, líder y creyente en todas las cosas naturales. Una de mis creencias fundamentales está arraigada en la naturaleza y en que los seres humanos debemos adaptarnos a ella en muchos aspectos de la vida. Esto está estrechamente relacionado con mi filosofía profesional, confío en que la capacidad del cuerpo para sanar es innata y sucede desde el interior. Es decir, considero que el cuerpo es un organismo que prácticamente se cura a sí mismo.

En mi trabajo como quiropráctica de bienestar familiar, he estudiado el coeficiente de salud (HQ por su sigla en inglés). El HQ es la medida que tiene cada individuo de adaptarse, basado en el bienestar físico, emocional y químico, dentro del contexto epigenético y ambiental. Lo considero muy relacionado con un momento crucial: el nacimiento. He tenido la suerte de estudiar el trabajo de un experto de renombre mundial, el Dr. Michel Odent, quien considera que en nuestras vidas la salud física y mental se ven infinitamente afectadas por la forma en que venimos al mundo.

Me acerqué más a este tema después de tener a mi segundo hijo. Creo que el momento del nacimiento es el primer paso para una vida sana y lo más cercana posible a la naturaleza. Nuestra responsabilidad es proteger el primer aliento de cada niño recién nacido para permitirle convertirse en un adulto sano, intrépido, integrado y conectado. Al explorar la cultura del parto en Chipre, pude observar un hecho preocupante: cerca del 60 % de los nuevos nacimientos se realizan por cesárea. Eso me motivó a explorar este tema más a fondo y a trabajar para alentar a las mujeres a luchar por unas buenas experiencias al dar a luz.

Gran parte de mi trabajo radica en motivar a las madres a reclamar sus derechos para dar vida a su bebé y facilitar —en la medida de lo posible— el proceso, para que los niños se conviertan en seres humanos respetados y responsables. Creo que esto puede garantizar que la próxima generación comience en un estado de adaptación y de autocuración, con los mejores coeficientes de salud, emocionales, sociales y de inteligencia posibles, todo en un medioambiente protegido y saludable.

Este es el trabajo perfecto para mí porque me identifico con todo lo que hago. Creo que el amor y la pasión son los factores centrales para el éxito en cualquier aspecto de la vida, ya sea personal o profesional. Por ello, siempre animo a las mujeres a buscar un trabajo que se ajuste a su personalidad y filosofía. Creo que si todos hacemos algo que amamos y que es significativo para nosotros, automáticamente difundiremos este mensaje a los que nos rodean, contribuyendo sin saberlo, pero de manera efectiva, a una comunidad más feliz. Con este propósito, inicié la fundación Birth Forward que brinda educación, apoyo y defensa para las personas que planifican y crean una familia.

Una experiencia personal dio origen a un movimiento masivo

Muchas veces los seres humanos nos enfrentamos a situaciones positivas o negativas que nos causan grandes impactos y nos mueven a reaccionar de alguna manera. Este fue mi caso, una experiencia muy personal ha hecho surgir un movimiento para cambiar una política ya establecida en un país sumamente conservador. En mi trabajo como quiropráctica y emprendedora he hecho frente a muchos desafíos y he realizado muchos esfuerzos, pero ninguno puede competir con los retos y satisfacciones a los que me lleva ser madre. Fue, precisamente, gracias a esta verdad irrefutable que mi otra carrera pudo nacer: la creación de una ONG, sin fines de lucro, con sede en Chipre, reconocida internacionalmente, y que busca educar y apoyar a las mujeres en su proceso de planificación familiar. Mi trabajo consiste en ayudar a facilitar el camino para que la próxima generación tenga la oportunidad de una vida más feliz y saludable.

El poderoso catalizador de mi trabajo fue el nacimiento de mi segundo hijo, Matheos. Mi primer hijo nació en el hospital y, si bien, todo fue normal, el segundo nacimiento fue una experiencia que realmente cambió mi vida. Decidí dar a luz en casa, con la presencia de las comadronas y experimenté algo que no sucedió la primera vez. Puedo describir toda la experiencia como una especie de sinfonía entre mi hijo y yo. Hacía las cosas que él exigía, en lugar de hacerlo al revés como suele ocurrir en los hospitales. El bebé usó mi canal de parto como un recipiente y, siguiendo el instinto, vino al mundo con poca ayuda de mi parte. Las sensaciones que las madres experimentamos durante el parto son distintas y hasta podría decirse que van en contra de la naturaleza. Experimentar esto de primera mano fue el catalizador, que me ha permitido trabajar con muchas mujeres embarazadas que han tenido un resultado similar al mío.

Después de realizar una investigación detallada descubrí que los nacimientos por cesárea en Chipre representan el porcentaje más alto del mundo. Esta práctica se ha arraigado en la cultura del parto aquí y el número de cesáreas ha ido en continuo crecimiento durante las últimas décadas. Es un hecho verdaderamente preocupante que tiene un impacto en la comunidad mucho mayor del que la gente cree. Como madre y profesional de la salud, sentí una gran necesidad de hacer algo al respecto, porque creo que va en contra de la naturaleza de las cosas. Opino que es imperativo escuchar el cuerpo de la mujer durante el parto, ya que los instintos naturales están siempre ahí, a la espera de una oportunidad para presentarse. A mi entender sugerir una cesárea es antinatural y debemos comprender que incluso tiene efectos adversos duraderos para la comunidad en su conjunto.

Entonces, con todo este conocimiento como foco, me pareció relevante fundar Birth Forward, destinada inicialmente a educar e informar a los padres biológicos en Chipre. Tuve la suerte de conocer y recibir apoyo de personas con ideas afines, las que ahora son miembros de la junta de la ONG. Creamos una campaña para educar a las mujeres sobre las implicaciones de los partos por cesárea. Al principio, teníamos nuestras reservas sobre cómo nos recibiría la comunidad, pero afortunadamente encontramos un apoyo excelente e influimos positivamente a muchas personas.

Me enorgullece decir que estuve preparada para escucharme, seguir mi instinto y también mantener mi motivación durante todo este tiempo; hoy sigo sintiéndome impulsada por las mismas razones. Aunque mi ideología y mi trabajo dieron los resultados deseados, llegó un punto en el que me di cuenta de que aún podía hacer más. Por lo tanto, mi trabajo se ha expandido y he adoptado una perspectiva más amplia, por ejemplo, en cuanto a los derechos de la mujer, especialmente los derechos relacionados con el embarazo y el parto.

La mayoría de las personas todavía desconocen que la violencia obstétrica es común y un gran número de mujeres simplemente pasan por este proceso sin ser conscientes de todo lo que esto implica. A medida que continúa la crisis de la COVID-19 se intensifican algunas violaciones de los derechos de las mujeres y vemos un aumento en los partos por cesárea por diferentes motivos. No es ético ni justo que las nuevas madres ni las mujeres, en general, sean tratadas de esta manera. Por ello la lucha contra este proceder se ha convertido en una de mis grandes motivaciones. Tanto nuestra organización como yo continuaremos batallando para crear conciencia sobre los peligros de las cesáreas. Continuaremos trabajando, constantemente, para involucrar a todas las partes interesadas en nuestra lucha; para poder seguir brindando educación, defensa, apoyo e información sobre el tema y sobre las pautas pertinentes europeas y globales.

Todo rol conlleva desafíos

Cuando nos convertimos en madres, la vida nos premia con muchas alegrías, pero también se añaden un sinfín de responsabilidades las veinticuatro horas del día. Ser madre es una actividad desafiante. También lo es el ser una mujer de negocios que se gana la vida. Ambas experiencias son retos y requieren de mucha atención y energía. Como madre, opino que es fundamental estar siempre presente con nuestra familia y para eso debemos aprender a administrar nuestro tiempo, ya que no podemos dejar que las exigencias del día a día nos sobrepasen y terminen por afectarnos la salud. No obstante, por muy difícil que pueda parecer, al mismo tiempo, es indispensable ahorrar suficiente energía para dedicar tiempo a nosotras y a nuestras pasiones, porque estas nos impulsan hacia adelante. Debemos aprender a organizarnos, a planificar nuestro día y a cuidar de nuestra salud. Solo si estamos bien podemos cuidar a todos los que nos rodean.

En mi línea de trabajo, me he enfrentado a diversos desafíos, muchos originados por el deseo de satisfacer las necesidades de muchas personas. Suelo trabajar con equipos y con personas diferentes. Por lo tanto, es difícil encontrar una solución que se adapte a cada uno. En el último año, con la COVID-19 haciendo de las suyas, todo se ha vuelto aún más desafiante, ya que nos enfrentamos a una manera diferente de comunicación y necesitamos ser creativos para encontrar formas de abordar los problemas comunes. Como doctora en quiropráctica y mujer emprendedora me he enfrentado a muchos desafíos. Esto quizás se lo deba agradecer al hecho de que no tengo ninguna dificultad para gestionar mi puesto como mujer, ya que me siento respetada, competente y capaz de hacer todo lo que me propongo. Personalmente, no he tenido ningún problema, pero, en el apoyo a las mujeres emprendedoras, soy consciente de que muchas pueden enfrentarse a algunos desafíos específicos en su línea de trabajo.

Todos tenemos algo que nos caracteriza, que nos hace diferentes y que, al mismo tiempo, nos ayuda a enfrentar las distintas circunstancias que se nos presentan. En mi caso, tengo una excelente habilidad para establecer conexiones con la gente, sin mencionar que soy emprendedora por naturaleza y capaz de hacer muchas cosas. Digamos que tengo la capacidad de reconocer las sensaciones del panorama completo y encontrar las conexiones entre ellas. Uno de mis puntos fuertes es poder navegar con éxito a través de ellas. Estas características son muy útiles en mi trabajo porque me permiten entablar relaciones con las personas y en mi área de empleo.

Me explico: todos estamos conectados y debemos respetar que cuanto nos rodea también está conectado. Todas las personas tenemos muchos rasgos comunes, aunque no son evidentes en todo momento, simplemente aparecen cuando estamos expuestos a diferentes situaciones, por eso la efectividad de las conexiones es clave.

El éxito es más fácil cuando tenemos una red de apoyo

El capital relacional es algo fundamental en una organización como Birth Forward. Los objetivos dependen en gran medida de las personas involucradas y en la capacidad de cooperación. Hay varios aspectos que importan y deben respetarse. La relación es una de las cosas más importantes; he descubierto que, para tener éxito necesito poder conectarme con todas las partes involucradas. Tengo la habilidad innata de ver lo bueno en todos y esto me ayuda a comunicarme. Sin embargo, esto puede representar un problema, porque siempre tengo altas expectativas.

Creo que el capital relacional va aunado a la comprensión hacia las personas que nos rodean y a la capacidad de ser perceptivo ante sus necesidades. El arte está en reconocer lo que la gente quiere y no lo que tú quieres para ella. Creo que este es un rasgo de un verdadero líder, pero controlarlo puede llegar a ser muy abrumador. Cuando hablamos de personas es vital construir relaciones. Es fundamental compartir y poder tratar cualquier tema. Simplemente debemos sentarnos y hablar detenidamente. He encontrado que esta es una forma muy eficaz para encontrar soluciones creativas para los problemas. En Birth Forward todos confiamos en las habilidades y aptitudes de nuestros miembros y que unidos en equipo, por un mismo fin, contribuimos a un cambio en la cultura del parto establecida en Chipre.

La incertidumbre, en sí misma, es un gran desafío

Cada nueva etapa en la vida está llena de incertidumbre; esto es algo a lo que nos vamos adaptando con el tiempo, dentro de todo nos vamos preparando para los distintos cambios. Sin embargo, en la actualidad la incertidumbre excede los límites y eso hace que cada día sea un reto mayor. La reciente crisis es global, todos nos hemos visto afectados de alguna manera. No hay respuestas y hay una fuerte dosis de inestabilidad a gran escala, tanto a nivel económico como de salud. Todos los países se enfrentan a los mismos problemas y esto es una complicación más, porque es difícil ayudarnos cuando estamos sufriendo situaciones iguales o similares.

Es preocupante ver que hay miedo en el aire que daña a todas las personas, incluso a los recién nacidos. Por ejemplo, tras los ataques terroristas del 11 de septiembre de 2001 se realizaron estudios en mujeres embarazadas y los resultados fueron asombrosos: revelaron que vivir con miedo constante aumentó los niveles de estrés tanto en las madres como en los niños nacidos en esa situación.

Esto es muy grave porque estar bajo estrés tiene efectos perjudiciales en la vida de los recién nacidos. Lamentablemente, los últimos tiempos también han traído mucho miedo. Es muy triste pensar en la idea de que muchos bebés nazcan con estrés y que esto tendrá múltiples efectos a largo plazo.

He descubierto que tener un mentor adecuado es fundamental para manejar el estrés ya que permite obtener asesoramiento profesional y apoyo de alguien con más experiencia que nosotros en ese campo. Puede ayudarnos a lidiar con situaciones estresantes y a manejar mejor los desafíos inevitables. Considero vital hablar con amigos y tener un sistema de apoyo sólido. He tenido la suerte de estar rodeada de los amigos más hermosos que alguien pueda desear. Ellos me han apoyado y me mantienen con los pies en la tierra. Además, mi familia también es excelente y me aporta mucha energía, al igual que mi esposo y mis hijos. La crisis de la COVID-19 me ha presentado algunos retos, pero al mismo tiempo ha provocado en mí algunos cambios positivos, pues me ha acercado a las personas más importantes de mi vida. Hasta en las peores circunstancias, hay un rayito de luz.

Eline Pederson

¿CREES EN CUENTOS DE HADAS?

La edad es solo un número, algo para poner en los registros. El hombre no puede retirar su experiencia, debe usarla. Con la experiencia se logra más con menos energía.

Bernard M. Baruch

ESTELA BARRACHINA

Me llamo Estela Barrachina y me considero una persona sensible, aventurera y siempre con ganas de aprender todo aquello que la vida pone en mi camino. Después de los cuarenta años, empecé a experimentar cambios físicos y emocionales, como por ejemplo un metabolismo más lento y una inexplicable tristeza vital, que no me permitían encontrar un sentido o misión de vida. Me resultaba muy difícil entender la causa, ya que tenía un excelente trabajo y una familia estupenda. En general, podría decirse que estaba en una buena situación personal y aun así algo en mi interior me hacía sentir vacía. Pues, en esos cuarenta y tantos, como solemos decir muchas para no entrar en detalles, decidí tomarme un tiempo para mí. Era la hora de actuar, de conectar conmigo y con lo que tenía que trabajar a nivel de desarrollo personal. Me dediqué a escuchar con atención todas las preguntas que me rondaban por la cabeza y además a enfocarme para encontrar sus respectivas respuestas.

En el pasado, trabajé en sectores muy distintos, como comunicación, en editoriales, hostelería, comercio y organización de eventos empresariales, por no mencionar que también intenté emprender dos veces más. Como dicen por allí, «a la tercera va la vencida». Me formé en biodanza, *reiki*, terapia transpersonal y *mindfulnes*, y hoy trabajo como psicóloga clínica y mentora en procesos de transformación y cambio vital para mujeres. Cuando me mudé a una nueva ciudad y vi que en mi municipio había muchas mujeres mayores de cuarenta años sin trabajar, me pareció importante empezar a dar formaciones para aprender a reinventarnos y descubrir nuestros talentos. Así nació mi proyecto Tu hada madrina psicología. Actualmente, estoy en un proceso de formación como oradora internacional en SHE y, en simultáneo, soy embajadora SHE en Madrid. Igualmente, estoy creando y desarrollando un nuevo proyecto para trabajar la sensualidad y seducción en la mujer e incluirla en los emprendimientos. El poder femenino va más allá de lo que nos podemos imaginar y lo mejor que nos puede pasar es saber cómo explotarlo desde el autoconocimiento. Por ejemplo, ¿te has planteado alguna vez que la seguridad puede ser la mejor arma de seducción para nuestra marca personal?

Tú, al igual que yo, eres una mujer del siglo XXI Nos caracterizamos por ser fuertes y luchadoras, así que ¿por qué vamos a tirar la toalla solo porque una empresa nos considera mayores para trabajar en ella? Sin importar la presión social, creo que es momento de que entendamos que somos mujeres antes que madres, esposas o empleadas, y nos dediquemos más tiempo a conocernos y valorarnos. Tenemos muchos talentos escondidos y no necesitamos que otros nos lo reconozcan para trabajar. Aquí es donde, con la ayuda de mi varita mágica, me transformo en tu hada madrina y te muestro que todo lo que queremos es posible, que somos más capaces de lo que podemos imaginar y que no necesitamos poner a prueba nuestra salud física y mental de forma constante para ser exitosas.

Todas tenemos talentos ocultos que descubrir

Clive Staples Lewis dice: «La experiencia es un maestro feroz, pero está claro que te hace aprender». Me siento completamente identificada con esta frase, ya que el haber reconocido hace algunos años cómo yo misma me exigía a más no poder y que, sin importar mis muchos logros, seguía buscando llenar estereotipos sociales que no me hacían nada feliz, me enseñó a buscar las herramientas necesarias para salir de esa etapa tan difícil. Ahora una de mis grandes motivaciones en la vida es, a través de mi emprendimiento, lograr ayudar a aquellas mujeres que básicamente se han olvidado de sí mismas para dedicar sus vidas a servir a otros, y enseñarles a no dejar de soñar, a preocuparse por sus necesidades y a encontrar un balance en sus vidas que les permita sentirse genuinamente satisfechas.

Me parece bastante curioso que aun cuando cada día conseguimos tener mayor libertad económica y respeto profesional, somos quienes más ansiolíticos y antidepresivos consumimos en el mundo. Quizás no soy un hada común, pero mis conocimientos y experiencias pueden ser la varita mágica que muchas mujeres están necesitando para ganar fuerza y hacerle frente a ciertas adversidades de la vida, tales como la autoexigencia exagerada, el estrés y la ansiedad. Debemos tratar de encontrar un balance para que, sin necesidad de volvernos adictas a ningún tipo de medicamento, podamos encaminarnos en la búsqueda de nuestro bienestar físico y emocional, el cual, cabe destacar, va de la mano del crecimiento personal y profesional. A los cuarenta, aún somos mujeres jóvenes con la posibilidad de explotar un potencial extraordinario que la experiencia simplemente ha intensificado. Debemos tomar las riendas de nuestras vidas y atrevernos a reinventarnos. Mi varita tiene el poder mágico de hacer visibles esos talentos que muchas veces ignoramos. Mi trabajo como su hada madrina es acompañarlas en ese proceso de autodescubrimiento para desarrollar una idea y animarse a trabajar en ella o más adelante puedan convertirse en empresarias o emprendedoras. Lo genial de trabajar en el mundo real es que nuestra vida es mucho mejor que la de Cenicienta y en nuestro caso el hechizo no se acaba a medianoche. Una vez que conseguimos cambiar la mentalidad y la actitud, el resultado es definitivo porque estamos reconociendo un propósito de vida.

Hasta las supermujeres tenemos flaquezas

Hoy en día, me atrevo a decir que más que mujeres somos supermujeres. Somos mamás, hijas, esposas, amigas, profesionales y muchísimas otras cosas. Es extraordinario todo lo que podemos hacer cuando nos lo proponemos. Con el pasar de los años, nos reinventamos, evolucionamos y ponemos a prueba nuestra creatividad. Sin embargo, este no es un proceso sencillo. Ser mujer en la sociedad actual requiere de mucho esfuerzo, dedicación, constancia, perseverancia y, en especial, enfoque. Esta última característica se me hace muy difícil. Me considero una persona muy entusiasta y sumamente curiosa. Estas son virtudes que acepto en mí y que simplemente me encantan, pero cuando deben coexistir con la desorganización y la falta de enfoque, todo se vuelve un problema. Me siento atraída hacia tantas cosas que quiero trabajar en todo a la vez y eso me hace dispersarme. He hecho un trabajo enorme para identificar cuál proyecto es el que realmente me conviene y que además se ajusta a mi misión y propósito de vida. Por otro lado, pude entender que trabajo para ayudar a otras mujeres y ese aspecto tiene que ser tomado en cuenta a la hora de delimitar mis actividades. Es necesario que eso a lo que le dedique mi tiempo y atención también encaje con las necesidades de las mujeres a las que pretendo ayudar.

Gracias a la tecnología, ahora casi todos los mercados han sido explorados y eso genera mucha competencia. Parte del reto actual es analizar y entender qué nos hace diferentes para luego aplicar esta marca distintiva a nuestros proyectos y ser capaces de diferenciarnos del resto. Debemos innovar, ser fieles a nosotras mismas y dejar nuestra huella. Para conseguirlo, es indispensable derribar esas barreras mentales que insistimos en mantener, enfrentar nuestro miedo constante al cambio, fortalecer nuestra habilidad para tomar decisiones y erradicar de nuestra existencia todo problema de confianza e inseguridad. Todo esto tiene mucho que ver con los roles. Recordemos que no hay una sola manera de hacer las cosas y que aun cuando estamos rompiendo con distintos estereotipos, hacer las cosas bien, no implica necesariamente actuar como el resto de la sociedad espera que lo hagamos. Cuando intentamos complacer a los demás y nos olvidamos de nosotras, terminamos afectando nuestra salud física y mental. Es momento de mostrarnos tan aguerridas como sea posible y empoderarnos.

Los cuarenta son el inicio de una etapa magnífica donde, además de la experiencia, tenemos la madurez necesaria para sacar adelante nuestros sueños, solo tenemos que tomar la decisión porque ahí está la clave. Ahora bien, se nos presentan dos grandes desafíos. El primero es ser conscientes del alcance de nuestras decisiones y trabajar para aportar más que un producto o un servicio. La idea es utilizar nuestros emprendimientos para contribuir a la mejora de algún aspecto de la sociedad, es decir, debemos buscar tener un impacto más profundo en el mundo. El segundo, pero no por eso menos importante, es trabajar internamente para alcanzar la conciliación personal y profesional. Tenemos que aprender a escuchar nuestros pensamientos, atender nuestras necesidades y dedicar tiempo a nuestro cuidado. En mi caso específico, suelo encontrarme frente a este tipo de dilemas, pero como soy consciente de ello, reacciono, presto atención y atiendo a mis necesidades. Siempre me dedico tiempo a través de la meditación y el deporte. Recordemos que todo proceso comienza con la disposición para conocernos, identificar nuestras flaquezas y gestionar nuestras emociones. No importa cuáles sean nuestras debilidades, si las trabajamos, quizás incluso seamos capaces de volverlas a nuestro favor. Es indispensable que toda mujer emprendedora desarrolle la empatía y el carácter resolutivo porque con la primera creamos relaciones genuinas, fuertes y duraderas y con lo segundo desarrollamos nuestra capacidad de adaptación al cambio.

Las buenas conexiones nos enriquecen la vida

Uno de los mayores problemas que enfrentamos muchas mujeres es que estamos tan acostumbradas a defender nuestra independencia que luego nos cuesta aceptar ayuda. Queremos hacer todo solas para no tener que rendir cuentas ante nadie. Sin embargo, por experiencia puedo decir que no hay nada mejor que el liderazgo colaborativo. Este se da cuando logramos conectar con un grupo de personas que comparten un mismo propósito. Cuando somos parte de esto, aprendemos que no en todos los lugares las personas se dejan llevar por etiquetas preconcebidas, ni andan en la continua búsqueda de diferencias. En su lugar, creamos un espacio donde nos es posible enfocarnos en construir valores y los aportamos al resto con el único fin de convertirnos en una comunidad unida por una misma misión. Aquí no solo reina la igualdad y el compañerismo sino también la intención de crecer todos como un equipo y enriquecernos a nivel personal y profesional, sin mencionar que al predicar con el ejemplo el resultado siempre sirve de inspiración para otros.

Una de mis mejores experiencias de conexiones inteligentes ha sido la creación de una asociación de mujeres en el municipio donde actualmente vivo. Cuando me mudé a esta ciudad, pude notar rápidamente que no había ninguna agrupación de ese tipo y, consciente de que era una necesidad, me di a la tarea de organizar una. Las integrantes somos mujeres de diversas condiciones, edades y creencias, pero con valores comunes. Compartimos el mismo interés por el bienestar de la comunidad y dirigimos todos nuestros esfuerzos para hacer de nuestra ciudad un lugar mejor cada día. Otro excelente ejemplo de conexiones inteligentes es la plataforma de SHE. A través de ella pude establecer contacto con un gran número de mujeres emprendedoras en muchos países del mundo. Conocí muchísimas de ellas que están liderando sus vidas en Europa, EE.UU. y Latinoamérica. Todas buscamos crear relaciones ganar-ganar. Nos conocemos, nos apoyamos y colaboramos en nuestros proyectos porque creemos en el lema de SHE y lo llevamos a la práctica. Sin lugar a dudas, «juntas es mejor».

La incertidumbre nos ha obligado a despertar

Toda la vida hemos enfrentado la incertidumbre que generan los cambios. La época actual no es la diferencia. Es cierto que la pandemia ha significado un cambio gigantesco en nuestras rutinas y estilos de vida, pero no podemos perder de vista que cada situación viene con una fecha de caducidad. Todo en esta vida es temporal y debemos saber vivir el presente para aprovechar al máximo cada oportunidad que aparezca frente a nosotros. Si bien es cierto que estos han sido tiempos de cambios radicales a nivel empresarial, también lo es que nos han abierto los ojos. Gracias al confinamiento, hemos tenido más tiempo para escucharnos, para pensar y analizar nuestro entorno, para dejar de correr y también para fortalecernos en muchos sentidos. De acuerdo a mi experiencia siento que estos tiempos han puesto a prueba mi creatividad y mi capacidad de adaptación. Pero no he cedido territorio, por el contrario, he ganado muchísimo más. Con pie firme, comencé a permitir que mis proyectos evolucionaran. Todo lo que antes era indispensablemente presencial, despertó mi inventiva para encontrar una solución, una manera de transformar todo en una plataforma virtual. Tuve que cambiar un poco el escenario, las ideas y la forma de transmitir dichas ideas, pero todo va aunado al proceso de adaptación. Me siento feliz porque, a pesar de las dificultades, salí victoriosa y crecí.

El mundo se ha encargado de enseñarme que cada día es diferente, es una nueva oportunidad para disfrutar, para comprometerme con mis sueños y para trabajar en mi felicidad. Creo que aunque la pandemia nunca será algo positivo, si somos resilientes seremos capaces de ver que todo, incluso los peores momentos de nuestras vidas nos ayudan a crecer a través de múltiples enseñanzas. Quizás este virus llegó para mostrarnos que somos humanos y, en consecuencia, pequeños ante la grandeza del mundo. Si trabajamos juntos, con entusiasmo y dedicación, haremos de este planeta un lugar mejor, con una sociedad que se tienda la mano y contribuya para alcanzar el bienestar generalizado de la población. Quizás estoy soñando en grande, pero ¿qué me lo impide? Soñar es gratis y convertir esos sueños en realidad depende única y exclusivamente de nosotros, de nuestra motivación y de nuestra confianza en que cuando nos unimos para luchar por un objetivo en común, no hay barrera que impida alcanzar los objetivos que nos parecían imposibles. En palabras de Aldous Huxley, «La experiencia no es lo que te sucede, sino lo que haces con lo que te sucede». Aprendamos del presente para cambiar nuestro paso por el futuro, para que mañana seamos capaces de decir que valió la pena el sacrificio y que la pandemia solo nos condujo a un camino más saludable y consciente.

Estela Barrachina

CUANDO DEJÉ DE SUFRIR EMPECÉ A VIVIR

*El dolor es inevitable,
el sufrimiento es opcional.*

Buda

ESTHER MASDEU

Desde siempre siento la vida con un alto grado de sensibilidad e intensidad. Hace tiempo descubrí por qué vivo así. Al hacer un trabajo personal profundo comprendí y despejé todas mis dudas. Aprendí a escucharme y a escuchar a los demás y me conecté así con el don maravilloso de la alta sensibilidad. Descubrí conscientemente este rasgo y vi la luz. Mi luz.

Antes, la vida me sonreía en todo momento. Ahora entiendo que nunca ha dejado de hacerlo. Soy la hermana mayor de cuatro hermanos y en casa siempre me decían que había nacido con una flor, con una estrella. Todo lo que me proponía lo conseguía, y a ojos de los que formaban mi círculo familiar y social era una niña afortunada, abierta, simpática, responsable y bella por dentro y por fuera. Aunque ciertamente nunca lo viví de esta forma ya que para mí no era suficiente, y siempre había alguna cosa a alcanzar o mejorar. Con la mirada de ahora me atrevería a decir que estaba dormida, despistada; y aunque aparentaba estar bien, la insatisfacción, el perfeccionismo y las inseguridades siempre me acompañaban. ¡Qué lástima no haber sabido todo lo que sé ahora! Seguramente me habría ahorrado mucho sufrimiento. Y digo sufrimiento porque el dolor llegó a mi vida al cabo de los años. Mi afán por ser mejor, por pensar demasiado y a veces en bucle, y a la vez no escuchar a mi cuerpo cuando me pedía parar, para ser coherente y para estar bien alineada y cuidarme, me llevaron a enfermar. ¡Bendita enfermedad y su colateral aprendizaje!, me digo ahora. Gracias a ella pude buscar dentro de mí lo que hacía tiempo esperaba que me viniera de fuera, de mi eterna búsqueda o de los demás. En definitiva, hasta que no bajé al cuerpo de una manera sabia, inteligente y fácil para dejarme sentir, no pude sanar el dolor que hacía tiempo me acompañaba. Hoy puedo dar testimonio de que enfermedades como la fibromialgia y la fatiga crónica se pueden curar si nos hacemos conscientes y responsables de nuestras vidas. Se puede despertar, honrar el momento presente y agradecer.

Soy maestra de vocación, especializada en educación especial y emocional, pongo mi foco en la formación continua, en compartir mi experiencia, en la educación y en el acompañamiento. Yo salvé a mi niña interior, feliz, porque a pesar de todo, me siento afortunada de todos mis logros; mis aprendizajes, mis hijos, mi compañero, las amistades y la familia. Al reconocer esta cualidad tan bonita en mí, adquirí este compromiso con la vida de poder ayudar con mi trabajo a los niños y niñas, jóvenes y familias que sufran por esta manera de ser intensa y sensible. Ahí nace mi proyecto de corazón a corazón.

Mi instinto me ha indicado el camino del servicio. Me nacía el cuidar, atenta a mi entorno y por el hecho de ser tan sensible. Recuerdo que en algunos momentos pensé en ir a las misiones. Ayudar a los demás me salía del alma. Quería cuidar de mis hermanos o de mis compañeras de escuela porque me daba cuenta cuando algo no iba bien sin que lo dijeran. Esa compasión innata que más adelante, con los años y con el tiempo, trabajé en mí. Me daba a todos y a todas y los anteponía a mí misma. Así pues, ser de corazón me ayudó a decidir el que sería mi propósito de vida. Estaba escrito. Una vida que se podría decir que es fácil, agradecida y abundante.

Ahora tengo un trabajo fijo de maestra en una escuela. Durante muchos años mi desempeño fue ayudar y orientar, atender la diversidad en todas sus formas y maneras. Cuando estudié magisterio tenía claro que mi especialidad iba a ser la educación especial. Apoyar y reforzar a los niños y niñas con dificultades, observarlos, atenderlos para sacar lo mejor de ellos, y derivar aquellos casos o «personitas» para que reciban una ayuda más especial o específica. Hubo mucho tiempo en el que me sorprendía y me sentía realizada porque hacía lo que mi corazón y mi ser deseaban. ¡Era tan fácil! Increíble pero cierto, ir al trabajo, no por el sueldo, sino porque me encantaba lo que hacía. Y además me pagaban por ello. Eso era lo que me hacía sentir bien, que mi sentido en la vida era, justamente, el servicio desde mi lugar de trabajo y el día a día con mi entorno más cercano. Esencialmente, un regalo.

Soy madre de dos personas adultas maravillosas y estoy casada con el amor de mi vida. La vida me sonríe y me siento feliz conmigo misma. Realmente soy muy afortunada y agradecida por todos los logros conseguidos. Llega el momento en que esa situación tan idílica y bonita a nivel laboral me empieza a molestar, aun estando en la mayor de las comodidades. En esa zona de confort veo que aún puedo mejorar, aprender y aportar más. No lo tomo a mal ya que comprendo que las personas crecemos y evolucionamos, y es bueno replantearse la vida de vez en cuando. Sobre todo cuando la incomodidad y la necesidad de cambio nos viene de dentro. Nos conectamos nuevamente con el entusiasmo para no estancarnos. Es bueno darnos cuenta de este malestar. De esta manera, en mi afán de mejorar y crecer como persona y maestra, decidí continuar mi formación y estudiar de nuevo. Mis hijos ya son mayores y la vida me lo pone más fácil. En los tiempos en que la dedicación a mis hijos pequeños no me lo permitía, aprendía igual, gracias a ellos. En esos momentos siempre que podía me sumergía en todo lo que fuera ampliar conocimientos para acompañarlos mejor, a ellos y a los niños y niñas de la escuela. La vida es un constante aprendizaje. En los libros y la vida misma hay un pozo inagotable de sabiduría.

En el transcurrir de mis días siento que escuché a mi corazón lo mejor que supe y pude, aunque en algunos momentos le hice callar para ser y hacer lo que se esperaba de mí. En esos instantes no era a mí a quien contentaba si no a los demás. Eso no es patrimonio solo mío, ¡a cuántas personas les puede resonar esta última frase! Quedarse en esa zona de confort y responder a lo que los demás esperaran parece ser fácil, aun cuando conlleve sufrimiento. Por suerte llegó un día en que la voz del corazón fue tan fuerte que ya no la pude acallar. Podría decir que desde ese momento me pongo en marcha para hacer mi cambio de una manera aún más consciente, para llevar ese propósito de vida a un escalón superior desde una mayor coherencia. Realmente dejo de querer agradar y expreso lo que siento a corazón abierto. Ahora entiendo que la vida me guió y me acompañó por ese nuevo camino con algunos de los mensajes enviados de diferentes maneras. Sufría porque ni yo misma entendía por qué tenía que complicarme la vida. ¿No lo tenía todo bajo control y seguro? ¿Para qué quería a esas alturas de la vida empezar una búsqueda que me llevara a un posible salto al vacío? ¿O es que me provocaba curiosidad ver lo que encontraría cuando fuera honesta de verdad conmigo misma?

Pues sí, la vida me llevaba a un cambio poderoso y profundo del que al comienzo no era del todo consciente. Cuando me puse en el centro, me enfoqué en el autoaprendizaje, y en esa búsqueda empiezo a andar sin marcha atrás hacia un lugar de crecimiento consciente en el que aún me encuentro. Porque puedo entender que somos evolución y no tenemos nada seguro. Que no es aconsejable apegarse a nada ni a nadie ya que nada es permanente y todo es efímero. Es el punto de inflexión al que defino en ese momento como conexión con mi verdadera esencia y despertar. Ir hacia la luz de la realidad y el bienestar. Crecer y sanar lo que nos haya hecho mal para conectar con la eterna felicidad. Ir un paso más allá del bienestar. Este estado maravilloso donde pase lo que pase eres capaz de sentirte feliz y en paz. A pesar de los pesares y a pesar de lo que nos pase.

Adentrarme en el maravilloso mundo del crecimiento personal fue mi salvación. En ese momento pongo el foco de mis energías en mi autoconocimiento para poder hablar desde la coherencia, no porque lo haya leído, escuchado o porque nadie me lo haya señalado. Sino porque lo he experimentado en mi propia piel. La verdad es que ahora comprendo que la vida me tenía preparado este atajo de bendición; por un lado, difícil y oscuro, por el otro en forma de maravilloso regalo. Acepto mi pasado y todos los aprendizajes que hasta ese momento había recibido, emprendo pues, y para empezar me pongo a estudiar de nuevo, como ya dije. Además de un sinfín de cursos, talleres y libros, ingreso nuevamente en la universidad y me formo como *coach*. Una disciplina que me atrae por su manera de enfocar el acompañamiento. Una atracción que viene por el hecho de experimentarlo como una poderosa herramienta. Es a través de la pregunta cuando uno mismo se responde y se adentra en su ser. Por eso empiezo conmigo. Me cuestiono y trabajo primero sobre mí. Una vez leí en algún sitio que tenemos dos manos, una para ayudarnos a nosotros y otra para ayudar a los demás. En esa frase se resume lo que descubrí, porque quien no ha transitado sus sombras y oscuridades, difícilmente podrá ayudar a otros a transitar las suyas. Después de hacer mi camino, en el que por supuesto aún sigo, la vida me lleva a redefinir cuál puede ser mi aportación a la humanidad y al prójimo, además de trabajar como maestra. De una forma muy sencilla y humilde y porque los nuevos tiempos tecnológicos así lo prescriben, creo mi web y marca personal, para poder mostrarme al mundo. Si hasta ese momento yo era una maestra de educación especial dedicada a la orientación y el acompañamiento en una escuela, ahora ya me puedo presentar como especialista también en el acompañamiento de personas que, como yo, quieran aprender a conocerse y cuidarse para ser su mejor versión. Esa es mi motivación más poderosa, salir de mi «comodidad incómoda», como yo me refiero a estar en esa zona de confort, para ir hacia la «incomodidad cómoda» que supone atreverse a entrar en uno mismo para poder crecer y ser de verdad.

Sin miedo, conectando con el amor que soy y con fe en aquello que creo.

Poco a poco, llegan personas, familias y alguna escuela que piden mis servicios. Es apasionante poder acompañar y ayudar a otras personas a encontrar la solución a sus problemas. A los que, con el tiempo, he aprendido a llamarles retos. Así como también conseguir objetivos y crecer y trabajar para un mayor nivel de bienestar y armonía en sus vidas.

Sin dejar mi trabajo en la escuela, abrir esta opción paralela de proyecto conlleva también un aprendizaje. Ser coherente en todo momento para ofrecer un producto serio, fruto del compromiso con el cliente. Esta es la fórmula del éxito tal como yo la entiendo. Un éxito tranquilo y lento que me hace entrar en el mundo del acompañamiento.

Cuando miro en mi interior para potenciar lo que soy, lo que más me gusta es mi capacidad de escuchar y de ponerme en el lugar del otro. Debo confesar que con los niños y niñas y jóvenes me nace sin ningún esfuerzo esta conexión. Con ellos fluimos y nos entendemos desde siempre de corazón a corazón. Entiendo como que aún son almas blancas y puras con las que es fácil y natural una relación desde su bondad y claridad como personitas. Esta capacidad mía de observación y empatía es lo que me permite desempeñar mejor mi propósito de vida. Desde una escucha activa, abierta y sin juicio.

Cuando en cualquier situación de comunicación con personas das valor y permites hacer un silencio, lo que tiene que ser se manifiesta. Porque lo que es, es. Y esa presencia es lo que se establece. ¿Cuántas veces no lo hacemos y ponemos palabras entre nosotros que interfieren la conexión inteligente? Aquella que nace de una mirada y una escucha que permite que cada cual se exprese y comparta lo mejor que tiene, lo mejor que es. Desde su esencia, sin juicio y con amor al hecho de que cada uno es diferente y se expresa como sabe y puede. Y desde ahí, nos amamos y respetamos como seres humanos inteligentes que hemos venido a este mundo a aprender, a ser felices y a crecer tanto en soledad como acompañados de los demás. Las dos formas son igual de importantes.

Descubrí esta alta sensibilidad que me define y ya con mi marca personal en camino, vienen a mí proyectos bonitos en los que empiezo a colaborar. Estar en el directorio *coach* prémium de mi amiga Mónica Fusté; en un bonito proyecto de acompañamiento a personas altamente sensibles, llamado Orignia; de vocal en la junta del ACPAS (Asociación Catalana de Personas Altamente Sensibles) y colaborar sobre todo con la comisión educativa en los talleres y en el trabajo de divulgación del rasgo. También de vocal en un proyecto de escuela libre, Asociación educando en colores, desde sus inicios, para responder a esa ilusión de escuela nueva que cuide a los niños y niñas desde ese amor y presencia que defiendo. Y como no puedo dejar de compartir una de mis mayores ilusiones, pude escribir y publicar un cuento, *La alta sensibilidad de Lúa* con el que ayudo tanto a pequeños como a mayores a comprender este bonito rasgo que a una parte de la población mundial nos define: la alta sensibilidad. Si la conocemos y la comprendemos, puede aportar muchas satisfacciones en nuestra vida particular o en los lugares donde podamos estar presentes.

Para cerrar este momento que estamos compartiendo y consciente de que transitamos una etapa de mucha incertidumbre, os invito a la reflexión a través de las palabras de Rainer María Rilke en su extraordinaria obra *Cartas a un joven poeta*:

> Sé paciente con todo aquello que esté sin resolver en tu corazón e intenta amar las preguntas en sí mismas. No busques las respuestas, no se te pueden dar, pues no serías capaz de vivirlas. Y la clave está en vivirlo todo. Vive las preguntas ahora. Quizá, poco a poco, sin percatarte, vivas hasta llegar, un día lejano, a la respuesta.

De corazón a corazón,

Esther Masdéu

EL DON DE CONECTAR Y CREAR

Unirse es el comienzo;
estar juntos es el progreso;
trabajar juntos es el éxito.

Henry Ford

EUGÈNIA DINARÈS

Muchas personas caminan por el mundo sin saber su misión en la vida. Yo agradezco que pude conocer la mía. Mi nombre es Eugènia Dinarès Archs. Hace diez años mi vida experimentó un gran cambio. Mi mentora, Gemma Segura, me dio a conocer mi don, soy conectora. Ella me enseñó que este es un don tan natural en mí que antes no había sido capaz de apreciarlo. Puede parecer simple, pero solo después de entenderlo y ponerlo al servicio de la sociedad es que los pequeños milagros comienzan a aparecer. Son sincronicidades de la vida.

Vengo de una familia de padres emprendedores y llenos de energía que colaboraban continuamente en asociaciones. Los seres humanos aprendemos a través del ejemplo y es por eso que gracias a mis padres pude comenzar mi camino a muy temprana edad. Desde muy joven participé en muchas organizaciones destinadas a colaborar y a fortalecer mi voz para servir de vínculo dentro de las distintas comunidades. No obstante, a los diecinueve años, mi vida dio un giro radical cuando me convertí en madre. Mi hija Marta fue mi primera misión de vida, y mi amor incondicional en este nuevo rol me hizo modificar mis viejos hábitos, aficiones y conexiones para enfocarme en madurar y ser el mejor ejemplo para ella.

Con el pasar del tiempo, mi vida se centró en mis tareas como madre, esposa y servidora en una administración pública. Lamentablemente, creerme buena persona y salvadora del sufrimiento de mi familia se transformó en una de las principales razones que afectaron mi esencia. Años después, sin hijos pequeños que dependieran de mí tuve la nueva oportunidad de regresar a mis inicios y enfocarme en mi propósito mayor. Fui a un monasterio en Montserrat, uno de los chakras de la tierra, y pedí que, si mi misión en la vida era servir a la gente, se abriera a mí el camino del cambio. Así sucedió. En los últimos diez años me formé con los mejores *coachs* y mentores del mundo y puse mis conocimientos en acción. Igualmente, solté diversas creencias limitantes y compartí en muchos grupos de consciencia.

En mi voluntad de servir, creé un plan de motivación que consiste en una recopilación de herramientas para enseñar a la gente a desaprender y desarrollar nuevas pautas, herramientas y hábitos mentales. En la práctica lo que funciona mejor es el acompañamiento diario *online*, ya que si te comprometes junto a alguien el objetivo es más sencillo. Durante este período de mi vida, noté que la necesidad de reconocimiento movía mi energía y caí en lo que llamo «una noche oscura del alma». Decidí tomarme el tiempo para limpiarme, soltar y finalmente rendirme. Más libre de cargas, pude reconectar con mis emociones. Como fruto de este trabajo interior y de priorizarme, la vida me regaló un alma gemela llamada como yo, Eugeni, con quien he cocreado la comunidad consciente interactiva Mind Global Space.

Nuestras misiones nos orientan y motivan

Las diferentes etapas de nuestras vidas responden en general a motivaciones distintas. En mi juventud una de las cosas que más disfrutaba era servir, poder ayudar a otros y seguir el ejemplo de mis padres. Más tarde, cuando me convertí en mamá, todo mi proceder estaba influenciado por la necesidad de ser un buen ejemplo para mi familia. Mucho tiempo después, mi motivación volvió a cambiar, entonces solo quería comenzar a priorizarme para ser fiel a mi esencia. Por último, una vez superadas todas estas etapas y ya consciente de mi don, decidí emprender con la fe y la certeza de que la comunidad consciente global serviría de trampolín para hacer llegar la sabiduría y la conciencia a muchas más personas. Considero indispensable que el mundo comprenda que en la unión está la fuerza y que todos tenemos la necesidad de pertenecer a un clan, es decir, a un grupo diverso pero a la vez cohesionado que nos haga sentir que un mundo diferente es posible. Estoy completamente convencida de que, cuando yo pueda brillar más al sacar mis bloqueos inconscientes, mi proyecto, Enfócate: 21 días de motivación, se hará cada vez más grande con una nueva comunidad consciente.

Cuando comencé a trabajar en mi emprendimiento, enfrenté grandes dificultades ya que en un principio tenía que hacer todo sola por no disponer del capital suficiente. La creación de mi plataforma de la comunidad consciente implicó cambiar dos veces de servidor, mucho tiempo, energía, dedicación e incontables horas de capacitaciones y documentación. Pude continuar sin desfallecer porque siempre visualicé claramente el final, la misión y el conocimiento de cómo y por qué este proyecto es tan importante. Todo el tiempo nos enfrentaremos a obstáculos inesperados, tales como la especialista que se enferma por miedo a avanzar en el proyecto, la tecnología que usamos y que no es la adecuada y así muchos otros más. La clave está en respirar, seguir dando amor sin importar las circunstancias y saber aplicar aquella maravillosa frase de Reinhold Niebuhr que dice: «Señor, concédeme serenidad para aceptar todo aquello que no puedo cambiar, valor para cambiar lo que soy capaz de cambiar y sabiduría para entender la diferencia». Para mí, esta se ha convertido en un mantra.

Una mujer ha predominado en cada periodo de mi vida

Como muchos ya sabemos, a diario ejercemos muchos roles que requieren de nuestra energía.

En mi caso, la coexistencia de estos no ha sido un proceso tan sencillo. En otras palabras, si bien es cierto que he encontrado la manera de servir desde distintas perspectivas, en cada una de mis etapas ha habido una faceta que predomina sobre el resto. Primero fue la de hija, luego la de mamá y esposa, y ahora la de conectora. Quizás el reto más grande que enfrentamos las mujeres es ser capaces de encontrar el balance entre todas nuestras facetas para así lograr nuestros objetivos sin renunciar a nuestra esencia.

Después de un trabajo interior muy importante, la vida hizo que dos Eugenis se encontraran y empezaran un mismo camino. Compartimos el mismo propósito de dar más visibilidad al mundo consciente con la cocreación de una comunidad global en donde apoyarnos, y de esta manera poder conseguir una masa crítica de personas conscientes, tan necesaria para transformar el mundo. Esto lo logramos con mucha paciencia, reconocemos paso a paso nuestras sincronicidades con ayuda de las energías más elevadas. Es importante practicar con constancia para mejorar este proceso. Debemos aprender a soltar miedos, meditar, crear hábitos, confiar, visualizar, creer, fluir con la vida y seguir las señales para estar preparados cuando llegue el momento mágico.

Como seres humanos es mucho lo que no entendemos, pero lo que está claro es que tenemos que andar, actuar y practicar para llegar a nuestra meta. Luego, todo fluye y el camino se representa poco a poco. Cuando empiezo un proyecto, visualizo hacia dónde voy, y en el recorrido es importante saber girar el timón según las circunstancias. Finalmente entendí que si estás trabajando en tu propósito, el esfuerzo se convierte en ilusión, los tropiezos en retos, las dificultades en oportunidades de aprendizaje y los problemas en asuntos por resolver.

Quien soy hoy refleja la que considero es la cualidad más apreciada como ser humano. Creo que todos debemos saber aceptar la dualidad y soltar, porque solo así seremos capaces de crecer y evolucionar. Este es el tipo de consciencia que trato de aplicar y desarrollar a través de mi emprendimiento. Mind Global Space es la cocreación de una plataforma *online* interactiva que da mayor visibilidad a la comunidad consciente de habla hispana a través de la creación de un perfil para cada miembro. Tiene foros por temas de interés, blogs para cada profesional prémium o experto, organizaciones de eventos, comercio ético y consciente, itinerarios formativos, entre muchos otros beneficios. La propuesta es que cada uno ponga su conocimiento, Mind Global Space pone las herramientas técnicas y todos juntos aumentamos la visibilidad.

En resumen, soy una mujer de características diversas que busca utilizar su don para servir al mundo desde el lugar donde puede hacerlo. En palabras de mi gran amiga, Eva Ramírez: «Creer es crear. Sin más. Pura magia. Una fórmula infalible que Eugenia domina a la perfección, de ahí que la bautizara con el sobrenombre de *la reina de las pequeñas cosas*. Ese es su don: de una pequeña idea, es capaz de crear un gran acontecimiento».

La conexión más inteligente se da con nosotros mismos

La vida es más sencilla si trabajamos juntos por un mismo objetivo. Sin embargo, opino que antes de trabajar con otros es indispensable estar conectados con nosotros mismos, habernos dado el tiempo para conocernos y descubrir nuestros propósitos en la vida. Solo después de conocernos nuestras energías se pueden alinear con la de terceros que persigan un mismo fin. En términos más claros, creo que el mayor liderazgo que existe es interno. Debemos comenzar por liderar nuestra mente, nuestros pensamientos, nuestras emociones, nuestras palabras y nuestras acciones. Creo en el poder del liderazgo colaborativo, por eso utilizo mi don para conectar y crear grupos de personas que se complementen, apoyen y acompañen en sus caminos.

Todos tenemos dones que aprovechar y bloqueos que sanar, pero el primer paso es evaluarnos y conocernos para poder identificarlos y trabajar en ellos. Por ejemplo, ahora estoy aprendiendo el amor incondicional y la compasión para poder estar en paz. El primer paso es la compasión conmigo misma y aprender a amar también a mis sombras. No puedo mencionar una sola experiencia de conexión inteligente o liderazgo colaborativo porque, desde mi punto de vista, todas las relaciones que impliquen un trabajo en equipo, apoyo y crecimiento mutuo son excelentes experiencias.

La pandemia me ha regalado tiempo

Cada vez que nos fijamos una meta, nuestra prioridad es trabajar con ahínco en ella hasta alcanzarla. Esto requiere de mucha dedicación y energía. El problema es que muchas veces estamos tan enfocados en nuestros objetivos que descuidamos nuestro entorno y no paramos un momento para disfrutar de placeres básicos de la vida. Durante los últimos siete años viví un proceso de plena transformación, soltando miedos, bloqueos y expectativas sobre cómo tendría que ser mi vida. Justo al llegar la pandemia mundial, la vida me premió con un enamoramiento y una pareja de camino.

¡Qué sensación tan maravillosa! Viví esta incertidumbre como una luna de miel, donde toda mi vida se paró de golpe, desaparecieron las obligaciones, la agenda y los eventos. En su lugar quedaron los besos, los abrazos y las largas siestas amorosas que llegaron en el momento perfecto para permitirme valorar el tiempo. Mi relación se nutrió y pudo crecer durante estos tiempos de incertidumbre. Pudimos conversar, conocernos, pensar, proyectar y finalmente crear. En medio de esta pandemia, fui capaz de enfocarme y encontrar el tiempo para desarrollar un proyecto global, fundar una relación con una nueva pareja sobre unas bases sólidas y, además, tener mucha más conciencia sobre mi alimentación y el medioambiente.

El mayor reto que tuve en estos tiempos de incertidumbre es aprender a confiar, a dar tiempo a la vida para demostrarme que los cambios son grandes oportunidades para la transformación humana. No puedo decir que la pandemia haya generado los tiempos de incertidumbre en mi vida porque, de hecho, esto sucedió hace ya muchos años. Cuando te das cuenta de que no puedes controlar el mundo, todo es una incertidumbre. Sin embargo, habiéndome enfocado en mí, en conocerme, en crecer y en desarrollar mi don para el bien, en el presente me siento más tranquila y entiendo que debemos aceptar las circunstancias como vienen, ver las señales y aprovechar las oportunidades que aparecen en nuestro camino.

Mi recomendación es que te conozcas, que le preguntes a las personas a tu alrededor cuáles consideran que son tus dones, porque a veces es más fácil para otros encontrar estos dones en nosotros. Una mirada externa muchas veces nos regala una perspectiva fresca y más objetiva. Asimismo, no te olvides del don de la palabra, atrévete a decirle a los demás los dones que tú ves en ellos. De esta manera irás bendiciendo a quienes encuentras a tu paso. Si cada uno de los individuos en el mundo ejerciera con normalidad sus dones, trabajara en algo relacionado a ellos y compartiera sus frutos, la tierra sería el cielo, pues cada uno ocuparía su lugar. Gracias a mi mentora, comprendí cual era mi don y esto hizo que mi motivación más poderosa fuese conectar a la gente para crear la masa crítica necesaria para transformar el mundo. Convertí mi don en mi trabajo, y ahora esa es mi contribución para el mundo.

Mi lema «Juntos es más fácil» es muy parecido al de SHE, esto no es coincidencia, ya que compartimos una misma visión. Se necesitan personas con diferentes dones para hacer un conjunto. Es hora de sumar sinergias y colaborar por un presente y un futuro mejor. Para finalizar, mi consejo para emprender es que te pases a la acción porque, cuando lo haces, se abren todos los caminos que antes no podías ver. Da el paso ya y transforma tu vida, toma el timón y dirígete hacia donde te haga más feliz. Sé constante, perseverante y practica hábitos de pensamiento saludables que te conviertan en tu propia líder y también te enfoquen en crear con la magia de la vida.

Gracias a mi don puedo conseguir fácilmente que las personas pasen a la acción, sobre todo cuando logran soltar los miedos del inconsciente y ven mi fe en ellos. Tengo la habilidad de ver la grandeza en los otros y mostrársela para que ellos sean conscientes de su propia grandeza. Espero que algo similar pueda suceder en ti a través de mi historia. Como dije antes, mi lema estos últimos años ha sido «Juntos es más fácil», pero con este libro me parece apropiado modificarlo para enviar el mensaje de que «Juntos es mejor porque, como equipo, todo es más fácil».

Eugènia Dinarès

EMPATÍA

La empatía es un valor que, en SHE, cada día nos esforzamos más en trabajar. Nuestro más profundo deseo es poder rescatarlo y potenciarlo con la visión muy clara de que nos beneficia a todos. Cuán hermoso sería el mundo si cada una de nosotras, antes de emitir una opinión, dedicáramos un minuto de nuestro tiempo a escuchar atentamente a la otra persona y, aún mejor, si intentáramos ponernos en su lugar a fin de comprender verdaderamente lo que le sucede. ¡Quien quiere, puede!

Si bien es cierto que perseguimos un ideal, también lo es que no es imposible y que el primer paso es intentarlo. Esto le permitiría al mundo funcionar de una manera mucho más humana, sensible y eficiente. Eso, precisamente, es lo que deseamos desde y para todos los seres que habitan este planeta, especialmente para las miembros de SHE.

Ponernos en los zapatos del otro, aunque sea por unos minutos, nos permite sentir y pensar como él. Como resultado, podemos ser capaces de comprender cuáles son los sentimientos y las emociones que lo han llevado a actuar como ha actuado.

Cuando omitimos este paso tan elemental, nuestra percepción de la realidad puede ser muy egocéntrica y, por ende, corremos el riesgo de no poder entendernos (empatizar) con el otro. Lastimosamente, dicha actitud puede ocasionar distanciamientos que luego son difíciles de acortar. Entonces, ¿no merece la pena intentarlo y acortar distancia? Eso sí, debemos hacerlo sin justificaciones, sin críticas y sin imposiciones.

En otras palabras, la empatía es un valor muy poderoso que no debemos dejar de lado y que, por el contrario, tenemos que esforzarnos en potenciar. Esta es la única forma de comprender cómo y por qué el otro hace lo que hace, sin juzgarlo desde nuestra propia perspectiva. La empatía es sinónimo de imparcialidad y es por esa razón que, en y desde SHE, la fomentamos, creemos que podemos ser flexibles y respetar el ritmo de la individualidad, en coherencia con nuestro compromiso global.

¡SHE empatiza con cada una de sus miembros, porque sin ellas no tendría sentido su existencia!

PUEDES RESCRIBIR TU HISTORIA

——Dices que cansa estar con niños.
Añades que te cansa porque tienes que ponerte a su nivel,
agacharte, inclinarte, arrodillarte, hacerte más bajito
Te equivocas.
No es eso lo que cansa más.
Más bien es el hecho
de verte obligado a elevarte
hasta la altura de sus sentimientos.
Estirarte, alargarte, ponerte de puntillas
para no herirles.

Janusz Korczack

EVA MEDINA RODRÍGUEZ

El abandono fue la base con la que crecí; en este capítulo quiero presentarte un relato que muestra cómo lo convertí en motor para traer al mundo el mensaje de que en el vínculo está la fuerza que sana. Así que te invito a conocer la importancia del vínculo. Esto es lo que ofrezco en mis acompañamientos: un vínculo seguro en el que las personas puedan sentirse acompañadas y aprender a confiar en la vida cuando eso faltó en su base.

El nacimiento de un propósito

Érase una vez una niña que nació en un hogar gris, con poca luz, donde reinaba la tristeza y el desánimo. La llamaremos *Patita Fea*, porque así se sintió durante su infancia y en gran parte del resto de su vida.

En su familia había violencia: insultos, gritos, humillaciones, daño, mucho dolor, rabia reprimida que apagaba el corazón. La niña aprendió a hacerse invisible como una manera de sobrevivir: se escondía en silencio, jugaba en silencio, intentando evitar el mayor daño posible en su cuerpo y en su corazón.

Su padre le daba miedo, era un hombre a quien aún hoy Patita Fea no ha llegado a comprender del todo. Nunca se sabía de qué humor estaría: algunos días llegaba riendo, incluso jugaba unos minutos con ella y sus hermanos, otros días se enfurecía y gritaba, incluso estallaba y les pegaba; la mayoría de los días era ausencia.

Su madre corría de un lado para otro intentando hacer múltiples tareas; de vez en cuando le prestaba un mínimo interés, y otras veces perdía el control y gritaba su desesperación; la mayoría de las veces era un suspiro en el aire, un reloj en el tiempo que volaba y se escapaba entre sus brazos sin que apenas pudiera disfrutar de ella un momento. Mujer, madre agobiada, sin tiempo para disfrutar de su familia, víctima de abandono y quién sabe cuántas cosas más; mujer heroína que consiguió traspasar y sobrevivir a múltiples tormentas. La madre de Patita Fea hizo todo lo que pudo. Hoy ella no tiene ninguna duda, ha conseguido, por fin, comprenderlo, amarla y respetarla profundamente.

En aquel escenario de prisas, agobios y malestares varios, Patita Fea descubrió que le encantaba dibujar y escribir, y lo hacía en silencio; ella no lo sabía porque aún era muy pequeña: tenía un miedo atroz al maltrato, a salir dañada, a que le pegaran. Los gritos la abrumaban, y sentía que todo a su alrededor era caos. Por eso cuando escribía y pintaba lo hacía en silencio, cuando jugaba era también en silencio. Patita Fea lo hacía todo en silencio. Llegó un momento en el que ella ya solo tenía silencio, y de tanto silencio no sabía usar las palabras, solo las escribía para que no se le olvidaran y para saber lo que había en su interior.

Patita Fea creció y guardó el dolor en su cuerpo y en su corazón; todavía no podía sentirlo, eso sería muchos años después, cuando fuese ya una mujer.

Las palabras no dichas empezaron a ahogarla, se hizo un nudo en su garganta; ahí lo llevó con ella hasta que por fin conoció a personas que iban a sostenerla y entonces sí pudo llorar y sentir el dolor acumulado en su vida. En los brazos y los corazones abiertos de estas personas que encontró en su camino, que la sostuvieron, pudo aprender a conocerse, comprenderse, e incluso, pasado mucho tiempo, amarse.

Patita Fea vivió algunos procesos terapéuticos,

en los que tuvo la gran suerte de encontrarse con algunos de los que serían sus principales referentes de vida, a través de los cuales pudo construir vínculos en los que sostenerse de una manera sana y amorosa. Conoció en su camino a un terapeuta, su primer terapeuta, quien confió en ella; esto era algo nuevo en su vida, que alguien confiara en ella le ayudó a empezar a sentirse mejor, a verse a través de los ojos de la confianza y la aceptación. Después encontró y trabajó con la que fue su terapeuta de referencia. Trabajar en su interior, acompañada por terapeutas fue la base de su recuperación; con apoyo, con tiempo, dedicación y mucho dolor atravesado, con el dolor acumulado en su infancia, con la tristeza que no había podido llorar y la rabia que no pudo expresar, Patita Fea pudo llegar a sentirse mucho mejor.

Así nacen los propósitos, y digo nacen aunque nos han sido asignados antes; nacen porque se van formando en nuestra consciencia, se van enquistando en el alma hasta que comenzamos a comprenderlo. Sí, las experiencias pasadas pueden darnos una idea de qué hacemos aquí, de por qué estamos aquí. Es difícil saberlo cuando esas experiencias nos han causado dolor. Es difícil, pero necesario. Poco a poco avanzamos hacia la comprensión y entonces, cuando ya estamos preparadas, se nos revela.

Mantener el equilibrio, ¿es posible?

Mantener el equilibrio fue y sigue siendo para Patita Fea un camino para aprender a estar muy en contacto con ella; cuando vuelve a perderse tiene que buscarse para encontrarse mejor.

Sí, yo soy Patita Fea. Es un relato real, sentido, que he decidido no olvidar jamás, porque es mi historia y mi historia soy yo. Esto significa que abrazar a quien soy me permite tener mejores capacidades para vivir el presente.

Logré hacer real mi sueño de acompañar a otras personas en sus caminos de búsqueda de sí mismas. Siempre amé estar con las niñas y los niños, por eso cuando crecí decidí dedicar una parte de mi vida y de mi profesión a acompañarlos en sus caminos, para que ellos y sus familias pudieran

ser más felices; quise dedicar una parte de mi misión en la vida a colaborar para que ningún niño o niña del mundo se sienta un patito feo.

Pude ser pareja y madre, acompañar a mi hijo, sacar amor de mi interior, porque a pesar de mi gran dolor y vacío de niña conseguía conectar con mi luz interior y comprender que mi madre y mi padre hicieron lo que pudieron por mí y que a pesar del maltrato y el dolor también había amor.

Comprendí que en esencia somos eso: *amor*. Acompañados, es mejor aún.

En ese camino se halla esta niña que se convirtió en mujer, impulsada siempre desde adentro a acompañar a las demás personas.

Sigo encontrando en las palabras una manera de expresar lo que hay en mi interior; a través de este libro y en este capítulo, comparto mi esencia y al mismo tiempo cumplo otro de mis sueños.

Es posible y necesario mantener el equilibrio. De acuerdo con mi experiencia, considero importante que día a día tratemos de conectar con nuestro ser interior, ir a las experiencias vividas para sanar, para reescribir nuestra historia y cumplir con el propósito de vida que tenemos. Yo encontré, en mi propio relato, que mi experiencia debe estar al servicio de las personas que atraviesan experiencias que no pueden comprender, para que logren transformarlas y conectarse con el amor, para vivir desde un lugar de mayor fuerza, armonía y equilibrio, para que puedan desarrollar una vida plena.

Al mismo tiempo cumplo mi rol de pareja y madre, y hay un equilibrio en ello porque lo hago desde el amor que es la base de todo.

También en el ámbito del emprendimiento y ya voy a hablar sobre ello es importante y necesario moverse desde el amor, debemos amar lo que hacemos y hacer lo que amamos. La base del equilibrio, es el amor.

Emprender desde la pasión y el amor

La toma de conciencia de que no podía trabajar en una institución me quitaba energía, sentía que me ahogaba. Mi cuerpo no entiende las estructuras (lugares, horarios) impuestos desde afuera. Me quedo sin mi energía, me voy apagando.

Necesito libertad para organizar mi tiempo, mi manera de trabajar. Me gusta moverme, me gusta el cambio, quiero y necesito trabajar mientras paseo en el bosque; esto es vital para mí.

Hoy tengo esa motivación de base, además de la maternidad que me reafirma en querer organizar mi vida y mi tiempo, tomar decisiones y tener más autoridad sobre mi vida. No quiero, por ejemplo, tener que escolarizar a mi hijo por una obligación o imposición de horarios de trabajo.

¿Qué quiero decir con todo lo anterior?

Quiero decir que necesitamos conectar con lo que nos nutre, con lo que nos hace sentir bien y nos impulsa a vivir con emoción. Si tu trabajo apaga tu energía, te pone de mal humor, afecta tu relación contigo misma y con los demás, ¿qué estás haciendo allí?

Tal vez me respondas: «es que necesito el dinero, es el único trabajo que conseguí, no tengo alternativas». Estás hablando desde las limitaciones que decidiste imponerte. No necesitas estar donde no quieres estar, necesitas abrir oportunidades para ti.

En este momento de mi vida, me siento muy en sintonía con la mujer empresaria que habita en mí. Me gusta emprender, me apasionan: la libertad, conectar con el aprendizaje que es una fuente inagotable y poner la creatividad al servicio de las demás personas.

La mujer que habita en mí está reapareciendo después de un proceso intenso con la maternidad, en el que una entrega que percibo ahora como absoluta, hizo que desapareciera de mí misma. Entreveo a la mujer, a la parte femenina que ha estado al servicio de la crianza de mi cachorro y que ahora empiezo a dejar emerger y salir de manera independiente también.

Hoy entiendo y acepto que mi cualidad más apreciada es mi sensibilidad, me pongo fácilmente al lado de las personas, lo disfruto, me gusta. La aplico, sí, todo el tiempo.

Te animo a conectar con tus cualidades, habilidades, con lo que amas y, así, encontrar tu camino. En esa misma ruta quizá puedes orientarte hacia el emprendimiento, si te apetece. Claro que es posible.

Desarrolla conexiones inteligentes

Conectar con otros de manera que todas las partes implicadas salgan beneficiadas es establecer conexiones inteligentes.

Cuando acompañaba los grupos de desarrollo emocional para niñas y niños, busqué ayuda para llevarlos en coterapia; la experiencia con mi compañera y amiga Cristina fue especialmente bella. Ella se dejó aprender, estuvo respetuosa, me permitió mantener mi lugar, mi liderazgo. Fue una muy bonita experiencia de cooperación.

Anteriormente, fue al revés: cuando empecé mi trabajo en relación de ayuda con personas en el ámbito social, con mis compañeras de aquel momento Nuria y Gloria, me dejé guiar por ellas y aprender. Fue una experiencia de un gran aprendizaje humano y profesional para mí. Todavía hoy me siento agradecida con ellas.

En todos los contextos donde no existe el aprovechamiento desde el egoísmo, puedes establecer conexiones inteligentes desde la colaboración.

Colaborar con otras personas, aceptar la ayuda y ayudar, complementar las habilidades y capacidades propias con las habilidades y capacidades de otros y hacer lo mismo por ellos son requisitos para emprender en este tiempo.

Las conexiones inteligentes se basan en el respeto, la armonía y en el interés mutuo. Si logras hacerlo así, vas a crecer.

Hoy en día mi mayor reto es seguir centrándome en el presente y continuar creando paso a paso el camino que quiero seguir en mi vida. Lo estoy gestionando, busco ayuda cuando me atasco, mentoras en lo profesional, veo vídeos, me apunto a cursos, aprendo, me atrevo a mostrarme a pesar de la vergüenza, me dejo guiar y acompañar en el proceso. Vuelvo a mí a través de las herramientas de acompañamiento emocional que me sirven.

Me he planteado hacer crecer mis ingresos a través de mi pasión, generar entradas que me permitan cumplir otros objetivos y brindarle siempre que puedo lo mejor a los míos. Lo gestiono construyendo, buscando maneras de mantenerme en el presente, evitando que el miedo tome el poder.

Si esto que estás leyendo te resuena, te animo a aprender a gestionar tu vida, y nada podrá detenerte. Te animo a reescribir tu historia y a comenzar a crear una narrativa que vaya en armonía con tu propósito de vida.

Sé que lo lograrás, y tú, ¿lo crees?

Eva Medina Rodríguez

EL AUTOCONOCIMIENTO ES SINÓNIMO DE LIBERTAD

Lo que se les dé a los niños, los niños darán a la sociedad.

Karl A. Menninger

FERNANDA
DA CONCEIÇÃO FERREIRA

Soy Fernanda da Conceição Ferreira. Nací el 7 de noviembre de 1970 en un pequeño pueblo de Portugal. Desde muy pequeña comprendí que por el simple hecho de ser mujer, la sociedad ya había elegido mi rol en la tierra. Los estereotipos sociales pretendían hacerme creer que era un ser humano inferior por mi género. En ese momento quizás era más un presentimiento que un conocimiento. Me rebelé contra toda esa estructura que se creía con autoridad para encapsularme en un código de conducta que no tenía nada ver que con lo que yo sentía que podía ser. En mi cabeza, antes de ser mujer u hombre, era ser humano, y por ello debía reinar la igualdad. Si el mundo no nos daba los mismos derechos, pues yo lucharía incansablemente para cambiar el mundo.

¿Todo un reto, no? No digo que sea un camino fácil, pero sí es un camino liberador. Al menos en mi caso requiere mayor esfuerzo pretender ser alguien que no soy, mentirme a mí misma, conformarme con menos para que el mundo no me critique. Supongo que son elecciones personales. Unos cuantos años más tarde, me convertí en la primera en mi familia en obtener un título universitario y además en un curso de Ingeniería Mecánica, dos cosas que, para el mundo, eran para hombres.

Con la juventud a mi favor, pero sin el apoyo que tanto necesitaba, pude darme cuenta de que, independientemente de lo que estudiara, seguía viviendo en un mundo de hombres, y para abrirme camino debía trabajar en desarrollar otras cualidades. En aquel entonces el amor propio no era la más fuerte de mis virtudes y, sin orientación, creí en ese famoso dicho, «Si no puedes vencerlos, únete a ellos» y me casé. Después de ser madre me di por vencida, dejé de luchar y acepté la realidad. Debía cuidar a mi esposo y a mis hijos.

Más tarde, seguí estudiando, pero esta vez tomé un nuevo rumbo. Empecé a estudiar Ciencias de la Educación y me dediqué a cuidar a los demás, a la familia y a mi profesión docente. La tristeza me empezó a consumir y a quitar las ganas de vivir. En un momento de desesperación, para engañar a mi tristeza, comencé a hacer teatro y pintura. Fue mágico cuando advertí que mientras lo hacía podía ser yo, sin filtros, libre de experimentar y de expresarme sin que nadie me juzgara. Con cada nueva pieza, con cada nueva exposición de pintura, mi alma se fue reanimando. Gracias al arte, comencé a descubrir una nueva luz en mí y volví a creer, a soñar, a tener la esperanza de ser libre. Encontré mi camino a casa, mi rumbo, ese que nunca debí haber perdido. Nuevamente comprendí que no importa si soy hombre o mujer, de igual forma puedo ser como quiero.

Para ese momento, ya casi llegaba a los cuarenta años. Había perdido mucho tiempo en mi vida y no estaba dispuesta a perder más. Decidí que quería ser feliz y que quería ayudar a otras mujeres a ser felices también. Desde entonces me he mantenido constante y fiel a ese pensamiento. Ahora soy instructora de creatividad; entrenadora profesional. Me formé en educación parental, democracia, derechos humanos, entre otros. Desde septiembre de 2020, tengo como desafío fomentar y esparcir la felicidad en los niños. Pero no crean que me olvidé de mis raíces, también trabajé en la industria automotriz y fui ingeniera en el Ministerio de Medio Ambiente. En mi otra especialidad, la docencia, coordiné diversos cursos de capacitación y varios programas y clubes. También fui colaboradora en la universidad de mayores con alumnos de edad entre los 60 y

90 años. Por último, fue con *Portuga e Por Nada*, mi proyecto teatral enfocado en promover, recopilar y difundir la identidad de una región, que finalmente descubrí mi verdadera identidad y permití que más personas la encontraran.

No hay nada más confortante que la sonrisa de un niño

Mi principal motivación es que los niños aprendan a conocerse a sí mismos a través de las tradiciones, el arte, la historia y la cultura. Además de lograr que durante ese proceso se establezca una mejora en las relaciones entre padres e hijos porque, a pesar de sus diferencias, la actitud de los padres influye radicalmente en el resultado que experimenta el niño. De hecho, en mis proyectos, no solo involucro a los padres, me gusta que todo el entorno participe porque una persona no se puede conocer, aceptar y valorar completamente, a menos que también lo haga con su entorno. Por esta razón, organizo actividades en las que tanto hijos como padres puedan estar involucrados. Considero que siempre la experiencia es más completa si trabajo con la comunidad y no solo con la escuela. Por ejemplo, aunque la hiperactividad hoy es un tema muy común —en el pasado no lo era—, cuando ignoramos lo que esta implica son los niños los que terminan sufriendo. Desarrollé una actividad con el fin de explicarle a los padres e informar a la comunidad la diferencia entre la mala educación y la hiperactividad de una manera más dinámica, simple y fácil de comprender.

Con los años aprendí que ser feliz es un sentimiento natural que comienza desde nuestra infancia, por eso ahora estoy más cerca de los niños y de sus madres. A menudo me tocó ver muchas caras tristes y desesperanzadas, pero es allí donde más motivada me siento. No hay nada más reconfortante que ver luego una sonrisa en esas mismas caras. Entiendo que en el pasado encontramos nuestra historia, nuestras raíces y la explicación de por qué somos como somos; por eso trato de guiar a los niños para que aprendan que el conocimiento de todo esto es necesario para terminar de comprendernos como

sociedad. No olvidemos que mientras más nos conocemos, más libres somos y, por ende, más felices. Siempre miramos al futuro y nos olvidamos del pasado. Pero a mí me gusta fomentar las tradiciones. Recuerdo que, años atrás, una de las primeras actividades creativas con los niños fue la elaboración de máscaras ibéricas con piedras. A nadie le gustó en su momento, y años después la UNESCO las declaró patrimonio inmaterial de la humanidad. Yo solo enseño a los demás a amar lo que tenemos, de lo que somos parte.

Pienso en mí como una mujer emprendedora. Dejo mi alma en todo lo que hago, pero no movida por el dinero ni por la búsqueda del reconocimiento. Lo hago porque quiero un mundo mejor, uno que valore todo a su alrededor. Mi función es resaltar la belleza en todo lo que nos rodea para servir de puente, de conexión o incluso podría decirse que de anteojos, para que a través de mis ojos, otros se animen a ver y a valorar el mundo en el que viven.

Soy mujer en un mundo de hombres

Tengo incontables facetas. Soy madre, pintora, profesora de ciudadanía, manualidades y dibujo, hago teatro y un millón de cosas más, pero en todos los casos, soy mujer. Es tan simple como eso. No puedo decir que tengo un millón de versiones porque me esfuerzo a diario para que cada faceta colabore con las otras para formar una única mujer. Sin embargo, esto lo puedo afirmar hoy. No siempre fue así. Como comenté en un principio, en mi niñez me costó comprender que era normal no tener los mismos derechos que los hombres y tomé la decisión de no conformarme con lo normal, de luchar para cambiar eso. Desde los ojos de una niña, no terminaba de entender la magnitud que esos pensamientos tenían, pero más tarde, actué desde el autoconocimiento y respeto propio. Desafié a mi familia y rompí el patrón al atreverme a ir a la universidad y, además, a estudiar una carrera que era casi exclusiva para hombres. Pero me di un tortazo, aún era muy joven para revertir siglos de desigualdad y terminé por cansarme, me uní al enemigo. Me casé y formé una familia, pero como ya se imaginarán, esa no era la solución. Me rendí y seguí la corriente. Escuché lo que el mundo me gritaba desde muy pequeña, que era simplemente una mujer, y me dediqué a mi familia. Más tarde, cuando volví a estudiar, cambié de profesión. Elegí ser educadora y no digo que esté mal. Es una profesión que amo profundamente y siempre la entendí como una labor respetable, generosa y totalmente desinteresada, pero en ese momento no me hacía feliz. El problema no residía en la carrera, el problema estaba en que invertía toda mi energía en cuidar de otros y me olvidé de que yo también necesitaba ser cuidada. Mi tristeza era cada día más evidente, no paraba de crecer y lo peor era que no sabía muy bien a qué se debía. Como era de esperarse, cuando mi alma se enfermó el cuerpo le siguió. Este desgaste emocional dio paso a la enfermedad y ningún médico comprendía el porqué. Poco a poco empecé a creer que me volvería loca. Pero siempre llegan las oportunidades, y la pintura y el teatro fueron las mías. Fue mágico cuando advertí que a través del arte podía ser yo, sin filtros, libre de experimentar y de expresarme sin que nadie me juzgara y fue así que resurgí de mis cenizas.

En todos los roles, debemos olvidar que somos mujeres y recordar que somos personas. Nuestro género no nos define. Aprendí que, desde el principio, la sabiduría atemoriza al que no la posee. En el pasado las brujas eran maltratadas y quemadas porque eran sabias y al mundo le asustaba lo diferente. Quiero decir que las mujeres somos sabias y podemos hacer lo que se espera de nosotras y mucho más. En este momento de mi vida soy genuina. Me acepto y valoro como mujer. Estoy en paz con mis decisiones en mis diferentes roles. Me doy tiempo y espacio para mí y, primordialmente, soy feliz. De pequeña, observaba a mi madre y a mi abuela y percibí que ellas tenían todo para ser felices y sin embargo no lo eran. Le daban demasiado poder a terceros al prestarle atención a lo que ellos decían. Yo rompí ese patrón y ahora hago cosas que no son comunes para las mujeres, pero que me hacen feliz. Yo no quiero ser hombre ni tampoco compito para ser mejor que ellos. Yo amo ser mujer y quiero sentirme libre de serlo, de mantener mi femineidad y mi sensibilidad.

Y quiero inspirar a los hombres, no pelear con ellos. Quiero demostrar que no existen carreras solo para hombres, porque yo puedo sostener un martillo en tacones y con un vestido rosado.

A mi manera de ver, mi mejor cualidad es ser genuina. Lo aplico y a veces es súper difícil porque he tenido problemas por ello. El instinto de supervivencia nos invita a no ser nosotras mismas. Las personas son lo que los padres quieren, lo que la sociedad quiere, lo que los amigos quieren, y así podemos seguir largo rato. Eso es un desgaste muy grande. Es más cómodo ser lo que los demás esperan, pero es un camino infeliz. Cuando meditas, te encuentras a ti mismo y decides ser tú, te asustas porque eso genera incertidumbre, pero también eres más libre.

En la unión está la fuerza

Los seres humanos somos seres sociales y, aunque la independencia es cien por ciento saludable, la colaboración nos hace más eficientes y más productivos. En mi última experiencia trabajaba en una actividad navideña y necesitaba que los niños estuvieran bien, que se sintieran felices. Fui una especie de organizadora, ya que me encargué de contactar a distintos organismos en diferentes áreas para darle forma al proyecto. Cada uno asumió una parte de las responsabilidades, tanto fue así que al final yo sentía que no era necesaria para terminar. Cuando cada uno hace su parte y confía en los demás, colaboramos para crear un todo. Es importante aceptar que nadie es bueno en absolutamente todo. Me puedo poner como ejemplo, yo tengo la idea, pero no la ejecuto sola. En esta serie de historias todas colaboramos para inspirar a otras a ser emprendedoras y eso se vuelve una cadena. Siempre debemos expandir nuestros horizontes, tenemos que estar abiertos a escuchar a otros y aprender de sus experiencias y, al mismo tiempo, poder compartir nuestro aprendizaje. Pero todo tiene que ser un acto desde el alma y sin intereses egoístas. Es mejor enseñar a través del ejemplo. Yo no busco que me reconozcan lo que hago, lo que quiero es que los niños sean felices y el reconocimiento luego llegará.

Hasta estos tiempos de incertidumbre nos dejan enseñanzas

No sé cuántas veces he escuchado decir que debemos vivir el presente. Admiro al que lo predica y lo hace. Sin embargo, vivimos en el presente pero pensando en el futuro. La COVID-19 me hizo tener conciencia de todo aquello que había aprendido. Estamos mucho tiempo en el pensamiento y muy poco en la acción. Esta situación me ha forzado a estar más «presente en el presente». He aprendido algo que creía saber pero no ponía en práctica y es que hoy debo dar todo de mí porque mañana no sé si estaré aquí. Cuando me detuve en el presente, supe que las personas realmente prestan atención a cada comentario que antes pasaba desapercibido porque se perdía en el correcorre de la vida. Este es quizás el gran reto, entender que las personas están despiertas para escuchar porque ahora nos damos ese tiempo para estar atentos, alertas. Totalmente diferente a los años anteriores en los que la vida era mucho más rápida, incluso podría decirse que hasta frenética. Corríamos sin parar. Ahora tenemos más tiempo para escucharnos a nosotros mismos y a los demás. Vivimos más atentos al presente, aprovechamos todo lo que tenemos alrededor, y con el tiempo que tenemos disponible hacemos que la información se transforme en conocimiento, que el pensamiento se transforme en acción. Como dije antes, toda experiencia puede ser provechosa, solo tenemos que detenernos a escucharnos, evaluarnos, corregirnos de ser necesario y seguir actuando. Como mujeres, hay algo muy importante que no debemos pasar por alto. Sin importar lo que diga el mundo, nosotras no nacemos con desventajas, el mundo nos pone ese hándicap. Ser mujer es un privilegio. Simplemente el mundo no lo ha procesado aún.

Date la oportunidad de conocerte, experimenta, descubre tu pasión y siéntete libre de perseguirla. Recuerda que, ante todo, eres ser humano y estás apta para lo que te propongas en la vida. Sácale provecho al presente y escúchate.

Fernanda da Conceição Ferreira

EL CONSUMO DE MODA COMO FUERZA PARA EL BIEN

La conciencia solo puede existir de una manera,
y es teniendo conciencia de que existe.

Jean Paul Sartre

GRETA AGUILAR

¿Quién es Greta Aguilar? Esta pregunta parece tan simple, pero definir a alguien nunca lo es. En principio, podemos decir que soy una mujer originalmente latina, nacida en Colombia, que ha ido juntando las piezas de su rompecabezas individual mientras recoge palabras, costumbres, perspectivas y demás experiencias de los distintos países en los que ha vivido. La moda siempre ha sido parte de mí, pero se me presentaba con un estilo propio, con una visión innovadora, la apreciaba como la expresión de mi creatividad. Si voy un poco más lejos, creo que instintivamente supe que la moda podía abarcar mucho más que unas cuantas prendas para vestir. He pasado por todo un proceso de observación, una especie de estudio sociológico, que me ha permitido entender mi entorno, conectar con mi creatividad, encontrar mi propio estilo y evolucionar como mujer. Estudié producción de moda, *marketing* de moda, filosofía y teatro. Es divertido pensar que hice toda una exploración del ser y que todos los caminos me llevaron a la observación. Digamos que, dentro de la moda, también fui partícipe de un proceso más profundo de descubrimiento para encontrar cuál es mi lugar en ella. No soy de copiar estilos solo porque correspondan a una cultura. Si hay algo que no me gusta, la mejor solución es crear mi propia propuesta.

En el 2010, me mudé a Alemania y tuve que adaptarme a un mundo totalmente distinto. Comprendí de manera más palpable que, definitivamente, cada lugar tiene sus necesidades propias y cuando te ves sin herramientas para protegerte (como fue mi caso porque llegué a vivir a este nuevo país durante el invierno), empiezas a observar y a aprender. Entendí que el secreto no estaba en el modelo de la prenda, sino en las telas. Comencé a observar todavía más y aprendí cuáles eran los textiles más apropiados. Con este conocimiento empecé a conocer tiendas de segunda mano y ahí descubrí un nuevo mercado. Se abrió una puerta a una nueva posibilidad, vi una oportunidad. En Hamburgo empecé a estudiar estilismo en la universidad. De manera simultánea, Europa me introdujo en una cultura de reciclaje y consumo selectivo, un gran cambio en mi vida.

Con ese material, con esa reinvención de mí misma y con ese conocimiento, me fui a Barcelona. Luego de ocho años de un doloroso proceso de adaptación en la Europa Central, me comprometí con la idea de ayudar a otras mujeres a abrazar sus características físicas, su cultura y la consciencia ambiental con facilidad y gracia desde sus armarios. En el 2016 decidí mudarme a Suiza y, desde ahí, hacer esta idea más palpable al ayudar a mis clientas a incorporar prácticas de consumo consciente y sostenible en sus vidas. Hoy soy la orgullosa fundadora de Namo, una organización sin fines de lucro, orientada a educar a la sociedad sobre el consumo consciente de moda. Con este proyecto, deseo trabajar en la prevención del desorden de compra compulsiva, el desarrollo de nuevos hábitos de consumo de ropa y apoyar el entendimiento del consumo como una fuerza para el bien.

¿Cómo crear conciencia en una industria que es conocida por todo lo contrario?

El reto sencillamente me entusiasma. Si la pasión por la moda y por conocer prácticas culturales sostenibles en el mundo no fuera suficiente motivación, el hecho de que esta industria ocupe uno de los primeros lugares en contaminación ambiental, explotación laboral femenina y desórdenes obsesivos compulsivos en adolescentes me motiva a ir más lejos. Es necesario desmitificar paradigmas ambientales y sociales alrededor de esta industria. El mundo de la moda no tiene por qué ser tan frívolo, nosotros tenemos el poder de cambiar eso.

En Suiza, conocí a clientas que estaban pasando por momentos difíciles en sus vidas, muchas con depresión, y sentí la necesidad de ayudarlas. Me formé como *coach* de vida y esto complementó lo que ya venía haciendo y lo orientó todavía más hacia la exploración y conocimiento del ser. El estilismo es una herramienta muy potente de autoconocimiento que puede ir de la mano de la diversión y el placer. Es cierto que, por muchos años, muchas mujeres hemos sufrido la moda, pero debemos aceptar que todas disfrutamos la moda en algún punto y eso es lo que hay que explotar. Yo me propuse ayudarlas a ganar confianza, seguridad y amor propio al enseñarles a conocer sus cuerpos y sus gustos, a crear su imagen personal desde un lugar más auténtico. No tengo palabras para describir cuán satisfactorio fue ver el cambio que todo este proceso produjo en cada una de ellas. Son la prueba fehaciente de que la moda puede ser usada para hacer el bien, y que hacerte consciente de tu estilo impacta directamente en tus hábitos de consumo de ropa y accesorios.

Cuando mi esposo empezó a trabajar en Suiza yo me planteé la posibilidad de irme con él. Era una decisión personal, pero igual quería tener un plan a nivel profesional. Con ayuda de una *coach*, planifiqué hacerme emprendedora. Estudié moda sostenible y comprendí que todo el tema de las compras de segunda mano había sido un preámbulo que me encaminaba hacia la conciencia ambiental, hacia la sostenibilidad, mi granito de arena para lograr tener un mundo mejor. Creo que en algún punto del trayecto comprendí que tengo un mensaje poderoso para comunicar. Las mujeres merecemos disfrutar a consciencia de nuestra imagen personal, de nuestro poder de compra y del consumo de moda. Nuestro corazón nunca nos dirá que necesitamos un nuevo vestido o que estamos gordas. He aquí

el poder de conectar con nuestra inteligencia interior. Ella nos guía en el camino hacia hábitos más sostenibles de consumo y hacia un estilo de vida consciente que nos libera de la presión y la culpa que por la crisis ambiental atravesamos.

Cada experiencia me ha transformado en una mujer distinta

Opino que yo soy una mujer distinta en cada idioma. He vivido en diferentes culturas que además se comunican en lenguas diversas. En mi caso particular siento que cada idioma me conecta a la cultura. Supongo que los diferentes entornos contribuyeron al nacimiento de mujeres distintas que respondían a necesidades específicas. Por ejemplo, en inglés soy la mujer empresaria. Este idioma lo adquirí para desenvolverme en el mundo laboral, donde me medía con hombres en un sector tan machista que tuvo que nacer una mujer contundente y aguerrida para poder abrirse un espacio. Por otro lado, en alemán me siento como la víctima porque fue la posición desde donde lo aprendí. Me sentía victimizada por la nueva cultura, la frialdad de la sociedad, del clima, etc. Fue un período cargado de nuevas experiencias que me sacudieron en un nivel muy profundo. Para ser más exactos, mi relación con mi imagen personal y mis hábitos de consumo cambiaron drásticamente, sin mencionar que comencé a tener una crisis de identidad. De hecho, me daba pánico sentir que mi identidad se desvanecía. Lamentablemente tiendo a asociar las experiencias con los idiomas. Sin embargo, hoy puedo decir que el alemán y yo estamos haciendo las paces. En Suiza me siento más cómoda, no me atemoriza porque ahora hablarlo es una elección. Por último, en español me reconozco como un todo. Es aquí donde encuentro mi yo integrado, mi diosa, libre y sin tabús. A mi parecer, la conexión emocional con la lengua materna no la desarrollamos con otra lengua.

Cabe destacar que no solo hay diferencias. Todas estas mujeres se mantienen unidas gracias a un acuerdo. La mujer y la empresaria somos fieles a la creencia de que somos hacedoras de cambio y que es indispensable establecer un balance entre la familia, el trabajo, el ingreso y la contribución. Además, es importante mantenernos sensibles. De hecho, tan significativa me parece esta cualidad que me he esforzado profundamente para no perderla con el pasar de los años. Creo en desarrollar la sensibilidad desde la empatía, sin que ello implique sumergirse en el sentimiento del otro. Hoy me siento orgullosa de tener la capacidad de acompañar a otras mujeres sin desgastarme yo emocionalmente.

He tenido muchas conexiones inteligentes

Las entiendo más bien como sincronía. Una de esas muchas experiencias fue con mi *coach* cuando decidí emprender en Suiza. Juntas le dimos forma a una idea que inconscientemente se venía gestando desde hacía muchos años. Ahí nació mi marca, Greta Aguilar. La misma que luego me llevó a conocer a todas esas mujeres que me motivaron a redefinir mi rumbo. Otra gran experiencia se dio en abril de 2018 cuando me invitaron al Museo del Traje, en Madrid, a dar una charla sobre consumo de moda. Me sentía inspirada y busqué transmitir un mensaje de una manera simple que pudiera llegar a más personas. Expliqué que todo este movimiento tenía el propósito de transformar el consumo en una herramienta de generar masa crítica y unicidad, un entendimiento más holístico y completo de cómo el consumo puede ser usado como una fuerza para el bien. Más tarde se dio otro ejemplo de sincronía con María Isabel Ramírez, cofundadora de Namo. Tenemos una conexión netamente inteligente. Hay sincronía entre nosotras aun con la diferencia de edad. Nos complementamos de una manera extraordinaria. Yo soy la parte entusiasta, creativa y a veces dispersa, mientras que ella es la tan necesaria parte calmada, centrada y siempre dispuesta. Por último pero no menos importante, este libro es un ejemplo de liderazgo colaborativo, sincronía y conexión inteligente. A través de él, muchas mujeres emprendedoras contamos nuestra historia con el fin de inspirar, apoyar y motivar a quienes aún están buscando su rumbo. La idea es demostrarles que este tipo de conexión no tiene nada que

ver con el dinero o con nuestra procedencia y sí tiene mucho que ver con el despertar de nuestro ser y del autoconocimiento.

Mi familia fue la primera que me motivó y tenemos una relación de reciprocidad. En mi casa, las mujeres tenían un sentido de la estética muy propio. Eran mujeres humildes y sin embargo no les costaba trabajo verse glamurosas. Esto no quiere decir que fueran mujeres despilfarradoras o compradoras compulsivas, eran simplemente originales, con su propia percepción de la moda. Ellas siempre me apoyaron y dieron todo de sí para educarme y crearme oportunidades. Fueron mujeres resilientes y luchadoras. ¿Qué conexión más inteligente que esa? Gracias a ellas, nunca me podré deslindar de la parte humana. Aunque emprender no es un camino plano. Es maravilloso ver cómo tu proyecto crece contigo y va tomando forma. Cada vez que haces algún plan, cuando buscas expandirte, diversificarte, pones a trabajar tu creatividad, agudizas tus habilidades comunicativas y te vas a la cama como una mujer realizada. Me gusta explorar la imagen personal para ser más sostenible, salvar el planeta, reducir el impacto que nuestras decisiones de compra tienen en el medioambiente y también colaborar en el crecimiento personal y creo que, con la ayuda de muchas personas, he logrado plasmarlo en todos mis proyectos.

¡Para mí, estos no han sido tiempos de incertidumbre!

Desde hace más de una década, yo quería iniciar una ONG. Ahora sé que no era el momento porque a mi idea todavía le faltaba gestación. En noviembre de 2016, empecé a hablar sobre el consumo de moda, de cómo este afectaba nuestras vidas, de cómo está ligado con nuestro amor propio y, además, su impacto en el ambiente. Todo esto llevó a que, finalmente, en el 2020, naciera Namo, una fundación que promueve el consumo consciente de moda y trabaja en la prevención del desorden de compra compulsiva en adolescentes. Es un proyecto que me llena. Esta ONG entra a complementar el trabajo que ya venía haciendo. Lo que buscamos es elevar y generar una conciencia de consumo en general para que todos entendamos esto como una fuerza para el bien.

La manera como mi colega María Isabel y yo aprovechamos estos tiempos fue creando la ONG. Ambas teníamos el deseo de crear cambio y contribuir para mejorar el mundo, así que identificamos nuestra pasión por la sostenibilidad y el estilo de vida consciente y unificamos experiencias y ganas para dar vida a esta plataforma de educación e inspiración que nace para abordar el consumo de moda desde un lugar más consciente. Por el carácter de mi proyecto, estos tiempos no han sido de incertidumbre. Todo lo contrario, estos tiempos llegaron para confirmar lo que comunicábamos desde hace casi cinco años, que la mejor manera de contribuir es desacelerando el consumo personal.

Llegó el período de confinamiento y con ello, la naturaleza hizo lo suyo, regenerarse. A nosotros nos ha tocado ser testigos de cómo muchos comportamientos sociales se han visto expuestos y derrocados. Ha sido una época de replanteamientos y de priorizaciones. Hemos aprendido que ya poseemos lo suficiente y que los vínculos afectivos nos sostienen más que nuestras pertenencias. Ha sido un tiempo para rescatar valores y en Namo nos propusimos demostrar que, incluso al vestir, esto es posible. Decidimos sensibilizar una industria tan frívola para hacerla más humana. Nos parece increíble la cantidad de problemáticas sociales derivadas de la distorsión y el exceso al que se llevó la práctica de vestirse cada día. Como no podemos atacar todos los problemas a la vez, nos pareció pertinente empezar con la prevención de la oniomanía o adicción a las compras en la población femenina de dieciocho a veintiún años. Este proyecto nos permitirá rescatar el valor que tiene para los humanos el hecho de proteger su cuerpo con diversas prendas. Más allá de si nos gusta la moda o no, la relación con nuestra ropa es una relación de largo plazo, ya que los textiles cubren nuestro cuerpo desde el día en que nacemos hasta el día en que dejamos de existir, ¿no les parece que vale la pena entonces desarrollar conciencia al hacerlo?

Existe un millón de maneras de ayudar, lo importante es saber hacerlo desde nuestro lugar, sin perdernos a nosotros mismos. La moda es ese lente a través del cual yo miro el mundo, pero debo aclarar que se trata de un terreno muy amplio y con una infinidad de áreas para explorar. Sin embargo, no todas generan la misma pasión en mí. He ido delimitando mi objetivo como ser humano al tiempo que profundizo en una especialidad que me apasiona inmensamente. El 2020 fue un año para sentarse, darse el tiempo de pensar, respirar y tomar decisiones. A nivel personal, me encuentro en un buen lugar, me he despojado de muchas pieles y ahora estoy en una situación favorable para dedicarme completamente a Namo. Sigo avanzando porque sé que estoy en el camino correcto para tocar vidas, cambiar el mundo, evolucionar personal y profesionalmente, ayudar a muchas personas a quienes lo único que les falta es un poco de orientación para ser más felices y crear nuevas relaciones (o conexiones inteligentes), porque sé que una sola persona no puede cambiar el mundo, pero si todos colaboramos desde el área que nos apasiona, es sorprendente lo mucho que logramos.

Greta Aguilar

LAS LIMITACIONES
SON MENTALES

*No se puede ir por ahí construyendo un mundo mejor
para la gente. Solo la gente puede construir
un mundo mejor para la gente.
Si no, es solamente una jaula.*

Terry Pratchett

HATICE ÖZALP

Soy Hatice Özalp, una mujer emprendedora que encontró su vocación en el sector farmacéutico. No fui una hija planificada, de hecho, fui la sexta en nacer y llegué a este mundo un día de marzo hace ya cuarenta y dos años. Tuve la dicha de crecer en una gran familia y en un pueblo muy pequeño. Me crié junto a mis hermanas, tres jóvenes maravillosas que compartieron conmigo su camino a la adultez. Ellas me hicieron testigo, y me enseñaron a través de sus vidas, amores, miedos y victorias. A pesar de la brecha generacional siempre respetaron mi identidad y mi gran imaginación, una de mis más importantes características. En un abrir y cerrar de ojos, mi mente viajaba al otro lado del mundo, le daba leche con biberón a elefantes bebé en África, iba a la luna o estaba en Marte. Soy una persona muy curiosa que ama aprender, en especial de aquellos que me rodean, ya que en general forman un entorno muy variado y rico en diferencias. Uno de mis hermanos tiene una ideología izquierdista y mi padre es totalmente de derecha, una de mis hermanas mayores escucha música moderna y lee poesía, la otra escucha otro tipo de música totalmente diferente.

Soy una persona que elige cuidadosamente las cargas con las que vive. Este es un proceso que comencé a aplicar a los treinta años. Con el pasar de los años, fui a la universidad y, aunque todos esperaban que me convirtiera en maestra, decidí ser veterinaria. Sin embargo, esta no fue mi última decisión porque luego descubrí que mi vocación no estaba en el camino que había pensado. Dejé mis estudios y comencé a trabajar en una farmacia. El mundo siguió esperando cosas de mí, hasta que se cansó. Siempre tomé las decisiones contrarias y llegó un punto en el que nadie esperaba nada. En resumen, fui una niña que nació en una casa abarrotada y que se convirtió en una mujer que pudo hacer todo lo que quiso, excepto causar problemas. Al menos traté de no hacerlo.

Me esforcé para tener mi propia farmacia, me capacité en desarrollo personal y comencé a trabajar con la terapia respiratoria. También tuve dos hijos. Simplemente crecí, ya no era una niña y me volví consciente del peso que me permití cargar por demasiados años. Nunca antes me había detenido a preguntarme cómo ser mujer o cómo ser un buen ser humano. Ahora me siento fuerte, y cuando tengo la necesidad de sentir apoyo, cuento con un soporte por parte de mi familia, Layla, Viola, Elena y Heavenly. Hoy puedo ver que tengo una luz interna que me permite observar mi historia con nuevos ojos y filtrar lo que cargo en mi mochila de vida. Ya no tengo límites y me doy el tiempo necesario para nutrirme y llenar de amor cada una de mis facetas. Vivo mis experiencias con nuevos ojos y me doy la oportunidad de expandir mis horizontes y traspasar límites que no me funcionan.

Nunca he podido ser esclava de los estereotipos

Desde muy pequeños, la familia, la sociedad y el planeta en general nos encierran en estereotipos que hacen que nuestro mundo sea cada vez más pequeño y asfixiante. Cuando somos niños, no lo notamos, solo seguimos el rumbo que nos marcan y nos adaptamos aunque no nos guste. Crecemos y le damos cada vez más fuerza a esos muros que nos limitan y encapsulan. Nos enseñan a pintarlos, a suavizar sus bordes, a hacerlos nuestros, cuando lo cierto es que suelen ser heredados o impuestos por nuestro entorno. Sin embargo, con el tiempo y mucha capacidad de autoanálisis, aprendemos a vivir con ellos y a hacerlos responder a nuestras necesidades. Quizás con un poco de trabajo, los hacemos algo más bonitos, coloridos, poco inquietantes o incluso atractivos. A fin de cuentas, nosotros no somos los únicos que vivimos contenidos por ellos, el mundo entero se rige por normas y estereotipos creadas para moldearnos.

Con el pasar de los años, estos muros forman las bases de nuestro hogar y se reproducen en nuestras familias. En mi caso, el gran problema surgió cuando entendí que, por muy bonitos que fueran los míos y por mucho que me permitieran encajar dentro de la sociedad, yo no quería vivir encerrada. Me daba terror pensar que esos muros quizás me protegían y que sin ellos todo sería peor, feo y más difícil, que solo me sentiría excluida. Un día me armé de valor y me atreví a tocar esas paredes frías, duras e intimidantes como el hierro y resultó que era posible derribarlas, que solo necesitaba elegir hacerlo. Esa consciencia me motivó a tomar decisiones drásticas que rompían patrones y me respetaban a mí como mujer independiente. Dejé los estudios y más tarde abrí mi propia farmacia, un emprendimiento que me ayudó a expandir mis alas y a evolucionar. Sé que aún me quedan muchas barreras por derribar, pero camino con paciencia, doy un paso a la vez, muy emocionada por las experiencias que cada nuevo día puede traer.

En el pasado, solía pensar en cuál era el trabajo de mis sueños y cada vez que lo hacía obtenía una respuesta distinta. Los adultos sembraron inconscientemente las semillas de la ansiedad por descubrir quienes debíamos ser cuando creciéramos. Nunca fui capaz de elegir una profesión y ahora entiendo el porqué. La verdad era que no importaba qué profesión escogiera, igual la adaptaría un poco a mí para que fuera realmente mía. En aquel entonces todavía no existían en mi vocabulario las palabras necesarias para expresar eso. Lo que me motivó a finalmente elegir mi carrera fue tener la capacidad de tocar vidas a través de ella.

Por otro lado, sabía que para encontrar un negocio adecuado, este tendría que ser flexible y la mayoría de las profesiones no dejan espacio para la flexibilidad. De hecho, muy irónicamente, el sector farmacéutico puede incluirse en este grupo, pero yo adapté mi emprendimiento a mis necesidades. Una vez que aprendes a mover los límites, tu mundo cambia radicalmente y ya no hay vuelta atrás. Ahora mi farmacia es también un lugar para charlar y obtener asesoramiento en salud. Lo mismo sucede con mi otro local, una tienda orgánica ubicada junto a la farmacia donde, de vez en cuando, hablamos de libros y los compartimos. Ambos negocios son un espacio abierto en el que recibimos a nuestra clientela con mucho amor.

Cada rol es una nueva identidad

Cada día soy más consciente del alcance de las normas sociales y de los paradigmas en el mundo. No existe ningún lugar que esté exento de ellos, y cualquier caso que no se ajuste a ellos no es bien visto. Mientras persigo mis sueños, a menudo me encuentro con muros que no me pertenecen, que probablemente están ahí por alguien cercano, y aunque no siempre puedo manejar la situación de la manera apropiada, no me condeno, simplemente acepto mi cuota de responsabilidad y me dedico un tiempo a tratar de comprender qué es lo peor que podría pasar si derrumbo esa barrera. Esa capacidad de análisis me ayuda a encontrar mi camino nuevamente.

A diario convivo con mis distintos roles y hay momentos en los que me toca cambiar entre la identidad asumida como madre, esposa, ciudadana, farmacéutica o emprendedora en tan solo diez minutos. Uno de los retos más grandes que he tenido es aceptar que cada faceta de mi vida debe tener un espacio, ya que si no corro el riesgo de perder el tan necesario balance. Hay decisiones que debo tomar con cabeza fría asumiendo por completo uno de mis roles, porque al mezclarlos, hay ocasiones en las que puede haber desacuerdos incluso entre ellos.

Soy una mujer fiel a mis principios y a mi esencia. Ejerzo mi profesión sin dejar de respetarme a mí misma y generalmente todo fluye sin mayores complicaciones. Mis clientes me conocen como la «farmacéutica *funky*». Mi cabello puede ser de un color diferente cada semana, mi ropa puede ser elegante o informal con *jeans* rotos o *piercings* en la barbilla. En otras palabras, no soy lo que se espera de una persona en mi posición. Sin embargo, ser farmacéutica es solo una de mis identidades y considero que mi profesión no es quien soy yo. En un principio recuerdo que hubo muchas ocasiones en las que me exigieron mostrar mi identificación para convencerse de que era realmente una de las farmacéuticas que asistiría a las distintas reuniones. Lamentablemente, en las ciudades pequeñas si tenemos algo diferente en comparación a la mayoría, todo acerca de nosotros puede considerarse extraño. La mejor opción es seguir nuestro propio camino con mucha paciencia y tolerancia, ya que luchar contra el entorno puede hacer que nos estanquemos. El tiempo es nuestro mejor aliado, con su ayuda los malentendidos desaparecen y nuestro viaje toma forma.

Actualmente estoy leyendo *Women Who Run with the Wolves*, un libro escrito por Clarissa Pinkola Estés. Para un libro así, decir «estoy leyendo» resulta demasiado simple. En realidad, siento que estoy «viviendo» el libro y que con su ayuda puedo encontrar a la mujer que hay en mí. En las últimas semanas, en un momento en el que todas mis identidades se superponían, hubo una ruptura en la comunicación con mi esposo. Un malentendido en el trabajo, tal cual un virus, infectó mi identidad como esposa y como madre, y de repente nos convertimos en dos extrañas que hablaban diferentes idiomas. Con lágrimas en los ojos le pregunté a mi yo verdadero por qué vivo con temor a ser malinterpretada, soy como una acróbata que busca encajar en su entorno. Pero luego volví en mí y sigo eligiendo no dejar que el entorno me moldee. Y así es como, cada vez que hay un problema con alguna de mis identidades, me enfoco en averiguar a cuál pertenece y cómo solucionarlo. Si tengo éxito en este proceso, todas mis identidades pueden funcionar en equipo como las olas de un mar en calma.

Las conexiones inteligentes siempre persiguen el bienestar mutuo

Cuando tomamos la decisión de rebelarnos contra los estereotipos sociales la vida se puede tornar un poco solitaria. Con el tiempo las personas aprenden a aceptarte y a respetarte, pero durante todo este proceso es importante tener una red de apoyo que te motive y que te haga recordar por qué elegiste este camino. Estas son conexiones inteligentes, relaciones en las que los integrantes se respetan y apoyan mutuamente con el propósito de trabajar en equipo para alcanzar el bienestar. Para establecer este tipo de vínculos no es necesario encontrar personas idénticas a ti. Es importante compartir objetivos similares, pero en las diferencias también nos enriquecemos. En mi caso en particular, yo trabajo junto con mi esposo, en familia y ambos tenemos aspectos que por ser distintos se complementan entre sí. Puede que nos tome tiempo, pero al final siempre comprendemos que estas diferencias nos convierten en un todo.

Tenemos dos emprendimientos, la farmacia, Aydin life pharmacy, y la tienda orgánica, Kyrenia life organic shop. Allí mi esposo y yo trabajamos juntos para brindar un buen servicio a nuestra clientela. Nos complementamos, y como equipo ofrecemos más que un producto, brindamos a cada visitante la oportunidad de expresarse y compartir su historia. Nos enfocamos en ser más humanos. Siempre invitamos a las personas a la tienda orgánica antes de ir a la farmacia y les decimos: «Si viene a la tienda orgánica con más frecuencia es posible que no llegue a necesitar de la farmacia. Siempre estaremos encantados de servirle en ambos lados, y cualquiera que sea su necesidad actual nos gustaría seguir ese camino».

Debemos tomar riesgos y no dejarnos vencer por el temor a la incertidumbre

No solo en el presente nos hemos enfrentado a la incertidumbre. Una vez que decidimos luchar por nuestra identidad, por nuestra independencia y tomamos las riendas de nuestro destino, todo alrededor se convierte en incertidumbre. No voy a mentir, el no saber lo que pasará es terriblemente aterrador, pero nunca lograremos evolucionar si no nos damos la oportunidad de ir más allá de los límites. Incluso si elegimos quedarnos dentro de ellos tiene que ser por elección. Debemos hacer un gran trabajo interno para prepararnos para el momento en el que decidamos derribar esos muros y enfrentarnos a lo inesperado.

Darme cuenta de que las paredes que me encerraban eran realmente más suaves de lo que imaginaba fue mi punto de inflexión en la vida. Durante mucho tiempo me sentí atascada, frustrada y desmotivada. Un día, tratando de mirar más allá de mis horizontes evalué nuevos escenarios y, aún tímida y dudosa, escuché a mi hermana Viola decirme: «Deberías intentarlo, ¿qué es lo peor que podría pasar?» Con esas palabras de aliento tomé el coraje que tanto necesitaba y derribé mi primer muro. Entendí que era peor vivir llena de miedos y frustraciones. Cada día escucho mejor la voz del otro lado del muro, esa voz que me invita a moverme y a experimentar en un nuevo terreno desconocido.

La vida holística es un concepto que no me han enseñado formalmente, siempre ha sido parte de mí. Por eso proporciono servicios de salud integral en la farmacia. Toda la energía y el trabajo interno que hago en mí se reflejan en mi familia y mi trabajo. De igual forma, todo lo que contribuye a mejorar mi trabajo también se ve reflejado en mi entorno, en mi familia y, por supuesto en mí. Es por ello que siempre busco romper barreras y brillar con mi propia luz. Esta es mi vida, mi viaje, y cada nuevo desafío me ayuda a crecer. Hoy lo hago por mí, pero quizás algún día mi luz sea tan grande y brille con tanta fuerza que la pueda compartir con otras mujeres.

En la actualidad, mi farmacia crece mucho junto a la tienda orgánica. Trato de aprender cada día más y adquirir mayor conocimiento sobre los distintos tratamientos alternativos, sobre el bienestar y *coaching* familiar. Además, me parece sumamente importante transmitir lo que he vivido, mis experiencias, mis desafíos y la belleza de la libertad espiritual en todos los lugares a los que me es posible llegar. Aprendí a estar abierta a nuevas posibilidades y sé que con mucho amor puedo transformar mi trabajo, mi entorno y mis identidades en herramientas facilitadoras en esta gran visión.

Hatice Özalp

LA HISTORIA DE CÓMO ME CONVERTÍ EN UNA ETERNA APRENDIZ

Es nuestra luz, no la oscuridad lo que más nos asusta.
Nos preguntamos: ¿quién soy yo para ser brillante,
precioso, talentoso y fabuloso?
En realidad, ¿quién eres tú para no serlo?
Eres hijo del universo.
El hecho de jugar a ser pequeño no sirve al mundo.
No hay nada iluminador en encogerte para que otras
personas cerca de ti no se sientan inseguras.

Marianne Williamson

IRENE MORILLO

Me llamo Irene Morillo y soy una emprendedora que trabaja como mentora, CEO de Stimulos Group Dominican Republic, consultora de *marketing* estratégico y con su marca personal. Llegar hasta acá no ha sido sencillo, de hecho, me tomó mucho tiempo, esfuerzo y dedicación. Nací y crecí en un barrio muy pobre de Santo Domingo, República Dominicana, y con la ayuda de mis padres, de una familia que prácticamente me adoptó, y de todo mi empeño pude salir adelante.

Incluso siendo apenas una niña, siempre me sentí diferente y, sin tener ninguna referencia de lo que era el mundo intuía que había nacido para algo mejor. Tengo que aclarar que no era una cuestión de ego, sencillamente tenía la sensación de que no pertenecía a mi entorno. Mi madre fue la primera en ver un potencial en mí y decidió inscribirme en un colegio privado. Aunque este no era lujoso, era pago y, por ende, implicaba un gasto extra para mis padres: un ama de casa y un chofer de vehículos pesados. Al poco tiempo, ya no pudieron costear las cuotas mensuales y cuando lo hablaron con los directivos, ellos prefirieron becarme antes de permitir que una niña con mi potencial desperdiciara su talento.

Ellos no solo me becaron, sino que hicieron todo lo que estaba a su alcance para facilitar mi proceso. Mis padres no podían comprarme libros,

así que esta familia se interesó en mí y me acogió en su seno. Tenían una hija de mi edad y, después de las clases, me invitaban a almorzar y a hacer las tareas con ella, quien sí tenía el material. Esta fue una gran oportunidad y yo supe responder a la confianza que ellos habían puesto en mí. Sin embargo, seguía sintiendo que no pertenecía completamente a ningún lugar. Es decir, en casa mis diferencias eran muy evidentes, ya que no compartía los mismos gustos, comportamientos o educación y, por otro lado, esta familia prácticamente me había adoptado, pero no era realmente parte de ellos.

Independientemente de este sentimiento, valoré la oportunidad y el apoyo que se me brindaba y fui a la universidad, donde me codeé con otro tipo de personas. Aproveché mi educación para crecer y conseguir buenos trabajos. De hecho, el primero lo tuve en mi último año de bachillerato. Trabajaba a tiempo completo durante el día, luego tomaba clases de inglés, lo que más tarde contribuyó a obtener mejores empleos, y cursaba mi último año de secundaria por las noches. En definitiva, la oportunidad de estudiar en este colegio y crecer de alguna manera entre esta otra familia cambió mi vida y me abrió las puertas a un mundo diferente. La educación me parece un aspecto muy importante en la sociedad, por eso me dediqué a crear y desarrollar programas de educación o a impulsar acciones que se relacionen con el apoyo a la educación. Esto lo cumplí a nivel personal o inclusive a través de mis clientes.

Las necesidades cambian y con ellas las motivaciones

Como muchos, por largo tiempo tuve el sueño de emprender, pero aún no había hecho una planificación clara de cómo hacerlo, no me había planteado una meta con fecha definida. En otras palabras, siempre fue algo que sabía que quería, pero no me había estructurado. Hace ya más de una década, las circunstancias me llevaron a tomar la decisión de atreverme a independizarme y fundar mi empresa, Stimulos Group. Me sentía muy asustada, curiosa y perpleja, porque en realidad no tenía manera de saber lo que me estaba esperando. Yo trabajaba como gerente regional de marca en una multinacional de telecomunicaciones. Por trabajo, mi hija y yo tuvimos que mudarnos de ciudad, pero a ella le costó mucho adaptarse y decidí que lo mejor sería regresar.

Al volver ya no había una posición para mí dentro de la empresa y eso me empujó a empezar mi propio emprendimiento. Comencé a trabajar desde una oficina en casa y a descubrir cómo cumplir yo misma con tareas para las que antes recibía ayuda de mi equipo. No obstante, tuve la suerte de que esa empresa para la que trabajaba se convirtiera en mi primer gran cliente, lo que me permitió comenzar a facturar muy bien y muy rápido. Claro está, esto también implicaba que debía moverme de manera más veloz y eficiente para cumplir con un compromiso de tal magnitud. Esta experiencia fue una gran lección para mi ego, pues tenía que hacer de todo y más de una vez me tocó ser reprendida por alguno de mis antiguos compañeros de trabajo. Fui la mensajera, supervisora, recepcionista, y cualquier otro cargo que mi emprendimiento requiriera, pero todos mis esfuerzos se vieron recompensados. Pasé de trabajar desde esa oficina improvisada a compartir un espacio con una amiga en un lugar que contaba con una recepción común y dos oficinas separadas.

En un principio, cuando soñaba con emprender, mi motivación era simplemente ser independiente, no tener jefes, toda esa fantasía que tenemos antes de saber verdaderamente lo que implica emprender. Sin embargo, a medida que me fui desarrollando en este camino, mis motivaciones cambiaron. Ahora estoy consciente de que cuando emprendes pasas a tener más responsabilidades, pero esta nueva realidad no fue para nada desalentadora. Descubrí que este mundo también tenía muchas ventajas que aportaban gran satisfacción, entre ellas el poder de elegir con quién trabajar, manejar tu propio horario y, lo que considero más gratificante, tener la oportunidad de ayudar a otros a que se desarrollen. Vi crecer a jóvenes que entraron a trabajar sin tener experiencia y, cinco años después, se convirtieron en grandes profesionales.

Desde el momento en el que me vi forzada a abrazar la incertidumbre esto se convirtió en mi mayor reto y es algo con lo que aún me cuesta lidiar. Cuando superaba un miedo, surgían otros. Con el tiempo crecimos hasta llegar a tener más de cincuenta colaboradores y un edificio propio. Los cambios del mercado impactaron fuertemente mi negocio y nos vimos en la necesidad de reducir o aumentar las operaciones según las necesidades de nuestros clientes. Al mismo tiempo tomé la decisión de abrirme a nuevas aventuras, así que creé otros emprendimientos. Uno de los que más me ilusionó y que, además, me ha dado grandes satisfacciones es Poder en Tacones, una comunidad de mujeres emprendedoras que ha llegado a convertirse en un gran movimiento. También me he dedicado a fortalecer mi marca personal, mediante la cual ayudo a otros a diseñar sus marcas personales inolvidables y a hacer de ellas el mejor negocio de sus vidas.

Considero que soy una persona antes y después de emprender. Expandí mis horizontes y superé mis limitaciones. Ahora cuento con un gran nivel de resiliencia, de fortaleza y de crecimiento personal que me sorprende. El ser capaz de mirar atrás y admirar proyectos terminados que en su momento se veían como metas casi imposibles de alcanzar me provoca una sensación muy difícil de definir en palabras. Supongo que solo me queda decir entonces que me siento orgullosa de lo que he podido lograr a pesar de las dificultades o incluso a raíz de ellas.

Encontrar un balance entre la mujer, la emprendedora y la madre es un gran desafío

Como ya muchas han escuchado decir en algún momento, los hijos vienen a transformar nuestras vidas. Desde su nacimiento, dejamos de ser simplemente mujeres, para convertirnos en madres, en las responsables de otro ser humano que por un largo tiempo depende totalmente de nosotras. Tengo muchos roles en mi vida, pero estos dos, el de madre y emprendedora son los que más dirigieron mi camino, y encontrar el balance entre ellos resultó ser un desafío mayor del que había esperado. Fui madre soltera y, evidentemente, no quería que mi hija pasara las mismas necesidades y limitaciones que yo tuve que enfrentar. La presencia de su padre tanto física como monetaria fue muy escasa. Yo no tenía una pareja u otra persona con quien compartir las responsabilidades de una madre.

Durante todo este proceso de emprendimiento no podía brindarle a mi pequeña tanto tiempo como ella requería o como a mí me hubiese gustado, en especial porque ella era tan solo una adolescente. Como consecuencia, uno de los mayores retos a los que me enfrenté en la vida fue el de lidiar con el sentimiento de culpa por estar tanto tiempo ausente de la vida de mi hija. Tuve conversaciones profundas con ella en las que le pedí perdón por haberme perdido tanto de su vida. Para mi tranquilidad ella entiende claramente que, como madre soltera, éramos ella y yo, solo contábamos la una con la otra y esto no siempre fue fácil. Ella sabe que me esforcé y trabajé arduamente para brindarle la educación y las oportunidades que yo no tuve.

Como esposa tengo la fortuna de tener un hombre que me apoya y que, desde hace cinco años, me enseña las bondades de tener una vida en pareja. Cuando mi hija se fue a estudiar fuera, pude distribuir mi tiempo para también cuidarme como mujer. Agradezco que mi hija ya es una mujer. A diferencia de muchas madres emprendedoras con hijos pequeños que sufren por la dificultad de poder encontrar el balance entre el manejo del hogar, su vida personal y el trabajo, yo puedo dedicarme con mucho empeño a mi negocio, disfruto de más tiempo para mí y para mi hogar. Quizás por mis orígenes, mis deseos de superación y de productividad muchas veces me han absorbido tanto que no me queda casi tiempo para mi propio disfrute como mujer. Siempre he trabajado largas horas por miedo a perder lo que he logrado y eso es algo que me esfuerzo por internalizar y cambiar. Me he propuesto aprender a equilibrar mejor mis roles para darme mayor prioridad como mujer.

Todas mis experiencias me enseñaron a ser una persona empática y eso me ayudó mucho en mi vida profesional, tanto como empleada, o como emprendedora. Pasé por tantas cosas que me resulta sencillo identificar el sentir de los demás y esta fue una herramienta valiosa para gestionar mi empresa. Tuve más de cincuenta colaboradores en un momento determinado, pero en casi catorce años han pasado cientos de personas, personal directo e indirecto, con personalidades muy diferentes y, a través de la empatía, he tenido la posibilidad de crear un ambiente increíble, de puertas abiertas, donde las personas se sienten en libertad de expresarse y donde se reconocen sus méritos. Me gusta asignarles responsabilidades que los desafían y los hacen notar que son capaces de llegar mucho más lejos de lo que ellos mismos se imaginan. Soy una mujer apasionada por mi profesión y muy exigente, que busca marcar la diferencia en todos sus proyectos para poder brindar a los clientes excelentes resultados que los ayuden a impulsar y posicionar sus marcas y sus negocios en el mercado. Me considero una persona muy curiosa y amante del conocimiento. Soy una eterna aprendiz, un ser en constante evolución que puede poner en práctica lo aprendido para beneficio del entorno.

Cuando colaboramos, nos potenciamos

El mundo está lleno de conexiones inteligentes y amo ver cómo podemos aprovechar las aptitudes y los talentos de cada individuo para lograr un fin común. En este tipo de relaciones todos aportamos, ganamos, aprovechamos nuestros talentos al trabajar en sincronía para lograr un resultado más rico, más elevado y más potente que el que lograría una sola persona. En noviembre de 2018, creé Poder en Tacones, una comunidad de mujeres ejecutivas y emprendedoras con la finalidad de generar un espacio de desarrollo, crecimiento y *networking*.

A través de este emprendimiento, hemos derribado uno de los más grandes paradigmas sobre las mujeres. Es totalmente falso que nosotras no trabajamos bien en colaboración, de hecho, lo hacemos de una manera muy grata y compleja en la que nos complementamos, nos apoyamos y nos nutrimos enormemente. Hemos instaurado un liderazgo colaborativo marcado por conexiones inteligentes que buscan establecer acuerdos ganar-ganar en los que ambas partes salen beneficiadas, obteniendo victorias y aprendizajes. Como esta, a lo largo de mi vida establecí muchos vínculos positivos, pero recuerdo con gran emoción un proyecto, Historias que transforman, en el que nos unimos tres mujeres para contar nuestras historias. La idea era que unas mujeres que éramos percibidas como exitosas mostráramos nuestra vulnerabilidad al narrar el proceso que pasamos para llegar a este punto de nuestras vidas. Fue un evento masivo con una energía magnifica en el que muchos salieron enriquecidos e inspirados.

Otra experiencia, quizás un poco distinta, pero que también clasifico en este tipo de conexiones es la que tuve con múltiples clientes para contribuir con la educación en mi país, un tema que me apasiona muchísimo. En República Dominicana, la educación pública y la privada implican un gran gasto para los padres debido a que deben comprar uniformes, zapatos, mochilas, útiles escolares y libros todos los años. Yo creé una beca para acompañar en todo su proceso a niños que no lo puedan pagar, desde primaria hasta bachillerato y, con mis clientes, hacemos donaciones donde entregamos al menos una mochila con los útiles básicos para alivianar un poco la carga de los padres. En estos ejemplos, un grupo de personas nos unimos con el mismo propósito de aportar nuestro grano de arena para lograr un mundo mejor y con más oportunidades.

La incertidumbre me cuesta en exceso porque me gusta controlarlo todo

Estos últimos tiempos han sido de grandes desafíos, pero también fue una etapa de mucho aprendizaje, reinvención, reajuste y adaptación. Me vi forzada a encontrar nuevas formas de hacer las cosas y al final esto siempre es ganancia. Mi estrategia para transitar esta época de crisis mundial fue vivir un día a la vez. No siempre fue así, por supuesto, cuando comenzó la pandemia, empecé a ocuparme mucho, a enfocarme

en el hacer, pero luego comprendí que estaba evadiendo y tomé una pausa para enfrentar la situación.

El año pasado fue uno de los más difíciles de mi vida, porque la incertidumbre siempre ha representado un gran reto. Me gusta controlar y planificar todo y eso, por razones obvias, no fue posible. En la actualidad, puedo decir que me he adaptado y he trabajado más en mi marca personal para apoyar a otras personas y generar nuevas fuentes de ingresos. Me costó mucho el cambio, ya que mi empresa se volvió virtual y eso implicó una reducción en mi equipo de trabajo, pero ahora trato de vivir más en el presente.

Irene Morillo

VIVIENDO LA VIDA

*El futuro pertenece a quienes creen en
la belleza de sus sueños.*

Eleanor Roosevelt

IRENE SALVADOR

Mi nombre es Irene Salvador y soy mujer, madre, cuidadora y emprendedora. Mis padres, Francisco y Encarna, me mostraron que una pareja puede ser feliz y exitosa si trabaja con la firme convicción de que, para alcanzar vida plena, es necesario esforzarse. Gracias al destino y a la necesidad de buscar un lugar mejor en zonas más prósperas, en los años sesenta se instalaron en Mataró, ciudad donde nací yo unos años más tarde. Fui la primera de dos hijas que colmaron de felicidad a una familia de pocos miembros, pero muy bien avenidos. Hoy, mi hermana es mi consentida y, además, me proclamo fan incondicional y enamorada de mis padres quienes, a pesar de haber trabajado demasiado, aprendieron a disfrutar mucho de la vida.

En pocas palabras, aunque en aquellos tiempos yo percibía mi vida como un mundo complicado, en realidad tuve una infancia preciosa y una adolescencia fantástica. Obviamente, a esa edad tendemos a quejarnos mucho si nuestros padres son un tanto estrictos o poco permisivos. Sin embargo, nada me impidió ser feliz en una etapa tan crucial de mi vida. Disfruté cuanto fue posible, en algunos casos menos que ciertas amistades, y en otros se me permitió considerablemente más. Me llena profundamente poder decir que nunca me faltó nada. Teníamos una bonita casa a las afueras de la ciudad, estudié en un colegio privado, tomé clases extraescolares de inglés, mecanografía de

la época, inicios en informática y algo de deporte. En mi etapa adulta reconocí en numerosas ocasiones que mi adolescencia fue un regalo que forjó, sin duda, a la mujer que soy hoy y, por ello, estoy profundamente agradecida.

Me enamoré bastante joven y después de unos cuantos años de noviazgo, enlacé mi vida a la de mi amado esposo, con quien hoy celebro veintiún años de matrimonio. Me defino fiel, honesta y con claros principios. Tengo un hijo maravilloso que acaba de cumplir dieciséis años y sobre quien podría escribir eternamente. Fue un niño ejemplar y ahora es un adolescente encantador, educado, dulce, inteligente, con un sentido del humor increíble y con valores muy bien arraigados.

En lo profesional, mi experiencia me conduce a alinearme, difundir y facilitar un emprendimiento que apuesta por el talento de las personas. Estoy convencida de la necesidad del cambio si queremos asumir con madurez y recursos innovadores los retos que se nos plantean en un nuevo modelo organizacional. En paralelo a esta transformación empresarial, llegó a mi vida el cáncer a través de mi marido, quien enfermó gravemente y se convirtió en una persona totalmente dependiente. Los últimos dos años, mi prioridad ha sido dedicarme a sus cuidados y a ser el sostén de mi familia. Esto no implica abandonar mi propósito auténtico de emprendimiento en busca de la plenitud y la felicidad, ya que mis padres me han enseñado que todo se puede lograr con perseverancia y pasión, que la suerte no existe y que lo que tenemos es fruto de nuestra entrega y entusiasmo.

Mi familia y mi búsqueda de la felicidad y honestidad me mantienen motivada

Mis padres me han inculcado que somos nosotros quienes con entusiasmo, entrega, pasión y perseverancia fabricamos nuestra propia suerte. Toda mi vida he actuado bajo esta premisa, simplemente decidí hacer mi camino con constancia y tenacidad. Por mi personalidad, me entrego de lleno a cada proyecto en el que me involucro y de esta manera forjo mi destino.

Mi primer emprendimiento nació hace algunos años. Yo vivía enfocada en diseñar mi propio proyecto empresarial de la mano de un socio emocional, ya que nunca hubo un acuerdo formal y económico. Él se encontraba en una situación muy extrema y me convenció de la necesidad de aportar toda mi valía a un negocio familiar de estilo jerárquico y modelo patriarcal. Esto no encajaba con mis principios y valores, pero como ya dije, siempre he sido una mujer muy trabajadora, entusiasta y entregada incondicionalmente a cualquier acción que decidía llevar a cabo. Así que avancé con la oportunidad de coliderar un equipo y abanderar un proyecto empresarial con gran recorrido a nivel internacional. Me dispuse a disfrutar de todo lo que acontecía y a luchar arduamente por sacar adelante un negocio arruinado como consecuencia de la crisis financiera mundial de 2008.

No fue una etapa fácil de vivir, especialmente en nuestra sociedad patriarcal donde el papel de la mujer y su imagen siempre se ponen en tela de juicio. Tuve grandes detractores, pero también un ejército de fieles seguidores que me acompañaron sin ninguna exigencia. Así pues, aprendí que cuando conseguimos vivir este tipo de experiencias desde la compasión y la aceptación, podemos aportar perspectiva femenina y sabiduría vivencial. Sin embargo, este no era mi camino y una llamada a despertar sacudió las entrañas de mi propósito más profundo para ponerlo al servicio de algo mayor. En mi caso, se trataba del merecido propósito de ser feliz.

Tuve que experimentar un gran punto de inflexión en mi vida, una crisis profesional y una profunda crisis familiar por la llegada del cáncer a nuestras vidas. Revisé patrones, pautas y modelos que había seguido en mi trayectoria profesional y que después se desmontaron con la fusión de mi vivencia personal. Estaba lista para un cambio en mi vida, buscaba un nuevo rumbo, pero uno que esta vez estuviese impregnado de mí, de mis valores, de mis creencias y de mucha honestidad, y debo decir que ha valido la pena. Hui de las medias verdades y de las muchas mentiras de mi anterior sociedad, salí de un abismo personal donde reinaba la indecisión y el miedo voraz que me impedía ver más allá de la situación profesional y personal que había idealizado. Ser

honesta implicó sacar a mi guerrera espiritual y me desveló mis impotencias y mis oscuridades, pero a su vez me guio para sanar y para permitirme tener una visión más completa y fuerte de mí misma.

Saber renunciar en el momento oportuno fue la clave para poder avanzar y para dar espacio a que en mi vida aparecieran cosas nuevas. Ya no podía seguir aferrada a algo que no funcionaba. De la mano de mi honestidad y con cierta claridad mental y de corazón, tomé la decisión de renunciar a ese proyecto al que le dediqué mi vida para buscar algo que me brindara bienestar emocional. Esto coincidió con el diagnóstico de cáncer de pulmón que recibió mi marido, un impacto brutal que nos ha sumido en una montaña rusa de emociones agonizantes. He convivido con el miedo, la preocupación, la pena, la duda y la incertidumbre. Aquí es cuando el amor carnal se convierte en «amar es cuidar o cuidar es amar». Soy fuerte y tenaz pero no soy inmune al sufrimiento en épocas adversas. Sin embargo, ante las opciones de dejarse vencer o sobreponerse, yo siempre elijo la segunda. Me valgo de todas mis estrategias y herramientas para luchar contra la oscuridad y la desesperanza, porque la vida es maravillosa si decidimos vivirla sin miedo.

Me entrego por completo en todas mis facetas

Como mujer, cumplo con muchísimos roles y, en cada uno de ellos, siempre intento dar mi mejor versión. Mis padres y mi hermana son seres muy especiales que han llenado mi vida de luz y cada día busco retribuirlo al ser una buena hija y hermana. Asimismo, he estado casada por veintiún años y he podido disfrutar de un matrimonio feliz. Un hermoso día hice la promesa de estar presente —realmente presente— en las buenas y en las malas y lo he mantenido hasta el día de hoy. Igualmente, he sido madre por dieciséis años y he amado cada momento. Me hace inmensamente feliz el poder disfrutarlo a cada instante, me resisto a apartar la mirada de sus ojos cuando lo tengo cerca y se me eriza la piel cuando todavía en su adolescencia decide arrullarme con sus piernas y compartir una tarde de películas en el sofá. Todos estos roles me llenan de distintas maneras y me complace poder dedicarles el tiempo que merecen. Sin embargo, esto no quiere decir que todo sea simple y sencillo. Siempre hay días buenos y otros no tan buenos, pero cómo terminan depende de nuestra actitud. En mi caso, mis dos mayores retos llegaron en simultáneo. A nivel personal, el cáncer de mi marido y, a nivel profesional, renunciar a un proyecto que no me hacía feliz, y priorizar mis valores y mi esencia.

Lamentablemente, el cáncer no tiene en cuenta la euforia, el entusiasmo o la pasión por crear proyectos nuevos, con vida y grandes expectativas de futuro. El cáncer llega y te rompe las vestiduras para desmantelar todo lo que has conseguido remontar con tanto esfuerzo y sacrificio. Cuando ya has aceptado la palabra cáncer, entonces llega la hermana mayor, metástasis. Del pulmón pasa al cerebro y si creías que eras todo un guerrero por sobrevivir a uno de los tumores más letales, el de pulmón, entonces llega el tumor cerebral, que, aun siendo más silencioso, se convierte en un infierno y te destroza el alma. Jamás he sentido una tristeza tan intensa como la de ver al amor de mi vida desaparecer de mi lado. Tener su cuerpo, pero no poder sentirlo a él, perder los momentos de risas y dejar de vivir la pasión o la complicidad. Por más que lo intento, eso es algo que todavía no he conseguido expresar con palabras.

La resiliencia es un concepto que desconocía pero que ha calado en mí profundamente. Salir fortalecida del día a día con un paciente de cáncer cerebral es impensable e incluso puede sonar a trastorno. Sin embargo, ese ha sido mi *leitmotiv*. He conseguido sobrevivir como cuidadora sin sucumbir a ello, he salido adelante y sigo apostando por la vida. Sumado a toda esta situación, el fracaso profesional de mi etapa anterior me ayudó a apostar por una necesidad vital y empresarial de crear un proyecto que ponga en el foco a las personas, uno que promueva el talento individual en pro del bien común. Busco fomentar un liderazgo cuyo propósito vaya alineado con equipos autogestionados que busquen la plenitud. Estoy convencida de que la innovación está en el bienestar corporativo y que los equipos saludables a nivel físico y emocional son rentables. Así que, a pesar de las adversidades, he tomado fuerzas de todas mis facetas para ver nacer a Teal 5.0, un proyecto que tiene como objetivo global el aportar bienestar corporativo en tiempos de incertidumbres.

Creo que la cualidad más preciada en cualquier ser humano debe ser la honestidad, ya que me parece la base de las diferentes relaciones. Me gusta pensar que soy honesta y que he predicado con el ejemplo, creo que en mí no hay nada ficticio. Más allá de ver mi integridad como una herramienta imprescindible y valiosa para mi crecimiento personal, considero que esta ha sido el motor capaz de dinamizar mi bienestar individual. Todos merecemos un sueldo digno, un trabajo basado en la honestidad e incluso unas relaciones personales arraigadas a este mismo principio.

Conectar no es algo precisamente sencillo

Todos tenemos la habilidad de conectar, pero para hacerlo necesitamos movernos en una línea de respeto y empatía, porque no basta con la intención, no es suficiente la palabra ni tampoco tener gustos afines. Una conexión inteligente es aquella en la que ambas partes trabajan juntas por un fin común y en la que, además, los integrantes establecen un vínculo basado en el respeto, la buena comunicación, el interés en el mutuo bienestar y, por supuesto, en la honestidad. Todos estos ingredientes conforman un tejido excepcional que garantiza que dicha relación profesional resistirá al paso del tiempo y de las adversidades.

En mi proyecto anterior, por mucho tiempo, este fue el espíritu. Nuestra conexión era tan inteligente como emocional, nos entendíamos completamente. Tuvimos momentos también realmente reconfortantes y satisfactorios en los cuales cosechamos muchos éxitos y celebramos grandes logros. Sentíamos una gran afinidad y nuestra visión estaba profundamente alineada. Nuestro pilar fundamental era la sensación de estar siempre disponibles y de hacer sentir seguro al otro. Siempre podíamos percibir que, pasara lo que pasara, nos teníamos para apoyarnos y juntos encontrar el camino de nuevo hacia nuestro propósito común. Había una gran afinidad y complicidad emocional que nos llevaba a sentir un gran equilibrio interior. Este lazo nos ofrecía un lugar de respeto y admiración.

Actualmente vivo una nueva experiencia de liderazgo colaborativo que me nutre muchísimo. Hace poco tiempo renuncié a un proyecto de éxito para emprender algo nuevo sin tener claro el qué, solo sabía que sería algo mío y que se alinearía con mi propósito de vida. Tuve que ver tambalearse la economía familiar para apostar por un proyecto que nació en plena pandemia mundial, ¿cómo explicar algo así? Pues fui firme con mis decisiones y seguí adelante sin mirar atrás. Identifiqué mi pasión y reflexioné sobre los valores y principios que me hacen sentir bien. Empecé a crear mi propia identidad profesional y adquirí un compromiso con mi desarrollo emocional y personal. Acompañada de dos mujeres, cada una sumamente pura y con su propia esencia vital, salté al vacío y juntas emprendimos nuestro propio proyecto profesional. El día de hoy, con toda nuestra energía imparable, seguimos disfrutando y compartiendo momentos que, si los trasladamos a la realidad que el mundo está viviendo, parecen de fantasía.

Vivimos tiempos confusos, convulsos y de cambio

Para mí, la crisis y la incertidumbre no empezaron con la pandemia, lo hicieron hace ya dos años, pero sin duda, también debo destacar que llegaron junto a una gran oportunidad. En pleno confinamiento, pudimos presentar un proyecto vivo, nuevo, cambiante y fresco en un programa de alto rendimiento para emprendedores propuesto por la Universidad Tecnocampus de nuestra ciudad. Allí nos premiaron el proyecto y nos ofrecieron una beca para convertirlo en una empresa real. Tener un proyecto de vida facilita la labor de separar aquello que importa de lo que es prescindible y eso era justo lo que yo necesitaba. Así nació Teal 5.0, una empresa que

busca el bienestar corporativo en tiempos de inseguridad sociosanitaria. Hablar de incertidumbre en mitad de una pandemia mundial es algo inevitable, pero cuando convives con un paciente de cáncer cerebral tu vida es ya intranquilidad pura. Hemos hecho un máster de vida en incertidumbre y lo hemos convertido en adaptación y autoconocimiento.

Es indispensable comprender y aceptar que hay cosas que escapan de nuestro control. Debemos conectar con el momento presente y dirigir nuestra atención a lo que realmente nos resulte beneficioso. En mi caso, la duda ha sido una compañera en mi camino hacia un ajuste interior necesario después de un cataclismo emocional. Me tocó abrir la mente, parar, respirar profundo, descubrir la meditación, el yoga y abrirme al paradigma de la improvisación como algo maravilloso para aprovechar la incertidumbre compartida. La he convertido en mi aliada para conectar, enfocar y reiniciar mis programas ya obsoletos. Elegí vivir y aceptar que cada día es una oportunidad para seguir creciendo, disfrutando, compartiendo y sobre todo, amando.

P.D. PERMANENCIA. Se fue, pero qué forma de quedarse. 21/05/21. TE AMO.

Irene Salvador

LA MIGRACIÓN SIEMPRE ES UN INTERCAMBIO BILATERAL

*Cuando realmente quieres algo, el universo entero
se confabula para que tus deseos se hagan realidad.*

Paolo Coelho

JUANITA GUERRA

Soy una inmigrante colombiana en Austria. Debo decir que tuve un antes y un después de la migración. Sin ánimo de demeritar ninguna de mis experiencias, me refiero únicamente al hecho de que han sido dos vidas distintas en dos continentes distintos. Me explico: en Colombia, mi tierra natal, trabajaba como arquitecta, un área que me permitía explorar mi creatividad y me aportaba mucha estructura y estabilidad. El hombre maravilloso con el que decidí compartir mi vida me propuso vivir en Austria y, un poco envuelta en una nube rosada de amor, acepté. En ese momento, aun cuando imaginaba que mi vida cambiaría de manera radical, no era completamente consciente de todos los desafíos que me tocaría afrontar.

Desde el principio fue una experiencia deliciosa, compleja e incluso abrumadora. Me sentía totalmente maravillada por todo lo nuevo, por todo lo diferente, y a la vez, exactamente por las mismas razones, me sentía muy abrumada. No es igual conocer un lugar y su cultura desde los ojos de turista que conocerlo cuando sabes que debes abrazar esa cultura porque pasarás a formar parte de ella y además, será la de tus hijos.

No podía simplemente llegar y trabajar en mi área, así que solo contaba con mis sueños y, por supuesto, con el apoyo que quien hoy es mi esposo. Con el coraje y la tenacidad que

me caracterizan, comencé a inscribirme en los cursos disponibles y también hice mi mayor esfuerzo para aprender alemán formalmente. Me interesé mucho por la historia e idiosincrasia austriacas; mi mente analizaba cada detalle buscando ideas y herramientas que me facilitaran el recorrido de aquella nueva etapa.

Austria me llevó por caminos distintos y excitantes. Llena de curiosidad, aprendí cuanto me fue posible sobre el país, Graz y, más específicamente, sobre Stattegg. Me integré a la comunidad en muchas dimensiones y hoy, después de quince años, tengo una familia increíble y una empresa que me hace inmensamente feliz, Juanita´s Nähbox. Lo que se inició como un *hobby*, me ayudó a encontrar mi lugar en un nuevo mercado laboral. Actualmente, soy la CEO de mi propia empresa de espíritu artesanal, que con doce años en el mercado, me permite destacarme por mi labor comunitaria y capacidad de liderazgo.

En la actualidad, me enorgullece decir sin temor alguno que soy latina, ciudadana austriaca y referente como inmigrante exitosa. Me he adaptado y he adquirido muchos hábitos positivos que esta cultura me ha brindado, pero no por eso he perdido mi identidad latinoamericana. Este balance ha inspirado a mi entorno y hoy soy concejal en Stattegg, mi localidad, y representante ante la cámara de comercio de Graz y Austria como organizadora y vocera de los artesanos. Por otro lado, fui invitada a participar como expositora en un gran foro latinoamericano denominado Mujeres MIEL (Mujeres Inmigrantes Emprendedoras Latinas) y este dio paso al Foro de emprendedores de la confección en Puerto Rico, videoconferencias para Perú y un espacio de televisión de la cadena UNIVISION en Tucson, Arizona.

Las motivaciones no cambian, se profundizan y evolucionan

En un principio, mi motivación no era más que la pasión por la creatividad, los colores, los sabores y las culturas. Con el tiempo, se transformó en las ganas de romper paradigmas, de reinventarme; ser inmigrante te lleva a eso, a rescatar y resaltar lo que más te gusta de ti como persona para explotarlo en un lugar nuevo. En mi experiencia personal, todo comenzó con un *hobby*, coser para mi hija. A la gente le entusiasmaba las piezas hechas a mano que creaba para ella y todo ese furor me contagió. Mi creatividad sencillamente cambió de campo: de arquitecta, pasé a ser costurera. En otras palabras, continué siendo yo con mis estructuras, pero desde un lugar distinto, tanto en un nivel físico como en uno abstracto.

Soy de esas personas que creen que todo hay que hacerlo con pasión. Es necesario sacarle el jugo a todo lo que te motiva para dar lo mejor de ti en cada circunstancia y que sea lo que sea que hagas, grande o pequeño, lo hagas bien y con corazón. Yo particularmente me aburro muy rápido, así que ese proyecto inicial generó múltiples proyectos sociales. Asumí como nuevo objetivo el ayudar a inmigrantes a integrarse. Sé por experiencia que, sin importar las comodidades o facilidades que puedas tener en tu encuentro con este proceso, la migración siempre es difícil. Hay desarraigo, desapego, pasas por un luto y luego quizás haya un renacimiento.

Me anima contar las historias de los inmigrantes porque en su mayoría son inspiradoras. No importa de dónde vienes, lo realmente importante es lo que haces con lo que tienes. Es por ello que siempre trato de mostrar que no hay límites ni fronteras porque el mundo nos pertenece a todos. De hecho, bajo ese ideal, tratando de llevar mensajes de amor y color nace *Hilos Viajeros*, un espacio para contar cómo cada persona es una historia real y única.

Yo vengo de un país cargado de espíritu latinoamericano; una tierra vibrante, sociable y alegre, pero carente de formalismo y protocolo. Esto hace que los países europeos nos puedan resultar intimidantes en un principio. Hasta podría atreverme a decir que, socialmente, somos completamente opuestos.

Pero esto no acaba acá, también debemos mencionar el idioma que muchas veces implica una barrera. Al igual que yo, muchos austriacos hablan inglés, pero su lengua materna, con la que se sienten más a gusto y en confianza, es el

alemán. Honestamente, considero que los inmigrantes debemos entender que, en este sentido, somos nosotros quienes nos debemos adaptar. Siempre he considerado un acto básico de cortesía intentar comunicarme, así sea con destrezas básicas, en el idioma del anfitrión. No puedo esperar a que en una reunión todos se comuniquen en inglés solo por mi comodidad.

Lo que busco promover es que la inmigración debe mostrarse como un intercambio cultural en el que ambas partes puedan salir beneficiadas, pero sin imposiciones. Como inmigrantes, siempre debemos aceptar y respetar la cultura que nos está acogiendo. Me gustaría colaborar para transformar el mundo a través de una filosofía donde exista la equidad y el amor por lo social y donde además persigamos y valoremos el crecimiento personal y profesional de cada individuo, fomentando el emprendimiento, los valores y la transformación del pensamiento.

Por otro lado, desde mis inicios, tengo un sueño que aún en el presente me sigue motivando. Espero servir de apoyo para retomar la tradición de coser. Es una lástima pensar que se ha ido perdiendo por el fenómeno de la masificación de las marcas y los agitados tiempos que vivimos. Yo fui la primera que inauguró un estudio de costura en Graz y logré inspirar a otras empresarias que vieron potencial en este negocio y ahora, con su estilo propio, han abierto muchos talleres.

El costurero es un emprendimiento que afortunadamente ha florecido gracias a los clientes, a mi relación con la comunidad y mi trabajo en las redes sociales. A través de él, muestro un poco la idea de integración con diseños que están inspirados en la tradición austriaca. Uno de mis grandes orgullos es que logré pertenecer genuinamente a esta cultura sin perder mi identidad colombiana.

Hay una hora del día para todos los roles

Somos mucho más que emprendedoras, somos mamás, esposas, hijas, amas de casa, amigas, por mencionar algunos roles. Es un reto enorme encontrar la manera de implementar una logística que nos permita manejar el tiempo de manera eficiente para encontrar un balance entre los dos mundos, el laboral y el personal. Hay que encontrar un horario para todo porque la necesidad de ayudar a otros no puede hacerme descuidar a la familia. Cada uno de los dos mundos tiene un lugar en mi vida y no creo que sea necesario sacrificar uno para crecer en el otro, es cuestión de organizarse. Pienso que siempre va a haber retos en la vida, porque es imposible estar preparados para todas las situaciones que se nos presentan, pero la buena comunicación nos puede dar luz cuando nos sentimos abrumados y no encontramos el camino.

Siempre me he movido según mi intuición. No hay manera de tener certeza de que estoy tomando las decisiones correctas, así que solo sigo mi instinto y me apoyo en mi tenacidad y perseverancia para alcanzar mis objetivos. He aprendido a confiar en mí y a tener paciencia porque, cuando estás a la vanguardia, el entorno quizás no te entiende y tienes que esforzarte para mantenerte firme. Los resultados no se ven de la noche a la mañana, pero hay que tener la vista en el objetivo y no desfallecer. Soy muy intuitiva y me gusta estar alerta sobre lo que está pasando en el mundo, en los nuevos mercados. Esta es la manera de ir siempre un paso adelante.

En este sentido, mi reto es conmigo, para despojarme del miedo y de algunas situaciones que me hacen frenarme y evitan mi crecimiento. Por supuesto, el crecimiento es relativo. Entiendo que hay espacios como el costurero donde no puedo crecer demasiado como negocio porque creo piezas únicas y accesibles para todo tipo de personas. Es un producto que no se puede masificar porque sacrificaría su esencia. Este emprendimiento, sin embargo, me permite hablar de igualdad, ayudar a la gente haciendo que se sientan bien y me llena mucho como persona. Eso para mí es crecimiento. Hay otros proyectos que pueden ser masivos y expandirse sin entrar en conflicto conmigo y con la idea de que todo el mundo es único.

A pesar de que no soy muy amiga de lo que se muestra como *influencer* en estos días, voy a acuñar el término para calificarme más bien como una *influencer* «de la vieja escuela». Me gusta pensar que yo no vendo tonterías, sino más bien algo real y único que cumple una función en la vida de quienes lo adquieren. Me encanta ser capaz de trabajar, aprender y compartir. Eso se ha convertido en un estilo de vida.

Pienso que todo ser humano debe ser transparente, justo y bondadoso y no hay mejor manera de predicar que con el ejemplo. *Hilos Viajeros*, una serie documental para YouTube, está concebida de acuerdo con estos criterios. Mostramos el ejemplo de historias de inmigrantes de diversas culturas que viven alrededor del mundo y son felices y exitosos. Este formato intenta realzar los valores reavivados de las culturas latinas, desde la experiencia de estas personalidades influyentes que han logrado aceptar, transformar y adaptarse a su entorno aportando su esencia desde la calidez latinoamericana.

En términos más explícitos, *Hilos viajeros* relata la manera en que inmigrantes latinoamericanos se encaminan hacia nuevos rumbos en busca de expandir sus horizontes; hacen de sus talentos y pasiones un emprendimiento único que transforma sus vidas y el entorno donde ahora se encuentran, llevando y aportando un poco de su esencia, de su tierra y de su cultura.

Toda conexión basada en la colaboración es inteligente

Hay una hermosa frase de Mark Twain que dice: «nunca te equivocas si haces lo correcto». Cada vez que colaboramos con alguien persiguiendo un objetivo puro y en aras de ayudar al mundo, estamos haciendo lo correcto, eso hace que las conexiones sean inteligentes y, en consecuencia, fructíferas. En una primera instancia, estas conexiones empiezan con cómo tratamos a quienes están frente a nosotros. Con una sonrisa y un oído atento, permites que el otro se exprese cómodamente y con mejores resultados.

Para mostrar un ejemplo de colaboración, podemos hablar de mi experiencia más reciente. En mi comunidad, logramos transformar todo un país a través del tema de las máscaras para protegernos del COVID-19. Mi pequeño estudio de costura logró fabricar, en tiempo récord, más de tres mil máscaras para donar a la comunidad y a los hospitales en un momento en que no había suficientes en Graz. Al principio, cuando empecé a regalar tapabocas frente al costurero, no tenía idea de la magnitud de lo que se venía. Llegó un momento en el que tenía que hacer trescientas cincuenta máscaras al día y lo hacía todo sola. Cuando mis vecinos se dieron cuenta de que necesitaba ayuda, se ofrecieron a colaborar. Inconscientemente, motivé y moví a un grupo de personas y juntos alcanzamos la meta. Si esto no se puede definir como conexión inteligente, no sé qué podría serlo.

Otro ejemplo que podría citar es el foro latinoamericano denominado Mujeres MIEL al que fui invitada en septiembre de 2020. Este acrónimo nos lleva a pensar en colmena y trabajo en equipo. Esta es una dulce descripción de lo que fue la experiencia: participamos treinta mujeres emprendedoras de todas las nacionalidades latinoamericanas para compartir la visión que tenemos de lo que significa lograr una inmigración exitosa, la que da valor a ambas partes. Nuestras historias demostraron que el intercambio cultural puede ser una herramienta para tomar lo mejor de las dos culturas con el fin último de crear una realidad enriquecida de felicidad.

La vida está llena de incertidumbre

Siempre hay incertidumbre. Incluso cuando algo parece perfecto, tenemos que estar conscientes de que todo puede cambiar de la noche a la mañana. Es por eso que siempre me muevo muy rápido y en lugar de seguir tendencias, termino marcándolas yo. Desde las primeras noticias sobre el coronavirus, entendí lo rápido que se difundía y anticipé lo que pasaría, me preparé. Me gusta estar alerta para evitar que este tipo de situaciones me tomen desprevenida. Gracias a esa actitud, hoy puedo decir que, muy a pesar de lo difícil que sé que estos tiempos han sido para la sociedad, he experimentado resultados positivos en mi vida, he crecido y colaborado mucho más. En casa nos hemos adaptado, mi familia ha estado más tiempo unida y eso ha sido refrescante.

Desde hace diez años, un grupo de artesanos de Graz nos hemos reunido para organizar eventos que nos permiten promocionar nuestros productos. Actualmente, realizamos dos mercados al año, uno en Navidad y otro en Pascua. Con la pandemia, no hubo mercados en diciembre; afortunadamente, anticipando este problema, organicé un mercado digital que fue todo un éxito. No podíamos sentarnos a esperar cruzados de brazos y permitirnos perder estos espacios donde hemos tenido la posibilidad de hacer visible el gran talento con el que contamos en Graz y que, por otro lado, han motivado a los artesanos a innovar. Hoy podemos decir que somos una familia unida por el amor al arte y a nuestras tradiciones culturales. El siguiente reto es que esta familia sea un ejemplo de inclusión multigeneracional y multicultural. Por todo esto, repito, en lugar de enfocarnos en la incertidumbre, pensemos que si la vida nos da limones, simplemente hacemos limonada.

Juanita Guerra

COMPASIÓN Y BONDAD: DOS INGREDIENTES PARA EMPRENDER

La educación es el principal vestido
para la fiesta de la vida...

Carolina Herrera

KARRY CARRASCO

Creo firmemente en el amor como motivación principal para desarrollar proyectos de vida que te lleven al éxito y te permitan promover siempre a la familia como pilar fundamental de tu vida.

Dar en lugar de recibir es el valor principal guiado por Dios, por encima de todo lo demás. Tengo un hogar formado en Venezuela, específicamente en el estado Zulia, tierra del oro negro, el popular y prescindible petróleo. Allí me enseñaron el amor por el prójimo; aprendí que es importante dar de corazón sin necesidad de recibir algo a cambio. `

Actualmente estoy a cargo de dos importantes fundaciones en los Estados Unidos de América. Son organizaciones internacionales que se encargan de dar alegría a quienes no tienen voz, a aquellas personas que están en lugares recónditos y necesitan un impulso para seguir adelante. Karry Carrasco y Carlos Carrasco Foundation, ambas creadas en el 2015, con el lema de llevar amor y esperanza a quienes se sienten ajenos a estos valores.

Los caminos llevan a donde visualices llegar

Vengo de un país que solía ser un ejemplo para la economía del continente. Pero su destrucción voraz, en manos de seres despiadados, nos hizo sufrir y cambiar a todos los venezolanos. Por ello decidí levantar mi voz y ser una mujer guía de pasos agigantados. Crucé la frontera entre Colombia y Venezuela y fui la primera en llevar el mansaje de cambio de mi pueblo. Atravesé aquel puente en nombre de millones de venezolanos que buscan un cambio y quieren prosperidad. Gente pisoteada, sin derechos y sin esperanza. Sin embargo, aquel día dirigí un comando de anhelo y de supervivencia que cruzó los límites geográficos y traspasó los márgenes de la mente humana.

Luego de levantar mi voz y dejar una huella en la frontera, desarrollé mi carrera universitaria y profundicé mi trabajo como educadora para niños con autismo. Creé programas psicopedagógicos para la universidad de Miami, además de profundizar en un programa de lectoescritura para estos niños. A la vez, con el trabajo social pude consolidar una marca sin fines de lucro que permitió brindar una educación de calidad acorde a las necesidades de los habitantes de las villas más remotas del mundo. Organicé un sistema educativo y llevé los respectivos útiles escolares, materiales reciclables, zapatos y ropa. Junto a mis fundaciones, llevamos emociones a distintos continentes, a África, Europa y Asia.

Me movió la compasión y la bondad. Siempre me pregunto cómo podemos hacer para que se desarrollen estas hermosas cualidades de los seres humanos, cómo manifestar el amor y la bondad en lo que hacemos.

La respuesta es sencilla: manteniendo nuestros ojos abiertos a la realidad.

Sí, necesitamos salir de nuestras esferas, nuestro trabajo, nuestros estudios, nuestra vida. Todo eso es fundamental, pero es todavía más importante cuando establecemos relaciones dinámicas con todo lo que nos rodea, cuando interactuamos y nos permitimos sentir en sociedad.

El camino hacia el emprendimiento no es cuestión de azar, no se trata de levantarse un día y mirar alrededor para descubrir que eres una empresaria, que tienes tu propio negocio.

Se trata más bien de levantarte dispuesta a interactuar, a percibir, a sentir. A sintonizar tus sensaciones con el mundo entero.

Tu emprendimiento, tus decisiones, todo lo que haces debe ser un aporte para todos, para ti y para tu familia. Pero también tenemos que proponernos ser agentes de bienestar, porque la construcción de una nueva realidad donde todos podamos disfrutar de nuevas y mejores oportunidades también es parte de lo que en esencia somos. Es nuestro deber y necesitamos asumirlo.

Cuando lo hagamos tendremos buenos resultados. Los caminos te llevan hacia donde tú quieras. Cuando piensas que te sientes perdida es porque no has visualizado donde quieres estar, cuál es la realidad que quieres vivir. Entonces tus acciones no tienen sentido.

Es momento de detenernos y pensar dónde queremos estar.

Te pregunto directamente; ¿dónde quieres estar y qué estás haciendo para llegar allí?

Actúa en coherencia con lo que te apasiona

A mí me apasiona actuar a favor de quienes están necesitados. Es una labor grandiosa que me ha permitido conocer y vivir historias, conectar con otros.

Centroamérica y Suramérica han sido puntos clave en mi ardua tarea. En primer lugar, ubicamos a militares venezolanos abandonados en Colombia y en Chile y logramos su estatus legal con la ayuda de entes gubernamentales. Luego conseguí la entrega de útiles escolares para niños necesitados y artículos de primera necesidad para familias de escasos recursos.

Esto conllevó a distintas premiaciones: Platino de las fuerzas especiales, 2017; Premio Enfoque a la mejor fundación benéfica, 2018; Tampa Hispanic Heritage, 2018, como la mujer hispana destacada por su desempeño en el campo educativo; Premio SHE, Bélgica Human Rigths, 2019; Mejor trabajo comunitario por Sheriff Hispanic, 2019; Corazón del pueblo, 2019. También destacan los premios: Medwish como Mujer del año, 2019.

Puedo decir que detrás de esta linda tarea queda el gran aprendizaje y crecimiento personal, el amor de las personas, el reconocimiento de los pueblos marginados y la esperanza después de tantos abrazos de agradecimiento. Con educación todo es posible, podemos llegar hasta los lugares que nos parecen inalcanzables.

Cuando tus actos son coherentes con los objetivos que te propones, logras aprender, crecer y desarrollarte en todos los sentidos. El camino que has elegido te permite disfrutar de los distintos paisajes y realizar las paradas estratégicas necesarias.

Ve más allá de las fronteras

Yo lo hice literalmente, caminé las fronteras, hice el recorrido que hacen migrantes venezolanos a diario, para comprender todo el proceso y así saber de qué manera puedo ayudarles.

En nuestras vidas siempre habrá fronteras y siempre habrá caminos para recorrer. Es importante que te decidas a cruzar esas fronteras y a transitar el camino necesario para cumplir tu propósito de vida.

En esos recorridos encontrarás oposición a tus sueños. El acompañamiento a los inmigrantes y la propia experiencia, me han hecho comprender que cruzamos esas fronteras para lograr una vida mejor.

Nadie dice: «Estoy bien aquí, pero me voy a mover hacia el otro lado para estar mal».

Queremos estar mejor, y en ese «estar mejor» entran otros, nuestra familia, nuestros amigos y quienes nos rodean. Cruzar fronteras también es hacerlo con la mentalidad de ayudar, de aportar al lugar al que llegaremos.

Es cierto que al inicio puede ser que no aportes mucho porque necesitas establecerte, pero poco a poco transitas el camino y te conviertes en alguien que puede ayudar a otros y lo hace.

Cruza las fronteras físicas, emocionales, mentales y simbólicas para estar en tu lugar, en ese lugar en el quieras pertenecer.

Que nada te detenga, que nada te impida cumplir tu objetivo. He acompañado a mujeres, niños y hombres que han atravesado fronteras bajo las condiciones más negativas, sin recursos, con la esperanza de un nuevo comienzo. Ármate de valor y comienza a cruzar.

Enfócate en lo que sí tienes

Cuando vamos a tomar decisiones existen dos posibilidades: temerle a los pasos que vamos a dar por no tener recursos, implementos, conocimiento, o cualquier otra cosa; o enfocarnos en lo que sí tenemos y armar una estrategia.

De hecho, existen personas desesperadas que no pueden detenerse por nada, no arman una estrategia, sino que toman decisiones solo pensando en el bienestar y en que necesitan un cambio ya.

Yo te invito a tener un equilibrio, te invito a proponerte un objetivo, trazar un plan, enfocarte en lo que sí tienes y con ello planificar tus estrategias y actuar.

Es así como lograrás cumplir todos tus objetivos. Estás a tiempo de hacerlo, nunca es tarde.

Te asombraría conocer las miles de historias de personas de edad avanzada que deciden comenzar de nuevo, en un país que no conocen, sin oportunidades claras, sin conexiones. Estas personas confían en sí mismas y en las posibilidades a su favor, aunque sean reducidas.

Creo que en un emprendimiento necesitamos una actitud que nos permita avanzar siempre. Tomar riesgos, y con esto no me refiero a ser aventureros sin sentido y sin lógica. Me refiero más bien a que debemos aprender a gestionar los riesgos, a determinar cuándo podemos avanzar a pesar de ellos, y así triunfar.

Debo repetir que muchas experiencias me han nutrido, y hoy creo más en mí misma, en lo que puedo hacer, en lo que quiero hacer.

Yo seguiré colaborando con muchas personas, seguiré dando lo mejor de mí, porque he encontrado mi propósito. Seguiré cruzando muchos límites, literales y simbólicos, sola y en compañía de otros.

Te invito a hacer lo mismo, a retarte, a desafiarte, a demostrarte a ti misma de qué estás hecha.

Estoy segura que te sorprenderás y lograrás todos tus objetivos.

Los hijos, un motor para emprender

Definitivamente, mi impulso fue mi hija mayor, quien al visitar conmigo un hospital de niños con cáncer llegó a casa y cortó su larga cabellera. Me dijo: «Mami, toma, enviemos esto a los niños del hospital…». Aquel hecho fue un llamado de atención, y de inmediato me indicó que debía hacer un movimiento para colaborar con esta causa. Levanté una bandera de amor, de solidaridad y de compromiso con los niños y adultos que padecen este terrible mal.

Desde ese momento, mi fuerza y mis valores se afianzaron y se hicieron más grandes en este camino. Sigo enfocada en ayudar a los más vulnerables y a llegar a aquellos lugares que no todos pueden alcanzar.

Dos mujeres habitan en mí, una empresaria y una madre de cinco niños. Una amorosa esposa que en muchas ocasiones se cuestiona por el tiempo que deja de estar con los suyos para apoyar una noble causa. También debo dedicar tiempo a mi esposo quien por su trabajo en la gran liga profesional pasa una importante suma de tiempo fuera de casa y cuando regresa me encuentra atendiendo temas de nuestras fundaciones. Sin embargo, cumplo con alegría con mi rol de esposa, madre y mujer. Cabe destacar que mi esposo está pasando por una situación compleja, padece un cáncer. Ver cómo se dedica a su trabajo y a su familia me da fuerzas y una energía revitalizante para seguir adelante; para surgir juntos como una familia unida de este difícil momento y convertir esa debilidad en fortaleza.

Como mujer emprendedora, me enfrento a diario al qué dirán, al cuestionamiento de las personas que rodean a la fundación. Lamentablemente, hay muchos detractores que lejos de ayudar, critican tu trabajo sin saber la labor tan difícil que tienes que vivir. Gente que, lejos de aportar, cuestiona hasta el mínimo movimiento que haces. Sin embargo, mis principios y objetivos son claros; sigo trabajando por impulsar mis ideales y aumentar la ayuda a todas las comunidades que no tienen voz propia. Quiero ser la portavoz de los débiles, de quienes quieren seguir un horizonte radiante a pesar de las dificultades.

La creación de alianzas con grandes marcas que sean sinónimo de éxito y que hagan aportes significativos para llegar a muchas más personas alrededor del mundo es, sin dudas, una conexión inteligente. Un día una amiga, Verónica Sosa, me dijo: «Juntas somos mejores». Ella me hizo reflexionar y comprender que en la unión está la fuerza. Mientras más manos amigas tengamos, el impulso del mensaje será más profundo y duradero en el tiempo. Siempre serán bienvenidas las alianzas positivas y que traigan elementos humanos y materiales para las fundaciones. Hasta un lápiz sencillo podrá convertirse en enorme por el valor que le dará aquella persona que jamás lo había tenido en sus manos.

Soy una mujer que cree firmemente en los cambios, y que estos son necesarios para mejorar en todos los aspectos de nuestra vida. Seguiré en mi lucha constante por ofrecer mejores oportunidades a los más necesitados. Este año en particular, tuvimos un enemigo que nos obligó a cambiar nuestras costumbres; una pandemia que acabó con la vida de muchos y trajo oportunidades de cambio para otros. Tomé de manera positiva este obstáculo y aprendí que debemos dar pasos agigantados para movernos al ritmo del mundo. Los aspectos negativos del virus me hicieron fuerte y me hicieron acelerar el paso para brindar mejores oportunidades a los nuestros y a nuestras comunidades. Este año, en definitiva, nos muestra un nuevo amanecer y sin duda hay que aprovecharlo.

Karry Carrasco

DESDE EL DUELO CON AMOR

Si quieres encontrar la felicidad, primero encuentra la gratitud.

Steve Maraboli

KIMI TURRÓ

Mi nombre es Kimi Turró y soy empresaria. Desde hace cuarenta años, dirijo un conocido negocio familiar en la ciudad donde vivo junto a mis seres queridos. Al mismo tiempo, soy una madre que ha llorado la muerte de su hijo, una madre que ha vivido dentro de la oscuridad de su alma, que ha buscado la respuesta a muchas preguntas y que, gracias a una actitud positiva y a mi gran fuerza interior, he conseguido volver a encontrar el sentido a la existencia y a tener sueños, los que son el motor de mi vida.

La muerte de mi hijo ha transformado mi manera de sentir y vivir; a pesar del dolor sufrido y a pesar de que hubo momentos en que llegué a pensar que nunca más volvería a sonreír, ahora puedo decir que me siento una mujer feliz y enamorada de la vida, gracias a que pude conectarme con la gratitud y el amor. La gratitud en este momento es la llave que abre la puerta de mi corazón todos los días, para vivir la vida desde otra energía más sana y más abierta al mundo, que me permite experimentar una nueva realidad con una mirada más limpia y serena.

Pasé por momentos de duelo que fueron muy duros, hasta que un día tuve un instante santo, en el cual me hice una pregunta. Tenía cincuenta y un años y me sentía fatal, tanto mental como físicamente, porque mi cuerpo somatizaba todo mi dolor interno. No podía más, había caído en lo más profundo del infierno, pero aquel día un rayo de luz penetró en mi corazón y me pregunté: ¿Cuántos años me quedan de vida?, ¿veinte, treinta? ¿Quiero vivirlos con todo este peso encima? ¿Me quiero quedar anclada en esta oscuridad?

Como estas, me planteé otras muchas cuestiones y mi respuesta fue: No, no quiero vivir los años venideros con este dolor, quiero transformarlo. No puedo cambiar la situación que me ha tocado vivir, pero sí puedo cambiar mi actitud. Ese fue el primer paso hacia una nueva manera de enfocar mi vida. Un pensamiento me condujo a otro. Quería cambiar mi manera de pensar y, poco a poco, empecé a aceptar que mi hijo no volvería nunca más, al menos físicamente.

Una vez que dejé de preguntarme por qué había tenido que pasar por la experiencia de la muerte de Adrià y por qué mi hijo había tenido una vida tan corta, comencé a pensar en cómo podría avanzar por la nueva vida y en cómo haría para salir de la situación en que vivía. Cuando finalmente logré aceptar la muerte de mi hijo, empecé a agradecer que él me hubiera escogido como madre, hecho que nada ni nadie podría cambiar. Allí inicié un nuevo camino y escribí mi libro *Te amo, gracias*, con el que busco acompañar a otras madres que, como yo, tienen la necesidad de cogerse de la mano de alguien para poder caminar.

La muerte de mi hijo Adrià es mi gran lección de vida

El día 24 de enero del 2009 a las 8 de la mañana, la policía llamó a mi puerta para comunicarme la peor noticia que puede recibir una madre: mi hijo había tenido un accidente de moto y había fallecido. Aún resuenan en mi interior las primeras palabras de su padre: «Abrázame, abrázame que Adrià está muerto… Adrià está muerto… Adrià está muerto». Todo se terminó. Fue como atravesar una línea que no se ve pero que lleva a un abismo, a un pozo, a un agujero negro sin límites. Te vas cayendo y cayendo por ese agujero y nunca llegas al fondo.

Por otra parte, quieres correr y correr hasta caer exhausta sin aliento huyendo de todo lo que te está sucediendo y no quieres escuchar. De repente tu vida ha dado un giro de 180 grados y te encuentras cara a cara con la incredulidad, la impotencia, y un dolor profundo en el alma que te rompe por dentro en mil pedazos. Solo era capaz de pensar en que nunca más podría abrazar a mi hijo, nunca más podría decirle «te quiero» mirándolo a los ojos, nunca más tendría la oportunidad de darle un beso, ni de tener confidencias con él, ni de mirar la tele juntos, nunca más podría ver su sonrisa y menos reírnos juntos. En fin, muchos «nunca más», todo se había acabado.

Entré en un estado de *shock*, me costaba respirar, no tenía ganas de hacer nada, solo quería cerrar los ojos y huir de aquella cruda realidad que no podía aceptar. Todo era contradictorio. Tenía un negocio, tenía que seguir adelante y también tenía otro hijo a quien amar. Cada día hacía el esfuerzo de arreglarme y salir a la calle, pero nada tenía sentido; el mundo avanzaba, pero para mí se había detenido. Llegué a pensar que jamás sería capaz de volver a sonreír y de volver a amar. Actuaba mecánicamente, condicionada por las creencias que me habían inculcado, «tienes que ser fuerte, tienes que seguir adelante, hazlo por tu otro hijo, el tiempo lo cura todo». Lo hacía porque siempre he sido obediente, pero me sentía destrozada, sin fuerzas, simplemente actuaba.

El cuerpo me pesaba tanto que apenas podía caminar, pero tenía que hacerlo. Una voz interior me decía que tenía que avanzar. Me daba cuenta de que había otro mundo que ya no me pertenecía, un mundo que seguía en marcha. ¿Cómo podía ser? La vida continuaba, el sol salía cada día, las cuentas llegaban igualmente, la gente entraba a comprar en mi tienda a pesar de todo. Yo simplemente estaba allí, me sentía muy pequeña, como una bolita de plomo que se dejaba rodar despacio. Si algo tenía claro era que tenía que continuar allí. Tenía el corazón roto, llevaba la foto de Adrià en el bolsillo y cada diez minutos le daba mil besos diciéndole *te amo, te amo, te amo*. Era lo único que me salía del alma y así iban pasando mis días, sintiendo dolor, andando, buscando mi paz, enfrentándome al día a día, yendo al trabajo, mirando a los ojos a mis clientes y amando o, más bien, buscando que me amaran. Lo necesitaba. Era mi gasolina para poder caminar.

El 5 de mayo del 2015, un rayo de luz atravesó mi corazón y en aquel momento sentí que algún día ayudaría a personas que, al igual que yo, habían pasado por una situación similar. Detrás de tanta tristeza había una persona con la voluntad de seguir adelante y, de repente, sentí la necesidad de compartir mi experiencia con el mundo porque había encontrado la luz. También era una manera de darle sentido a la muerte de Adrià. En aquel momento sentí dentro de mí que esa era mi misión, ya que todo pasa por algún motivo. Fue así como nuevamente me pude sentir motivada y comencé a escribir un libro y a crear mi proyecto Kimicor. Me movía el saber y sentir dentro de mi corazón que yo podía ayudar a otras personas, aunque, para entonces, lejos estaba de imaginar lo que realmente llegaría a crear. Solo puedo decir que un gran sentimiento me llenó de fuerza para seguir adelante.

A partir de aquel instante me llené de energía para vivir y continuar avanzando porque, de alguna manera, la muerte de mi hijo tendría sentido y me llevaría a ayudar a otras personas. Supe que un día este proyecto se haría realidad y me invadió una gran necesidad de hacerlo. Era consciente de que aquel pensamiento era el primer paso y que un día no muy lejano todo tomaría forma y movimiento. Yo no quería que la muerte de Adrià quedara como un simple recuerdo.

Para mí aquel día de iluminación fue un regalo del Universo en el que, metafóricamente hablando, sentí que me calzaba sus deportivas y empezaba a expandir su energía. Estaba lejos de saber cuántos regalos llegarían a mi vida desde que empecé a transformar mi dolor más profundo en amor porque me di cuenta de que solo había dos maneras de vivir la vida: una era desde el amor y la otra era desde el miedo. Yo elegí vivirla desde la energía del amor y la gratitud.

Aún en mi presente considero que el haber sido capaz de seguir el camino del amor y de la gratitud ha alimentado la motivación de continuar con mi misión divina. Con mucho trabajo y esfuerzo, ha sido posible mantener viva la energía de mi hijo y ayudar a las personas que, como yo, han pasado por un proceso similar de duelo. Su muerte se convirtió en mi gran lección de vida y en mi motivación para ayudar y acompañar a otras personas en un proceso tan delicado y difícil.

Mujer, empresaria y emprendedora que aprendió a vivir en paz

Soy una mujer y una empresaria valiente, constante, muy trabajadora y con grandes valores. Sinceramente, creo que todos mis roles están muy unidos y coexisten de la mejor manera posible. Todas mis «yo» caminamos juntas y me enorgullece decir que amo mi trabajo, lo que he logrado a través de Kimicor y me amo a mí misma. Como mujer, estoy creciendo cada día más y esto hace que vaya encontrando el equilibrio entre mis distintas facetas para gozar de una vida fácil y sencilla.

En este momento *Te amo, gracias* ya es más que un libro, es un proyecto vital llamado Kimicor, que tiene tres objetivos bien marcados. Primero, buscamos expandir el amor a través de mis adhesivos de *Ho'oponopono*, con sus palabras sanadoras: lo siento, perdóname, te amo, gracias. Por otro lado, tenemos el propósito de mantener viva la energía de mi hijo Adrià a través de todas las creaciones de Kimicor: libros, *e-books*, libretas, imanes, chapas. Por último, pero no menos importante, queremos colaborar con las personas que ayudan a través de diferentes ONG o proyectos sociales.

Gracias a estos proyectos ya no soy la Kimi que solo sobrevivía, ahora soy una mujer feliz y enamorada de la vida que utiliza como herramientas la práctica de la gratitud y el método de sanación *Ho'oponopono*. Esta paz que siento dentro de mí y esta nueva manera de vivir desde el amor y la gratitud han hecho posible que naciera una nueva Kimi, con una realidad muy distinta. Soy una mujer muy creativa que busca siempre otras vías para hacer llegar al mundo los nuevos valores que ha aprendido.

En ocasiones, me invade la tristeza al recordar que hubo momentos en los que pensaba que no lo conseguiría, que no encontraría la fuerza para seguir adelante. Han sido once años de duro aprendizaje y, a la vez, de un intenso crecimiento personal. No sé muy bien cómo ocurrió, pero el caso es que elegí el camino del amor y la gratitud, y ese fue el empujón que necesitaba para empezar a recorrer mi camino.

Creo que explorar y profundizar dentro de mí ha sido, seguramente, uno de los aprendizajes más importantes que he hecho hasta hoy. Nunca antes me había sentido tan protagonista de mi vida como ahora. Soy consciente de mi existencia y me doy cuenta de que Kimi es más que un personaje. En resumen, me siento orgullosa del camino que estoy recorriendo, basado en el reencuentro con quién realmente soy, y de poner toda la intención y la atención para mejorar mi vida y ser coherente a la hora de vivirla.

Por mucho tiempo caminé sola

Cuando vivimos una experiencia traumática, tendemos a aislarnos y a tratar de solucionar todo nosotros mismos. Esto no es del todo malo, ya que aprendemos a conocernos bien, a entender cómo y por qué nos movemos y, además, los logros nos hacen sentir que valemos y que tenemos gran potencial. Crecemos, evolucionamos y esto nos hace ser más conscientes de nuestra valía. En mi caso en particular, he caminado sola durante un largo tiempo y no me ha ido mal. Sin embargo, gracias a nuevas experiencias, he llegado a la conclusión de que, con un equipo de personas con la misma vibración y motivación, todo fluye mejor.

A veces es necesario aceptar que nos podemos complementar con otros para obtener, juntos, mejores resultados. Estas son conexiones inteligentes, relaciones basadas en la armonía, en valores compartidos por un fin común del que todos salimos beneficiados. Gracias a colaborar en equipo, han nacido varios proyectos tales como: Di gracias, transforma tu vida y Volver a vivir, donde aporto mi experiencia con el duelo. De hecho, todo mi proyecto Kimicor predica que juntas es mejor, ya que la idea es acompañarnos para superar nuestros tiempos difíciles.

Para evitar la crisis, es necesario cambiar y crecer

Estos tiempos de tanta incertidumbre han sido complicados a nivel global. Si ya de por sí, todos tenemos que lidiar con problemas originados en nuestro día a día, es fácil imaginarse la magnitud del estrés y del temor que la pandemia y el desconocimiento acerca de la curación de la enfermedad han traído al mundo. Muchos han perdido a familiares y amigos. El duelo generalizado ha causado un gran impacto en nuestro diario vivir. En mi caso, sin embargo, el mayor reto ha sido no quedarme anclada en la queja y el victimismo, sino todo lo contrario, seguir reinventándome y crecer como empresaria y como mujer.

No hay crisis, hay cambios; si nos resistimos al cambio, ahí es cuando llega la crisis. Gestiono la situación actual viviendo el aquí y el ahora, estando omnipresente y sintiendo que un día todo habrá pasado y solo lo recordaré como un tiempo de aprendizaje. Gracias a mis fortalezas, al ser valiente, sincera, constante y honesta, creé una nueva realidad basada en el amor y la gratitud hacia mí misma y hacia los demás y estos tiempos solo me han llevado reforzar todo el desarrollo que ya se venía dando en mí. Debemos aprender de las circunstancias y tomar cualquier aprendizaje que estas nos puedan dejar.

Mi mensaje para el mundo no se basa solo en este periodo de incertidumbre sino en cualquier momento de nuestra existencia. Creo que no es necesario que nos pase nada grave en la vida para poder transformarla, todos tenemos un alma a la cual escuchar y todos tenemos un gran poder interior. Lo más importante es aprender a conectar con nuestra calma interior para tomar consciencia de que la vida puede ser maravillosa hasta su último aliento si confiamos en ella. En mi experiencia, una de las formas más simples y más poderosas para conectar con nuestra paz interior es la práctica de la gratitud. Yo la apliqué y mi vida dio un gran giro: de la desolación y desorientación, pasé a la esperanza, a la paz y a la felicidad.

Kimi Turró

184

¡Y MÁS POR VENIR!

Juntarnos es un comienzo. Seguir juntos es un progreso. Trabajar y expandir juntos es un éxito.

Adaptado de Henry Ford

LAYLA EDWARD

Me llamo Layla Edward y me parece relevante empezar mencionando que mi práctica y experiencia en la resiliencia, integrando el pasado y viviendo el momento presente, me ha permitido alcanzar un estado de paz interna y satisfacción personal que ha sido fundamental para recuperar mi capacidad de disfrute y salud holística. Mi interés constante en profundizar me lleva a estar en un proceso de formación continua tanto a nivel personal como profesional. Trabajo como CFO, cofundadora y *trainer* de GRIT Academy, mentora, terapeuta enfocada en solución y *coaching*, y también, desde 1994 facilito entrenamientos en *breathwork* RCC (Respiración consciente y conectada) a nivel internacional.

Gracias a mi experiencia laboral y de vida, he elegido expandirme en el campo humanitario estudiando Facilitación de Nacimiento. De esta manera, puedo apoyar a las parejas antes y durante el embarazo presentándoles la oportunidad de tener un parto natural en un ambiente seguro y amable. Asimismo, me he formado en medicina tradicional china, acupuntura, psicoterapia transpersonal, círculo de realización personal, inteligencia vibracional, Nonflict y neuróbicos (se mantiene el cerebro vivo usando los sentidos de una manera extraordinaria). Además, estudié psicoterapia positiva y me entrené en *Phowa*

para direccionar la transferencia de consciencia en el momento de muerte y apoyar así a familias en un momento tan intenso como lo es la muerte de sus seres queridos.

Soy venezolana por elección, nací en Irak, de donde era mi papá y después de su muy temprana muerte (a los veintinueve años) nos trasladamos a Líbano de donde era mi mamá. Cuando tenía nueve años nos trasladamos a Venezuela. A mis veintisiete años, decidí viajar a California para incursionar en un nuevo lugar en el mundo. Tenía la meta de ir a estudiar inglés por tres meses pero, mi interés se expandió tanto que me quedé viviendo por un año en San José. Allí comenzó una época muy hermosa en la que mi vida consistía en estudiar, trabajar, amar y viajar. Luego, en 1991, una nueva oportunidad laboral me hizo emprender otro viaje, esta vez hacia Chicago, donde permanecí durante siete años.

En esa ciudad maravillosa, disfrutaba de su belleza en las diferentes estaciones, a excepción del invierno, ya que viajaba para evitar lo que a mi parecer era un clima rudo y congelante. Allí me abrí aún más al desarrollo personal a través de la meditación, el servicio desinteresado, el *reiki* y el *breathwork*, siendo este último una experiencia extraordinaria que me impregnó de conocimiento, prácticas y formaciones intensivas. Esto sucedió a tal magnitud que, poco tiempo después, ya pude comenzar a ofrecer sesiones para apoyar a muchas personas y educarlas a través de charlas y seminarios en colaboración continua con múltiples invitados profesionales.

Mi dedicación ha sido clave para alcanzar la maestría en transformación de la energía, pensamientos y hábitos, lo cual me ha servido para conseguir el bienestar mental, emocional, físico y espiritual en la mayoría de mis días. Uno de mis propósitos de vida es apoyar a otros con prácticas de concientización de la respiración, estrategias cotidianas y manejo del tiempo para que logren desarrollar y expandir su potencial humano. Hoy formo parte del equipo de Kayanah Consulting en Chipre, junto a mi hermana y mi cuñado.

La naturaleza me mueve, me hace avanzar

Me motiva la naturaleza y la vida que me da sentir el latido de mi corazón cuando subo caminando una montaña. Amo escuchar mi respiración tras el ascenso, al mismo tiempo que puedo sentir esa brisa en la cara que me hace cerrar los ojos por segundos, exhalar y sonreír. Es esa misma sonrisa la que me gusta y la que es de gran utilidad para dar ánimo a los demás. En mi vida, más que perseguir un objetivo específico, me impulsa una motivación muy general, siempre me he movido por mi deseo de aprender, de crecer, de estar en contacto con la naturaleza y de sentirme en paz.

Recuerdo haber tenido muchos emprendimientos personales antes de empezar con los profesionales. El deseo de estudiar, experimentar y aprender me llevaba a tocar puertas en lugares en los que antes no había estado. Quizás, de manera inconsciente, se trataba de recuperar el tiempo que de pequeña había desaprovechado al no disfrutar de mis estudios, aunque gracias a mi familia pude graduarme con éxito. Cuando comencé a formarme a nivel superior, mis ganas de aprender cada día se vieron más estimuladas; fue como si descubriera por primera vez lo hermoso de los pensamientos, las teorías, las ciencias, la biología, filosofía, astronomía, antropología, sociología, psicología, geografía y todo lo que los libros me enseñaban y, conscientemente, me interesé y amé este proceso de crecimiento.

En mi juventud, abordé el mundo de las artes, estudié danza, actuación y fui actriz durante cinco años en reconocidos teatros de Caracas. También desarrollé mi amor por la ciencia preparándome para ser odontóloga. Durante cuatro años, mientras esperaba por mi oportunidad para ingresar en la universidad, trabajé en una clínica con excelentes profesionales que, aunque me inspiraban a continuar en esa área, no pudieron evitar que cambiara de ramo.

Definitivamente, me movía en un mundo fascinante y, gracias a mis múltiples intereses y a mi insaciable deseo de aprender, me interesé en prepararme y presentar los exámenes necesarios para obtener las licencias de agente y de bróker, un campo totalmente nuevo para mí. Una gran amiga tenía una oficina filial de Century 21, así que desde un principio tuve donde ejercer. Fueron tiempos sumamente activos en los que trabajamos en un gran equipo donde nos apoyábamos y colaborábamos en todo el proceso. Sin importar el área de empleo, en todos mis emprendimientos, he logrado conseguir y hacer lo que quiero con las herramientas que en ese momento tengo. Esto no quiere decir que todos mis proyectos hayan sido exitosos pero sí que, independientemente de los resultados, siempre he aprendido mucho.

En busca de tener una empresa que trabajara para mí y así poder generar ingresos pasivos, tomé la decisión de invertir en un *flotario*, una actividad muy relajante a mi parecer. Me refiero a un tanque de flotación en el que caben cuatrocientos litros de agua con temperatura de treinta y siete grados centígrados y en el que se disuelven cuatrocientos litros de sales Epsom. Con esa combinación, la persona entra al tanque e inmediatamente flota sin saber cómo y sin necesidad de hacer ningún tipo de esfuerzo.

Cada sesión duraba una hora y consistía en tomarse una ducha, colocarse unos tapones en los oídos y entrar al tanque, cuyas ventilación y luz eran apagadas por el mismo cliente para quedar en total oscuridad a la vez que escuchaba una música relajante por los primeros diez minutos. Después, el ambiente quedaba en total silencio por cuarenta minutos y, justo diez minutos antes de terminar la hora, sonaba de nuevo la música para que el usuario se incorporara y saliera del tanque a tomarse otra ducha con la cual limpiaba su cuerpo del exceso de sal. El proceso terminaba con la persona integrando su experiencia al sentarse cómodamente a tomar té en un hermoso espacio.

Yo solía ser cliente de ese *flotario* y el día que me enteré que estaba en venta, inmediatamente me ofrecí a comprarlo; todo me parecía lógico en aquel momento, el concepto me gustaba y tenía el dinero, ya que había estado ahorrando para un año sabático. Sin embargo, reflexionando durante un viaje de tres meses tras el cual finalmente invertiría en ese proyecto, me di cuenta de que, aunque me gustaba mucho, no era el tipo de negocio que necesitaba en aquel momento de mi vida. Ya tenía una apretada agenda con el Centro Rebirthing de Venezuela: los grupos, formaciones, convivencias, cursos intensivos, invitados internacionales, charlas y seminarios que facilitaba, las clases de danza, mis clientes privados, ferias de crecimiento personal los fines de semana, eventos con la ARV, IBF, GIC. Solía moverme a menudo y viajar. No obstante, había dado mi palabra, por lo que, a mi regreso, fui a cerrar el acuerdo y a pagar porque me había comprometido verbalmente a hacerlo.

Admito que cometí un gran error porque, aunque tenía encargados, el *flotario* exigía mucho de mi presencia. Confieso que personalmente me fascinaba el hecho de tenerlo y usarlo, pero para ser honesta, no fue una gran experiencia como negocio. Terminé cerrando sin haber recuperado la inversión. Me quedó un gran aprendizaje, debía comunicar mis pensamientos y evitar involucrarme en negocios en los que desde el comienzo estaba consciente de que no debía hacerlo. Lo ideal hubiera sido que, a mi regreso, me reuniera con el vendedor y le comunicara lo que había reflexionado. Es cierto que le había dado mi palabra, pero hubiera podido ofrecerle una cantidad de dinero como recompensa por haberme esperado ese tiempo y pedirle que consiguiera otro comprador. Como dije, toda experiencia deja una enseñanza.

Existen diversas mujeres dentro de mí

«I am every women, It's all in me», me identifico con esta canción de Whitney Houston. Dentro de mí hay varias mujeres que combinan entre sí y otras que son opuestas, cuyos intereses varían y a la vez se amalgaman. Por ejemplo: mientras una desea estar y dar lo mejor de sí en un ambiente social, la otra desea estar en una cueva y ser una ermitaña; mientras que una está en total movimiento, danzando, cantando y enseñando, la otra está en total quietud, meditando y respirando en silencio; mientras una crea, cocina y disfruta totalmente de los sabores, olores y texturas, la otra ayuna; mientras una es responsable y quiere terminar puntualmente todo lo que

promete, la otra toma tiempo para darse gustos y sentir despreocupadamente la brisa en la cara.

Todas somos una y hemos logrado convivir gracias a una de mis cualidades más preciadas, «el estar presente». Esto me permite entregarme totalmente a la oportunidad y a lo que el momento tiene para ofrecer. Me considero una persona *multipontentialite*. Es decir, tengo muchísimos intereses en la vida y, entre ellos, elijo lo mejor de mi ser porque eso enaltece, favorece y es totalmente aplicable a mis emprendimientos.

La vida debe estar llena de conexiones inteligentes

En cada paso que damos, es necesario que nos detengamos y prestemos atención a lo que está sucediendo a nuestro alrededor, que nos permitamos pensar y sentir para que nuestros instintos nos guíen en la toma de decisiones, nos indiquen qué hacer, cómo, cuándo, dónde y con quién hacerlo. No todo el mundo actúa en sincronía y no todos los momentos son correctos. Cuando establecemos una relación que se ajusta a todos estos parámetros y que, además, se interesa por el beneficio mutuo, estamos hablando de conexiones inteligentes.

Este tema ha venido desarrollándose en diferentes áreas de mi vida desde mediados de los ochenta. Como ejemplo de ello, recuerdo el emprendimiento que tuve en sociedad con mi madre a mis veinte años. Yo estudiaba, jugaba tenis y trabajaba en la Embajada de Iraq en Venezuela, pero igual nos pareció una buena idea tener un restaurante. Nos complementábamos, por un lado, mamá Rosa tenía mucha experiencia y, según los comensales, la mejor sazón del mundo, y por el otro, yo estaba a cargo de la parte social y gerencial. Extendimos el amor a la cocina y a la salud a través de cursos en los que enseñábamos cómo preparar comida árabe vegetariana. En los años que trabajamos juntas ampliamos nuestra relación a otras áreas, aprendimos mucho más la una de la otra, superamos conflictos, profundizamos en el respeto mutuo y logramos lo que muchas personas desean: ser amadas, admiradas, creativas, activas y productivas.

Con confianza en el corazón, mis conexiones inteligentes se volvieron cada vez más frecuentes. En Chicago, trabajé en una empresa importadora de alimentos donde estuve solo cuatro años. Allí apliqué una conciencia activa que me ayudó a mejorar la manera en la que se comunicaban los empleados, los supervisores y el jefe. Aún hoy mantenemos el contacto, pude desarrollar una relación de amistad con el que fue mi jefe y su familia. Otra conexión de este tipo es la que mantengo con mi hermana. Somos amigas, confidentes, mentoras la una de la otra y socias. La más reciente creación y producción que llevamos a cabo juntas es la GRIT Academy, una academia *online* que resume nuestra experiencia para lograr la grandeza a través de la reconexión con nuestros recursos. Nos mueve una gran inspiración que nos ayuda a transformar con amor pleno y presencia, esto es precisamente lo que ofrecemos a nuestros participantes.

La pandemia nos obligó a reajustarnos

En 2018, mi hermana Viola y yo iniciamos el proceso de creación de GRIT Academy con la idea de llevarla al mundo en dos formatos: virtual y presencial. Nuestro objetivo era lanzar este proyecto en mayo de 2020, sin embargo, antes de esa fecha, el mundo se vio sacudido por la pandemia de COVID-19. Este tema nos tomó desprevenidas y prácticamente nos forzó a reajustarnos y adelantar el inicio. En tiempo récord, tomamos la decisión de que solo trabajaríamos con programas *online*. El primer grupo inició el curso el 19 de marzo y, desde entonces, no hemos parado. Nos hemos expandido a otros idiomas, hemos recibido participantes con diferentes intereses, culturas, edades y profesiones de muchas partes del mundo. Tenemos la apertura y convicción de que lograremos llegar a cada área del globo donde haya personas abiertas a recibir y a profundizar su trabajo personal para redescubrir su grandeza a través de sus propios recursos, inspirando y transformando su vida para mejor.

Esta época ha sido un despertar para muchas personas. Sin embargo, me he enfrentado a la incertidumbre desde hace muchos años. En mis treinta, gozaba de un presente activo y productivo, tenía una pequeña empresa, el *flotario* Acrópolis, y llevaba el Centro Rebirthing de Venezuela junto a mi hermana. Teníamos un magnífico equipo, facilitábamos formaciones sobre respiración consciente y conectada y, en simultáneo, teníamos una buena cartera de clientes en sesiones privadas. Aunque reconocía que estaba satisfecha con mi presente, sentía incertidumbre por el futuro. El hecho de no haber trabajado largos años para ninguna empresa de la cual pudiera jubilarme y de que aún no tuviera inversiones o propiedades hacía de mi futuro todo un misterioso.

La gestioné regalándome un seguro de jubilación que sería cobrado a mis sesenta y cinco años; para mí, el plan era fácil y accesible. Debía pagar un monto anual durante veinte años y luego esperar siete años más hasta cumplir la edad requerida para la jubilación en EE.UU. Esta inversión me dio paz mental hasta que, dieciocho años más tarde, me enteré de que era un fraude y que lo que tenía en manos era un insignificante e innecesario seguro de vida. Luego de un año revisando los documentos con mis abogados, nos dimos cuenta de que la mejor y más saludable acción era cerrar el caso y enfocarme en todo lo que había logrado en esos dieciocho años. Decidí seguir con mis actividades cotidianas, creando, ofreciendo seminarios, talleres, formaciones, invirtiendo en estudios y viajes, tranquilidad y paz interna. Tomé las riendas de mi futuro y lo asocié al emprendimiento.

Layla Edward

EQUILIBRIO

¡Ay, qué difícil es mantener este bendito equilibrio! En SHE consideramos que el equilibrio está intrínsecamente relacionado al estilo de vida saludable y la creación e implementación de negocios con propósito.

Las mujeres tenemos la dicha de experimentar equilibrio cuando logramos un balance en nuestra armonía femenina al ejercer cada uno de nuestros múltiples roles de manera congruente. Para ello, primero debemos ser capaces de reconocer que, en cada faceta, tenemos sombras y luces. Solo entonces podemos hablar de un equilibrio real y funcional.

Este valor es uno de los más complejos porque es un trabajo mucha constancia. En otras palabras, incluso después de alcanzarlo, debemos seguir trabajando de forma continua para mantenerlo. Esto lo logramos asumiendo responsabilidades y estableciendo las prioridades y los límites que sean necesarios.

Es preciso comprender que, con el tiempo, nuestras necesidades cambian y que, por lo tanto, el equilibrio requiere de distintas acciones de nuestra parte. En mi caso, trabajar en mí, en reconocer en qué etapa de mi vida estoy y aceptarla me ha permitido entender que mi cuerpo necesita más descanso que antes, que a mi mente le gusta cada vez más el conocimiento y que mi espíritu indomable se llena en cada ocasión en la que me conecto con su grandeza.

Combinar nuestra vida privada de mujer, madre y pareja con la laboral puede tornarse tedioso. Debemos recordar que ser capaces de mantener ese equilibrio es lo que nos lleva a gozar de cada minuto de vida. Me gusta pensar en el equilibrio como un ritmo constante similar a los latidos del corazón; sin su balance permanente entre los tiempos de contracción y dilatación, la vida no existiría. Cuando contraemos, aprendemos, descansamos y bajamos el ritmo para luego dilatar y tomar impulso, para expandirnos como la sangre por todo aquello que queremos recorrer. Con todo esto, la idea es ayudarte a comprender que para todo hay un tiempo, que muchas veces queremos seguir cuando nuestro cuerpo nos pide reposo. Como mujeres, sabemos que bailamos al ritmo del capital femenino.

Debido a los estándares de la sociedad, en algún momento me fue difícil amarme, respetarme y aceptarme por quien soy. Incluso eso requiere de equilibrio. Comencemos por mirarnos al espejo y aceptarnos con nuestras fortalezas y debilidades. Seamos agradecidas por esta maravillosa y mágica máquina que funciona a la perfección, que solo nos pide mimarla, moverla y ejercitarla para funcionar y llevarnos a lugares inimaginables.

Recordemos que lo físico no es suficiente, es importante nutrir también la mente con pensamientos positivos y con lecturas enriquecedoras. Asimismo, practicar rituales y conectarnos a través del espíritu nos permitirá ser resilientes en los momentos difíciles.

Como SHE Mujer, recuerda que mantener el equilibrio te dará las herramientas necesarias para cumplir cada uno de tus objetivos, sintiéndote totalmente exitosa.

¡En SHE estamos orgullosas de trabajar en ello, y por el solo hecho de trabajarlo, ya lo somos!

SER MUJER Y EMPRENDER.
EL CAMINO DEL ÉXITO

*El único hombre que no se equivoca
es aquel que nunca hace nada.*

Goethe

LIDIA MONZÓN

Nací mujer en el seno de una familia de hombres. Prevalecía la cultura masculina en toda la casa. Mi madre y yo reinábamos en aquel mundo. Mi padre era empresario y mi madre le ayudaba en todo. La empresa se metió en mis venas. Desde muy pequeña iba al banco a ingresar dinero, rellenaba letras de cambio, negociaba las letras, mecanografiaba escritos para la empresa de mi padre, atendía al cliente en cualquier momento del día. Siete días a la semana y todos los días del año. Todo esto fue común en mi vida y la de mis hermanos varones.

Todo aquello hizo que no fuera atendida en mis necesidades infantiles. Esto me costó lágrimas que hoy reconozco y que agradezco ya que fueron los pilares más sólidos del éxito de mi emprendimiento.

Tras estudiar la carrera de Graduado Social y mi especialización en Alta Dirección, aprobé varias oposiciones que me han permitido trabajar y desarrollar labores de puestos directivos en la Universidad de Las Palmas de Gran Canaria donde he rotado en diferentes puestos. Trabajar cercana a la educación superior me ha dado la oportunidad de conocer grandes profesionales de las ciencias y la cultura es mi otra casa. Como soy inquieta y buscadora de conocimientos decido emprender como mentora. Primero trabajo con

éxito en los aspectos: ser, hacer y tener. Lo reflejo en mi libro. *Éxito, divina cuestión* (2016), una aventura prologada por mi amigo, Felix Torán. Posteriormente se inicia la etapa de formación para emprendimiento y empresariado femenino en la que aún continúo desarrollando negocios, entrenando habilidades y herramientas desde donde planteo cómo me gusta impactar en la vida de mis clientes y ver sus vidas y sus negocios crecer.

En mi desarrollo profesional el éxito me guio al descubrir que todos logramos reconocimientos a diario pero no les damos importancia, le quitamos valor a nuestros logros y pensamos que ese lucimiento es para otros. Reconocer nuestros éxitos y cumplir sueños, hacer esa lista de anhelos e ir tachando aquellos que cumplimos, es algo que compartí con tantas personas que habían dejado de soñar. En mi largo periplo como conferenciante, durante las presentaciones de mi libro o en los talleres que he impartido, siempre he animado a las mujeres a realizar sus proyectos. Comprar la bicicleta o la guitarra que anhelan, realizar un viaje conduciendo solas por carreteras de montaña; es decir, concretar los objetivos que les parecían inalcanzables. Me emociona y me alegra cuando las escucho decir: ¡Lo logré! Recibo esas noticias como un triunfo.

Cuando te enfocas en ti mismo, tus sueños y tus retos son energía poderosa que genera más energía para avanzar en la vida. Generas ese vórtice donde todo es posible y aparece la magia de vivir. A veces pensamos que la magia es algo que llega a otras personas, mas no es así. La magia nos acompaña siempre, pero a veces dejamos de celebrar el éxito y los sueños cumplidos. Si celebramos los triunfos y la magia de la vida, nuestro cerebro genera endorfinas y serotonina y esto nos lleva a un estado chispeante y placentero. Y queremos más y más en nuestra vida. Yo creo mi realidad. ¿Cómo quieres crear la tuya?

La motivación que tuve para emprender es la misma que tengo hoy: aportar valor y sabiduría a mis clientas. Lograr que ellas potencien sus talentos. El mundo necesita mujeres valientes capaces de liderar su propia vida y su empresa.

Comencé haciendo radio, dos programas de radio a la semana que me llevaron a conocer a muchos profesionales y muchos empresarios. En esos tiempos empecé a promocionar y promover eventos para otros. Fue un gran aprendizaje, organizar traslados, alojamientos, *catering*, sonido, afiches, cartelería y todo lo que implica crear y desarrollar actividades de desarrollo personal. En ocasiones lo hice sola y en otras con una socia. Recuerdo de aquella etapa de aprendizaje a los profesionales que desfilaron por Gran Canaria: Felix Torán, Raimon Samsó, Sergio Fernández, Lain García Calvo, Angel López, Milagros Torre, Mabel Katz, Roberto Cerrada, Lola Salamanca. Fue una etapa maravillosa, me nutrí de todo lo que transmitían y logramos muchas cosas desde este pequeño sitio en medio del Atlántico. Yo estaba en mi etapa formativa hasta que un día dije: «Ahora emprendo yo». Decidí tomar riesgos y organicé mis propios talleres formativos y variadas actividades. En esa hermosa aventura llegué hasta hoy. Ha sido un camino maravilloso, no exento de dificultades. En algunos momentos estuve sola, en otros creamos acciones en sinergia con otras profesionales canarias. Promover actos y actividades es algo que me encanta, me resulta fácil partir de una idea y darle forma hasta hacerla realidad. Me gusta aportar valor al cliente.

El mundo del *speaker*, al menos cuando comencé, era exclusivamente de hombres. Eran los más contratados y escuchados. Había pocas mujeres, por no decir ninguna, en el panorama español. Han pasado años hasta que se dio la participación real de las mujeres. Yo estaba decidida a estar en el podio y sigo con mi sueño. No fue fácil conciliar mi vida personal y familiar con esta actividad. Muchas veces dije: «Lo dejo todo». Me sentía poco apoyada y comprendida, mi entorno no entendía por qué hacía esto, por qué quitaba tiempo a mi familia para participar en reuniones, *mentoring*, consultas, entrevistas, viajes y cursos. Pero yo me dije: «Sigo aquí». A veces siento la contradicción entre ser mujer y cumplir los roles de madre, hija, hermana o pareja. Todo te lleva a ocuparte de sus necesidades, a creer que sus requerimientos están primero que los tuyos. Llevamos dentro ese «eterno rol de cuidadoras».

Puede parecer que si no te ocupas de ellos, no son importantes para ti. Pero me detengo y pienso: «Ellos han elegido vivir esta vida conmigo y saben que podemos llevarlo todo juntos». Entonces, integro todos los polos, creo tiempo y sigo adelante. Así todo se resuelve y fluye.

Aprecio mucho dos cualidades del ser humano: la serenidad y la perseverancia. Aplico ambas en mi emprendimiento. La serenidad, porque aun sin conocer todos los pasos del camino a recorrer sé que me va a llevar adonde quiero, y la perseverancia diaria para cumplir mis objetivos y vivir con una gran calidad de vida mi rol de empresaria. Estas dos cualidades son claves a la hora de aplicar lo aprendido; las trasmito a mis clientes y les indico rutinas a seguir. Hay que generar tiempo extra para conseguir ser empresaria, hay que dar el «mil por ciento», como dice Alejandro Sanz. Eso se logra con la serenidad de saber quién soy y lo que quiero para mi emprendimiento. Así se adquiere mentalidad empresarial para toda la vida, desde la toma de datos hasta la planificación constante para lograr los resultados. Particularmente he visto profesionales nacer y morir al cabo del tiempo, pues el cansancio llega, se hace presente sin duda, pero la serenidad y la perseverancia son claves para trascender cada etapa del camino al éxito empresarial.

Me ha gustado siempre interactuar y aprender de los demás y para ello desde muy joven me rodeo de grupos. Como madre fui presidenta de la asociación de padres del colegio de mi hijo, una etapa bella donde junto con otras madres llegamos a lograr mejoras importantes para el colegio y para la educación de nuestros hijos. A partir de eso siempre supe que las conexiones inteligentes son las mejores cuando trabajas en equipo y todos estamos enfocados en lograr el bien común. Hoy soy miembro del club Financiero de Gran Canaria, agrupación de empresarios y empresarias de todos los sectores —eso sí, siempre con pocas mujeres—. Comparto con grandes amigos y amigas que llenan mi vida de aprendizajes, risas, viajes y buena mesa. En otro tiempo de mi vida fui rotaria, conocí los grandes valores del Rotary Club, esta asociación internacional que conoce perfectamente las conexiones inteligentes ya que ha nutrido su historia con grandes profesionales de todas y cada una de las ciudades donde trabaja. En mis viajes por el mundo —uno de mis *hobbies* favoritos—, he visto en la puerta de buenos hoteles un cartel que dice: «Acá se reúnen los rotarios de esta ciudad». En Madrid, Barcelona, Estambul, Nueva Deli… Participé en varias asociaciones de mujeres en Canarias y ahora en SHE, Hispanas Emprendedoras. De todas conservo las relaciones y las conexiones. Hoy más que nunca es importante el liderazgo colaborativo en el entorno ambiguo, volátil, incierto y complejo en que vivimos. La colaboración y la cooperación entre nosotras, las mujeres, nos llevará a un mejor lugar en la educación, la economía y la sociedad. La energía femenina aporta conciliación, diálogo, escucha y cuidado. Es el momento de participar, realizar conexiones inteligentes y crear las sinergias que nos llenan de alegría y elevan la calidad de nuestros productos y servicios como empresarias. Desde hace dos años aproximadamente soy la presidenta de la Asociación Española de Mujeres Empresarias (ASEME) Canarias y represento para Canarias también a IBWomen, Asociaciones de Mujeres Empresarias, con el objetivo de dar visibilidad, orientación legal, formación y *networking* a la mujer empresaria. Estamos en un proyecto de expansión a otras islas de Canarias, nacimos con vocación de estar presentes en todas las islas. Sabemos que nuestra voz, la de grandes empresarias de todos los sectores, ha hecho crecer los negocios casi en soledad o con apoyo familiar. En este momento crucial es importante la unión para romper definitivamente ese techo de cristal que muchas veces nos ponemos con nuestras limitaciones mentales. Y por otro lado soy miembro verificado de Mujeres Líderes de América Latina. Creo firmemente en el liderazgo colaborativo, en las conexiones inteligentes y en caminar juntos, hombres y mujeres, hacia ese lugar deseado por todos. La mayor riqueza para la humanidad sería superar todas esas barreras imaginarias que nos ponemos, superar creencias limitantes de unos sí y otros no. Todos somos seres divinos, hemos venido a expandir nuestra energía enseñando y aportando y tenemos que dejar que esto florezca sin competencia. Ese mundo que todos soñamos en comunidad no se crea desde fuera con una varita mágica, lo creamos todos y cada uno con nuestro pensamiento, nuestra palabra y nuestra emoción.

Mi mayor reto en este momento es mi lanzamiento al mundo digital, acompañada por mi mentor y el *proyect manager*. Casi todo el tiempo desarrollé mi negocio *offline*; incluso tenía despacho y zona de talleres y en este momento de simplificación opté por la digitalización. Estuve muy enfocada en el mundo local, en todo lo que acontecía en mi ciudad y en mis islas, participé de eventos, programas formativos para instituciones. Este parón que hemos tenido durante la primavera por la pandemia de COVID-19 me dio la oportunidad de analizar cuánto de superfluo había en mi desarrollo de negocio, cuánto tiempo perdía en traslados, talleres presenciales, preparación, viajes, etc. Y decidí focalizar mejor. Este nuevo camino me emociona como niña con zapatos nuevos, aprendo todo lo nuevo que ofrece el mundo digital para la formación. Es un nuevo reto para llevar mi negocio al lugar que siempre soñé. Tengo vocación de expansión. Los límites de la isla me hacían hibernar; ya es hora de salir hacia afuera. He desarrollado nuevas programas de *mentoring*, más breves pero más concretos para que mis clientes puedan desarrollar sus nuevos negocios, nuevas líneas de productos y nuevas formas de acercarse a los clientes y que mejoren sus ingresos. Estoy por escribir mi segundo libro, me apetece mucho, ya que es otro nuevo reto para mí. Gestioné este tiempo siempre con enfoque claro; sé que las noticias no son fáciles de digerir. Me siento extraña sin poder viajar y cancelando tantos eventos en los que iba a participar como *speaker*. Estas actividades están pospuestas para el año próximo aunque tampoco sabemos si eso será posible. Esto me genera un poco de vértigo pero salgo adelante confiada en que todo es perfecto y correcto aunque no lo tenga tan claro en el primer momento. Como dije antes la perseverancia y la serenidad son claves para danzar en estos momentos, hay días para rock, días para vals, días para bachata…y tú has de vivir *flow*. Lo maravilloso de este tiempo es que hemos aprendido que las conexiones virtuales son tan válidas como las presenciales, aunque nos falten los abrazos finales. Aprendimos a expresarnos, a sentirnos acompañadas, a sentirnos partes de un todo y para mí SHE ha sido un regalo que me he dado en mi vida. Participar de esta gran comunidad de hispanas con las que siento mi corazón en sintonía, no sé si por ser isleña y porque la emigración a Hispanoamérica —Cuba y Venezuela— ha sido importante en mi familia, todo esto me hizo sentir que todas somos una. La COVID-19 nos ha unido y nos ha dejado grandes aprendizajes. ¡Verdad! Si vemos la vida como un aprendizaje, nos llegan las lecciones.

Lidia Monzón

ENCUÉNTRATE CON TU LIBERTAD

Solo por oír pasar el viento,
vale la pena haber nacido.

Jorge Gil

LINA MARÍA
LONDOÑO NOREÑA

En un hermoso y soleado día de primavera del año 2007, cuando recorría la ciudad de Nueva York, me encontré sentada en una silla justo frente a la emblemática Estatua de la Libertad. En medio del bullicio de esta agitada ciudad estaba yo, con mi análisis existencial y con la excusa de estudiar inglés. Sin embargo, mi pensamiento divagaba sobre lo que era realmente importante en la vida y por qué estaba sintiendo desde hace varios meses que mi trabajo actual no me generaba el bienestar profesional ni personal que deseaba. Mi cabeza daba vueltas buscando encontrar respuestas a una manera de vivir y no solo de sobrevivir, recordando tantas conversaciones y experiencias de personas que no encontraban su lugar en el mundo y yo no era la excepción.

Decidida a ir tras mis sueños de vivir de lo que realmente me apasionaba, actuando de acuerdo con lo que dictaba mi corazón, llamé al gerente de la empresa para la cual trabajaba en aquel entonces y sin tener un plan claro, ni ahorros que me respaldaran, pero sí la confianza en que estaba actuando alineada con mi plan de vida, con mi propósito superior y que contaba con el apoyo de mis familiares y algunos amigos, decidí renunciar. Así, sin más ni más, a la hora siguiente yo ya no contaba con el sueldo que me tenía en mi zona de confort y con la creencia de que era mi única fuente segura de ingresos. Además me faltaban un par de meses para regresar a Colombia.

Había invertido mis ahorros en certificarme como *coach* ontológica y esta formación me llevó a pensar que si era tan bueno para mí, debía compartirlo con más personas. Luego con los años he alcanzado una serie de certificaciones: en *coaching* neurolingüístico, *team coaching*, *Mindfulness* y muchos otros cursos que refuerzan mi crecimiento y transformación personal y profesional.

Es innegable que mi historia familiar también tuvo mucho que ver en mi decisión; me acompañaron una madre ama de casa, soñadora, entusiasta, y sobre todo en servicio permanente y un padre que, muy joven, como empleado apalancó un emprendimiento familiar que llevó al éxito económico a mi abuelo. Mis raíces me hablaban y era imposible no escucharlas. Me lancé al vacío sin contar con una red de protección.

Al caer la noche, con la emoción por el cierre de un maravilloso ciclo profesional, me puse de pie, con mi maleta llena de esperanzas y así comencé mi camino de construcción de lo que hoy se ha convertido en mi empresa, Mayéutica Consulting, y mi marca personal Lina Londoño, con todas sus subidas y bajadas que forman parte de la vida y más aún cuando se asumen grandes riesgos como sentarse frente a la Estatua de la Libertad y darte cuenta de que encuentras el camino hacia tu verdadera libertad.

La motivación a emprender y el choque con la realidad

Al regresar a mi país y con mi nueva realidad de no tener empleo ni todo lo que esto conlleva como responsabilidades, cumplimiento de horario, reuniones, compañeros de trabajo, ni por supuesto los ingresos que tanto confort me generaban. Me encontré con la realidad de que debía tener claros:

— Un plan de acción para mi idea.

— Un capital mínimo para invertir.

— Una buena actitud que me permitiera mantenerme firme aún en los momentos difíciles.

Los dos primeros fueron relativamente fáciles de generar, mi capacidad para ordenar las ideas y realizar planes de acción es innata, está en mi interior, muy rápidamente definí el camino a seguir y las personas con las que debía contactar para llevarlas a cabo; también el dinero necesario. Muchas personas creen que la mayor limitación es el dinero a la hora de emprender, pero cuando tu propósito es claro, los recursos económicos llegan para hacerlo realidad. Sabía que nada me detendría y que lo mejor aún estaba por venir, mi fe se mantenía sólida aunque mi situación económica no tanto; fueron años de demostrarme de qué estaba hecha.

Lo importante para ese entonces, fue mantenerme conectada con la motivación inicial y no perderla de vista aun en tiempos de crisis (incluso hoy, tantos años después, al escribir este capítulo, continúo conectada con mi motivación inicial). Aquella motivación de arranque para mí, estuvo y está enmarcada en cuatro aspectos:

— Crecer y desarrollarme como ser humano.

— Poner al servicio de otros mis talentos y conocimientos.

— Generar los recursos económicos necesarios para vivir.

—Vivir de hacer lo que me apasiona y que haría, aún sin que me pagaran.

Estos cuatro aspectos no tienen un orden definido, lo que sí tienen es una interrelación, cuando vi la manera en que esa interrelación estaba conectada con mi concepto de abundancia, comencé a ver la luz al final del túnel, es decir, vi la llama encendida de aquella Estatua de la Libertad que unos meses atrás me había permitido conectar con mi motivación de sentirme libre.

El sueño continúa: ser mujer emprendedora y apalancarme en mis cualidades

Durante varios años posteriores a mi renuncia, fue necesario continuar formándome, aprender,

validarme en mi nuevo quehacer profesional. Esto implicó muchos sacrificios a todo nivel, incluso momentos de hambre y desesperación pensando que me había equivocado.

Todo cambió en el año 2009, cuando tuve la posibilidad de crear mi primera empresa de consultoría. Debía hacer una inversión y para ese entonces, lo único que tenía era mi nevera vacía y mis ganas de continuar. Tenía que elegir entre comer o invertir fue así como, con mis únicos trecientos dólares y el apoyo económico de algunos amigos, emprendí un nuevo camino: el de empresaria, con otros desafíos por delante y para lo cual tuvo mucho sentido haberme graduado como administradora de empresas.

Aquí, como alguna vez lo mencionó Steve Jobs, pude «unir los puntos». Me fue posible mirar atrás para unir mis puntos, para entender cómo todo iba tomando sentido. Mis habilidades como *coach*, mis conocimientos en administración, unidos a los valores que me inculcaron desde casa, como lo son la honradez y la transparencia, hicieron emerger en mí la tenacidad necesaria para protagonizar este nuevo rol de empresaria y soñadora.

Sí, soñadora de aportar con mi empresa un mejor servicio para nuestros clientes que confiaban en la transformación de sus empleados como único camino para lograr empresas sostenibles. Pero también soñando con generar empleo y ampliar las capacidades y oportunidades para personas que, como yo, buscaban dedicarse a su pasión y vivir de ella. Fue así como durante tres años, esta empresa me permitió compartir con grandes profesionales, contar con maravillosos clientes y además obtener el ingreso necesario para continuar viviendo de la mejor manera, la manera que imaginé desde aquel lugar un día soleado de una primavera en New York.

Lo mejor continúa y las conexiones inteligentes fueron un atajo al éxito

En el año 2011 algunos de mis socios no resistieron y decidieron no continuar con la empresa. No tuvieron la paciencia de esperar que se consolidara, que los resultados económicos mejoraran, ya que los ingresos no compensaban el esfuerzo ni la dedicación. Al mismo tiempo, nuestras relaciones se iban tornando tensas y desequilibradas. Así fue como al comienzo del año siguiente, el inminente cierre fue un hecho.

Pero espera, ¿cómo continúa lo mejor si cerramos la empresa?

Soy una convencida de que todo lo que nos sucede es un aprendizaje y que el universo tiene un principio de bondad, el cual hace que todo suceda para algo bueno y esta no era la excepción. ¿Recuerdas mi maleta llena de ilusiones luego de estar en frente de la Estatua de la Libertad? Pues bien, pensé que era el momento de regresar allí y conectarme con mi mejor versión, esa que me había descubierto como la mujer brillante, poderosa, exitosa, pero sobre todo capaz.

Ese año, luego de regresar de un viaje a la India, pasé por New York y fue la oportunidad perfecta para hacer un balance, de hacer un estado de pérdidas y ganancias, dirían los financieros. Contaba con toda mi formación y conocimiento gracias a los cursos y certificaciones que había tomado, me sentía con las herramientas necesarias para ejercer profesionalmente; tenía mi experiencia de crear una empresa, ya que toda la parte legal, administrativa y comercial la había asumido yo durante esos años, esto me hacía sentir la tranquilidad de saber cómo era y hacerlo nuevamente sería mucho más sencillo. Sin ninguna duda, todo estaba a mi favor.

Entonces comencé a crear las conexiones para apalancar todo lo que hasta ahora estaba en mi balance personal, profesional y por supuesto económico. Las conexiones a todo nivel fueron el atajo que me permitió llegar a la creación, en el 2012, de mi empresa Mayéutica Consulting, que antes de constituirse legalmente, tenía como primer cliente la empresa de *retail* más grande de mi país (con más de 38 000 empleados directos y con presencia internacional). Para mí fue la mejor señal de que todo aquello por lo que había trabajado ahora tenía sentido, que la alegórica Estatua de la Libertad era solo el principio de una empresa que me llenaría de satisfacciones y por supuesto de mejores números a nivel económico.

Años atrás, había tenido la oportunidad de dictar un programa de formación en *coaching* para una reconocida empresa; allí varias mujeres se unieron para invitarme a continuar profundizando su formación en estos temas. Nos reuníamos un fin de semana al mes durante casi un año. Cada encuentro, cada conexión, cada aprendizaje mutuo fue maravilloso.

Lo que no sabíamos era que dentro de ese grupo, estaba quién sería en el año 2012, la directora del área de gestión humana de la empresa de *retail* en la que todas las empresas de consultoría (mi competencia) querían prestar sus servicios. Ella, al enterarse de mi nueva empresa y recordando mi capacidad profesional, inmediatamente me contactó para darme la posibilidad de presentar mi portafolio de servicios. Así como ella, muchas personas más comenzaron a contratar mis servicios de formación grupal y de *coaching* ejecutivo. Son quienes me han permitido generar, además del voz a voz por mis excelentes resultados, conexiones entre diferentes personas y empresas hasta el día de hoy, sin mencionar los grandes lazos de amistad que indudablemente quedan como recompensa.

A mis conexiones con este grupo de mujeres se suman las conexiones con los *coachs* facilitadores que comenzaron a apoyarme para llevar a cabo todos los proyectos que era necesario ejecutar. Se hicieron parte de la nómina y junto con ellos y la realización de sus sueños, se realizaron los sueños de sus familias al verse inmersos en un gran equipo de trabajo en el que, conectados con un propósito superior, damos lo mejor de cada uno para acompañar a nuestros clientes a lograr sus metas y al crecimiento de cada una de las empresas en las cuales se desempeñan. Sentía que el universo entero se conectaba, para darle un toque mágico de realidad, a lo que comenzó conmigo sentada frente a la Estatua de la Libertad.

Nueva realidad, nuevos retos... un volver a comenzar, ahora digital

La incertidumbre y la transformación digital han sido otro desafío, que ha exigido mucho de mí y de mi equipo, con ellas hemos tenido muchos aprendizajes. Sigo reforzando la lección de creer en mí, en mis capacidades y reconocer que tengo un lugar en el mundo y una misión que cumplir, con eso me basta para reconocerme, comprometerme y enfocarme en lo que sí puedo hacer, dar, construir y crecer. Nuevas miradas, nuevos actores, nuevos mundos por conquistar, nuevas inversiones y por supuesto nuevos sueños de expandirnos y llegar más lejos.

El cambio de Mayéutica Consulting y ofrecer los servicios de manera presencial a convertirnos en Mayéutica Digital no solo llegó con la pandemia, sino también con la muerte de mi madre. Fueron momentos muy difíciles que me llevaron a detenerme en toda mi tarea profesional, para dedicarme a ella y acompañarla en su enfermedad terminal. Esto me sumó más aprendizajes que me dan la fuerza para seguir adelante, porque ella siempre me enseñó la importancia de ir tras mis sueños y que, más importante que el dinero son las relaciones y el servicio a los demás. Por eso, una vez vivida esta pérdida irreversible y dolorosa, retomo con más fuerza mi reto de trabajar virtualmente.

Tuve que acelerar el proyecto digital que venía trabajando meses atrás y tomar decisiones radicales para esta nueva forma de llevar el negocio, que además me puso a prueba frente a la decisión de aprender y reinventarme en la manera de relacionarme, de vender, de diseñar y ejecutar los cursos de formación grupal y de hacer las sesiones individuales. Ahora cada acción que emprendo virtualmente, la hago conectada con mi propósito, para que cada *post*, cada video, cada curso, cada correo electrónico esté lleno de mi energía y mi amor, con la esperanza de inspirar a la transformación de todos nuestros clientes y seguidores. Todo esto lo hago en compañía de mi familia, a quienes agradezco el apoyo que ha sido determinante para avanzar.

Esta pandemia me ha dejado grandes enseñanzas;

una de ellas es a adaptarnos y volver a las cosas simples, a reconocer el poder que tiene el hacer cotidiano, la familia, el respeto por la diferencia y el cuidado propio y de quienes nos rodean. Estoy segura de que podemos más cuando nos reconocemos en nuestras habilidades, destrezas y recursos individuales para construir en conjunto, ya que somos parte de un gran *todo* del que todos somos responsables.

Creo que el camino en esta nueva era digital y en medio de una pandemia, está en mirar de nuevo hacia nuestro interior, en reconocer el valioso aporte que cada uno tiene para hacer y vivir de la pasión y del servir, porque creo que es posible soñar y hacer realidad los sueños, tal como lo hice yo hace muchos años atrás, cuando comencé a actuar. ¿Si no eres tú, quién?, ¿Si no es ahora, cuándo?, ¿Si no es aquí, dónde?

A ti que me lees, que te interesaste por mí y que me diste la oportunidad de compartir mi historia, quiero contarte que sigo tan motivada como la primera vez, hoy con más herramientas, más preparación, más experiencia, más conexiones y sobre todo, con un mundo de oportunidades que me brinda la virtualidad, para continuar apoyando y aportando desde cualquier lugar del mundo.

Creo en este encuentro construido por la conexión energética de este capítulo y las palabras que aquí escribo para conectar de corazón a corazón.

Creo en el poder que tenemos como mujeres interconectadas compartiendo conocimientos y más en esta era digital.

Creo en mí.

Creo en ti.

Espero que mi historia te inspire para encontrar tu propia llama de libertad.

Lina María Londoño Noreña

DE LA FANTASÍA A LA REALIDAD

Ama y haz lo que quieras.
Si callas, callarás con amor;
si gritas, gritarás con amor;
si corriges, corregirás con amor,
si perdonas, perdonarás con amor.

San Agustín

LOLA VILLAESCUSA

Soy Lola Villaescusa y siempre tuve una vena creativa. De pequeña, solía jugar a las muñecas y creaba largas historias en las cuales cada una de nosotras tenía un rol, una personalidad y un estilo definido. Frecuentemente, actuaba como una profesora cuya responsabilidad era estar al cuidado de todas esas muñecas alumnas que estaban sentadas a mi alrededor. Mi mundo de fantasía estaba lleno de detalles. A cada una le asignaba un nombre, una personalidad y una carrera y, de acuerdo a ello, elegía cómo peinarlas, maquillarlas y vestirlas. Supongo que este fue el inicio real de mi carrera en la moda, algunos dirían que fue el momento en el que conocí mi vocación. Como era de esperar, años más tarde, este mundo fantástico se convirtió en mi mundo real. Me formé como diseñadora en moda y estilismo y desarrollé sin ser consciente esa misma figura del cuidado a la mujer.

Mi trabajo consistió por muchos años en vestir personajes ficcionales para crear la imagen de una marca. Al comienzo trabajé con grandes marcas del mundo audiovisual y con el pasar del tiempo también vestí a diversas celebridades. Siempre asigné roles a través de la imagen, vistiendo personas que necesitaban darle vida a un personaje de la ficción con un mensaje concreto. Como dije antes mi juego se convirtió en mi oficio y, al igual que esa niña del pasado, mi presente sigue a cargo de la creación, a nivel de imagen, de nuevos personajes.

Hace diez años, tras una experiencia traumática en mi vida, decidí formarme en terapia sistémica, descodificación biológica y comunicación no verbal. En otras palabras, comencé a enfocarme en el área del autoconocimiento a un nivel más formal. Por un tiempo trabajé con el área interna y externa por separado, hasta que un día me pareció que lo más coherente era unificar esos dos mundos y ahí empezó mi camino hasta el día de hoy. Me encanta trabajar desde el amor, conectarme con toda esa vibración de mi consciencia y estar presente para mí y para el otro. Cuando encontramos ese lugar en nuestras vidas sucede la magia, la sanación y el cambio. Con esa idea como base he creado mi propio método, Atrévete a brillar, donde uno esa parte interna del ser, del autoconocimiento y de la conciencia, con esa parte externa de nuestro ser consciente o, como también me gusta llamarla, con esa arquitectura de nuestra identidad.

En mi paso por la vida enfrenté tantas dificultades como cualquiera. Sin embargo, me inclino a pensar que todo tiene un propósito y cuando el mundo se ve color de hormiga debemos recordar que lo mejor aún está por venir y que esa experiencia solo nos preparará para saber aprovechar las futuras oportunidades que se nos presentarán. A pesar de los tiempos de incertidumbre en los que vivimos, hoy me considero una mujer abundante porque puedo dedicar tiempo a mi familia, a mi persona y al trabajo. Sigo construyendo y creciendo en mis proyectos.

El amor es la fuerza que mueve al mundo

Hay un sinfín de maneras de ayudar al mundo, pero todas deben nacer desde el amor para ser realmente efectivas. La motivación más grande que alguien puede tener es el amor, el deseo de ayudar al otro a despertar y a evolucionar, y la posibilidad de compartir todo lo que se ha aprendido con la experiencia. En mi caso el amor se ha convertido en ese motor que me anima a emprender. Cuando nace en nosotros esa fuerza interior tan grande, esa vibración que nos llena, es importante saber emplearla adecuadamente porque nos lleva a querer compartir, crecer, evolucionar, ser generosos y sentirnos siempre abundantes.

La exploración del ser y del crecimiento personal no es un interés reciente en mi vida. Cuando tenía aproximadamente veintidós años conocí a dos personas en mi trabajo, una maquilladora y un peluquero, con quienes hice una conexión inmediata. A pesar de la diferencia de edad, solíamos hacer vida social los tres juntos. Un día, mientras la maquilladora aún estaba enfrentando el proceso de separación de su pareja, tuvo un accidente que la llevó a analizar su vida y a tener un despertar de su consciencia. Más por acompañarla que por un interés personal fuimos a la montaña a hacer un taller donde se trabajaba el chamanismo. En un principio me sentía fuera de lugar, pero con el transcurso de la actividad noté que yo también lo necesitaba y cambié, logré sanar y conectarme conmigo. A partir de ese momento mi estilo de vida comenzó a reflejar mi cambio interno y a los veinticuatro años abrí las puertas de mis primeras escuelas de yoga y de terapias alternativas. Esto sin abandonar el mundo de la moda. Me mantuve con un pie en cada mundo, en el lado consciente del ser, trabajando tanto el aspecto interno como el externo. En un punto del trayecto tuve que elegir y me quedé con el mundo de la imagen y la moda.

Hace diez años tuve una experiencia personal bastante traumática. Esa situación negativa se convirtió en un punto de inflexión que me ayudó a hacer un cambio en mi vida y a formarme en un área que siempre me pareció importante, el conocimiento y la evolución del ser. A través de mi emprendimiento busco romper esos paradigmas que insisten en hacernos creer que la moda es banal y superficial. Con mi proyecto, Atrévete a brillar, demuestro que ambos aspectos son importantes y que además van de la mano. Simplemente ayudo a las personas a mostrar una coherencia entre lo que son y lo que transmiten, aceptando que todo cambio externo es vacío si no se acompaña de un cambio interno. Con este emprendimiento, a pesar de las dificultades y desde donde lo quiero hacer, elijo compartir con gente que está en mi misma frecuencia. Estamos viviendo un momento de cambio global y yo espero aportar mi granito de arena al influir en ciertas personas que, muy probablemente, luego irán influyendo en otras. Es un efecto en cadena, porque confío que el amor retroalimenta, es especial cuando estás conectado a esa energía.

La coherencia nos une

Soy una mujer actual, tengo muchos roles. Los principales son el de mamá, compañera de vida, hija y profesional. Todos coexisten en mí sin ningún problema porque sencillamente reflejan mi corazón en cada contexto. Intento llevar esos roles de la mejor manera posible, busco siempre el equilibrio y me adapto a una nueva manera de funcionar que es mucho más acorde a quién soy. Me parece que lo realmente importante no es lo que nos diferencia sino lo que nos une y, en todas estas facetas, existe un hilo conductor y una coherencia que parten de mis principios y valores. Obviamente, hay partes de mí con las que no me siento tan cómoda, por ejemplo, antes de la pandemia pensaba que estaba en una muy buena posición a nivel profesional y descubrí que había una parte de mí que estaba enfadada porque se sentía saturada. Cuando las circunstancias nos llevan a notar estos aspectos negativos, tenemos la oportunidad de reaccionar, cambiar y evolucionar.

Una parte mía reivindica a la mujer con mucha fuerza. Tengo muchas metas y para abarcar todo lo que me propongo necesito la colaboración de mi familia. Uno de mis retos más evidentes es la organización de mi tiempo. Sería imposible cumplir con todo sola, pero con la ayuda de mis seres más cercanos, poco a poco voy alcanzando los objetivos. Sé hacia donde quiero ir y mi familia me entiende y me da energía. Su apoyo, en todo sentido, especialmente a nivel emocional, me mantiene fuerte, enfocada y libre. Esta última característica es clave en mi vida, porque me gusta vivir con gran libertad y disfruto al trabajar apasionadamente en cada proyecto. No es necesario tener una vida perfecta de fantasía para ser feliz, simplemente hace falta vivir en coherencia con quienes somos ya que eso nos permite respetarnos y respetar nuestro entorno.

Otra faceta importante, ya en un nivel más profesional, es la de maga. Sí, así exactamente es como me siento, como una maga. Detrás de toda una escenografía, los involucrados son personas que sienten y padecen. Yo tengo el don de observar y percibir, sin palabras, lo que le sucede a cada uno de los presentes y, en un instante que solo puedo describir como mágico, muevo las piezas y pongo en marcha un plan que satisface las necesidades específicas de cada uno, evidentemente en relación a la imagen y mejora del ambiente. Me tomó cierto tiempo desarrollar esta habilidad, pero la experiencia ahora me permite moverme como pez en el agua y la mejor parte es que lo sigo disfrutando. Gracias a todo lo que he vivido, logré encontrar la manera de acompañar a las personas para que, de forma consciente, generen una arquitectura del ser a través de la imagen. En palabras más simples, mi trabajo es conseguir que todo lo que transmitimos tenga una coherencia con lo que somos, y eso va más allá de la ropa que nos ponemos, también se trata del lenguaje no verbal y la imagen en los distintos medios en los que nos presentamos.

El último rol que mencionaré es el de mujer emprendedora. Esta palabra es relativamente nueva, pero yo creo que siempre fui emprendedora. Desde muy pequeña, indagué y curioseé mucho, nunca me conformé y estoy muy agradecida porque siempre tuve la oportunidad de hacer aquello con lo que me siento afín. Admito que hay días difíciles, pero cada paso que doy me permite clarificar los conceptos preestablecidos y redefinir lo que es el éxito en mi vida.

La colaboración es un acto de generosidad

Toda la vida fui una mujer muy independiente, pero aprendí que, si promovemos conexiones inteligentes, los resultados que obtenemos nos brindan gran satisfacción. En mi opinión, una conexión inteligente es aquella en la que las dos partes ganan y crecen en igual proporción. Esta es la cultura que se promueve en SHE y mi experiencia allí fue muy positiva porque armoniza con esos principios que siempre intenté aplicar en mi vida y en mis proyectos ¿Por qué competir entre nosotras cuando podemos compartir un liderazgo colaborativo que beneficie a ambas partes?

En SHE se generó una magnífica energía de movimiento de la cual todos nos hemos nutrido. Cuando esto sucede todo fluye de una manera diferente, con una comodidad interna especial que permite el nacimiento de nuevas ideas, y en un modelo de negocios dicho proceso de creación colaborativa trae consigo el éxito. SHE logró establecer una red de conexiones que ofrece apoyo consciente y genuino a sus integrantes. Tal como funcionaban las tribus, en un círculo donde había una red que permitía el sostén de los unos a los otros y donde los líderes se desarrollaban desde una posición de respeto.

En esta misma línea de ideas es importante destacar que la generosidad es la base de una relación positiva. Esta es una cualidad que habla mucho del amor que hay en ti, de la nobleza de tu espíritu. Yo funciono y me muevo desde unos valores que me hacen ser como una niña que actúa desde la consciencia, la inocencia y el entusiasmo. Cuando vivimos desde la generosidad, desde el amor, cuando somos fieles a nuestro estilo de vida, la abundancia simplemente llega. Hay que confiar en la vida y dar una oportunidad a las personas. Debemos internalizar que siempre hay momentos de dificultades que deben ir seguidos de un proceso de sanación y comprensión. Recordemos que todas las experiencias nos fortalecen y nos hacen conectar con esa fuerza interna.

Todo cambio trae oportunidad

Toda la vida está llena de incertidumbre y la única manera de disminuir las preocupaciones y el estrés que esa inseguridad provoca es enfocarnos en vivir el presente y aceptar que todo cambia y evoluciona. Al principio de la pandemia, me sentía muy bien, traté de ver el lado positivo y me emocionó tener tanto tiempo para mí, para mi familia y para mi hogar. Tres meses después, me sentí bloqueada física y emocionalmente. A la incertidumbre se le añadió un problema de salud. Al final resultó ser una crisis originada por la desconexión. Entendí mi problema, empecé a moverme a un ritmo diferente y con una conexión diferente. Me permití tocar fondo en una situación que pedía una transformación personal, lo superé y me fortalecí. Ahora me siento con más capacidad de comprender el dolor y las transformaciones para ayudar a otros.

El mayor reto durante este período fue darme permiso para transformarme en tiempos de incertidumbre, para aferrarme a lo interno y conectarme. Cuando lo vemos de esta manera, terminamos por entender que toda incertidumbre se convierte en oportunidad. Creo que debemos ser agradecidos y darnos cuenta de que, incluso en la pandemia, hemos estado llenos de comodidades. Vivir una pandemia hace cien años era todo un desafío, una prueba a la paciencia y a la estabilidad física y mental. En la actualidad, sin ignorar todo lo negativo que ha ocurrido, tuvimos el lujo de poder trabajar desde casa, compartir el tiempo con nuestros familiares, hablar con ellos y sentirlos cerca. Hay que saber apreciar y agradecer las posibilidades que hoy tenemos.

Hoy me considero una mujer abundante porque, aun en tiempos de pandemia, tengo salud, me alimento bien, me cuido, hago yoga, nado en las mañanas, construyo y sigo creciendo en mis proyectos. Es cierto que tuve que modificar mi vieja rutina, la forma de mis proyectos, pero puedo avanzar, y sé que, así como aquella experiencia traumática de hace diez años me trajo a donde hoy estoy, todas las dificultades de este año solo son la antesala de algo muy bueno que está por llegar. Percibimos así todas las adversidades porque nos hacen salir de nuestra zona de confort. Cada situación me hizo tomar decisiones que no pueden desequilibrarme porque actúo en paz y desde mi lugar, desde mi foco. Supe aprovechar mi tiempo y creé una serie de talleres y programas que forman parte de mis planes para el 2021. Sentirme en paz y conectada puede ser una bendición. En palabras de Hermann Keyserling: «La vida es un constante proceso, una continua transformación en el tiempo, un nacer, morir y renacer». A veces es necesario que una etapa muera, para renacer en una mucho mejor, más bonita y llena de más colores.

Lola Villaescusa

SÍ, SE PUEDE

¡Hazlo! Y si te da miedo, ¡hazlo con miedo!

Nerida Centeno

LOURDES SERRA

Mi nombre es Lourdes Serra Novo, soy madre de tres hijas, nací en Argentona, un pequeño pueblo de Barcelona, en una familia humilde, sin recursos y con muchos miedos generados por la muerte de un hijo y por haber vivido una guerra y una posguerra muy crueles. Crecí bajo una gran sobreprotección que se veía potenciada por el hecho de ser mujer. Desde muy temprana edad, específicamente desde mi adolescencia, sentía la necesidad de expresarme de manera artística en todos los campos posibles, ya fuera la danza, el dibujo o las artes escénicas en general, pero carecía de constancia. Solía abandonar estas actividades que tanto me apasionaban, las hacía a un lado para enfocarme más en la idea de ser una hija modelo. Para no defraudar a nadie y probablemente por la poca confianza que tenía en mi parte creativa, de una forma u otra, siempre terminaba abandonando distintos proyectos y continuaba en la búsqueda de aquello que me llenara.

Me formé en la Royal Academy of Dance de Londres, también en La Casona, una escuela homologada de teatro en Barcelona, obtuve un título en Pedagogía y Psicomotricidad en la Asociación de Maestros y otro en Educación Física y Deporte. Además, me gradué como entrenadora de gimnasia general, dietista y nutricionista. También hice un curso de liderazgo y motivación para equipos de trabajo en empresas TIC y tuve varias formaciones en biomecánica clínica y biomecánica de la marcha. En conclusión, vivía en una continua búsqueda y me entregaba de lleno a cada nuevo proyecto, tanto a nivel académico, como profesional y emocional.

En todas estas áreas me he sentido muy cómoda y a pesar de no permanecer en ninguna de manera definitiva, siempre aprovechaba mi momento en cada una de ellas para aportar todo lo que podía ofrecer. Por muchos años, trabajé con niños y descubrí que la educación me mueve porque me brinda la oportunidad de ofrecer lo que voy aprendiendo. En ese entonces, no se trabajaba la motricidad o la expresión corporal, así que busqué las herramientas y las comencé a aplicar con un grupo de niños. Presenté un proyecto y, como en ese momento no había actividad física en la escuela, me dejaron un espacio que sirvió de base a mi carrera. Buena parte de mi vida profesional ha estado vinculada a la salud en la aplicación de los buenos hábitos en el deporte, el ocio, la alimentación, las artes escénicas y a potenciar las habilidades de mis alumnos.

Mi primer emprendimiento surgió años después con quien era mi marido en ese entonces. La labor que había estado realizando con los niños, empecé a llevarla a cabo en un club privado de actividad física que, poco a poco, fue creciendo hasta llegar a un nivel extraordinario. Más tarde, inicié un nuevo proyecto con el objetivo de aplicar la tecnología a los procesos de rehabilitación. Lo que comenzó como un sueño, se convirtió en una empresa enorme y compleja, hasta el punto de que dejé de disfrutar con lo que hacía. Agotada de sostener la situación, decidí salir del proyecto y tomarme un año sabático. Permitirme sentir me ayudó a reconectar con mi espíritu creativo y encontrar lo que siempre estuve buscando. Actualmente, utilizo la poesía y la fotografía para expresarme, respiro la vida y dejo que la vida me respire y he descubierto que todo puede ser mejor de lo que es.

Mi visión del mundo siempre ha estado llena de esperanza, tengo vocación de desarrollo y de servicio. Cuando tenemos la habilidad de imaginar las cosas como deberían ser, conformarnos con lo que son es un poco complicado. Tanto con los niños, la danza y la actividad física como con la escritura y la fotografía, mi misión es la de ser más que una educadora; soy una buscadora nata y toda mi investigación se centra en potenciar la capacidad de hacernos preguntas que nos ayuden a despertar la consciencia.

El emprendimiento me da la oportunidad de crear, de ser pionera, de aventurarme a innovar para mejorar el presente; me mueve la necesidad de colaborar desde lo que tengo para ofrecer. Con cada proyecto se abre una nueva puerta, un camino distinto para hacer una propuesta diferente, innovadora y mucho mejor que me permite ampliar la visión que se tiene en ese momento de un entorno determinado. Me encuentro en un proceso de retroalimentación constante que me motiva a ser colaboradora y a seguir aportando.

Después del emprendimiento en el club de actividad física, pasé por una decaída a nivel personal. Me sentía muy cansada, pero igualmente busqué una manera de resurgir. Era el momento de enfocarme y de tomar una decisión: ¿seguía por el mismo camino del arte y la actividad física o iniciaba un viaje por otro rumbo? Fue ahí cuando tomé más consciencia de la tecnología y surgió la idea de comenzar a aplicarla en los procesos de rehabilitación para que estos no fueran tan tediosos. Decidí orientarme hacia un sector más enfocado en la salud. Era totalmente distinto a lo que había vivido hasta entonces y en un principio me sentí perdida.

No obstante, puse a trabajar toda mi creatividad y eso me ayudó a mantenerme firme. Me atreví a indagar en un mundo que en ese momento no existía y a ser pionera en un campo desconocido. Con el paso del tiempo, me fui formando y mis nuevos conocimientos me ayudaron a adquirir más confianza en mí. Fui fiel a mi creencia de que donde hay pasión, no hay lugar para el miedo y dejé que la pasión me impulsara. Este proyecto llegó a ser una patente intelectual y tomó una gran dimensión.

Me entregué de lleno, consciente de que había que darlo todo o no hacer nada. Invertí todo y creé una empresa, unos laboratorios para la valoración del daño corporal por accidentes de tráfico o laborales. Esta empresa se hizo tan grande que llegó un momento en el que me sentía inmersa en una locura de la cual quería salir, ya no tenía el mismo sentido que en sus comienzos. Esta situación, sumada a que no acerté con el socio y esto me llevó a perder toda la inversión realizada, me obligó a replantearme mi vida. Una vez más, me fui y continué en la búsqueda de mi lugar en el mundo.

Me tomé un año para sentir, era todo lo que necesitaba, y comencé a escribir. Hice un curso que me llegó en el momento perfecto. Me ayudó a darme la importancia que merecía y me llevó a pensar y sentir que era capaz. Se me hacía muy difícil encontrar las palabras para expresarme, pero a pesar de mis muchos nervios, empecé a escribir poesía. Al mismo tiempo, descubrí mi habilidad y pasión por la fotografía y ahora me siento orgullosa de decir que escribo poesía con palabras y con una cámara. Estas dos nuevas pasiones me llenan profundamente y me han permitido ver una parte de mí que estaba dormida. Finalmente he encontrado mi camino y he aprendido que todo llega cuando estamos preparados para recibirlo. Toda mi experiencia me condujo hasta aquí.

Hoy en día, puedo utilizar mi cámara para introducirme en mundos nuevos y soy consciente de que tengo una habilidad especial para ello. Hace poco tiempo, alguien me felicitó porque en mi fotografía empleaba una técnica japonesa que es muy difícil de encontrar, me impactó su comentario porque la realidad es que para mí es algo natural y espontáneo, no aprendido. Estos proyectos son mi manera de canalizar, de proyectar con imágenes «un todo» muy concreto, pero a la vez con mucho fondo. A través de la poesía y de la fotografía, soy capaz de encontrar las palabras y las imágenes idóneas para expresarme. Aunque en este momento, lo que más me mueve es la fotografía, pronto publicaré un libro de poesía que marcará el cierre de un ciclo.

Hoy acepto mi lado masculino

Para cualquier mujer, desarrollarse profesionalmente en un rubro principalmente masculino es todo un desafío. Durante muchos años, trabajé en el área de la salud y la tecnología y, de cierta manera, me sentía un poco intimidada por un contexto muy masculino. Creía que para ser exitosa en el rubro tenía que poner en marcha mi parte masculina y así poder encajar. Esto no me hacía sentir cómoda, ya que a mi manera de ver, todo lo masculino era violento, autoritario y simple, pero eso no necesariamente es así. La vida se ha encargado de demostrarme que soy una mujer muy femenina que tiene la capacidad de equilibrar sus herramientas femeninas —totalmente válidas— con la acción y las herramientas masculinas que se requieran. Sin embargo, llegar a este punto fue todo un proceso, quizás el mayor reto al que me haya enfrentado.

Después de mucho tiempo de trabajo interno, soy capaz de aceptar mis valores femeninos sin tratar de convertirlos en masculinos para ser aceptada. Esta fue una práctica común en todas mis facetas como mujer, madre y emprendedora. Considero que es una actitud inconsciente que les sucede a muchas mujeres al tratar de abrirse camino en un mundo de hombres.

Recuerdo que una vez escuché contar a una joven empresaria que trabajaba con ocho hombres en su equipo y no se sentía valorada. Tenía que hacer un gran esfuerzo. Cuando me acerqué para hablar, entendí que ella había adaptado su postura para ser aceptada. Había transformado su energía en una energía masculina y esto le generaba los resultados opuestos a lo que buscaba. Debemos aprender a confiar en que tenemos lo suficiente como mujeres y que, cuando actuamos con nuestras propias herramientas, dejamos de ver hombres y comenzamos a ver personas que trabajan en un equipo.

Siempre me he caracterizado por ser una persona muy empática y por disfrutar con el servicio a los demás. Es innato en mí el superarme, aprender y ofrecer mi mejor versión en todo lo que hago. Me gusta identificarme con una causa y colaborar para sacar adelante un proyecto.

Como confío en mí y en lo que hago, puedo tener una idea y transmitirla con pasión para así motivar a otros a que, juntos, hagamos el milagro. Otra cualidad que me caracteriza como ser humano es la curiosidad, las ganas de aprender, de investigar, de ser siempre alumna. Por último, considero que una de mis mejores cualidades es mi sensibilidad. Esta me hace muy fuerte y se complementa perfectamente con todo lo demás para obtener mejores resultados en mis emprendimientos.

Cuando colaboramos, los resultados son más satisfactorios

Para mí, una conexión inteligente tiene lugar cuando cada parte es igualmente respetada y aceptada. En este tipo de relaciones, todos suman en un ambiente donde cada voz y cada opinión son escuchadas para que el objetivo final se convierta en una realidad. Es indispensable crear un equipo en el que se tenga en cuenta la opinión del otro y se camine de la mano hacia un mismo destino. Cuando el ambiente es el correcto, todos ganamos y nos sentimos felices de ver cómo cada uno alcanza el éxito mientras nos acompañamos en el camino.

Creo que mi mejor experiencia de liderazgo colaborativo se remonta a un espectáculo que hice hace muchos años en mi primer emprendimiento, el del club de actividad física. Allí pude aplicar todo el conocimiento que había acumulado en tantos años de trabajo con niños, teatro y danza. Comencé a hacer diversas coreografías y, cuando el proyecto llegó a su fin, organicé un acto que logró englobar todo y que cerró con broche de oro un hermoso ciclo que quedó en cada uno de los que participamos y nos comprometimos durante un año de trabajo intenso.

Cuando sabemos que estamos haciendo las cosas bien, los resultados siempre generan gran satisfacción. En ese momento éramos alrededor de veinte personas actuando en un espectáculo de una hora. Era un show variado, lleno de danza, teatro, expresión corporal y música. La idea y la organización fue mía, pero necesitaba de un equipo para ejecutarla. Éramos un grupo muy diverso en el que nadie se dedicaba a esto como profesión y, por lo tanto, les era difícil creer en las enormes cualidades que yo sabía que tenían. Poco a poco, fue surgiendo el acompañamiento, cuando alguien se sentía poco capaz, el resto colaboraba para que el espectáculo tuviera lugar. Aprendimos a confiar los unos en los otros y a apoyarnos en todo el proceso. Está de más decir que con un ambiente tan maravilloso, el resultado, fruto de tanto compromiso colectivo, fue simplemente precioso y todos lo sintieron así.

He tenido muchas y buenas experiencias de este tipo, compartiendo pasión. He participado activamente en más de cincuenta eventos internacionales centrados en los beneficios de la actividad física, colaborar con varios traumatólogos en protocolos para la rehabilitación de diferentes patologías y *medical fitness*. Sin embargo, el ejemplo que me parece más apropiado es el del espectáculo que acabo de mencionar.

La vida equivale a cambio e incertidumbre

Actualmente, el mundo está sumergido en un miedo terrible, se teme al cambio, a la incertidumbre. Pero debemos entender que la vida es incertidumbre y la manera de enfrentarla depende de nuestra actitud. Es necesario comprender que —nosotros y el mundo entero— somos cambio y no podemos permitir que el miedo nos paralice, nos estanque y nos amarre al presente impidiéndonos salir de nuestra zona de confort. Cada época nos deja una enseñanza y esta no es la excepción.

Hay un aprendizaje de nuestra relación con el universo, con el mundo y con las personas que es mucho mayor que la que estamos realmente asumiendo como seres humanos. Durante muchos años he escuchado hablar de que todos sumamos y que la colaboración es lo que va a mover al mundo, pero no lo hemos estado viviendo así dentro de las empresas. La situación actual nos está llevando precisamente a eso, a convertir en realidad una práctica que hasta hoy había sido solo teórica. El mundo nos está dando una nueva oportunidad para crecer y evolucionar, y

debemos tener la fortaleza y la disposición para aceptarla.

Desde mi posición como individuo, trato de no centrarme en grandes hazañas sino más bien en pequeños gestos que dependen de mí y que, al hacerlos, repercuten en mi entorno para intentar minimizar el efecto del miedo. Además, nunca he dejado de trabajar en equipo y de ponerle pasión a lo que hago sin importar su dimensión, solo he aprovechado para darme tiempo de vivir el presente sin juzgar. Actualmente, lidero un nuevo proyecto personal y de vida: comunicarme con el mundo a través de mis fotografías y de la poesía para compartir mi forma de ver, sentir y respirar la vida.

Tenemos que atrevernos a actuar a pesar del miedo, evitar el hecho de posponer aquello que deseamos hacer porque nos sentimos acechados por él, porque el miedo no nos abandona hasta que nos enfrentamos a él. Hoy me siento en paz, en calma, confío en mí, sé que puedo lograr lo que me proponga y puedo hacer mi camino gracias a que he sido capaz de reconciliarme conmigo y descubrirme en lo que hago. Emprender es precisamente eso, iniciar un proyecto hacia ti misma; cuando lo consigues, llega la paz y también la estabilidad física y mental; vives en coherencia.

Lourdes Serra

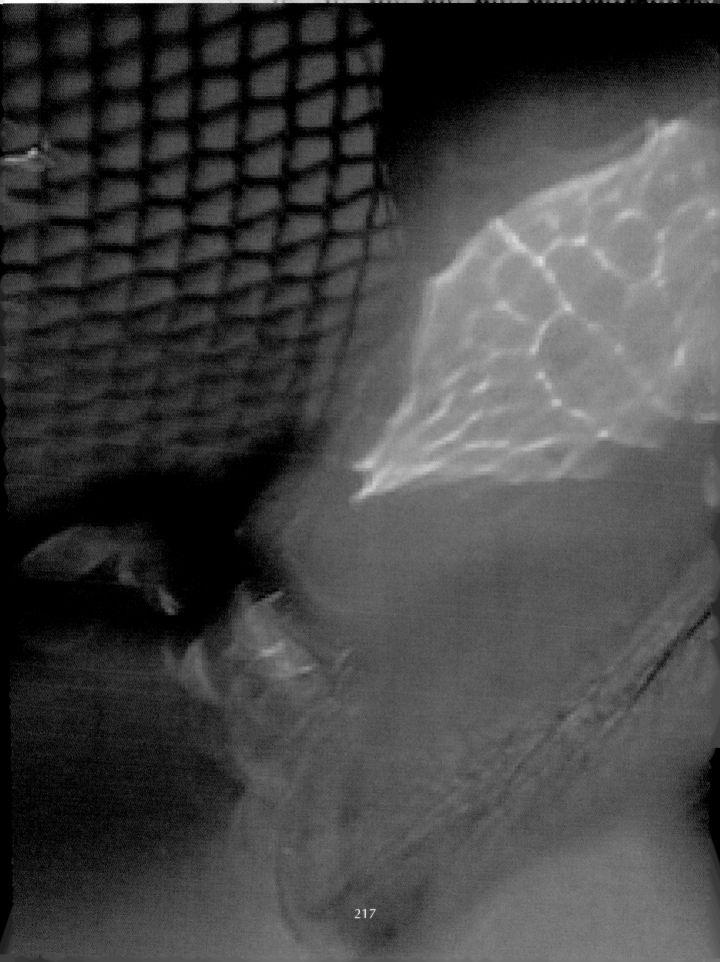

NUESTROS TIEMPOS LOS DECIDIMOS NOSOTROS

El mayor riesgo es no tomar ningún riesgo.
En un mundo que cambia realmente rápido,
la única estrategia que tiene garantizado
fracasar es no tomar riesgos.

Mark Zuckerberg

LUCÍA ALLENDE

Los humanos somos seres naturalmente sociales y eso siempre nos lleva a querer encajar dentro de una sociedad. En general, esto no es un problema porque nos permite coexistir, organizarnos y trabajar por un bien común. El inconveniente surge cuando los estereotipos se vuelven impositivos. Vivimos en un mundo muy cambiante y debemos aceptar que la evolución trae consigo libertad y crecimiento personal y social. Mi nombre es Lucía Allende, nací en Arica, Chile, pero a muy temprana edad, emigré con mis padres a Europa. Aquí crecí, estudié y di mis primeros pasos como profesional. Toda mi vida fui una emprendedora aguerrida, luchadora, perseverante y sobre todo, decidida. Creo fielmente en que son nuestras acciones las que nos definen y en que nadie más que nosotros puede poner un límite a nuestros sueños.

En la actualidad, tengo cuarenta y cinco años y estoy embarazada de mi primer hijo, algo poco común e incluso poco recomendable de acuerdo a ciertos parámetros sociales. Yo opino diferente y, como con todo en mi vida, abrazo esta etapa con la seguridad de que es mi momento para ser madre y de que soy completamente capaz de cumplir con el nivel de compromiso que esta nueva fase requiere, pero igualmente a mí manera. Día tras día escuchamos hablar sobre nuestro reloj biológico y de todo lo que

él implica. La sociedad trata de ejercer presión sobre nuestras decisiones y nuestros tiempos pero, sin ánimos de ser rebelde, considero que no debemos precipitarnos y resignarnos a vivir de acuerdo a paradigmas que quizás no nos hagan felices. Las mujeres no estamos obligadas a poner una fecha para ser mamás o a cuál es el mejor momento para estudiar y hacer una carrera. Nosotras tenemos todo el derecho a vivir nuestras etapas en función de nuestras prioridades y solo hacer lo que nos haga felices en cada una de ellas. Muchas veces, cedemos ante la presión y nos olvidamos de nuestras muchas capacidades y de esa fortaleza interior que tenemos. Los objetivos pueden cambiar de tanto en tanto y eso está bien, pero debemos entregarnos por completo a cualquiera que sea la meta en nuestro presente.

Como profesional tuve una carrera extensa. Estudié Economía y Administración de empresas en Holanda, siete años después me interesé también por el mundo de los negocios inmobiliarios y me formé en Bienes Raíces. Más tarde me mudé a España e hice una maestría en Negocios Internacionales y Comercio Exterior y, en 2018, obtuve mi título en psicología positiva. Cada área de estudio marcó una etapa laboral en mi vida y, por ello, tengo experiencia en todos los sectores en los que me interesaron. Siempre tomé riesgos y luché por mis objetivos, sin escuchar a quienes me quieren desanimar. Al día de hoy, me describo como defensora de los derechos humanos, feminista, oradora internacional, autora sobre el liderazgo femenino justo y eficiente, apasionada por el arte y el diseño y, además, de personalidad curiosa y tenaz.

Cada etapa tiene una motivación distinta

Uno de los aprendizajes que dirigió mi actuar es que la mujer que nunca se arriesga es la que pierde siempre, ya que la que se atreve a arriesgar enfrenta la posibilidad de perder. Yo me considero una mujer valiente y agradezco a mis padres el haberme enseñado a través del ejemplo que para progresar en la vida hace falta tomar riesgos. En el pasado, mi principal motivación era crecer. Tenía claro que debía emprender, pero aún no estaba definido el cómo. Quería viajar, tener una casa propia y cumplir todos mis sueños y, obviamente, para ello debía trabajar. Con tan sólo veintiún años empecé con un proyecto pequeño, abrí un solárium. Era un emprendimiento poco común para la época, pero yo tenía visión. Poco a poco fui creciendo, añadiendo áreas hasta convertirlo en un exitoso centro de belleza. Me mantuve en el negocio de la belleza femenina por trece años, pero sabía que quería hacer otras cosas, crecer aún más.

Siempre pensaba en mi seguridad financiera y con ese objetivo en la mira hice una segunda carrera en el sector inmobiliario. Las personas trataban de desanimarme continuamente al decirme que era muy difícil, que era un mundo de hombres, que no era para mí y muchas cosas más. Comencé a trabajar en una oficina de agentes inmobiliarios donde yo era la única mujer. Recuerdo que aún no llegaba a los treinta años y vivía en mi burbuja, haciendo lo que me gustaba, sin ser consciente de la imagen que daba. Ahora que me detengo a pensarlo, me causa gracia imaginar que era una versión latina de *Legalmente Rubia* en el sector inmobiliario en Holanda. Simplemente me dedicaba a hacer lo que me gustaba, sin dejar de ser femenina y sin escuchar a quienes quizás me subestimaban por mi género. Al poco tiempo ya había aprendido mucho sobre la administración, la compra y venta, el alquiler, y muchos otros aspectos del sector, así que tomé la decisión de abrir mi propio negocio, pero solo con mujeres. Me enorgullece decir que también me fue bien, fueron años muy buenos, pero nuevamente necesitaba avanzar.

Hasta mis treinta y cinco años podría decirse que mi motivación fue probar el alcance de mis capacidades; quería demostrar que tenía suficientes conocimientos y habilidades para trabajar a mayor escala. Comencé un proyecto con Carolina Herrera. Este era un mundo totalmente nuevo para mí que involucraba más presencia en los medios, mayor responsabilidad y un alcance internacional. Venelux era una tienda única en el país, no tenía experiencia en el área y estaba acostumbrada a negocios más pequeños. En esta empresa, además de trabajar a nivel internacional, tuve que hacerme cargo de un equipo más grande y aprender a delegar. Siempre digo que este proyecto fue como una maestría, y estuve a la altura de las circunstancias. Al finalizar, me sentía mucho más segura de que cuando queremos algo podemos lograrlo. Es cuestión de tomar riesgos y ser valientes, invertir tiempo, dinero y también darnos la oportunidad de aprender. Luego, en Francia, empecé a hacer un proyecto de expansión de una marca holandesa. Es difícil explicar cuán satisfactorio es cuando nos damos cuenta de la magnitud de lo que estamos haciendo. Las mujeres somos así, tenemos la capacidad de cumplir con lo que nos proponemos incluso en circunstancias adversas. Cuando nos establecemos una meta, deja de importar si estamos casadas, solteras, con o sin hijos; simplemente encontramos la manera.

Hoy mi motivación es totalmente diferente. Como mencioné antes, estoy iniciando una nueva etapa en mi vida. Me preparo para ser mamá en unos pocos meses y ahora lo que me mueve es esta nueva vida que estoy gestando. Esto no quiere decir que abandone mi vida profesional. No considero que una cosa impida la otra. En el presente quiero ser mamá porque me siento preparada para ello, pero continúo con nuevos proyectos. Seré una madre dedicada y trabajadora al mismo tiempo porque, tal como mi mamá me lo enseñó a través de su ejemplo es posible. En conclusión, las motivaciones siempre cambian y ahí está la gracia. Nosotros crecemos, evolucionamos, y nuestros objetivos lo hacen con nosotros.

Nunca he tenido que escoger entre mi profesión y mi vida personal

Todo en la vida tiene su tiempo y espacio. Estos tiempos pueden variar de acuerdo a cada persona. Por muchos años mi prioridad ha sido mi carrera, desarrollarme a nivel profesional. Muchas personas sienten que, al dedicarse a sus carreras, están sacrificando su vida personal y eso les afecta psicológica y emocionalmente. Este nunca ha sido mi problema. No tuve luchas internas en las que haya sufrido por no poder salir con amigas o con mi novio al priorizar el trabajo en mi proyecto. Creo que es una cuestión de elecciones. Yo siempre tuve muy claro lo que quería y lo que significaba cumplir con mi propósito. Esto no quiere decir que no socializara, al contrario, me considero muy amiguera. Obviamente me encantaba salir con mis amigas, pero me organizaba bien para poder verlas y charlar. Mis luchas internas se dan más a nivel profesional. Cada proyecto es una inversión, y si cometemos errores perdemos más que dinero y energía.

Ahora que voy a ser madre mis prioridades cambian y mi vida en torno a ellas también. En este momento, mi gran reto es a nivel personal porque sé que debo cuidar de otra vida de la que también seré responsable. Esto probablemente en un principio genere conflictos, pero con una buena organización es mucho lo que se consigue. Conozco a muchas mujeres que sufren porque no encuentran un equilibrio entre la mamá y la empresaria. Quieren trabajar y a la vez les duele dejar a sus hijos solos. Como dije anteriormente, vengo de una familia trabajadora. Mi padre es un hombre de negocios que siempre me apoyó y me motivó a crecer profesionalmente, y mi madre es una diseñadora de modas que también supo disfrutar cada uno de sus roles. Yo tuve a mis padres cerca, pero también a una nana que me cuidaba para que ellos pudieran trabajar. Para mí siempre fue normal que mi madre trabajara y tuviera su negocio. Entendí desde muy pequeña que todo era por el bienestar de la familia, así funcionábamos bien. Creo que seré similar a mi madre porque tengo la fuerza, la organización y las ganas para dedicarme y disfrutar de ambas cosas en simultáneo.

Considero que todos los seres humanos debemos ser empáticos. Esta característica es excelente en las personas y muy bonita cuando la sabemos aplicar en nuestros proyectos. Sin embargo, debemos ser cuidadosos y marcar los límites. Si no lo hacemos, como todo exceso en la vida, se puede volver en nuestra contra. Cuando trabajamos con un equipo, la empatía nos permite fortalecer los vínculos al mostrarnos comprensivos y colaboradores, eso solo lleva al crecimiento en equipo.

La autenticidad es la clave de toda relación

En el camino por la vida siempre vamos conociendo personas nuevas. Muchas veces esas relaciones están destinadas a acompañarte por un corto periodo de tiempo, pero otras veces se establecen relaciones que se vuelven duraderas y que, además, dan muchos frutos. Creo que la base de toda relación positiva es la autenticidad, cuando es así, ambas partes ganan, participan y brillan. Estas colaboraciones, a las que llamo conexiones inteligentes, por el grado de responsabilidad que implican, son el futuro.

Una gran experiencia que puede servir de ejemplo para este tipo de conexiones se dio a través de SHE. Hace un tiempo conocí a Silvia García y la invité a uno de los eventos de SHE. Allí conoció a Verónica Sosa e inmediatamente conectaron. Verónica la invitó como oradora a otro de los eventos de SHE y, un año después, fue Silvia quien nos invitó a nosotras a la primera conferencia de su proyecto, Conciencia Despierta. Esto prueba que las relaciones se cultivan y, cuando son auténticas y sin ningún interés de por medio, simplemente fluyen, se retroalimentan y dan frutos.

Mi mente siempre debe estar ocupada

Soy una mujer luchadora y con mucho empuje. En mi área de empleo, la disponibilidad para viajar es prácticamente uno de los requisitos indispensables. Así fue mi vida durante muchos años, en constante movimiento; y la pandemia me puso un freno. En un principio, quería estar al tanto de cada detalle, así que vi muchas noticias y en todos los idiomas y culturas que me fue posible. Quería estar bien informada para entender el problema y sacar mis propias conclusiones, pero siempre concentrada en mi proyecto.

Mi mayor reto en estos tiempos fue tener la paciencia para quedarme todo el día en casa. Me vi en la obligación de adaptarme. Aunque con la COVID-19 sigo viajando, lo hago muchísimo menos y esto me afecta. Sin embargo, mi estrategia fue mantener mi mente ocupada y enfocarme en actividades y planes que sí puedo cumplir. Decidí comenzar mi tratamiento de fertilidad y dedicarme a mi desarrollo en esta área. Comencé a tomar clases prenatales, a investigar, a apoyarme en las experiencias de amigas, entre muchas otras actividades. Este proceso se hace más sencillo si tratamos de mantenernos positivos y además nos enfocamos en todo lo que sí está en nuestras manos hacer.

Desde hace ya algún tiempo pienso en un nuevo proyecto. Como estoy en el mundo de las inversiones entiendo mucho del tema y quiero crear una plataforma donde las mujeres, colectivamente, puedan invertir y adquirir una seguridad financiera. En mi experiencia, llega un momento de nuestras vidas donde tenemos más miedo a nuestra independencia por la edad, el estado civil, la energía, entre otros. Cuando era más joven, los bancos me veían como un riesgo y no me querían ayudar. Eso hizo más complejo mi inicio en el mundo inmobiliario. Con este nuevo emprendimiento busco que la comunidad femenina de todo el mundo tenga más conciencia sobre lo que es la economía, por eso me gustaría que sea un proyecto internacional. Sin importar si estamos solteras o casadas, las mujeres debemos tener algún tipo de independencia, de seguridad económica, y eso es precisamente lo que quiero garantizar.

Veo la vida como una serie de etapas asociadas a diversos proyectos. El orden de estos solo depende de nuestros deseos y necesidades. No hay un momento específico para cada uno. En cada etapa de la vida podemos tener un proyecto distinto, una prioridad distinta que no esté supeditada a la edad sino al deseo que tenemos de llevar a cabo dicho objetivo, a la aspiración a ser felices y a la idea de hacer lo que nos proponemos sin limitarnos a una cultura, un país o al dinero. Sentí la bendición de tener la valentía como ejemplo en mi hogar, y cuando vienes de una familia donde tus padres han tomado riesgos tienes dos opciones. La primera es que solo te aferras a lo que te de seguridad y la segunda es que imitas el ejemplo, tomas más coraje y lo usas de impulso para llegar aún más lejos. La segunda opción ha reinado en mí y no me puedo

quejar porque me hace ser una mujer feliz. No puedo criticar a quienes no se arriesgan, porque supongo que son rasgos de personalidad. Solo invito al que se crea capaz a que lo haga porque todo riesgo te ayuda a crecer, incluso aquel que te lleva a una pérdida, porque hasta los fracasos nos conducen al éxito.

Lucía Allende

LA VIDA ES
UN GRAN EVENTO

El éxito es quererte a ti mismo.
Querer lo que uno hace y
querer cómo lo hace.

Maya Angelou

LYA MARTÍNEZ

Soy Lya Martínez, venezolana, orgullosa madre de dos hermosos seres que me enseñan cada día que todo vale la pena. Vengo de un barrio caraqueño en donde aprendí que hacer la diferencia, independientemente de las opiniones y situaciones que me rodeaban, podía cambiar mi vida para mejor. Soy leal, agradecida, detallista y apasionada por lo que me gusta, y admiro esas cualidades en los otros. Soy fundadora de la empresa de planificación, organización, ejecución de espectáculos y eventos enfocados al entretenimiento y al desarrollo personal con un *touch* exclusivo y elegante: L. M. Producciones, en Colonia - Alemania. Nuestros eventos provocan grandes emociones y hacen que la gente las demuestre. ¡Rían! ¡Lloren! ¡Sientan! Porque el sentir es lo que nos identifica y por eso lo hacemos con el alma.

Pero no siempre fue así. Llegué a Colonia - Alemania con muchas ideas y con la certeza de que el amor de mi vida estaba aquí. Pasaron tres años para encontrarnos y muchos más para que yo lograra tener mi empresa. En ese recorrido limpié casas, entre muchas otras actividades que realicé para sostenerme. Llegué a limpiar catorce casas semanales, el número que requería para vivir bien con un oficio que no me apasionaba. Sin embargo, lo hacía siempre con excelencia y honestidad y creé en todos esos años una clientela

fiel que me acompañó hasta el momento en que tomé la decisión de no limpiar más y dedicarme a mi emprendimiento.

En muchas ocasiones, pensaba que mientras limpiaba, de esa misma forma limpiaba mi camino para llegar a donde quería. Siempre tuve claro que lo que yo deseaba era posible, Tenía grandes sueños, sabía que podía. No sabía cómo lograrlo. Pensaba que eso era temporal, que era solo un momento, aunque duró muchos años. No limpiaba casas, limpiaba mi corazón del miedo, de los «no puedes» que encontré en mi camino. Me fortalecí más, me llené de valor después de un colapso de salud que me llamó a la reflexión para finalmente tomar la decisión de hacer lo que me hace feliz.

Cuando decidimos algo importante el universo nos apoya. Supe que Gaby Castellanos iba a dar una conferencia en un país vecino y resolví participar. Así fue como llegué a SHE, Sociedad de Hispanas Emprendedoras, Tomé una de las decisiones más importantes de mi vida. Era la posibilidad de lograr el sueño tan deseado, de darle estructura y comenzar a cristalizarlo. En ese momento no tenía idea de la expansión que encontraría al pasar a ser parte de la comunidad SHE. Fue un antes y después en mi vida, algo que me abrió la puerta y me permitió ver el mundo. Sentí que la comunidad SHE me apoyaba y me mostraba todas las posibilidades que tenía como persona, posibilidades en las que nunca antes había pensado.

En esa oportunidad uno de los invitados era Carlos Fraga. Le pregunté: «¿Cuándo vas a Colonia - Alemania?» Me respondió, mirándome a los ojos: «¿Por qué no me llevas tú?» Mi corazón se aceleró, lo miré y supe que había llegado el momento de hacer.

Hacer lo que me hace felíz

Después de mi *insight* tomé la decisión. Pude ver el camino que se me presentaba y los pasos a dar. Me impulsó el motor de mi poder creador y me atreví a recorrer el sendero que me llevaría al objetivo que deseaba. Pero hay una historia detrás.

Mi abuela trabajó junto a sus hermanas en la casa de la familia de un presidente en mi país. Me enseñó desde muy niña cómo ser una maestra de ceremonias, cómo servir, cómo comunicarme asertivamente con mis invitados. Por sobre todas las cosas me trasmitió su sensibilidad para realizar la decoración en un evento y cuidar todos los detalles que hacen de ese encuentro algo único y especial. Me enseñó a ser una buena anfitriona. A través de sus historias y enseñanzas pude experimentar y sentir la elegancia y la excelencia en el arte de ofrecer un buen evento. Gracias a eso desarrollé el talento y las habilidades que me permitieron organizar y gestionar con naturalidad momentos inolvidables. Tuve también la influencia de mi madre quien fue una gran emprendedora sin ningún tipo de apoyo, solo con sus ideas, sus talentos y proyecciones. Ella y mi padre aportaron económicamente al núcleo familiar en un ambiente adverso. De la nada hicieron mucho.

Esto me motivó a estudiar turismo y hotelería a nivel universitario. Aprendí sobre protocolo y ceremonial, programación y organización de eventos y toma de decisiones. También me formé en diseño de modas, diseño de espacios, implementación de materiales y colores, manualidades y maquillaje. Tuve la oportunidad de aplicar todos los conocimientos adquiridos en mis trabajos, primero en mi país y luego aquí. Desarrollé otras habilidades que me permitieron generar ingresos. A partir de un *hobby*, la cocina, comencé a elaborar tortas y postres para fiestas, platos típicos de mi país y participé en festivales gastronómicos temáticos. Esto me permitió generar ingresos. De hecho aún elaboro, en época decembrina, las típicas hallacas y pan de jamón de mi país lo que sigue siendo un fuerte en mi productividad con una clientela que crece. Paralelamente incorporé terapias de crecimiento personal porque entendí que tenía que transformarme y mejorar para cumplir mis metas.

Hoy predominan las enseñanzas de mi abuela y mi madre en mi empresa. Pude fusionar todo lo aprendido en este camino: la sensibilidad al prestar el servicio, al crear un evento, con la incorporación de la tecnología en sus distintas expresiones.

Siempre hay acuerdos y desacuerdos al compaginar ambos roles. Por un lado está mi familia con sus respectivas exigencias, que no son pocas, y por otro mi empresa que demanda tiempo y dedicación para generar los resultados que deseo. Me gustan las estructuras y me organizo lo mejor posible porque sé que eso me genera resultados, avanzo y concreto. Cuando vi la posibilidad de tener mi propia empresa afronté el reto de concretar eventos y tuve que superar múltiples obstáculos para cumplir mis objetivos. Siempre el deseo fue mayor. Eso sucede cuando el amor por lo que haces se vuelve milagro. Aparecen las personas que colaboran y las formas prácticas de concretarlo.

Desde mi primer evento recorrí un camino de aprendizaje. Pude plasmar mis ideas y encontrar a las personas adecuadas para realizarlas. Fue maravilloso. Entrar al mundo de los eventos por la puerta grande era la respuesta positiva del universo. Lo hice cuidando cada detalle, de manera excelente, Todos los involucrados prestamos el mejor servicio; los organizadores, el equipo de trabajo, los artistas, el público, todos vivieron una experiencia que recordarán siempre con alegría. Eso me hace feliz.

Lealtad, decisión y estructura son cualidades que siempre me acompañan, en todas las etapas y roles; me permiten lograr mis objetivos y obtener los mejores resultados.

- Lealtad. A mí misma, a lo que creo, a lo que siento que es positivo, al camino que deseo recorrer, a mis hijos, mi esposo, mis amigos, mis principios.

- Decisión. Al tomar una decisión se crean las condiciones y se ven las posibilidades. Elijo las posibilidades mejores para mí y para todos los involucrados y avanzo, con algún temor pero con la seguridad de que la decisión es una puerta que se abre.

- Estructura. Es mi manera de ver el mapa de forma tangible para accionar, teniendo en cuenta que en el camino pueden surgir cambios y puedo adaptarme y tomar nuevas decisiones para llegar a un mejor resultado.

Una conexión inteligente implica una conexión

con personas que sumen y que aporten. Es importante saber que todas juntas podemos expandirnos y crecer, llegar al otro y tener consciencia de que unidas podemos crear y que entre todas nos complementamos.

La Sociedad de Hispanas Emprendedoras, SHE, es un excelente ejemplo de liderazgo colaborativo. Todas aprendemos de todas, todas somos líderes, cada una en su campo. Todas tenemos conexiones y alianzas diferentes; se crea una mezcla maravillosa de componentes, a veces contrastantes, en la que cada una acepta y respeta las formas de las otras. De esta manera se generan excelentes resultados. Somos mujeres espectaculares guiadas por una líder generosa con conocimientos valiosos e ilimitados. Esta dirigente lleva la bandera de las conexiones inteligentes que nos permiten aliarnos y expandirnos con plena libertad para seguir creciendo.

Uno de los retos más importantes ha sido monetizar todo lo que se me ocurre. Muchos han tenido que responder al desafío de plantearse nuevas formas de crear y trabajar en estos tiempos tan difíciles. Yo pude hacerlo con mi forma de actuar, con esa impronta personal que ha logrado que las personas recuerden los eventos como algo especial en sus vidas. Plantearme otros productos y servicios ha sido un trabajo creativo que me ha llevado muchas horas de investigación y estudio y me ha permitido encontrar un mundo apasionante que comienzo a explorar y que me gusta.

Crear espacios físicos y mentales para momentos específicos de nuestras vidas, ser «la perfecta anfitriona», cuidar los detalles, generar alta vibración, conectar con nuestras mejores emociones para hacer de las vivencias más pequeñas un gran evento es una manera de vivir. Eso es felicidad y es mi pasión.

Mi próximo producto es la puesta en escena basado en los espacios efímeros.

Un espacio efímero es un espacio pasajero que en un lapso de tiempo sufre transformaciones. Tal condición implica agilidad en el proceso creativo para representar la idea, conocimiento y hábil utilización de los materiales y una planificación de los tiempos de montaje y desmontaje controlada al máximo. Es un espacio flexible, de fácil transformación y capaz de atender necesidades de corto plazo para empresas y para todas las personas que quieran generar bienestar a través de sus propios espacios, ya sea *online* u *offline* (*stands* comerciales, eventos promocionales, presentaciones de productos, instituciones, exposiciones, fiestas, escenarios e instalaciones). En estas áreas la creatividad va unida a una gran capacidad comunicativa en la que es primordial poder reflejar la esencia y el mensaje del cliente.

Descubrir nuevas posibilidades utilizando todas las herramientas conocidas y las que he encontrado en esta nueva etapa me permite ver con claridad y amplitud otras formas de crear porque la vida es un gran evento.

Lya Martínez

EL CAMINO DE LOS SUEÑOS CUMPLIDOS

Si no plantamos conscientemente las semillas que deseamos en los jardines de nuestra mente, terminaremos rodeados de malas hierbas.

Tony Robbins

MARTHA DE ARMAS

Muchas veces me pregunto cómo llegué hasta aquí.

Luego miro hacia atrás y me doy cuenta que la infancia te marca. Esto te permite crear nuevas oportunidades y superar obstáculos. O puedes quejarte y sentirte una víctima que se compadece de lo que vivió y cree que no puede seguir el camino que había aprendido.

Mi mamá trabajaba de sol a sol para poder mantener a sus hijas y a su madre que nos cuidaba.

La vi llorar desconsolada muchas veces porque, para poder traer el dinero a casa, tenía que soportar lo que le hacían y decían los jefes en sus trabajos. Siempre comentaba sus desventuras con mi abuela cuando nosotras dormíamos. Yo siempre dormí poco y escuchaba con angustia lo que contaba.

Esto quedó grabado en mi subconsciente y desde muy joven siempre quise ser empresaria, y por ello luché gran parte de mi vida.

No quería pasar por lo que ella había pasado, ni soportar malos humores y destrato de jefes sin humanidad.

Hablo de una época en la que el machismo era muy notorio, la década de los 60 y 70. Las cosas ahora han cambiado, pero en aquellos años no se veía bien a una mujer joven divorciada.

Emprender no es solamente poner un negocio, también es salir de tu zona de confort y buscar nuevos horizontes que te ayuden a cumplir con tus sueños. Eso es lo que hice a los diecinueve años cuando incentivé a mi marido a volar a España para tener un futuro mejor.

Cada noche soñaba con mi nueva vida, hablaba continuamente de mis proyectos con mucha alegría. Un día mi marido me preguntó: «¿Cómo estás tan segura que nos va a ir bien en España?» Le respondí: «Tengo la seguridad porque lo escribo cada día en mis pedidos matutinos, lo sueño cada noche y mi alma es lo que quiere hacer».

Termina lo que empiezas, muchas personas se cansan a la menor dificultad y abandonan su sueño porque con tantos obstáculos en el camino piensan que no era para ellos.

Triunfar no es de un día al otro y el recorrido no es fácil pero la perseverancia te llevará al éxito

En el camino de la vida te encontrarás con personas que tratarán de desanimarte y quitarte tu sueño, y que ponen en ti pensamientos negativos y rechazan la idea que tú tienes de superación; pero si miras dónde están ellas entenderás por qué piensan así.

Lamentablemente estas personas son las que no han hecho nada nuevo para salir de su zona de confort, son las que no se arriesgan y siempre viven en una continua queja, pero no harán nada para dejar de hacerlo. Critican y creen que lo saben todo, pero en realidad no saben nada.

Cada vez que hacía un nuevo movimiento mi personalidad crecía, me sentía más fuerte y con ganas de seguir adelante.

Entré en el mundo del crecimiento personal sin saberlo. Después de muchos años supe ponerle nombre. Lo que fue mi motivación —superar lo que había pasado mi madre—, empezó a cambiar y comencé a centrarme en ayudar a otras mujeres a sentirse bien con ellas mismas, a informarles que se puede cuidar de la familia pero sin olvidar que somos únicas. Nadie puede ocupar nuestra vida. Podrán remplazarnos como trabajadoras, empresarias, madres, esposas o amigas, pero nunca podrán remplazarnos a nosotras mismas. Somos únicas e irrepetibles, nadie puede vivir tu vida y nadie podrá morir por ti.

Somos responsables de nuestras vidas y de lo que sucede a nuestro alrededor

Nuestro destino no está marcado desde que nacemos, tenemos en nuestras manos el poder de forjarlo.

Con una mente creadora y un alma imparable todo se puede lograr.

Alíate con el universo, toma acción en el día a día y lograrás tener una vida como la que realmente quieres vivir. Cada día tendrás un nuevo desafío.

Continuamente me contactan mujeres que esperan una solución estética. La ayuda comienza desde el interior. Sin darse cuenta se abren y, en esos momentos, la transparencia de sus vidas se hace notoria. La confianza que tienen en mí hace brotar las palabras y les da motivación para cambiar sus vidas.

Mujeres de todas las edades, jovencitas, abuelas, altas, bajas, gorditas, delgadas, con trabajo o sin trabajo, casadas, solteras, de distintas razas, pero con un denominador en común: baja autoestima.

Esto no quiere decir que todas las que llegan a mi consulta pasen por esto, no, pero sí muchas de ellas.

Llena tus pulmones de agradecimiento y verás cómo tu vida cambia

Me siento inmensamente feliz cuando puedo ayudar desde el corazón a quien quiere ser ayudada. Siento que mi felicidad forma parte del crecimiento que logran en su camino y de los cambios que hacen para sentirse plenas y valoradas. Pueden apreciar lo que tienen, mucho o poco, y lo agradecen. Agradecen estar vivas y tener la valentía para enfrentar todas las situaciones que se presentan. Comienzan a confiar en sí mismas y a dejar de ser víctimas para ser mujeres empoderadas.

Desean triunfar en la vida y afrontar los desafíos desde su situación personal, como madres, profesionales, empleadas, esposas, empresarias o, por encima de todo, como mujeres.

La vida es hermosa. Solo tienes que saber mirarla, disfrutarla y sentirla, dar gracias por todo lo que tienes, comenzar a reír y ser feliz.

Cada día es un desafío, no soy psicóloga ni pretendo serlo. Simplemente he enfrentado en la vida diferentes situaciones que me han hecho tomar decisiones con energía. Algunas veces he acertado, muchas otras he fracasado, pero sé que de los fracasos se aprende más que de los aciertos; la vida te da la oportunidad de rectificar, de aprender y así llegar a la meta, sea cual sea.

Cuando se es madre muy joven como lo fui yo, tienes que centrarte muy bien en tu objetivo, porque todo el mundo se cree con derecho a opinar y a manejar tu vida.

Acabo de cumplir sesenta años y me siento muy activa. Me levanto temprano y comienzo mi jornada dando gracias por todo lo que tengo, mis manos, mis piernas, mi voz, mi casa, mi familia, y podría enumerarte un sinfín de cosas por las que estar agradecida; la lista sería infinita porque la verdad es que si tomas conciencia hay muchas cosas para agradecer.

No te centres en lo que te falta, piensa en lo que ya tienes, ese hermoso amanecer, ese espectacular atardecer, algo tan repetitivo como eso, pero tan maravilloso cuando respiras hondo y lo disfrutas.

Si eres una mujer emprendedora te invito a que te focalices en tu objetivo, vas a tener muchas distracciones y sobre todo muchos días que querrás tirar la toalla, que pensarás que es mejor estar empleada con un sueldo seguro. Cuando te asalten esos pensamientos céntrate en tu objetivo y lucha realmente por lo que quieres. Si es tu sueño no lo dejes escapar, serás muy feliz después de saltar los obstáculos y cuando mires atrás y veas tus logros, sabrás que *el camino de los sueños* se ha convertido en realidad. Vuelve a dar gracias y disfrútalo, te lo mereces.

Cada día me siento gratificada por haber tomado la decisión de emprender. Al principio aspiraba a ser una profesional de la belleza, luego esto se convirtió en una pasión. Y pude ayudar a miles de mujeres a sentirse libres con su propia vida. Hace tres años creí que debía llegar más allá de las puertas de mis negocios, que había muchas mujeres en el mundo a las que no podía ayudar y entonces decidí escribir una trilogía, El camino de los sueños. En esta obra pude plasmar mi propia experiencia para que las mujeres sientan que pueden ser libres y hacer de todo sin olvidarse de sí mismas.

Asume grandes desafíos

Pienso que los grandes desafíos son el aprendizaje perfecto para salir adelante en lo que te propongas y no me sirve echarle la culpa al país, a la economía, al presidente, y ahora a la pandemia, no, conmigo no funciona.

En los peores momentos de mi vida tomé grandes decisiones que provocaron un cambio importante en mi vida y en la de mi familia. Cuando fui madre, a los quince años, no me tiré en una cama a llorar por lo que estaba pasando, por el contrario, centré toda mi energía en tener ese bebé que no había pedido nacer y que iba a depender de mí y de todas las decisiones que tomara en un futuro. Nada de llorar por los rincones, a enfrentar la vida y a poner toda la fuerza en lo que quería hacer y lo que quería ser.

En ese momento supe que no iba a ser fácil pero yo tenía las riendas de mi vida, y estaba dispuesta a llegar donde yo quería, así que lo logré.

Te repito, ten clara tus metas, cumple tus sueños y no dejes que nadie te diga que no vales; en ti está el poder, sé fuerte y lucha por lo que quieres. Cuando mires atrás respira hondo y disfruta de haberlo conseguido.

Ahora, en tiempos de pandemia, hay muchos negocios que han cerrado, algunos justificadamente, pero muchos otros han visto la oportunidad de dejar de luchar porque nunca tuvieron claro cuál era su objetivo.

En los momentos difíciles se ve quién tiene la fuerza y dedicación para seguir adelante contra viento y marea, y quién se escuda detrás de los conflictos y renuncia a la lucha para no salir de su zona de confort.

Si ese negocio que tienes ya no funciona por distintos motivos, reinvéntate, no te quedes lamentando tu desdicha. Busca la manera de crear algo nuevo, recuerda que los tiempos cambian y la evolución es muy rápida.

Yo siempre he tenido negocios físicos, pero en el periodo que estuvimos dos meses confinados creé un curso *online* de estética profesional con el que brindo la oportunidad a miles de mujeres de trabajar en una profesión muy valiosa con mucha salida laboral.

Sigo enfocada con mi propósito de ayudar, pero desde otra perspectiva.

Tú también puedes, solo tienes que desearlo. Crea abundancia en tu vida, da gracias por todas las cosas que tienes, sonríe, aunque no tengas motivos, cuida tu postura corporal, nada de hombros caídos y siempre la mirada en alto. Ponte metas y ve a por ellas, ayúdate a ti misma a crear la vida que deseas y cumple tus sueños. Medita, es un arma poderosa para aquietar la mente y estar a solas contigo misma y, algo muy importante, disfruta del camino que te llevará al éxito personal y profesional.

¡Si yo pude, tú puedes!

No hay nada que pueda impedírtelo, solo tú misma. Tú eres quien puede autosabotearse o convertirse en tu más fiel aliada, dándote ánimo, recordando tu motivación. No se triunfa de un día para otro, hay que ser constante. Así llegarás a la meta que has elegido.

Solo recuerda mantener siempre una actitud de agradecimiento y no rendirte jamás.

Asume los desafíos que la vida te impone, y busca otros desafíos por tu cuenta. De esa manera podrás crecer continuamente y sentir la satisfacción de cumplir todo lo que te propones.

Te dejo con esta cita de Confucio: «Usted no puede cambiar el viento, pero puede ajustar las velas del barco para llegar donde quiere».

Martha de Armas

EL INFIERNO ME HIZO MÁS FUERTE

No hay árbol recio ni consistente sino aquel que el viento azota con frecuencia.

Séneca

MARY ANNE

Mi nombre es Mary Anne, cuando era muy pequeña fui adoptada por una familia adinerada de Texas que se hizo cargo de mí y de todos los tratamientos que mi salud exigía. Llegué a sufrir convulsiones, migrañas que implicaban hasta cinco días de vómitos, ataques de asma que terminaban en hospitalización y otras afecciones. Igualmente, me consideraba afortunada porque, de haber seguido luchando para vender productos en los mercados en Cuernavaca, México, jamás hubiera podido cubrir todos estos gastos. Sin embargo, mi vida tras la adopción no fue un arcoíris eterno. En algún momento, mientras cursaba segundo grado, el trastorno bipolar de mi mamá la cambió: la mujer vivaz, brillante, divertida y maravillosa que mi padre y yo conocíamos pasó a ser alguien completamente diferente.

Sufrí por muchos años de maltrato físico y psicológico. Mi corazón se enfrentaba al miedo constante de saber que cualquier excusa sería suficiente para que mi madre me golpeara la cabeza una y otra vez contra la pared, me clavara las uñas o me arrojara libros a la cabeza. En apariencia era la madre ideal, llegaba a la escuela con chocolates para mis compañeros, saludaba y sonreía justo después de haber pasado la mañana diciéndome: «Me enfermas. Me das asco. Eres estúpida ¿Me estás escuchando? ¡Sé que me escuchas, Mary Ann!»

A los trece años, necesitando sentir algo de control sobre mi vida, me escabullí a la cocina y con un cuchillo fui cortándome lenta y repetidamente un brazo. Cada herida reafirmaba mi poder, era mi elección permanecer con vida y si yo tenía el control de mi existencia, entonces no importaba lo que mi madre me hiciera, ya que solo podría lastimarme si yo antes había decidido vivir. Con esta imagen en su cabeza, mi padre me internó en Timberlawn, un sanatorio destinado a hacerme expresar mis sentimientos verbalmente. Me sentía totalmente aterrorizada, en una prisión y sufrí mucha impotencia cuando, durante una visita, mi madre se burló de mí porque le dije que era ella quien debía estar encerrada, mirándome a los ojos y sonriendo, me respondió: «Sí, pero yo soy el adulto, así que siempre creerán lo que digo» .

Una noche las enfermeras me llevaron a ver a un médico que intentó abusar de mí. Logré escapar y encerrarme en mi habitación. Al día siguiente encontré mi voz y me defendí por primera vez en la vida. Supongo que había tocado fondo y esa experiencia me dio las herramientas para enfrentar el futuro.

Actuando por intuición, mis padres me sacaron de allí. Aún le tenía terror a mi madre, pero había recuperado el coraje y sabía que no necesitaba causarme daño para defenderme. Me armé de valor y a partir de entonces, recorrí un camino que me llevó a todos los éxitos que he alcanzado. Hoy me dedico a crear e implementar programas que contribuyan a mejorar las vidas de las comunidades, a través de una organización internacional, destinada a ayudar a la humanidad a enfrentar los desafíos de la globalización de una manera responsable.

Mis padres, en distintos sentidos, me condujeron hacia el emprendimiento

Cuando era joven, sufría al pensar que mi mamá me odiaba y que quizás incluso disfrutaba al herirme. Con el tiempo, aprendí sobre lo que significaba el trastorno bipolar maníaco depresivo y, poco a poco, comencé a comprender el monstruo contra el que ella luchaba en su mente y su cuerpo. Sentí la necesidad de brillar, de demostrarle que no era estúpida y que su inversión de amor, tiempo, dinero y educación había valido la pena. En ese momento me sentía motivada a hacer algo importante con mi vida.

Por otra parte, mis padres me dieron la oportunidad de viajar a Cuernavaca, a Xochicalco, a conocer una antigua universidad indígena americana que se había adelantado siglos a su tiempo, donde hubo agua corriente fría y caliente y pirámides con cuevas ahuecadas que concentraban la luz y producían imágenes de rayos X que hacían posible diagnosticar huesos rotos. Cada pirámide representaba un área del conocimiento diferente, una para las artes, una para las ciencias, una para la salud y la medicina, etc. Mientras estaba allí, sentí algo profundamente familiar y fui consciente de que cualquier dolor o alegría que hubiera experimentado no era tan importante como la contribución que podría hacer al mundo.

Además, mi padre se esforzó en educarme, en hacerme entender cómo funcionaba el mundo y por qué. Él me hizo saber que el trabajador que se mueve con su talento siempre llega más lejos. Lo vi agarrar de la mano a los propietarios de franquicias individuales que se enfrentaban a tiempos difíciles. Lo vi escuchar al curador de bellas artes de la compañía, el mismo que había sido el conserje hasta que mi papá lo vio mirando el arte en los pasillos, reconoció su potencial y lo envió a la universidad. Lo vi aprovechar su influencia para luchar por la accesibilidad de la educación, por el medioambiente y contra el fanatismo institucionalizado. Él siempre me ha inspirado a luchar por un mundo mejor y se ha encargado de demostrarme con su ejemplo que es posible. Gracias a él, visualicé mi propósito: crear un «campus para la humanidad» destinado a ayudar a los seres humanos a manejar los desafíos de la globalización de una manera responsable, abordando los aspectos ecológicos y sociológicos. Creo que realmente no debería haberme sorprendido cuando me miró directamente a los ojos y me dijo: «Si es importante para ti, lo harás antes de los treinta».

Bueno, a los cuarenta y tres años admito, abiertamente, no haber hecho realidad mi visión completamente. Pero de ella ha surgido una organización internacional dedicada a ayudar a la humanidad a enfrentar los desafíos de la globalización de una manera responsable desde Dallas, Texas, hasta Japón, Israel, Palestina y México donde tenemos centros culturales de los toltecas y del pueblo maya. Nuestra experiencia nos ha llevado a negociar el primer tratado en trescientos años entre las tribus hopi y navajo.

Mujer luchadora desde cualquier ángulo

Hace muchos años, en uno de esos tantos días en los que mi papá se dedicaba a enseñarme, a prepararme para el mundo, recuerdo que mientras me estaba explicando cómo dar la mano y cómo estar de pie para dominar una sala, le pregunté por qué se tomaba tanto tiempo para enseñarme estas cosas y me dijo: «Porque cuando recibimos la maravillosa noticia de que podríamos adoptarte, fui al último piso de nuestro edificio y contemplé la ciudad. En ese momento decidí que te criaría como un hijo y que tu femineidad se cuidaría sola». No lo entendí completamente en aquel entonces, pero ahora vivo con los resultados. Tengo lo mejor de ambos mundos y eso me ayuda a ser aún más exitosa en cada uno de mis roles. Sin saberlo, él me regaló equilibrio entre mis lados femenino y masculino.

Me considero una mujer sumamente empática y esto es clave a la hora de establecer cualquier tipo de relación. Esta es una cualidad muy preciada para mí porque nos dice lo que necesitamos saber sobre el terreno. La empatía nos ayuda a percibir las intenciones, necesidades, frustraciones y desafíos de nuestros compañeros de equipo y competidores. A través de la empatía podemos convertir a un retador en un colaborador, podemos forjar una negociación donde otros dijeron que sería imposible y... mucho más. Nuestro equipo fue capaz de conseguir que la mayoría de las personas testificaran en nombre de la Comisión de la Verdad y la Reconciliación de Ruanda, simplemente forjando un ambiente de empatía y esta siempre ha sido nuestra herramienta secreta en las diversas causas que apoyamos como, por ejemplo, en la Declaración de Redstone, que define la diferencia entre filosofía ambiental y filosofía ambiental indígena.

Las aplicaciones innovadoras respecto a la empatía y cómo esta puede forjar los medios para que las comunidades progresen ha sido una parte central de nuestro trabajo, ya que consideramos que puede empoderar a cualquier líder en cualquier situación y profesión. Pero, sobre todo, creemos que puede ayudar a entrenar la mente para que nos convirtamos en líderes, porque no hay voz más fuerte que la que defiende lo que realmente creemos. La empatía nos permite definir esto por nosotros mismos.

Juntos somos capaces de lograr mucho más

Como sucede con la mayoría de mis actitudes, mi padre siempre ha sido mi ejemplo. Recuerdo que cuando lo acompañaba a trabajar una vez lo observé, detenidamente, mientras se reunía con todos los empleados que llegaron al piso superior, donde había un bar abierto para todos. Allí todos juntos, desde el conserje hasta su vicepresidente, podían sentarse y compartir una bebida con el CEO para expresar ideas, frustraciones y más. Esa imagen me enseñó mucho más que sus palabras, era el vivo reflejo del liderazgo colaborativo. Cada uno de los miembros del equipo era escuchado y respetado, todos trabajaban juntos y aportaban de acuerdo con sus capacidades para conseguir mejores resultados en el objetivo que se trazaban. Además, fui testigo constante de muchas conexiones inteligentes establecidas por mi padre. A su manera creaba aliados con los que, incluso, si no compartían el mismo fin siempre ambas partes salían beneficiadas y contribuían a un mundo mejor.

He tenido muchas experiencias exitosas de este tipo, pero hoy quiero mencionar la de la Declaración de Redstone, donde no solo se reunieron científicos y líderes indígenas de todo el mundo, sino que también se estableció por primera vez una colaboración entre diferentes departamentos de la Universidad Metodista del Sur. El respeto, la perseverancia y, sobre todo, la empatía me han permitido colaborar con el Club de Budapest en Europa, trabajar con NEXUS en las Naciones Unidas y también hablar, a pedido del gobierno de Nueva Zelanda, en una conferencia sobre humanitarismo y conectar a los líderes maoríes con la mezquita que había sido atacada y así como colaborar en otros casos importantes.

Hemos logrado mucho y estos tiempos de incertidumbre no nos detienen

En el transcurso de toda mi carrera he colaborado en la creación de muchos programas, tales como Food Source DFW que alimenta a más de cinco mil familias por día en Dallas; con School Out of A Box, destinada a llevar la educación secundaria y universitaria a los más pobres, comenzando con un prototipo que hemos colocado en el Centro Cultural Maya ubicado en Yucatán y el Vital Signs Monitor, basado en el trabajo incansable de Thomas Q. Johns, quien ha utilizado la inteligencia artificial para aplicar el uso de Spiral Dynamics a los desafíos de la globalización de hoy, según las categorías de los Objetivos de Desarrollo Sostenible de las Naciones Unidas.

En estos días, todavía operamos en el Instituto Memnosyne. Nos estamos acercando cada vez más a esa visión de un «campus para la humanidad», equilibrando el panorama general con las necesidades inmediatas, como nuestra iniciativa Masks for life, cuyo objetivo es llevar las máscaras KN95 a las comunidades nativas americanas. Además, trabajamos con Green Source DFW, que integra a la comunidad ambiental desde activistas hasta inventores, inversionistas y corporaciones, etc., mientras continuamos nuestro trabajo a través de los campus del centro cultural. Al mismo tiempo, me he expandido cada vez más hacia la inversión socialmente responsable a través de iniciativas como Women That Soar y Dakia, UTF Holdings con mi amiga, Kalu Kalu Ugwuomo, cuyo objetivo es respaldar inversiones basadas en un modelo de beneficio personas-planeta que también respalda los objetivos de desarrollo sostenible.

Las universidades, las corporaciones y los líderes políticos están solicitando *inputs*, utilizando frases, como «luchar contra el fanatismo y la intolerancia» o «aceptar la responsabilidad por el medioambiente» de los que antes escuchábamos muy poco. Esto me dice que hay un potencial real para avanzar y las semillas que plantamos hace mucho tiempo están comenzando a dar frutos, lo que me permite saber que, a su vez, es hora no solo de cosechar, sino de plantar más. Pienso que con demasiada frecuencia medimos el éxito por lo que presenciamos en nuestras propias vidas, cuando la verdadera medida del éxito es, a menudo, lo que permanece en pie después de que nos hemos ido.

Por esta razón, en estos días, me encuentro creando intencionalmente las bases y herramientas para que las generaciones futuras continúen ayudando a la humanidad a evolucionar. No estoy hablando de educar a los niños, aunque eso es extremadamente importante, estoy hablando de crear instituciones para que aquellos que aún no han nacido puedan aprovechar lo que hemos creado y tengan la oportunidad de llevar a la humanidad mucho más lejos, convirtiéndose en lo que me gusta llamar: «creadores culturales conscientes del mundo que los rodea». La idea es que sean capaces de ser plenamente conscientes de cómo sus elecciones económicas, ambientales y sociológicas en conjunto crean, literalmente, la cultura de nuestro mundo.

Puede que no haya logrado todas mis metas a los treinta, como me sugirió un día mi padre, pero hace dos años, cuando recibí el premio como Pioneer Cívica en las Naciones Unidas, mi madre vino a presenciar el momento. Para entonces, ella ya había comenzado a padecer de Alzheimer, pero a pesar de su olvido, nunca olvidó ese día. Mucho menos yo, fue un momento muy especial cuando me acerqué a ella y me dijo: «Me haces sentir tan orgullosa, Mary Ann y, obviamente no soy la única, ya que todos saben que tú también eres sumamente inteligente». Quizás lo perciban como una tontería, pero en mi cuerpo de cuarenta y tres años todavía había una niña que experimentó un momento de curación gracias a esas palabras. Es curioso y a

la vez muy revelador que este cierre, este bálsamo, llegó después de que yo ya había dejado de intentar ganar su aprobación. Fue con esa mentalidad que, cuando me pidieron que fuera la oradora principal de la Marcha de las Mujeres en Dallas, llevé a mi mamá hasta el final y la vi sostener su puño en alto junto a todas las demás, mientras llamaba a los más de tres mil mujeres y hombres presentes a representar el mundo que querían crear.

He elegido ser completamente transparente en este texto porque espero que, cuando las personas lean mis antologías, puedan descubrir que mi fuerza proviene no solo de haber pasado por el infierno, sino también de haber decidido conscientemente como trabajaba con eso internamente. De ese modo, convertí el trabajo pesado que requirió pararme firme y avanzar en fuerza, empuje y perseverancia para hacer realidad mis visiones para brindarlas al mundo. La terquedad que se necesita para permanecer impávido en el peor de los tiempos proviene de la intemperie en tiempos aún más oscuros. Si bien es cierto que puede parecer frustrante el hecho de que a veces la agenda de nuestra alma se imponga ante los deseos de nuestra mente y corazón, espero que mi historia haya ilustrado como el hacer a un lado nuestro ego nos permite reconocer un propósito mucho más elevado para el cual están destinados todos nuestros atributos, talentos y oportunidades. Si podemos sincronizarnos con eso, el cielo realmente es el límite.

Mary Anne

IMPACTA UN CORAZÓN Y TODO ES POSIBLE

El secreto de que algo funcione en tu vida es: en primer lugar, el profundo deseo de que funcione; luego la fe y la creencia de que puede funcionar; y finalmente, el mantenimiento de la visión clara y definida en tu conciencia, viéndola funcionar paso a paso, sin la más mínima duda o incredulidad. Tu actitud positiva es de una importancia vital para cualquier cosa que hagas en la vida.

Eileen Caddy

MERLING SAPENE

Soy Merling Sapene, una inmigrante venezolana en Canadá, experta en manejo de cambio, *coaching* y responsabilidad social corporativa y fundadora de la organización M-Transition. Toda mi vida ha girado en torno a entender cuál es mi propósito vital, soñar y luchar apasionadamente hasta hacerlo realidad. Cuando lo resumo de esta manera, parece muy sencillo, pero he de aclarar que siempre he sido consciente de que podemos encontrar un sinnúmero de obstáculos en el camino. Muchas personas no creen en nosotros ni en nuestros sueños y pueden tratar de convencernos de que son imposibles, pero es precisamente en esos momentos cuando tenemos que pararnos firmes e internalizar que debemos actuar con convicción y perseverancia para proceder en función de nuestra misión. Solo así podemos avanzar y salir victoriosos.

Cuando escuchamos el llamado, se abre el paso a diferentes fases: entendemos el mandato, lo realizamos con pasión y continuamos avanzando con el siguiente. Siempre he sido muy cuidadosa en respetar mis diferentes áreas, ya que considero que es elemental saber mantener el equilibrio entre el trabajo y la familia. Me parece muy relevante mencionarlo porque muchas veces pensamos que el éxito está vinculado únicamente con nuestras metas y logros a nivel profesional, pero, desde mi punto de vista, también

depende del bienestar y la estabilidad familiar que podamos alcanzar. En mi caso, llevo treinta años viviendo un matrimonio que, con sus altos y bajos, ha sido maravilloso y me ha regalado dos hijos espectaculares No quiero decir con ello que esta es una regla. Simplemente me refiero a que el trabajo no lo es todo, que el éxito se extiende a distintas facetas de nuestras vidas y que, sin importar cuál sea nuestra área de interés, lo que realmente nos importa y nos hace felices, debemos trabajar para lograrlo, respetando siempre nuestros valores porque, de lo contrario, corremos el riesgo de desgastarnos física, mental y emocionalmente.

Generalmente, la gente ve tu gloria, pero no conoce tu historia. Yo nací en una familia formada por padres con marcadas diferencias sociales que se desintegró muy temprano. Como consecuencia, no tuve una infancia estable y, aunque con el tiempo mi mamá se volvió a casar, siempre me sentí muy sola. Tenía un gran ímpetu y deseos de salir adelante, así que desde muy pequeña elegí caminar hacia una vida diferente; comencé a soñar con la familia que quería tener y a hacer todo lo que estuviera a mi alcance para que mis hijos no repitieran mi experiencia familiar. En definitiva, fueron momentos muy difíciles que forjaron este carácter de lucha para vencer obstáculos. Mi contexto, lejos de traumatizarme, sirvió para mostrarme un ejemplo de lo que no quería en mi vida; así que estudié, trabajé y me esforcé para llegar a mi destino soñado. Hoy logré integrarme en otro país respetando mi esencia, tengo una hermosa familia y, no solo he trabajado con grandes empresas e instituciones canadienses, sino que también he podido concretar un emprendimiento propio para sacar adelante diversos proyectos de alto impacto social.

Persevero hasta lograr mis sueños sin importar los cambios que impliquen

Siempre he sido emprendedora porque tomo las riendas de mi vida para iniciar diferentes proyectos. De pequeña, soñaba con una familia feliz y encaminé mi andar para conseguirla. Más tarde, al sentirme insegura en mi país, noté que la paz era invaluable y tomé la decisión de renunciar a todo y emigrar. De esta manera, garantizaba el bienestar familiar y le añadía la paz. No fue una decisión fácil, pero tampoco lo era vivir en Venezuela. Recuerdo un día cuando, a mis quince años, dos hombres me persiguieron con la intención de secuestrarme y, tal como en una película, llamé a la puerta de una casa donde encontré quien me salvara. Lamentablemente, me vi en este tipo de situaciones en repetidas ocasiones y, esa sensación de ansiedad, de persecución constante, me ayudó a entender que necesitaba paz y tranquilidad.

Con la finalidad de amoldar mis acciones a mis sueños, emigré a Canadá junto a mi familia. Debo aclarar que este nunca es un proceso sencillo; dejé la comodidad de mi hogar, renuncié a un trabajo estable, a las conexiones y al dinero e inicié una nueva etapa de aprendizaje y de autoanálisis. A pesar de que en mi país era experta en manejo de cambio, cuando me enfrenté a mi proceso de adaptación, descubrí que todavía había mucho que no sabía. Resulta que, aunque muchas veces somos buenas ayudando a otros en sus procesos, no sabemos cómo aplicar esa sabiduría en nosotros. Llegué a Montreal y comencé a estudiar francés con mi familia; ese fue el primer paso en este desgarrador proceso de transición y de adaptación a una nueva cultura. Me encontré en la disyuntiva entre mi necesidad de adaptarme a esta nueva tierra y la esperanza de poder seguir siendo completamente quien solía ser. Cabe destacar que era imposible cumplir con ambas cosas, algo tenía que cambiar porque en este caso un camino eliminaba automáticamente al otro. La gente comenzó a percibirme como una persona agresiva y tuve que trabajar en mí para adaptar mi forma de liderazgo e interacción con los demás, sin dejar de ser yo.

En mi familia, cada uno vivió su propio proceso de adaptación y hubo momentos de tanta tensión que casi rompieron nuestro matrimonio y nos separaron. Todo era el resultado de no saber cómo controlar nuestras emociones y actitudes frente al cambio. Agradezco infinitamente que superáramos esta etapa y que saliéramos verdaderamente

enriquecidos de ella. Considero que cuando experimentamos este tipo de situaciones difíciles en la vida, luego tenemos más poder, entendimiento y empatía para ayudar a otros a transitar caminos que ya hemos recorrido.

Aunque había hecho una maestría en Manejo de Cambio, cuando llegué acá, me di cuenta de que en muchas ocasiones actuaba por intuición y no porque realmente lo supiera. Comencé a aplicar a mi propia vida las teorías que había estudiado y el resultado fue positivo. De hecho, gracias a que entendí que no podía permitir que mi acento o mis creencias me limitaran, a que aprendí a usar mis diferencias como herramientas para agregar valor a esta nueva cultura en la que me estaba insertando, tan solo tres años después de mudarme, me llamaron de una de las multinacionales más importantes de Quebec (Bombardier Aerospace) para desempeñarme como directora de Manejo de Cambio, posición en la que me mantuve por catorce años.

Después de mucho trabajo interno, finalmente entendí que mi propósito es aprender continuamente, disfrutar cada día la belleza del amor, la pasión, la abundancia y la excelencia en todas las dimensiones de la vida para sobrepasar mis limitaciones y descubrir el camino de bendiciones que existe para mí. Ser consciente de esto me ha ayudado a mantener el equilibrio, a enfocarme y a evitar dedicarme a actividades que se alejan de este y me desgastan. En 2017, recibí el premio Les Lys de la Diversité du Québec y lo entendí como un llamado, como una revelación de misión: sentí en mi corazón que debía ayudar a otros.

Al aceptar la misión de transformar la vida de millones de migrantes a través de información digital y guiarlos para alcanzar el máximo potencial de integración en su nuevo país, elaboré una guía de acompañamiento (*Éviter les bosses lors du trajet d'intégration*) para, a través de mi propia historia, compartir el proceso de transición, la curva de cambio, los sentimientos, emociones y reacciones que se viven en este proceso; también para proporcionarles las herramientas para adaptarse y gestionar el cambio de una manera más eficiente. Desde que escribí el libro, mi mundo cambió, comencé a conectarme con personas que compartían mi misión y, por muchos años, he facilitado talleres de integración para los inmigrantes. En paralelo, he trabajado como profesora de Manejo de Cambio en la Universidad McGill desde hace catorce años.

Como mujeres, es aún más difícil encontrar el equilibrio

Soy mujer, madre, esposa y emprendedora. Cada una de estas facetas es importante y requiere de tiempo y dedicación, porque el verdadero éxito se traduce en nuestra capacidad para encontrar el equilibrio entre ellas. Considero que, como mujeres, luchar por nuestros sueños a veces implica un esfuerzo mayor, porque no se trata solo de atender nuestro trabajo, sino que también debemos dedicarnos a ser mamás y esposas, a nutrir nuestro hogar. Sin embargo, cuando nos lo proponemos de corazón, nada es imposible. Cuando tenemos la bendición de descubrir nuestra misión, debemos encontrar la manera de conducir nuestras emociones, manejar nuestro tiempo y nuestras acciones para ver nacer proyectos que impliquen un cambio en el mundo y que al final afecten de manera positiva la vida de muchas personas.

No me considero una *supermujer*, todo lo contrario, soy un ser humano con miles de defectos y debilidades, pero siempre busco ser fiel a mí misma, a mis valores y a mi corazón para encontrar la fuerza que me permita perseverar hasta llegar a la meta y sembrar una buena semilla en el mundo. La pasión nos permite enfocarnos y encontrar ese tan añorado equilibrio. Mi reto más grande es administrar equitativamente el tiempo que invierto en mi misión de vida, en mi familia y en espacios para mi disfrute y esparcimiento, para nutrirme como mujer y para tener paz. Creo que no se puede dar lo que no se tiene, así que, para llevar bienestar a otras vidas, primero tengo que estar bien yo. Gran parte de este bienestar personal, viene dado por la satisfacción de haber logrado cumplir mis sueños y, como he mencionado ya múltiples veces, me caracterizo por ser muy soñadora, pero sueño con

pasión y potencia. Siempre persisto hasta hacer de mis sueños una realidad, camino por fe, me arriesgo y así avanzo.

Las conexiones son indispensables para alcanzar nuestro máximo potencial

Soy de quienes piensan que una conexión verdadera debe ser estratégica, pero también debe darse con la mente y el corazón. Para que la conexión sea inteligente, es necesario que sea una relación con propósito, con corazón y que nutra con reciprocidad. He tenido muchas conexiones de este tipo en mi vida, pero me limitaré a mencionar unas pocas. En primer lugar, mientras trabajaba en Bombardier, me brindaron la oportunidad de seguir estudiando y obtuve un certificado de Responsabilidad Social Corporativa. Al finalizar, como trabajo de campo, quise retribuir un poco esa bondad que tuvo la empresa al invertir en mí y diseñé Pasión por la aviación, un programa para que los empleados de la empresa pudieran ir a las escuelas de sus hijos a compartir su pasión por la aviación.

Cuando un proyecto tiene tanto corazón, empieza a conquistar a otros. Aunque en un principio no tenía el presupuesto para llevarlo a cabo, poco a poco fue ganando el apoyo de varios directivos. Más tarde, fue adaptado para Aero Montreal y hoy beneficia a ochenta mil jóvenes canadienses al año. Tuve que hacer frente a muchas barreras, pero había un fuego dentro de mí que no podía apagar. Este proyecto nació dentro de Bombardier y requirió de muchas alianzas para salir adelante. Me enorgullece saber que, gracias a mi empeño y perseverancia y a nutrir un gran equipo de trabajo, logré hacer una diferencia y agregar valor como inmigrante. He aprendido que uno de los pasos más importantes para la integración es dar, para contribuir a hacer aún mejor al país que nos recibe.

La segunda experiencia que mencionaré se relaciona con un proyecto que aún no está terminado. En 2019, fui invitada por Naciones Unidas para moderar un panel de Integración e Inmigración de los Latinoamericanos y, en medio de este, pude escuchar cómo mi voz me pedía a gritos que digitalizara mi contenido para ayudar no a cientos, sino a millones de inmigrantes que están buscando encontrar su lugar en el mundo. Al cerrar mi ciclo con Bombardier inicié mi propia compañía, M-Transition. Es así como nace Corazón Migrante; el proyecto ha sido implementado exitosamente en Chile a través de la Asociación Inmigrante Feliz que digitaliza mi guía de integración y mis talleres presenciales en una versión optimizada.

La vida se ha encargado de mostrarme que, cuando tenemos un propósito, no debemos preocuparnos por los recursos porque ellos siempre llegan. Aunque mi solicitud de fondos fue rechazada, continué caminando con fe hacia mi sueño. Me puse en contacto con distintas organizaciones, empresas y fundaciones y hoy todo va viento en popa. He creado vínculos en diferentes partes del mundo para replicar el prototipo y cumplir mi misión de proporcionar las estrategias para mejorar su proceso de migración a un número cada vez mayor de personas. Este programa cuenta hoy con un equipo y alianzas estratégicas a nivel mundial, como Human Talent en México, donde se encargan de toda el área tecnológica; Cuantix en Chile, encargados de la medición del impacto social; Ribeiro y asociados, mis abogados en España y Unidos en Red- global, quienes se encargan de impulsar mundialmente proyectos de impacto social.

El emprendimiento cuenta además, con el apoyo de Inmigrante Feliz, una fundación chilena sin fines de lucro que donó muchas horas de trabajo con tres psicólogas para optimizar mi contenido y poder multiplicar y escalar Corazón Migrante. Es curioso cómo funciona la vida, porque el presidente de la junta directiva de esta fundación, Salvador Porta, era también mi jefe en Venezuela. Cuando tenía veintisiete años, él me ayudó a expandir mis alas para volar más alto y hoy vuelve a hacerlo. En paralelo, se implementan otros pilotos en diferentes partes del mundo: Colombia, Venezuela, España, EE. UU. y Canadá. En conclusión: las conexiones inteligentes son indispensables, ya que cuando trabajamos solas, nos desgastamos y no alcanzamos nuestro máximo potencial. Es importante conectar con esa fuente inagotable de amor que se siembra en la vida.

Poco antes de la pandemia, mi vida ya abría sus brazos a nuevos comienzos

A finales de 2019, renuncié a mi empleo y me dediqué a emprender. A los pocos meses, la pandemia hizo acto de presencia y con ella la incertidumbre global. Sin embargo, siempre he sido de las que caminan con fe, sabiendo que cuando tenemos un propósito claro, la misma vida nos brinda las herramientas que necesitamos para sacarlo adelante. Hace poco tiempo, me enfrenté muy de cerca a la muerte, pero aprendí que no morimos hasta que hayamos cumplido con nuestro propósito. Me siento muy agradecida por estar viva. Esta experiencia me ayudó a concentrarme aún más en no desaprovechar mi paso por el mundo, en no desperdiciar ni un minuto de mi vida. Es cierto que estamos en medio de una pandemia, pero esto va a pasar y lo importante es que logremos enfocarnos en continuar con nuestra historia hasta alcanzar el objetivo propuesto. En este tiempo tan difícil, tuve, además, el agrado de recibir recientemente el reconocimiento de Mujer Hispana 2021, con mención al compromiso social.

Nunca había estado tan feliz de estar viva y, para mí, este año ha sido un ejemplo de emprendimiento y de relaciones inteligentes con propósito.

Merling Sapene

243

UN CAMBIO RADICAL DE RUMBO VITAL

¿Por qué se ha de temer a los cambios? Toda la vida es un cambio. ¿Por qué hemos de temerle?

George Herbert

MONTSE BARÓ

Algunas veces, cuando doy un vistazo al pasado, pienso en que nunca llegué a imaginar que un día sería la Montse Baró que soy hoy. Mis inicios ciertamente no hacían prever mi camino, pero si algo ha marcado mi vida, ha sido la capacidad de esfuerzo y de aprendizaje continuo para superar mis propios límites. En un momento en el que parecía que mi vida ya estaba claramente encarrilada, decidí darle un giro inesperado que sorprendió a todos y supuso un cambio radical de rumbo vital, un viraje que me ha traído al presente y que hoy comparto con ustedes.

Quizás por los problemas personales que arrastraba y que ocupaban mi mente, en el colegio no fui una alumna brillante. No obstante, eso no impidió que años más tarde, con mucho esfuerzo y mientras trabajaba, me formara en gestión empresarial. Todo se alineó para que en los siguientes años consiguiera convertirme en *controller* financiera de una multinacional sueca muy prestigiosa. Estaba casada y tenía dos hijos y, más o menos, conseguía compaginar ambas facetas de mi vida. Tenía un buen sueldo, una familia, me sentía apoyada en casa y mi carrera profesional era muy prometedora. Desde afuera parecía la vida perfecta, pero yo no me sentía así.

Después de veinte años en la misma empresa, estaba inquieta y empecé a plantearme si quería seguir allí hasta mi jubilación. Había iniciado un trabajo de crecimiento personal que me había llevado a formarme como psicoterapeuta y empezaba a sentir que ese debía ser mi camino. Necesitaba un trabajo donde el corazón fuera un componente esencial. Pero, como suele suceder con los cambios, el miedo me paralizaba. La incertidumbre de iniciar una nueva carrera y abandonar una posición segura y bien remunerada no era fácil y nadie, a excepción de mi marido, parecía entenderlo. ¿No tenía ya todo lo que podía desear? Era evidente que no.

Decidí hacer mis miedos a un lado y emprender una nueva etapa vital e, irónicamente, escogí la mayor crisis económica de los últimos tiempos para hacerlo, era el año 2007. Pocos confiaban en mi proyecto y la situación económica empeoraba mis posibilidades, pero eso no me desmotivó. Quería trabajar con personas y ayudarlas en su proceso vital, estaba decidida a ser psicoterapeuta y a marcar la diferencia. No puedo mentir, el cambio no fue sencillo, ni mucho menos un éxito instantáneo, pero con mucha motivación y empuje, poco a poco, me fui labrando una carrera como psicoterapeuta; hoy tengo mi propia consulta y formo a otros psicoterapeutas. Puedo decir que, a través de ambas facetas, encontré lo que me faltaba.

Soy una persona ávida de conocimiento y esto, sin duda, también me ha ayudado a tener siempre muchos proyectos abiertos; de uno de ellos, surgió dirigir Hakabooks, una editorial internacional especializada en psicología, psicoterapia y crecimiento personal. Este es un emprendimiento familiar en el cual trabajo junto a mi marido e hijos y además marco una diferencia ayudando a diferentes autores a dejar su semilla en el mundo.

En ocasiones, el cambio es esencial

Cuando las personas nos decidimos a emprender una nueva aventura en nuestras vidas, la motivación general suele mantenerse. Las circunstancias varían y, por supuesto, eso afecta nuestras necesidades en cada etapa, pero cuando sabemos adónde nos dirigimos, nuestro propósito básico es el mismo. Emprender fue una consecuencia de la necesidad de cambio que demandaba mi vida. Mi trabajo sencillamente no me satisfacía, necesitaba moverme, redirigir mi rumbo, me interesaba trabajar con las personas desde un lugar más cercano, desde el corazón. Tenía el presentimiento de que estaba en mis manos el poder de ayudar a otros en su andadura vital y, de alguna manera, mejorar sus vidas con lo que yo había tenido que aprender en mi propio proceso de crecimiento personal. Emprender era la forma ideal de cumplir mi sueño de ayudar a los demás en su paso por el mundo.

Si bien es cierto que las circunstancias han cambiado y que mis proyectos se han fortalecido significativamente con el transcurso de los años, mi motivación principal siempre ha sido la misma: tener la posibilidad de aportar algo al mundo, de ayudar. Tanto en mi trabajo actual como en cualquier proyecto que inicio, mi objetivo es ayudar a mejorar la vida de las personas. Esta es una meta que al final del día me aporta una gran satisfacción, ya que el saber que estoy haciendo algo significativo me anima a darle sentido a mi vida. Hoy logro mi fin desde tres posiciones distintas: contribuyo al desarrollo de un mundo mejor desde mi editorial, lo hago también en la formación de psicoterapeutas y a través de las sesiones de psicoterapia.

Por otra parte, intento seguir formándome para continuar creciendo personalmente y aportar más a los demás. Creo que la formación continua y el aprendizaje son clave para cualquier negocio o emprendimiento, ya que es indispensable estar siempre abiertos a nueva información, a nuevas formas de trabajar y de mejorar. Asimismo, considero importante el abrirse al trabajo colaborativo, porque el intercambio de ideas y aprendizajes que ofrece la posibilidad de trabajar en equipo puede resultar un proceso altamente enriquecedor y beneficioso.

Pienso que antes de iniciar cualquier nuevo proyecto, debemos plantearnos lo que nos aportará, tanto a nosotros como a nuestro entorno y ver si se alinea con nuestra motivación, visión y misión. Cuando tenemos claro lo que queremos, emprender nos ayuda a seguir ampliando nuestros horizontes. En mi caso, esto se da en el

lanzamiento de un nuevo libro en la editorial o en la organización de un congreso sobre psicoterapia. Creo que nunca debemos perder la ilusión que un día nos hizo emprender y, al mismo tiempo, permitirnos estar siempre con la mente abierta a las posibilidades y oportunidades que la vida va poniendo en nuestro camino.

La mujer y la emprendedora que hay en mí trabajan en plena colaboración

Como mencioné anteriormente, en el pasado, a los ojos del mundo mi vida parecía perfecta. Había alcanzado el éxito en el ámbito laboral y profesional, o al menos así lo creían todos a mi alrededor. Sin embargo, cuando mi yo profesional se vio insatisfecho y, hasta cierto punto vacío, no tardó en comunicarse con mis facetas personales, con la mujer, la madre y la esposa. Todos mis roles debieron trabajar en conjunto para complementarse y llenar distintos espacios que me permitieran alcanzar el verdadero éxito en la vida. Es necesario entender que la vida perfecta de uno, no tiene por qué ser la vida perfecta de otro. Con mucho tiempo para reflexionar, todos mis yo se pusieron en sintonía para colaborar y redirigir mi vida, tomando una nueva dirección que me permitiría vivir de una manera más completa.

Los retos, como mujer y como emprendedora, son múltiples. En el primer caso, tengo que reconocer que mi actual profesión no me ha supuesto ningún problema, todo lo contrario. Venía de un mundo muy masculino, el de los *controller* financieros, en el que siempre me encontraba muy sola como mujer. Allí aprendí a trabajar en igualdad con hombres y a no dejar que mi género marcara ninguna diferencia. Tuve que ser muy seria en mi trabajo, demostrar mi valía a cada paso y —aunque no fue fácil conseguirlo— aprendí a ser muy exigente conmigo misma para superar cada obstáculo. Fue una gran experiencia y aún aplico muchos de los aprendizajes adquiridos entonces en mi trabajo actual, en especial el de exigirme al máximo. En mi entorno laboral actual hay muchas más mujeres y su papel es esencial, por lo que me siento muy bien integrada.

En el campo profesional, mi mayor reto ha sido no trabajar aislada. Puede ser un trabajo muy solitario al final del día, por esta razón hoy mi objetivo es trabajar en colaboración con otras emprendedoras; crear una red, estar en la misma sintonía y tener un objetivo común que además nos permita enriquecernos como personas. Reconozco que no se me hizo fácil encontrar personas con las cuales colaborar, pero finalmente pude establecer una relación con tres mujeres para llevar a cabo distintos proyectos y, cabe destacar, estoy realmente feliz con los resultados y con el trabajo que está por venir. Creo que este tipo de sinergia es clave para el desarrollo de nuevos proyectos significativos. Trabajar en red fomenta el pensamiento lateral mediante el intercambio de ideas y experiencias, nos permite llegar a soluciones más creativas y a mejores resultados. Recomiendo a todas las emprendedoras que se sumerjan en proyectos colaborativos pues creo que es una experiencia gratificante.

Debo muchos de mis logros en la vida al esfuerzo y a la constancia que diariamente invierto en mis tareas. El talento es importante pero la constancia es lo que marca la diferencia. Siempre podemos aprender cosas nuevas y eso es algo que no debemos olvidar, es por eso que me considero un ser en continua formación. Nuestro proceso de aprendizaje continuo es lo que nos llevará a mejorar, a avanzar y a sintonizar mejor con nosotros y con los demás. Creo que el tesón y la constancia son características que siempre deben acompañar al emprendedor. No hay que desmotivarse, sino más bien seguir adelante a pesar de los múltiples obstáculos que van apareciendo en nuestro camino. Aunque no sea fácil, debemos estar preparadas para saltar las piedras y avanzar siempre.

Considero que otras de mis mejores cualidades como ser humano son mi voluntad de colaborar con los demás y mi practicidad a la hora de resolver problemas. Con el tiempo, he aprendido la importancia de la colaboración y lo mucho que nos aporta en nuestro proceso de aprendizaje vital. Aunque a veces puede parecer que nuestro camino es demasiado complicado o que el proceso se alarga, al final los resultados son tan maravillosos que siempre lo compensan. También he descubierto que soy una persona muy práctica, prefiero resolver los problemas de forma directa sin conflictos ni rodeos. Creo que es algo que me ayuda mucho a la hora de colaborar de forma productiva con los demás. Siempre hay una forma más sencilla de resolver el problema y yo me entrego a la tarea de encontrarla.

Como emprendedoras, los liderazgos colaborativos son clave

A mi manera de ver, una conexión inteligente surge cuando encontramos personas con las que nos sentimos en sintonía y trabajamos en una misma dirección y con un mismo objetivo. Este proceso es beneficioso para todas las partes y acaba creando un proyecto mayor y mejor que el logrado individualmente. En este sentido, tengo el privilegio de colaborar en la coordinación e implantación de una escuela de psicoterapia en España. La escuela se fundó en Portugal hace diecisiete años y en España hace seis años. Para mí, este proyecto ha resultado sumamente enriquecedor, ya que me ha permitido descubrir cosas sobre mí misma y sobre los demás, me ha ayudado a crecer personal y profesionalmente, he aprendido a colaborar y a descubrir las ventajas del liderazgo colaborativo.

Otra experiencia de este tipo ha sido mi trabajo con la organización del I Congreso Internacional de Psicoterapias Humanistas, organizado por la escuela Centro de Psicoterapia Somática em Biossíntese (CPSB) de Portugal, en colaboración con el Instituto Erich Fromm, el Centre Besai y mi editorial, Hakabooks. Su objetivo era el intercambio de conocimientos y el desarrollo de la profesión de psicoterapia a nivel internacional. El evento se realizó en línea el pasado noviembre de 2020. Contó con más de treinta ponentes internacionales y con más de tres mil personas inscritas. Gracias a la gran acogida que tuvo, hubo que asumir mucho más trabajo de lo que se esperaba, pero también me aportó mucho y aprendí a colaborar mejor y de forma más productiva.

En el ámbito editorial, mi amiga Eva Ramírez,

creadora de Tu voz en mi pluma y yo tenemos una conexión muy especial. Nuestra sintonía fue inmediata, los aprendizajes constantes y los trabajos con sus clientes nos ayudan a crecer como editorial y, en especial, como personas. La creación de libros es una herramienta ideal para dar a conocer a todo el mundo nuestras experiencias personales y profesionales. Creo que este tipo de proyectos colaborativos son imprescindibles para las emprendedoras y que, en un mundo tan competitivo como el actual, los enfoques colaborativos, e incluso multidisciplinares, pueden ser clave para que nuestro negocio prospere y se destaque frente a otros.

La incertidumbre pone a prueba nuestra capacidad de resiliencia

Ciertamente vivimos un momento de gran incertidumbre por la situación actual. En el campo de la psicoterapia, la situación global de los últimos tiempos está generando cada vez más necesidad de ella y de acompañamiento. Muchas personas necesitan apoyo en distintos tipos de situaciones, tales como duelos, preocupación económica, angustia y manejo de expectativas. Es difícil no pensar en si se podrá solucionar la situación o, mejor dicho, cuánto tiempo pasará antes de que lo hagamos. Como profesional, todo este contexto supone un reto enorme, pero también brinda la posibilidad de ayudar a más individuos a superar las angustias provocadas por estos tiempos tan duros y, simultáneamente, iniciar un proceso de crecimiento personal.

La resiliencia de las personas se está poniendo a prueba y muchos profesionales en psicoterapia nos enfrentamos a un duro trabajo para poder sostener la carga que muchos tienen en este momento. Un ejemplo de ello son los profesionales de la salud que deben lidiar directamente con los riesgos y las consecuencias de la pandemia. El mundo se está enfrentando una circunstancia muy difícil. El acompañamiento psicoterapéutico es fundamental y exige lo mejor de nosotros. Para poder ayudar a las personas de bajos recursos, trabajo con la Asociación de Psicoterapia Corporal que ofrece acompañamiento de bajo coste. Creo que es una situación en la que todos, dentro de nuestras posibilidades, debemos aportar un granito de arena, porque es en situaciones como la actual donde se demuestra la importancia de la colaboración, la solidaridad y la empatía.

Hoy soy una persona totalmente diferente a la que era antes de atreverme a emprender y ahora, cuando miro atrás, pienso en por qué no me atreví a hacerlo antes. Supongo que simplemente todavía no era el momento correcto. Sin embargo, si hay algo que veo con mucha claridad es que, si yo pude tú también tienes la fortaleza para hacer realidad el cambio que necesitas en tu vida. Cuando realmente queremos algo, debemos arriesgarnos a luchar por ello con todas nuestras fuerzas, pasión y dedicación. Tenemos que aferrarnos con uñas y dientes a nuestras metas para seguir luchando hasta alcanzarlas. Esa fue mi estrategia, no me rendí hasta conseguirlo y, si bien es cierto que nada puede ser perfecto, hoy me siento una mujer completa, mucho más realizada y en paz, sabiendo que cada día ayudo a otros a mejorar sus vidas.

Montse Baró

GRATITUD

La gratitud no es solo una emoción, sino más bien una actitud que podemos adoptar en nuestro día a día. Cuando así lo hacemos, podemos notar sus múltiples beneficios casi de forma inmediata, entre los cuales se destacan el aumento significativo de nuestra autoestima, la mejora de nuestros vínculos al relacionarnos con terceros y, entre muchos otros aspectos positivos, una nueva percepción del estrés, que nos brinda herramientas para enfrentarlo de una manera más eficiente y saludable.

La gratitud nos ayuda a vibrar en positivo y, por ende, nos conecta con las cosas buenas y nos lleva a sentirnos profundamente agradecidas por todo lo que nos sucede tanto en nuestro interior como en nuestro alrededor. Se trata de una emoción tan placentera que se transmite aun sin desearlo.

Si cada mañana nos levantamos y escribimos al menos cinco agradecimientos, nuestro día comenzará con un mejor pie, porque la energía que irradiamos cuando sentimos gratitud es inmensamente poderosa y nos eleva a niveles que nunca antes habríamos podido imaginar.

El agradecimiento es un valor tan poderoso que nos expande el alma y, por ello, es importante reconocer y nunca olvidar quién nos abrió esa puerta para lograr nuestros objetivos. El liderazgo femenino se basa en valores y es precisamente este uno de los principales, ya que nos permite seguir transformando nuestros contactos en conexiones verdaderas que son para toda la vida.

Teniendo esto como creencia, la gratitud es otro de los valores esenciales que sirven como base en la estructura de SHE, y por eso nos tomamos el tiempo de resaltarlo. El estar agradecidas con la vida, con todo lo que nos brinda, y el comprender la bendición que representa cada oportunidad, cada puerta que se nos va abriendo en el camino y cada nueva persona que se suma a nuestra sociedad nos ayuda a crecer y a transformarnos en seres mucho más poderosos con las herramientas necesarias para atravesar cualquier tempestad.

La gratitud para SHE es circular y holística: la practicamos, la enseñamos y la recibimos. ¡SHE es una eterna agradecida a todo lo que se le brinda!

NO HAY EXCUSAS PARA LA EXCELENCIA

Hagamos al hombre a nuestra imagen, conforme a nuestra semejanza; y tenga potestad sobre los peces del mar, las aves de los cielos y las bestias, sobre toda la tierra y sobre todo animal que se arrastra sobre la tierra.

Génesis 1:26-27

MYLENE FERNSTRÖM

Soy Mylene Fernström, una colombiana que llegó a Suecia muy joven. En teoría, estudiaría por un año en este país, pero la verdad es que ese año se transformó en treinta. Desde muy pequeña, mi sueño era tener una vida y una carrera internacional. De hecho, planeé mi andar en torno a esta idea. Siendo apenas una niña, noté que la enseñanza del inglés en la escuela no era muy buena y para solucionarlo me impregné de mucha disciplina y fui autodidacta hasta que adquirí la lengua. Es por eso que opino que no hay excusas, que siempre debemos buscar la excelencia.

A los diecinueve años, tratando de seguir el ejemplo de los grandes, decidí trabajar únicamente para compañías de excelencia, es decir, con el número uno en su campo de acción. Eran los años 90, cuando me encontraba en la universidad, muy ilusionada por tener la oportunidad de estudiar Medio Ambiente en un país pionero en el área. Comencé a ser consciente de que mis compañeros realmente me escuchaban, respetaban y aprendían de mis puntos de vista y, por primera vez, comprendí que la excelencia ya estaba en mí, que todos somos excelentes y que tenemos áreas de fortaleza impresionantes. En otras palabras, pasé muchos años buscando fuera lo que ya estaba adentro.

Este fue un punto de inflexión en mi vida. Me di cuenta de que había planeado toda mi vida, que había viajado tan lejos buscando imitar la excelencia de los grandes, cuando la verdad era que ya la llevaba en mí. Era el resultado de mi crianza, del gran país en el que crecí y, principalmente, de los valores que mis padres tanto se esforzaron en inculcarme. Siempre he tenido un compromiso con la excelencia y, gracias a ello, hoy cuento con veinticinco años de logros profesionales y de experiencia en empresas multinacionales como 3M, Aker Kvaerner, Metso Power y Volvo Cars, donde gané el Premio a la Excelencia en 1996.

Mi misión es ser embajadora de la excelencia y corregir la mala interpretación que suele hacerse de esta. Con este fin, creé Excelencia desde el Amor - Tu Obra Maestra, Tu Legado , un programa que empodera a personas y empresas a progresar hacia la excelencia personal y profesional para convertirse en líderes destacados, extraordinarios y memorables que dejan un legado, rodeados de abundancia y éxito. Tomamos en cuenta que todos somos distintos; aunque partimos de la misma base, luego acoplamos la excelencia a nuestras necesidades y personalidades para elevarlas adonde siempre hemos soñado.

Cuando terminé la universidad, me di cuenta de que el medioambiente era una tendencia importante y decidí tomar ese camino. Desde 1989, trabajé como ingeniera química en el área de gerencia y, luego en 2013, cuando percibí que el tema digital iba a ser muy importante, estudié E-commerce Management. Además, al ver que nadie hablaba de la excelencia, creé mi emprendimiento, el concepto mundial Excellence Management (Gerencia y Manejo de la Excelencia). En definitiva, gracias a todo este contexto, hoy soy conferencista internacional, emprendedora, mentora y estratega de Excelencia, Experiencia al Cliente, Excelencia Operacional y Digital.

Emprender no era parte de mi plan

En 2013, cuando perdí mi trabajo en una conocida empresa multinacional , me vi obligada a emprender y, aunque esto nunca había sido parte de mi plan, se me facilitó mucho porque durante esos primeros veinte años en Suecia, estuve en contacto constante con empresarios y emprendedores. De alguna manera, podríamos decir que ya tenía una escuela y, por supuesto, mucha curiosidad. La experiencia me llevó a darme cuenta de que los empresarios son la base de la economía mundial porque la mueven y la sustentan, que son ellos quienes ayudan a los países a salir adelante, a generar empleo. Este entendimiento que había estado dormido por muchos años, finalmente despertó y me motivó todavía más, tanto que aún se mantiene y sigue evolucionando.

Años atrás, específicamente en 2002, había trabajado en una multinacional donde tuve que lidiar con un jefe extremadamente difícil de complacer. Sentí la necesidad de mostrarle mi valor y cada día me esforzaba aún más para tratar de satisfacerlo, pero nada era suficientemente bueno ante sus ojos. Ese empleo me consumió tanto que me enfermé por el estrés, así que tuve que ausentarme por un tiempo. Hablé con un psicólogo y con un terapeuta cognitivo, ambos me recomendaron parar de hacer o al menos hacer menos, algo totalmente nuevo y sin sentido para mí; fue como cortarme las alas. Sin embargo, lo acepté y lo hice hasta que un día entendí que todos somos personas diferentes y, por ende, nuestros tratamientos deben ser distintos. En mi caso, en lugar de dejar de hacer, debía cambiar lo que hacía para volver a disfrutarlo y a sentirme útil, ese fue mi remedio. Reorienté mi camino y descubrí que somos muchos los que buscamos la excelencia y que, de otra manera, no seremos felices. Empecé a dedicarme a trabajar con ese grupo de personas que se sienten atrapadas, que quieren llegar lejos, que desean entregarle al mundo sus productos y, además, ser memorables.

Tal como mencioné anteriormente, siempre quise ir más allá de mis propias capacidades y, por eso, desde muy niña, la búsqueda de la excelencia ha sido mi mayor motivación. Me propuse trabajar junto a los grandes y, con la persistencia que me caracteriza, lo logré. De ellos aprendí que hay muchas herramientas que también se pueden aplicar en el plano personal, lo que me ayudó a terminar de darle forma al concepto que desde hacía tanto tiempo se estaba formando en mi cabeza. Por fin fui capaz de comprender que la excelencia no es perfección, sino progreso; que no implica estrés ni desorden, sino más bien calma y estructura y que para alcanzarla debemos bajar el ego y ser humildes. Esa es la única manera de aprender continuamente y de actuar desde el amor y el orgullo por lo que hacemos. Cuando lo conseguimos, nuestro actuar se ve reflejado en el resultado y quien lo recibe, lo percibe de igual forma, razón por la cual se vuelve una actitud contagiosa.

Es una lástima que aún hoy el concepto de excelencia pueda ser malentendido, y por eso, me satisface ser una embajadora de la excelencia que tiene como fin corregir la mala interpretación de esta. Con esa misión, creé el programa Excelencia desde el Amor. Tu Obra Maestra. Tu Legado y sé que, a través de él, pongo mi grano de arena para formar líderes que logren vivir en abundancia y con éxito tanto a nivel personal como profesional, pero siempre respetando nuestra esencia. Por todas las razones ya mencionadas, hoy puedo afirmar con total sinceridad y convicción que ayudo a personas y empresas a encontrar sus áreas de excelencia, a dejar el perfeccionismo y cambiarlo por el progreso continuo, en otras palabras, a tomar una actitud de excelencia ilimitada dirigida a la abundancia, a sacarle provecho a aquello que nos hace únicos, inolvidables e invaluables como empresas y como personas. Después de todo, todos somos excelentes y, por ende, podemos ser extraordinarios.

El amor por mi trabajo puede hacerme perder el equilibrio

Me encanta lo que hago, me hace sentir conectada conmigo, con otros y con mi pasión. Sin darme cuenta, se me van las horas leyendo, investigando y trabajando. Las horas pasan muy rápido y, en un momento, perdí el balance y dejé de dedicarle tanto tiempo como quería a mi familia. Entonces, me propuse reorganizarme para equilibrar mis actividades y pasar tiempo de calidad en familia. Sonará un poco extraño, pero lo cierto es que el mayor conflicto al que me enfrento como mujer, madre y emprendedora es que amo tanto lo que hago que pierdo la noción del tiempo. Pero una vez que fui consciente de este hecho, me di a la tarea de solucionarlo y enderezar mi camino.

Me extenderé un poco más sobre mis retos como mujer; por experiencia, puedo dar fe de que a las mujeres nos falta entrenamiento para vender. Al percatarme de esto, me dediqué a estudiar cómo ser la mejor vendedora, porque, independientemente de lo que muchos piensan, el dinero sí es importante, incluso la Madre Teresa de Calcuta era una gran vendedora que convencía a empresas para donar y hacer caridad. Considero que tenemos que enseñarles a nuestros hijos a nadar, a hablar inglés, a defender sus derechos e, indiscutiblemente, a vender, porque todo en esta vida es venta. Me gusta pensar que la labor por la excelencia empieza desde muchas experiencias; nace cuando un empresario dice que quiere dejar un legado, cuando, como mujeres, les mostramos a nuestros hijos y a nuestras familias que todos podemos ser felices y sanos al encontrar nuestra pasión y cuando dedicamos nuestras vidas a un propósito que nos completa. Al final todo se alinea para que los resultados sean positivos, incluso en términos de dinero.

La excelencia es indispensable si queremos cambiar el mundo, si queremos crecer y desarrollarnos en todas nuestras facetas. Es por ello que creé WINS (Women In Sales), The Movement of Abundance, un movimiento destinado a empoderar a la mujer para que esté preparada en el mundo de hoy. Después de mucho tiempo de aprendizaje, entendí que no necesitamos hacer todo, sino lo verdaderamente importante, que debemos priorizar y enfocar nuestra energía en aquello que valga la pena. Asimismo, internalicé que la excelencia no es estrés, todo lo contrario, es el goce y el disfrute de nuestro trabajo. Como empresaria, me atrevo a decir que podemos cambiar el mundo para, con humildad y amor, dejar un legado en el infinito.

Las conexiones inteligentes pueden alimentarnos enormemente

El mundo del emprendimiento está lleno de personas que renunciaron a sus trabajos porque sintieron que necesitaban independencia y, muchas veces, creen que lo tienen que hacer y lograr todo solas y que lo tienen que saber todo. Es importante comprender que allá afuera hay otros que tienen fortalezas en áreas en las que nosotros no tenemos. Las conexiones inteligentes pueden llenar nuestras vidas y empresas de color, paz y desarrollo de forma más acelerada que si lo hiciéramos por nuestras propias fuerzas. Cuando nos relacionamos con personas que comparten nuestros valores, surge una relación circular en la que hay entendimiento, apoyo, admiración, y donde además se persigue el beneficio mutuo. La excelencia sirve para catapultar dichas alianzas y lograr que las partes se complementen para cumplir un propósito con la mayor calidad posible.

A través de mi emprendimiento, fui capaz de dedicarme a un tema que me apasiona, al Manejo de la Excelencia. Desde su nacimiento, llevo dos vidas paralelas, una relacionada a la excelencia y la otra al comercio electrónico. Cuando me detengo a observar que, en la actualidad, vivimos en un mundo que es casi completamente digital, me enorgullece ver que fui previsiva y tomé la decisión correcta al predecir la fuerza de una tendencia que, en ese entonces, quizás no era tan evidente. Hoy dicto muchas conferencias con respecto al mercado y comercio electrónico, y trabajo con muchos *millennials y generación X*. Estos se ven muchas veces malinterpretados; me alegra decir que llevamos una relación de aprendizaje recíproco. Ellos son sabios porque han entendido mucho la idea de calidad de vida y, como resultado, tienen un equilibrio entre la familia, el amor propio, el trabajo, el dinero, y hacen solo lo que aman.

Aunque soy empresaria, considero que no hay nada de malo en ser empleados, porque desde cualquier posición, podemos ser excelentes, crecer y desarrollarnos. De hecho, disfruto de ambos roles: soy feliz colaborando como empleada para que una empresa crezca y también me satisface trabajar de manera independiente para ayudar al mundo a crecer. Como dije antes, la excelencia comienza desde el amor y la humildad para dejar una huella en el más allá. Este concepto guía mis pasos, soy la autora de *The Book on Excellence -How to Become Memorable and Build Cultures of Self-Excellence*, un libro que también fue publicado en español con el título *El Libro de la Excelencia – Como ser Memorable y Crear Culturas de Auto-Excelencia* (con Prólogo de Ismael Cala).

A lo largo de mi carrera, he tenido la oportunidad de establecer varias conexiones inteligentes que me han aportado experiencias sumamente positivas. Una de ellas se dio con Verónica Sosa, juntas trajimos a Ismael Cala a Europa. Teníamos el mismo objetivo y, con mucho amor, lo logramos. Otro ejemplo de relaciones de este tipo, una un poco más reciente se da con un gran líder que tiene una empresa que se rige por hermosos valores. Allí son como una familia; cada día más personas lo notan y quieren trabajar juntos en diversos proyectos. Particularmente, estamos colaborando para hacer capacitaciones de comercio electrónico y ha sido una relación fuera de serie, ya que nos entendemos, nos apoyamos y nos complementamos de una manera maravillosamente satisfactoria. Todos somos buenos en muchas cosas, pero también hay áreas que no son nuestro punto más fuerte y es allí cuando las alianzas se hacen más poderosas: cuando aceptamos que el otro nos complementa y que, en equipo, la calidad de nuestro trabajo es mayor. Este es un proceso indispensable para crecer; debemos perder el miedo y comprender que el hecho de contar con el otro no implica dejar las cosas a la suerte, sino confiar en que este también sabe lo que hace.

El cambio nos asusta, pero nos ayuda a transformarnos

Estos últimos tiempos no han sido fáciles de asimilar; en un principio, tenía mucha angustia, mucho miedo. Acababa de enterarme de que, al igual que muchos otros, había pedido

mi trabajo. Comencé a pensar con mucha ansiedad en cómo sería el futuro. En ese momento, había puesto en pausa mi emprendimiento y tuve que comenzar nuevamente. Era mucho para asimilar en forma simultánea, pero al poco tiempo, hice un análisis de mercado y puse en práctica mis conocimientos. Entonces, entendí que debía modificar mi servicio, redireccionar mi camino y aceptar una nueva transformación interna. Me he sentido muy orgullosa y fuerte porque he sabido aprovechar todas estas herramientas digitales. SHE jugó un rol muy importante en el logro de mi bienestar, ya que ser parte de una comunidad tan hermosa que se apoya a este nivel me ayudó a sanar, a evolucionar muy rápidamente y a trabajar en el desarrollo espiritual, personal y profesional. En medio de esta crisis, me detuve a escuchar a Dios, quien, con toda su excelencia, nos ha dado la orden de cuidar el planeta y esa certeza me ha traído mucha paz y fortaleza.

Acepto que mucho cambió, pero cuando somos excelentes, cuando un líder mantiene ese espíritu incluso en estos tiempos de confinamiento, simplemente no hay excusas, podemos seguir trabajando en equipo, con calidad y sin importar en qué parte del mundo nos encontramos. Todos estamos llamados a conectarnos con nuestra excelencia y potencial en buenos y en malos tiempos. Además, tenemos el mandato divino de tratarnos y tratar al planeta con excelencia, estamos en la tierra para cocrear con Dios con Excelencia. Recordemos que al final: «la excelencia no es un acto, sino un hábito».

Mylene Fernström

SER DIFERENTE ES UNA VENTAJA

Aprovecha tu diferencia para marcar la diferencia.

Tayo Rockson

NANCY BRAVO

En su novela Paula, Isabel Allende escribió: «Aprendí pronto que al emigrar se pierden las muletas que han servido de sostén hasta entonces, hay que comenzar desde cero, porque el pasado se borra de un plumazo y a nadie le importa de dónde uno viene o qué ha hecho antes». Nunca imaginé que entendería tan bien estas palabras y la complejidad de lo que implican. Me llamo Nancy Bravo y soy ciudadana del mundo, pero si vamos al plano geopolítico soy una inmigrante mexicana en Alemania. Al llegar a este país, esas muletas que Isabel menciona eran mis creencias, mi idioma, mis tradiciones y mis costumbres. En resumen, todo lo que mi país me había enseñado a ser.

Al principio, con el espíritu hambriento de aventuras y deslumbrada por la maravilla de vivir nuevas experiencias, la emoción y el optimismo llenaban mis días de felicidad. Todo era hermoso hasta que el choque cultural me descontroló. Me atemorizaba una nueva realidad en la que mis viejos parámetros sociales no me ofrecían seguridad. Era una niña en el cuerpo de una mujer que debía aprender a comunicarse, a caminar por las calles y a manejar los nuevos códigos sociales. Carente de herramientas y de experiencia, me tocó vivir un proceso confuso y doloroso.

Cuando dejé México, ya había obtenido mi título en Ciencias de la Comunicación y había trabajado en puestos relacionados con mi carrera, así que mi primer instinto fue buscar un empleo en el área. Esto no fue posible, ya que la universidad solamente reconocía la mitad de mis estudios y, por ende, debía empezar en el quinto semestre de la carrera. Me sentía frustrada, pero decidí iniciar mi camino «a la mexicana», apoyándome en mis habilidades y sin permitir que me desanimaran. Evidentemente, no fue fácil; conseguirlo me tomó tiempo, energía, dinero y muchas lágrimas. Todo ese equipaje cultural, que antes había asumido como un respaldo para emprender mi nueva vida, debía dejar de ser muletas para convertirse en unas alas que me impulsaran a realizar mis propósitos. Ahora comprendo que Allende hablaba subliminalmente de interculturalidad, migración y reinvención a través de la constancia.

Cuando un segundo choque desestabilizó por completo mi entorno, comprendí que era momento de reinventarme. Entonces ya conocía el concepto de interculturalidad y su gran utilidad si lo transformamos en nuestra arma de defensa; con esta herramienta pude comprender mi carga cultural y descubrir la de mi país de acogida. Definí la estructura y llamé por su nombre al proceso que transitaba, consciente de dónde estaba parada. Así pasé de sentirme denigrada a empoderarme, aprovechando mi diferencia para entrar directamente al competitivo e internacional mercado alemán.

Hoy soy comunicadora, entrenadora intercultural certificada, experta en la gestión exitosa de las diferencias culturales, oradora, autora, mujer de negocios, fundadora de la agencia Bravo Intercultural, docente en diversas universidades en Alemania y, además, embajadora SHE (Sociedad de Hispanas Emprendedoras) en Hamburgo. Logré todo esto gracias a que el choque cultural dejó de manejar mi vida y por fin tuve la seguridad necesaria para tomar el control y enfrentarme al mundo laboral.

No sobrevive el más fuerte, sino el que mejor se adapta

Siempre he sabido que tenía una misión de vida, pero me tomó un largo período determinar con exactitud cuál era. Cuando cumplí quince años, mi papá quería enviarme a Inglaterra por un año como estudiante de intercambio, pero mi mamá consideraba que era aún muy joven para viajar sola a otro continente y decidieron que lo mejor era esperar. Aunque en un principio tuve miedo, luego me quedó la idea en la cabeza y, cuando me gradué y cumplí los dieciocho años, planteé mi deseo de hacerlo. Lamentablemente, en esa época, ya mis padres no me podían enviar. Estudié Ciencias de la Comunicación y, todavía con el sueño de viajar y vivir nuevas experiencias, hice planes para estudiar una maestría en España. A los veintitrés, el amor y el destino me llevaron en otra dirección, específicamente a Hamburgo, Alemania.

Nunca me planteé la importancia de informarme y prepararme para mi proceso migratorio. Desde mi inexperiencia, no entendía que enfrentaría un proceso de pérdida, choque cultural y adaptación que debía tomar muy en serio. En mi mente solo tenía la emoción de estar enamorada y de haber sido aceptada para una práctica profesional de cuatro meses en el departamento de video de Greenpeace Alemania. Solo podía pensar en que tenía un boleto de avión para volver en un año, iniciaría un curso de alemán, disfrutaría de mi nueva relación, conocería muchas caras diferentes y percibiría olores y sabores distintos. Lo que nunca imaginé fue que viviría un duelo. Me dejé llevar por los cantos de sirena, sin considerar seriamente lo que se venía.

Mi vida había cambiado radicalmente y, aunque el proceso de adaptación fue difícil, poco a poco empecé a fluir, a ser otra vez yo. Lo que sí tuve claro desde el principio en el plano laboral es que debía empezar desde cero. Cambié mi actitud y puse manos a la obra. Comencé dando clases privadas de gramática de español, luego entré a una escuela de artes y oficios Volkshochschule (VHS) a impartir clases de gramática en las aulas. Necesité tiempo para procesarlo, pero finalmente entendí que tenía mucho que ofrecer y que, si bien no estaba siguiendo mi plan original, debía adaptarme para aprovechar mis diferencias culturales como una estrategia de integración y supervivencia. Yo tenía mucho para

aportar a mi nuevo entorno y poco a poco fui internalizándolo.

A cada paso que daba, se originaba una nueva pregunta en mi cabeza a la que no podía dar respuesta, me resultaba increíble que nadie pudiera facilitarme el proceso de adaptación e integración, al menos a nivel profesional. Toda esta experiencia me motivó a encontrar respuestas y a ofrecer herramientas para que aquellas personas que se encuentran ilusionadas, pero a la vez desorientadas, como en algún momento lo estuve yo, puedan enfrentar su situación con mucho más preparación y sin necesidad de caer en frustraciones.

Al cambiar mi programación cultural, mi manera de ver las cosas, logré comprender y valorar mi diferencia cultural y la apliqué a mi negocio en el extranjero. Cuando te das cuenta de que la solución está en tus propias manos, te haces dueña de tu nueva realidad. Descubrí que mi misión en la vida era crear puntos de encuentros a nivel cultural que pudieran evitar traumas y que facilitaran un proceso de adaptación que —sin las herramientas pertinentes— puede resultar en extremo frustrante.

Este deseo de servir a otros en un área tan significativa para las dos culturas involucradas se convirtió en mi motivación y se ha mantenido hasta el día de hoy. La idea es romper los estereotipos para aprender a aceptar nuestras diferencias y explotarlas. Bravo Intercultural, mi emprendimiento, se ha convertido en un puente entre naciones y personas de diferentes culturas, principalmente entre Alemania, México y Latinoamérica. Impartimos talleres, conferencias y brindamos asesorías con el propósito de mostrarles a empresas internacionales, universidades, emprendedores y demás organizaciones cómo generar sinergia a través de las diferencias culturales. Nuestros principales objetivos son afianzar las relaciones de negocios, de vida, de trabajo, ayudar a la gente a conectarse y a su vez aumentar los niveles de productividad y eficiencia de nuestros clientes.

Lo hogares biculturales son hermosos, pero difíciles

Han pasado los años y el desafío de ser mujer e inmigrante ha tomado nuevos colores. Cuando se dio mi segundo choque cultural, había perdido el trabajo con el que, con tanta paciencia y dedicación, pude establecer mi balance y mi lugar en la sociedad. Por otro lado, mis padres, mis hermanos y mis amigos de la infancia estaban lejos. Todo esto sin mencionar que ahora era mamá de una niña muy pequeña aún y necesitaba de toda mi estabilidad emocional. Es por ello que, aunque el sentimiento de desolación era profundo, mis ganas de salir adelante y sobreponerme eran todavía mayores y, con convicción, volví a encontrar mi camino, uno mucho más fuerte y con mejores bases.

Lo que me ayudó a levantarme de una forma diferente esta segunda vez fue el crecimiento personal y laboral en mi emprendimiento, guiada por la brújula de la interculturalidad. Al ser capaz de comparar e integrar dos culturas, en lugar de dejarme dividir por ellas, pude diseñar una estructura y ubicarme en una realidad distinta. Ahora entiendo que mi percepción es cuestión de actitud y resiliencia. Esta vez, en lugar de sufrir la diferencia, la abracé, me aferré a ella y la transformé en mi arma secreta. Fue en ese momento que decidí comenzar mi formación como entrenadora intercultural certificada en Alemania para reinventarme y emprender mi propio negocio. Tomé el destino es mis manos y elegí conscientemente utilizar mis diferencias culturales para marcar una diferencia en mi entorno.

He aprendido que cada una de las circunstancias de la vida se presenta con nuevos desafíos y, por ello, soy de quienes creen que los retos nunca acaban, solo cambian de forma. En el presente, ya con una estabilidad laboral y con un camino bien definido a nivel profesional, el reto más grande es el hogar y su manejo. Si ser mamá de por sí es todo un desafío, pues serlo en un país totalmente distinto al lugar donde te criaron le añade un extra de complejidad. Mi hija es hoy una adolescente que ha crecido en un ámbito bicultural, con padres de nacionalidades distintas, en dos ambientes, dos conjuntos de valores y costumbres, dos idiomas, por mencionar algunas pocas diferencias, y ha requerido de un gran trabajo el que todos en casa lo entendiéramos y colaboráramos para encontrar nuestro camino. Ha sido necesario mediar constantemente con mi esposo en cuanto a la educación, encontrar un equilibrio y comprometernos a hacer concesiones que nos permitan a ambos sentirnos cómodos.

Asimismo, ser mujer, madre, esposa y emprendedora al mismo tiempo conlleva muchas conciliaciones. Todos los roles requieren de mi atención, amor y dedicación. Sé que, como mujeres, podemos con eso y mucho más, pero es indispensable organizarnos y jerarquizar nuestros roles para encontrar un equilibrio y distribuir nuestros tiempos de manera adecuada para que el tener tantas facetas no se vuelva en nuestra contra. La felicidad está en el balance entre nuestras responsabilidades profesionales y personales, y en amar todo lo que hacemos.

Mis padres me enseñaron muchos valores que fueron de gran utilidad para encontrar mi misión en la vida y para actuar de acuerdo con ella. Mediante el ejemplo, me enseñaron que ayudar y apoyar a la gente es algo normal. Por eso, el deseo de seguir sus pasos me motiva a continuar y me genera una enorme tranquilidad saber que mi experiencia, positiva o negativa, puede iluminar el camino de otros. Opino que «el que no sirve, no sirve». Si bien es cierto que mi emprendimiento es un medio de sustento, esto va de la mano con el servicio.

Toda conexión debe nacer del corazón

No son nuestras diferencias las que nos dividen, es nuestra discapacidad para reconocer, aceptar y celebrar esas diferencias.

Audre Geraldine Lorde

A lo largo de nuestras vidas, nos rodeamos de distintos tipos de conexiones. Sin embargo, debemos saber filtrarlas y quedarnos con aquellas que nacen de la autenticidad. Para que una conexión —en el ámbito personal o de negocios— sea positiva e inteligente, debemos asegurarnos de que no es superficial, sino que nace desde el corazón, desde el ser. La sinceridad y transparencia de esta permitirá trabajar en equipo y colaborar para construir y crecer juntos. He tenido múltiples experiencias de esta índole y a todas las recuerdo con gran emoción. Una primera conexión inteligente que podría mencionar es la que se dio con el profesor de español de mi esposo, quien se comprometió a presentar mis propuestas al consejo universitario de la Facultad de Estudios Latinoamericanos de la Universidad de Hamburgo, y gracias a quien tuve la oportunidad de ser docente externa impartiendo seminarios sobre temas actuales de México. Más tarde, también logré entrar en un proyecto en la Asociación Iberoamericana LAV (Lateinamerika Verein), porque necesitaban a alguien que dominara el idioma español. En ambos casos, las dos partes pudimos complementarnos para abastecer nuestras necesidades. Esa conexión me dejó grandes aprendizajes porque fue así como comprendí que yo también tenía mucho que aportar a mi nuevo país y que se estaba dando un proceso de reciprocidad.

Otro ejemplo de conexión inteligente y de liderazgo colaborativo es SHE. A través de esta sociedad pude reencontrarme con mi tan amado lado femenino, con esa parte asociada a la colaboración, a la ayuda y al apoyo. En uno de los eventos, conocí a Ana Goffin e inmediatamente nos conectamos. Es increíble cómo, cuando ambas partes se ajustan en una misma frecuencia, todo funciona y fluye perfectamente. Recuerdo que yo estaba buscando una editorial para publicar mi libro y ella me ayudó desinteresadamente. Me abrió una puerta gigante al entregarle mi borrador a su editor y me hace inmensamente feliz saber que pronto esta editorial en México publicará mi libro. Todo se dio gracias a que en SHE, todas buscamos ayudar en la comunidad y servir de apoyo para crecer juntas.

La última experiencia de este tipo que mencionaré es la que tengo con diferentes empresas internacionales, universidades y profesionales emprendedores en el extranjero con quienes, a través de mi agencia consultora Bravo Intercultural, puedo crear puentes entre las personas de diferentes culturas. Este es mi trabajo, pero también mi pasión y vocación. En esta relación de negocios, todos salimos beneficiados, ya que hoy puedo apoyar a otros para que comprendan sus patrones culturales y sean capaces de adaptarlos a su nuevo entorno. Al facilitar las herramientas para reconocer con qué escala de valores fueron marcados y cómo estos influyen a la hora de trabajar y relacionarse con gente de otras culturas, cada institución obtiene como resultado a individuos productivos, empáticos y felices.

No permitamos que la incertidumbre nos haga perder nuestro norte

La vida es incertidumbre, es necesario aprender a adaptarnos y a sacar el mejor provecho de cada circunstancia. Sé que no es un trabajo sencillo, pero todo comienza al tomar la decisión de hacerlo. Es fácil dejarse llevar por los nervios y perdernos, pero el camino difícil generalmente nos retribuye con mayores satisfacciones. Mi estrategia es no perder mi norte, centrarme, tener una meta fija y confiar. Este año, con la pandemia y todos los cambios que se han originado, he logrado enfocarme, con el apoyo de otras mujeres en la misma situación, en nuevas metas; he aprovechado el tiempo para seguir capacitándome, tanto profesional como internamente, para colaborar y crecer.

Mi recomendación para todos aquellos que hoy experimentan una situación similar a la mía de hace muchos años es que no bajen los brazos. Entendamos que la interculturalidad es el intercambio entre diferentes culturas y adaptemos nuestra mentalidad para encontrar un equilibrio. Cuando entendemos y valoramos lo que ambas partes tienen para ofrecer, todos ganamos. En conclusión, reinvéntate, genera, crea y mantente siempre en movimiento para que, aunque el pasado se borre de un plumazo, no tengas que caminar con muletas en tu futuro.

Nancy Bravo

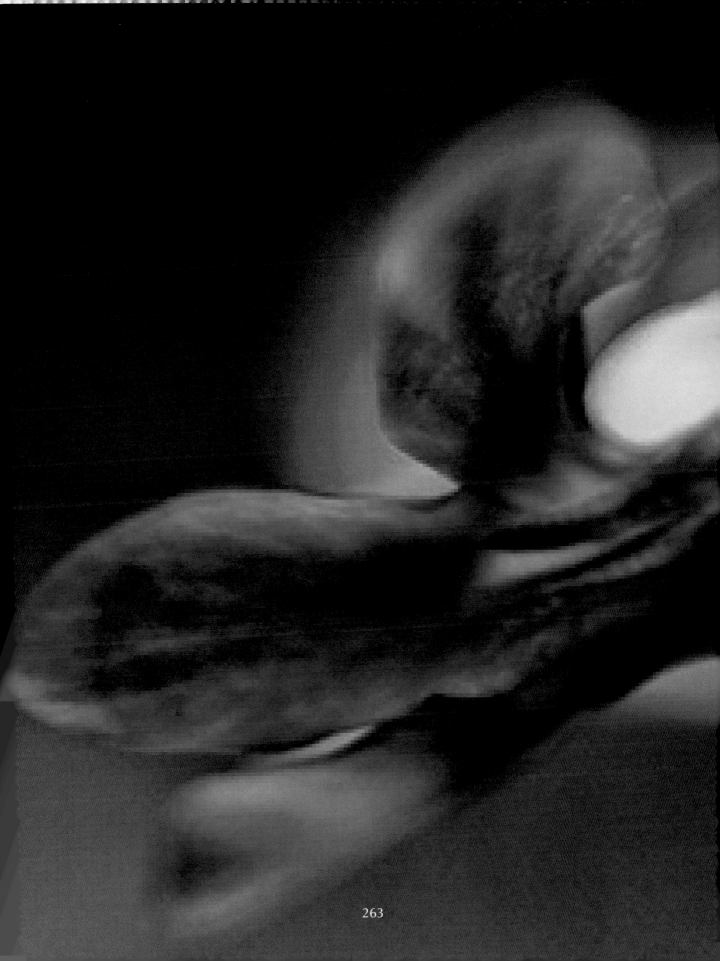

GUERRERA DE LUZ

*Hay quienes dan con alegría y
esa alegría es su premio.*

Khalil Gibran

NORMA CAMERO RENO

Mi nombre es Norma Camero Reno, nací en un hogar del oriente venezolano donde se formó mi carácter. Debo aclarar que fueron las enseñanzas de mi madre las que me indujeron a dar, a compartir, a trabajar en función de la comunidad y graduarme para defender al prójimo. De allí provienen mis logros académicos, soy abogada con un máster en Derecho Internacional y Negocios Internacionales de Stetson College of Law. Esto quiere decir que mi decisión de trabajar por la defensa de los derechos humanos viene de mi hogar, de la universidad y de la vida. Soy de Anzoátegui, un estado petrolero donde, paradójicamente, esa riqueza del subsuelo no se ve reflejada en todos sus ciudadanos. De hecho, nací, me crie y me formé en una familia económicamente muy pobre, pero con abundancia de grandes valores éticos y sociales como el cariño, el respeto, la honestidad, la compasión, la dignidad, el sentido de identidad y de pertenencia, entre muchísimos otros.

Cada nuevo día, la posibilidad de vivir, compartir, trabajar para acabar con las injusticias y ayudar al prójimo —sin más retribución que la paz que se refleja en el rostro de quienes triunfan— me inspiran a seguir adelante por el camino que escogí. No me gustan las injusticias, cada día las combato con la misma fuerza que aprendí de mis padres y de esos coterráneos que hoy siguen luchando para alcanzar la libertad, para salir de esa oscuridad en la que la avaricia de unos pocos

los tiene sumidos. Desde muy pequeña tuve ese deseo de ayudar al prójimo en lo que estuviese a mi alcance y, para mi fortuna, siempre encontré la manera de canalizar ese objetivo sin mayor problema, simplemente con trabajo, dedicación, honestidad y sobre todo con mucho amor.

Esta manera de moverme en el mundo me ha permitido abrir puertas, crear oportunidades para servir de apoyo a muchas personas en sus momentos de más necesidad. El ser capaz de dar me llena inmensamente y, por eso, este propósito ha derivado en muchas otras metas personales que, con la ayuda de Dios, he podido alcanzar. Como acabo de mencionar, siempre me ha gustado ayudar, pero no fue sino hasta hace once años que me dediqué de lleno a esto y los frutos han sido maravillosos.

A través de mi historia, espero poder motivar a otras mujeres para que no se dejen vencer por la edad y los diferentes obstáculos y luchen cada día más por hacer aquello que las haga felices.

Hoy vivo en Estados Unidos y junto a mis tres hijas y a mi difunto esposo me dediqué totalmente a la labor comunitaria. Fundé varias organizaciones sin fines de lucro y pienso seguir con este trabajo de hormiguita porque creo que la vida es un búmeran, lo que lanzamos al universo vuelve con mucha más fuerza. Por lo tanto, pongamos nuestros corazones en lo que hagamos y actuemos con total sinceridad para alcanzar el éxito.

Mi madre y su ejemplo aún me motivan

Debo confesar que la maestra de mi vida fue mi madre, Patricia Camero. A mis ojos una santa, grande y sumamente inteligente, siempre compartió lo poco que tuvo con quien lo necesitaba. Su conducta me enseñó a ver la solidaridad como algo normal desde muy temprana edad. Recuerdo que solía decirme: «Usted tiene, usted comparte». Mi madre siempre predicó con el ejemplo, ella fue mi guerrera de luz y la escuché continuamente hablar sobre la importancia de compartir. Este valor se hizo una costumbre tan arraigada que lo adopté como lema y mandato de vida; entendí que ayudar es la mejor manera de vivir. Mi existencia ha girado alrededor de hacer el bien y he tratado de rodearme de gente con las mismas ideas, con los mismos deseos e inquietudes y que tengan como norte mejorar la calidad de vida de aquellos que estén pasando por circunstancias difíciles.

Todos mis ideales me llevaron a buscar nuevos horizontes, a emigrar a una tierra donde no solo iba a poder mejorar mi condición de vida, sino que a su vez me brindaba la oportunidad de apoyar a mis congéneres. Estados Unidos, la nación que me abrió las puertas a otro mundo, a una cultura con nuevas enseñanzas y con una educación distinta, también me permitió conocer a Roberto Reno, el hombre con quien decidí compartir mi vida, el mismo que me hizo inmensamente feliz hasta el final de sus días. Gracias a su apoyo incondicional y al de nuestras hijas, fundé y trabajé en varias organizaciones. Entre ellas: Casa Venezuela Tampa (fundadora y expresidenta); Movimiento Organizado de Venezolanos en el Exterior; Tampa Hispanic Heritage Inc. (exdirectora); Consejo de diversidad para la junta de los comisionados del condado; Comité de revisión de la Constitución del Condado; Consejo hispano de Asesoría del sheriff del condado de Hillsborough (exvicepresidenta y miembro activo); Tampa/Hillsborough Human Rights Council (exvicepresidenta); Consejo de la Liga de mujeres de LULAC League of Latin American Citizens; Cámara de comercio hispana; Alianza hispana de Tampa Bay; Programa de becas: Un paso al futuro; Junta de asesoría de MOFFITT y Ángeles sobre ruedas.

El arduo trabajo en esos grupos me dio una gran lección: no hay satisfacción más grande que ayudar al prójimo. Por ello, sigo en esta labor. Hoy mi mayor preocupación es educar a los más jóvenes para que continúen este legado de amor, educación y honestidad. La educación es la llave que abre todas las puertas, así que en todas las organizaciones que he fundado o de las que he sido parte planteo crear un programa de becas para la formación.

El rol de madre no expira

Considero que el reto más grande al que toda mujer se enfrenta es el ser madre. Podemos ser exitosas en nuestras distintas facetas, pero como madres es que sembramos el legado que queremos dejar en el mundo. Nuestra tarea es inculcar valores a nuestros hijos para que se conviertan en hombres y mujeres de bien que colaboren para lograr un mundo mejor. Esta es toda una responsabilidad y, obviamente, no es fácil. Son muchos los errores que cometemos mientras aprendemos la mejor manera de desenvolvernos como madres, pero siempre debemos dar lo mejor de nosotras. Hoy, con mi experiencia, considero que pude haber hecho mucho más como madre, pero soy infinitamente feliz al ver a mis hijas convertidas en unas supermujeres. Actualmente, ya adultas, me comentan que, aunque les hacía mucha falta en casa, agradecen la formación que les di, que a eso deben quiénes son hoy en día y, por ello, siguen mi ejemplo con sus hijos. A mi entender esa es la traducción del éxito.

Para las mujeres versátiles, el tiempo siempre juega en contra. En mi caso en particular, al tener que distribuir mi tiempo en tantas actividades, los momentos en familia se vieron afectados y creo que hubo ocasiones en las que incluso me desligué un poco de mi papel de madre porque sentía que estaba presente a través del ejemplo. Nunca he podido encontrar el balance entre mis roles porque no hay suficientes horas en el día para hacer todo lo que a veces me propongo. Tan grave es este aspecto que, en mi afán por ayudar a otros, olvidé dedicarme tiempo para mí. Este es un error común y ahora comprendo que nunca debemos entregarnos completamente a las causas y olvidarnos de nosotras, ya que solo cuando nos amamos podemos transmitir ese amor.

A pesar de mi conflicto con el tiempo, o quizás gracias a él, me considero una mujer fuera de serie. Soy honesta, frontal, sincera, con mucho corazón y satisfecha con la vida. Creo que esto me hace una mujer excepcional. Durante muchos años no me di el valor que merecía. Llevaba una vida tranquila y me sentía bien. Sin embargo, puedo ver cuánto he evolucionado con los años, he abierto mi mente y me he dado la oportunidad de crecer. Hoy vivo una vida plena, llena de logros y satisfacciones que me hacen ser feliz.

Aun sin saberlo, siempre hice conexiones inteligentes

Los seres humanos nos relacionamos a diario. Cada vez que lo hacemos con la apertura y honestidad suficientes para dar y recibir, para aprender y enseñar algo en el mundo, estamos creando conexiones inteligentes. Sé que hacer negocios es importante, pero también lo es el ser capaces de aportar a nivel humano. Creo que la clave está en cooperar, en trabajar desde la unidad y actuar según nuestras creencias y convicciones, dado que con la unión de objetivos similares se alcanzan las metas más fácilmente.

A lo largo de mi vida he tenido muchas conexiones que pueden servir como ejemplo de esto, pero solo mencionaré unas pocas. Mi afinidad con SHE, hispanas emprendedoras, me ha permitido crear y desarrollar vínculos importantes. En esta organización tienen un eslogan que he hecho propio: «juntas es mejor» y creo que es especialmente efectivo si se trabaja con amor, sin egoísmos y siempre haciendo el bien. También tengo mi propio lema: «cambiar vidas, una a la vez». Gracias a mi trabajo en muchas organizaciones he sido premiada con diversos reconocimientos, pero en ninguna de esas instancias he trabajado sola, siempre hemos sido un equipo que colabora por un fin común.

Todas las organizaciones públicas y privadas —que ya he mencionado— y en las que he trabajado tienen como objetivo aportar algo positivo para el mundo y la sociedad. A través de todas ellas, un enorme grupo de personas trabajamos en liderazgo colaborativo para que juntos y con valores compartidos alcancemos metas comunes.

Por otro lado, también hay otro estilo de conexiones inteligentes. Me gustaría mencionar que los griegos señalaron la política como el arte de sobrevivir. Para mí sería más correcto pensar en ella como el arte de servir. La política está en toda la sociedad, pero depende de cómo la veamos y procesemos. En mi caso, he compartido con dirigentes con posiciones políticas o cargos en la administración pública para lograr la meta de mejorar el entorno. Sin haber perseguido ningún cargo político he colaborado en la elección de representantes en mi comunidad con el objetivo de buscar el bien común, con gente sin agendas personales y que persigan la prosperidad de la comunidad donde vivimos. Mi paso por las plataformas políticas ha servido para informar y educar a nuestra gente acerca del proceso político en Estados Unidos. Debido a lo complicado de este proceso, hice una serie de micros informativos, llamada «Únete y conoce a tu gobierno» para explicar sobre cómo funciona el gobierno de Estados Unidos y su elección presidencial.

Por último, mencionaré una anécdota que me hace pensar de manera inmediata en conexiones inteligentes y liderazgo colaborativo. Esta experiencia me hace recordar lo bonito que funciona el universo cuando actuamos por el bien. Una vez recibimos una donación bastante grande de medicamentos. Como es de esperar, los envíos internacionales y de importante magnitud son muy costosos. Enviarla a Venezuela era muy difícil, se nos había hecho cuesta arriba. Esa noche me senté en la cama y oré por apertura para encontrar la mejor manera de hacerlo. En la mañana me llamó el representante de Carlos Carrasco, un beisbolista profesional venezolano, ellos sabían del trabajo que hacíamos e inmediatamente conectamos. Se ofrecieron a encargarse de ese envío y a partir de ese momento hemos trabajado juntos. Fue una conexión espiritual que continuó en el tiempo.

El tiempo de vida que me queda es un regalo

Como he explicado a lo largo de estas líneas he vivido muchos años y, en cada etapa, he actuado lo mejor que he sabido y podido. Desde hace ya más de una década me dedico a ayudar a la comunidad, a compartir. Estos tiempos de incertidumbre han sido muy difíciles para la sociedad, no hay un lugar que haya sido ajeno a esto. Por lo inesperado de la situación, quizás hayamos cometido muchos errores en nuestra manera de afrontar esta crisis, pero solo nos queda confiar en que pronto pasará y que toda esta oscuridad se desvanecerá. Particularmente, considero que mi mayor reto ha sido el encierro. Amo la libertad y es doloroso ver a nuestros hijos y nietos privados de espacios para jugar, crecer y ser niños libres.

A mi edad, el virus no me asusta porque ya he hecho cuanto he querido y he alcanzado la felicidad, los años que me quedan son un regalo. Tristemente, aún nos queda esperar y tomar las precauciones necesarias por respeto a quienes nos rodean. Para mí eso se traduce en vacunarme y seguir trabajando desde casa, colaborando en la medida de lo posible y adaptándome a este nuevo estilo de vida. Toda experiencia nos deja algo positivo; en el caso de la pandemia si podemos rescatar algo es el hecho de que estos tiempos han fomentado la unión familiar que se había venido debilitando con los años.

Actualmente, mi mayor preocupación, o más bien mi anhelo, es que haya más gente interesada en seguir este trabajo tan arduo y de tanto sacrificio al que me he dedicado para que nuestra gente logre una mejor integración y una mejor vida en el país de las oportunidades. Los invito a hacer el bien sin mirar a quien, ya que es mucho lo que se puede lograr si tenemos la fuerza, el deseo y el amor al prójimo. Entendamos que las quejas, los lamentos, las palabras de desagrado, decepción, odio o envidia solo sirven para atraer lo malo a nuestras vidas. Tomémonos el tiempo de mostrar lo que tenemos en nuestro interior, porque esto se refleja en nuestro exterior; al final la vida es un espejo de como la vivimos y esa es únicamente nuestra decisión. Tomemos las riendas de nuestro futuro y luchemos con ahínco por lo que queremos conquistar, por supuesto, siempre recordando cuidarnos física y mentalmente pues esa es nuestra mejor arma para alcanzar el éxito.

Por último, nunca olvidemos la importancia de compartir, amar, disfrutar del camino a nuestras metas y, lo más importante: que podemos ser una fuerza para transformar el mundo para bien.

Norma Camero Reno

EL CAMINO DEL SER

Con el sudor de tu rostro comerás el pan hasta
que vuelvas a la tierra, porque de ella fuiste
tomado; pues polvo eres, y al polvo volverás.

Génesis 3:19

PAULA DINARO

Me llamo Paula Dinaro y nací en Buenos Aires el 23 de febrero de 1971. Era una mañana de carnaval, justo después de que mi madre disfrutara de un concierto de Sandro desde la cama. Desde muy pequeña tenía muy claro que «El amor todo lo puede», con una fuerte conciencia de que somos algo más grande, importante y poderoso de lo que creemos ser en nuestro querido planeta. Amo la música y amo bailar, razón por la cual, a los diecisiete, mi sueño era ser protagonista de comedias musicales; quería ser «estrella de Hollywood», pero el ritmo de la vida me llevó a expresar mi creatividad estudiando Publicidad y Producción de Radio y Televisión.

En el año 2000, llegué a Miami en Estados Unidos, para continuar con mi carrera. Mi primer trabajo fue en la TV Hispana como productora en Discovery Channel en español. Desde ese momento, fui convirtiendo mis sueños en visión y descubrí que, a través del arte, podemos crear paz en nuestra vida y en nuestro mundo. De esta manera, mi propósito fue colaborar con muchos artistas locales para ayudarlos a crecer; alcancé a producir diversos eventos multimedia. Más tarde, gracias a la música y a mi habilidad para escuchar siempre a mi intuición, me uní a ONE. org como voluntaria. Ahí, aporté mi experiencia y produje eventos en Miami y en otras ciudades del mundo, con el fin de colaborar en distintas campañas para erradicar la pobreza extrema. Este espacio constituyó un gran aprendizaje y una fuente de energía que despertó nuevas inquietudes en mí, tanto a nivel personal como profesional.

Paralelamente a mi carrera como productora, estudie Liderazgo y *Coaching* y mi interés por el mundo espiritual me llevó a formar parte del equipo de liderazgo de Unity on the bay en español desde el año 2003. El poder de la sanación se me fue revelando y decidí formarme como licenciada en Sanergía, *reikista*, Life Coach y PNL. También obtuve una certificación en Hipnosis Clínica y estudié Física Cuántica, Neurociencia, etc. Todo esto me reveló que sí soy una estrella, pero del universo, al igual que tú. Es por ello que hoy mi misión es transmitir mi sentir y mi verdad, originando posibilidades para sanar. Llegué a unir mi visión y mi misión al crear un nuevo método: Dance Meditación, un tipo de meditación dinámica donde combino la música, la expresión corporal y la meditación para alcanzar diferentes estados de salud física, mental y espiritual, empleando también terapias y técnicas existentes y comprobadas.

Estoy lista para ayudar a otros a transformar sus sueños en realidad, a generar espacios de salud, a desplegar el poder espiritual que todos llevamos adentro y la confianza en nuestro cuerpo. Mi amor por compartir me llevó a crear mi propio programa y pódcast llamado *La Burbuja*. Me siento preparada para crear nuevas posibilidades y encontrar la energía necesaria para que los resultados que obtengan aquellos que trabajen conmigo sean cada día más grandes, para que disfruten de la vida y se animen a soñar sin límites ni miedos.

Busco sanar las heridas de la humanidad para poder ascender

Vamos a escribir la nueva historia. Vengo del futuro y he vivido en tiempos mejores. Como nosotras somos una, mi tarea es hacerte recordar esa experiencia que todavía no has vivido, por lo menos no en esta línea de tiempo, en este cuerpo presente. Me imagino que tu cabeza está dando vueltas tratando de buscarle un sentido a mis palabras, quizás pensado «o yo leí mal o ella se equivocó, ¿cómo es eso de recordar una experiencia que no he vivido?». Pues exactamente eso quiero decir, quizás este ser humano que eres hoy no pueda recordar que todos venimos de la única vibración del amor, que eres un ser espiritual viviendo una experiencia humana.

Seguramente, el estar llena de memorias de vidas pasadas de muchas generaciones que desde hace miles de años han experimentado guerras, hambre e injusticias, te ha llevado a olvidar que sí existe la paz; que es posible la convivencia en perfecta armonía entre todos los seres humanos y los otros seres vivientes que habitan este maravilloso planeta que —con su abundante naturaleza— nos brinda todo lo que necesitamos. Yo siento que ya he vivido muchas vidas aquí, pero muchas más en el más allá, en el tiempo de la Era Dorada de la Tierra. Un tiempo donde ya ha sucedido ese cambio que tanto anhelamos hoy, y ¿qué es un anhelo sino un deseo intenso o vehemente de algo? Uno no puede desear o anhelar algo que no conoce. Entonces, esa paz, esa armonía que tanto anhelamos, de alguna manera la conocemos, sabemos que existe y que es posible. Lo sentimos en lo más profundo de nuestro ser. Por eso considero que mi misión es venir a recordarte que eso simplemente está en ti, que es parte de ti.

Mi emprendimiento se llama Paula Dinaro Healer, porque necesito compartir lo que sé. Busco sanar las heridas de la humanidad para poder ascender a nuevas frecuencias donde no hay dualidad sino simplemente Amor. En el camino del redescubrimiento de mi ser, de volver a conectarme con esa niña que miraba las estrellas y pensaba: «¡yo no pertenezco a este planeta! tanta miseria, tanta violencia, tanta injusticia…», me encontré y me sigo encontrando, porque este es un camino sin fin, con nuevas y mejores versiones de mí misma. Cada terapia que he hecho, cada uno de los estudios en los que he incursionado, cada curso, clase, práctica, vivencia, y hasta cada obstáculo que he tenido, ha ido sanando y limpiando mi camino para volver a conectarme con mi verdadero ser.

Seguramente has escuchado eso de que del polvo venimos y al polvo volveremos. ¿Qué tal si te digo que se refiere al polvo de estrellas?, porque eso es lo que somos, polvo de estrellas. No lo digo solo yo, lo dice la ciencia. Tal como dijo el gran Albert Einstein, «todo en la vida es vibración, todo es energía, frecuencias». Desde la teoría del Big Bang, se sabe que lo único que existe es luz, energía en expansión. El saberlo desde el fondo de mi corazón y luego estudiarlo desde el punto de vista de la ciencia, me dio el conocimiento para poder explicar de todas las maneras posibles algo tan sencillo y a la vez tan difícil de entender: «todos somos uno». No hay separación posible con el Creador.

Mi práctica espiritual me dio la sabiduría para poder desarrollarme como sanadora y guía para el despertar de la conciencia, para formarme y obtener distintos certificados, licenciaturas y diplomas que me permiten ayudar a las personas a activar su propia luz y energía, a conectar con esa divinidad que está dormida. En definitiva, eso es lo que hago: ayudo a limpiar los caminos hacia el corazón, a que cada uno descubra su propia luz y se atreva a brillar. A veces, esto de tener plena consciencia de que somos muchísimo más que estos cuerpos, me ha traído algunos inconvenientes a la hora de enfocarme en una sola cosa, una sola posibilidad, o un solo camino hacia el éxito.

El universo en un infinito de posibilidades

Podemos hacer muchas cosas a la vez y al final todas son parte de nuestras capacidades. Entonces, ¿cómo decidimos qué hacer? Respiramos, nos centramos y nos enfocamos en un solo camino, el que nos lleva al corazón, a nuestra verdad, a nuestro «yo soy».

En este camino de la manifestación, del *marketing*, en la era de los medios y las redes sociales, donde hay que mostrarse al mundo, aparece otro desafío. Soy muy exigente conmigo misma y, como es natural en el ser humano, me comparo con los demás. Lamentablemente, cuando pongo el foco en otros, aparece ese fantasma que te muestra que hay alguien más feliz, más perfecta, más joven, más organizada, con mayor conocimiento y experiencia, con más clientes y seguidores, con más cursos, más alianzas, entre muchísimas cosas más. Como dice el dicho, «el jardín ajeno siempre luce más bonito». Desde la distancia, siempre es así. Entonces, ¿cómo logro el equilibrio, ¿cómo sigo viviendo en esa mente mágica de infinitas posibilidades y cómo consigo resultados en el aquí y el ahora? Como dice el maestro Deepak Chopra: «Medita».

Así que voy al silencio y escucho a mi corazón, me reconecto conmigo misma, con mi individualidad, con mi paz y mi fe, con la certeza de que el universo está obrando a mi favor y que todo marcha bien, que estoy en el camino correcto y que todo lo que sucede está en perfecto orden divino. Aunque quizás en el momento no lo pueda ver, siempre hay un bien mayor detrás de cada situación; lo importante es saber que, aunque sea con pasos de bebé, cada día avanzo más para alcanzar mis sueños. Sí, me refiero a sueños y no a objetivos, ya que estos no son variables, son más bien un mandato divino que nos corresponde realizar.

Al poder enfocarme en disfrutar, en saber que avanzo, que no tengo que llegar a ningún lado, que lo primordial es disfrutar de cada momento y entender que el camino se hace al andar, puedo encontrar mi mayor fortaleza: la paz que me da mi fe, la certeza de lo que se espera y la convicción de lo que no se ve. Eso es la fe, el saber casi sin poder explicarlo, simplemente confiando en que lo sabemos, escuchando lo que dicen nuestros corazones. Allí es donde encuentro el equilibrio entre mi consciencia de ser multidimensional y este mundo de manifestación. Esto, por sobre todas las cosas, me enseña autocompasión en mis procesos y, por ende, a ser compasiva y empática con los demás.

Una de las herramientas más poderosas: las conexiones inteligentes

Para conseguir nuestra expansión, es fundamental conectar con personas que compartan nuestra visión. En mi caso esta conexión es específica: busco conectar con seres conscientes de que vivimos en una era en la que los paradigmas están cambiando y de que somos nosotros, los seres humanos, los que debemos adaptarnos a ellos y borrar las memorias de todo lo aprendido para reconectar con las memorias de lo que está por venir. Hablo de expansión y no de crecimiento, porque este último se asocia a algo lineal, en cambio, la primera es de trescientos sesenta grados; es la expansión de la consciencia y de la inteligencia del corazón, que están íntimamente relacionadas con las conexiones emocionales inteligentes. Primero, la conexión entre tu cabeza y tu corazón para que luego se dé con el mundo exterior. Debemos aprender a reemplazar creencias, hábitos y percepciones, y a entender que si nuestro corazón y nuestra mente no están alineados, es muy probable que, aunque crezcamos en algunos aspectos, tengamos desequilibrios en otros.

Es indispensable ser cuidadosos para no caer en asociaciones por conveniencia con empresas o personas que no estén alineadas con nuestro propósito. Estas pueden ocasionarnos un malestar interno, un descontento tan grande que todo nuestro esfuerzo corra el riesgo de desmoronarse en un solo momento o, en el peor de los casos, un colapso en nuestra salud. Un ejemplo claro y evidente de conexión inteligente y liderazgo colaborativo es este libro, ya que está lleno de personas que comparten la visión y los valores de su creadora, quien además de ser una gran empresaria y especialista en crear espacios de conexión, también se ha transformado durante todos estos años en un ser espiritual y con inteligencia emocional lo que le permite elevar su conciencia y la de todas las mujeres que son parte de este maravilloso emprendimiento. Por esta razón, esta conexión inteligente sigue vigente y me hace sentir superagradecida. Lo cierto es que «juntas es mejor, porque todas somos una», y está en nosotras el seguir sumando para crear un mundo mejor.

Somos libres para crear nuestra mejor versión

Pienso que, en esta época de incertidumbre, el gran desafío ha sido quitarle a la gente las vendas del miedo, la duda y la ansiedad para mostrarles que en realidad lo que tenemos en frente es un lienzo en blanco y debemos preguntarnos cómo lo queremos pintar. Nunca he sido una persona que planifique a muy largo plazo, sino que vivo y disfruto del momento. Tengo objetivos, pero vivo plenamente el presente. La artista de Hollywood que nunca fui se convirtió en la actriz principal de mi propia película, ya que la vida no es más que eso, una película donde nosotras somos las protagonistas.

Creo que la incertidumbre es una parte natural de nuestras rutinas, porque nadie sabe realmente qué nos depara el mañana. Esta aseveración debe llevarnos a vivir la vida como en una película, momento a momento, con el fin de mantenernos centrados en el presente, vivir nuestros sueños y construir un futuro sabiendo que siempre hay un final feliz que solo depende de nosotros. Vivir en la emoción del logro hace que nuestra vibración sea tan fuerte que al universo no le quede más que reflejárnosla sin mayor esfuerzo de nuestra parte. Es así como funciona la famosa ley de la atracción que sostiene que todo va conspirando a nuestro favor y, mágicamente, nuestra vida se vuelve la mejor película. Lo más importante es darnos cuenta de que lo estamos haciendo, que está sucediendo, que todo lleva su proceso y que la idea es disfrutar de este. Como dijo Antonio Machado: «Caminante no hay camino, se hace camino al andar», y como dijo Shakespeare: «Ser o no ser, esta es la cuestión». Así que: ¡sé! Sé aquello que quieres ser, sé aquello en lo que te quieres convertir sin importar si todavía no estás donde quieres estar. Además, recuerda que siempre estamos expandiendo y que cuando llegues adonde querías llegar, seguramente vas a querer algo diferente, algo más grande o que se sienta mejor, porque así es la naturaleza de la infinita energía de la creación.

Recuerda que si está en tu corazón es porque te corresponde; lo que crees, lo creas y si tú lo decides, lo logras. Te invito a que comiences tu día preguntándote « ¿qué es lo mejor que me podría pasar hoy?» y simplemente dejes que el universo te sorprenda. Tú ocúpate de conectar con el guion de tu corazón, de mantener tu sueño vivo, y conecta con esa versión tuya del futuro, la que sabe que todo está bien. Atrévete a ser la protagonista de tu propia película, la del final feliz, sabiendo que cada día es una escena y que, cuando no te guste como está saliendo, puedes gritar «¡corten!» y comenzar de nuevo, reencuadrar. Yo te puedo ayudar a reconectar con tu alegría, con tu paz, con tus sueños, a reconectar con la memoria de tu anhelo y a vivir tu vida desde el final feliz. Yo vengo del futuro, de la Era Dorada de la Tierra y mi misión es llevarte conmigo de regreso a casa.

Paula Dinaro

CONÓCETE, ÁMATE Y COMIENZA POR TI

La visión de un logro es el mejor regalo que un ser humano puede ofrecer a otro.

Ayn Rand

REBECA RODRÍGUEZ

Me llamo Rebeca Rodríguez Orihuela y nací en 1974 en Caracas, Venezuela. Los años han demostrado que soy una mujer en constante evolución y sumamente preocupada por aprender un poco más cada día y por compartir ese aprendizaje desde mi experiencia. Siempre resalto lo mucho que me encanta estudiar, aprender y ponerlo en práctica. Eso sí, no me gusta estudiar por estudiar, trato de elegir la adquisición de conocimientos que pueda utilizar en el momento. Sin embargo, aun cuando tardé tanto en descubrirlo, una de las enseñanzas que hoy en día más valoro es que el principal objetivo de estudio debe ser uno mismo.

Soy esposa, madre de dos adolescentes, a los que adoro, líder formadora y emprendedora. Si debo describirme, diría que soy una mujer católica, familiar, accesible y coherente, en especial, esto último. La coherencia es indispensable para alcanzar los objetivos en cualquier área de nuestras vidas. En CEPPE, la escuela de liderazgo de la que soy cofundadora y líder formadora, donde actualmente me desempeño como CEO, tenemos un *slogan* que habla precisamente de esto: «Disfruta la aventura de vivir con sentido». Debemos entender primero qué buscamos para luego movernos con un propósito claro. Si tenemos la habilidad de manejar de forma efectiva y afectiva los procesos de cambio (aunque suene a cliché) estaremos en constante evolución y, por consiguiente, podremos ser nuestra mejor versión.

A nivel laboral, cuento con más de veinticinco años de experiencia como facilitadora de aprendizaje en procesos corporativos, de instituciones educativas y en procesos abiertos. Asimismo, he sido consultora empresarial para gestión del desempeño, he desarrollado múltiples procesos de cambio y he contribuido a formar diversos equipos de líderes que hoy se encuentran trabajando en todas partes del mundo. A nivel académico, soy *coach* ontológico, certificada en PNL y como facilitadora de aprendizaje; magíster en Recursos Humanos; diplomada en Mercadotecnia y licenciada en Ciencias Gerenciales y Administrativas (con menciones en logística, mercadeo, recursos humanos y procedimientos y métodos).

Actualmente, vivo en Colombia y la experiencia de ser inmigrante me ha enseñado lo importante de crecer y de enfocarnos en el «ser» más que en el «hacer». La vida me ha llevado a comprender que todas las experiencias, incluso los fracasos que tanto pueden llegar a frustrarnos, nos enriquecen como personas. Me gusta pensar que siempre aprendo de mis errores y que los uso como trampolín para buscar la excelencia. La migración me hizo evaluarme y redireccionar mi estrategia para incluir al ser en el liderazgo personal. En un principio me sentía desorientada y cansada. Fue un proceso bastante difícil, pero recuerdo ver a mis hijos y preguntarme: «qué es lo mejor para ellos». Ese fue mi despertar, mi punto de no retorno, porque nunca he querido otra cosa que no sea su felicidad, que vivan con sentido y con intención, y no estaba siendo un ejemplo de eso. Comprender toda esta situación, finalmente, me sacó del hacer y me llevó al ser. Siempre he considerado que mis hijos son el mayor aprendizaje y crecimiento que he tenido en mi vida.

Son los momentos más duros los que más te motivan a crecer

En 2018, tras un desacuerdo profesional, que a mi parecer fue muy personal, mi matrimonio enfrentó unos tiempos muy difíciles. Eso generó todo un nuevo proceso en mí. Pude notar que las mujeres muchas veces nos sentimos indefensas para seguir adelante solas y, lamentablemente, esa era mi situación en ese momento. No estaba acostumbrada a actuar sola y, a pesar de haber trabajado toda mi vida, era totalmente dependiente en mi relación. Pasé por el proceso de entender mi escenario, analizar mi futuro proceder y cuáles serían mis siguientes pasos. Llegué a la conclusión de que solo yo tenía el poder para frenar y cambiar mi condición y así lo hice. Me convertí en mi motivación. Tomé la decisión de no seguir dependiendo de nadie en ningún contexto e inicié un proceso de desapego consciente, planteando nuevas reglas y estructuras en mi relación. Me di la oportunidad de conocerme a mí misma y todo me llevó a alcanzar el empoderamiento, liderazgo y conocimiento del ser.

Poco después, con los ojos más abiertos y el alma más en paz, analicé mi experiencia y aprendí que todos pasamos por momentos de decisiones conscientes y, cuando no prestamos la suficiente atención, corremos el riesgo de repetir los mismos errores. Como docente, me planteé una idea y di vida a un programa que se llama: Mi bitácora de viaje. Es una brújula, nos propone entender nuestras vidas como un viaje, aprender de cada experiencia, pero sobre todo a tomar las riendas de nuestro destino y decidir hacia dónde queremos ir. Es necesario que internalicemos que nosotros somos los líderes de nuestras vidas y que amar no es sinónimo de depender y necesitar. Debemos ser capaces de decir; «te amo, pero puedo ser feliz sin ti».

En el presente, mi motivación se mantiene y se amplía. Hoy quiero amar, apoyar y guiar a mi esposo e hijos en un camino de crecimiento, donde sean capaces de promover, a través del ejemplo, el saber disfrutar de una vida auténtica, feliz y plena. Obviamente, que busco lograrlo recorriendo un camino donde no me descuido a mí ni a mi independencia y donde, como mujer, me puedo desarrollar en todos mis roles con amor y en constante evolución. Además, me mueve levantarme cada día y saber que puedo aportar un grano de arena para potenciar el talento de otros,

ayudarlos a encontrarse a sí mismos para evolucionar y empezar a actuar con sentido.

Sin balance, no eres feliz

Amo lo que hago y me dedico a mi trabajo con toda la pasión que me es posible entregar. No obstante, vivo consciente de que me debo poner como prioridad en todas mis ocupaciones. Considero que la clave reside en ser capaz de encontrar el balance para servir, pero sin descuidarnos. Por ejemplo, me he creado una rutina que me permite dedicarme tiempo, compartir con mi familia y ser eficiente en mi trabajo. Me levanto muy temprano y medito, respeto mis horarios para comer, hago ejercicio en la mañana y le saco el mayor provecho posible al tiempo que paso con mi familia. Aunque no es fácil, tuve que aprender a separar espacios y desconectarme de un rol cuando no estoy en el espacio que le corresponde. Una herramienta eficaz ha sido adquirir el hábito de apagar el teléfono por las noches. Esto me permite desconectarme y disfrutar cada minuto de mi vida, mientras le dedico toda mi atención a la actividad que esté haciendo en el momento.

En mi opinión, solo podemos alcanzar el crecimiento constante cuando le damos prioridad a nuestro proceso de autoconocimiento, ya que cuando sabemos quienes somos y lo que queremos, nos es más sencillo determinar hacia dónde queremos ir. Este es un tema que me apasiona, increíblemente, porque cuando tenemos un propósito de vida claro nos conectamos de manera más sencilla con lo que hacemos, con lo que vivimos y con lo que amamos. Lamentablemente, la falta de conexión es una gran carencia en nuestros días. Es muy triste vivir sin propósito. Yo he hecho del mío ayudar a otros a enfocarse en sus virtudes y a conectarse consigo para convertirse en líderes personales. Tengo la cualidad de ver y reconocer el talento en la gente, por eso asumí el compromiso de ayudarlos también a percibirlo. Desafortunadamente, los seres humanos no hemos sido educados para ver las cosas buenas que tenemos y uno de mis propósitos es acompañarlos para que ellos, a través de mis ojos, comiencen a ser conscientes de todo este aspecto positivo que ignoran, pero que es tan real como el aire que respiran.

Las relaciones no nacen siendo conexiones inteligentes

A pesar de lo que muchos opinan, desde mi perspectiva, las conexiones que vamos creando en nuestro día a día no son originalmente estratégicas. En un principio, solo son relaciones. Con el tiempo, vamos comprobando que se alinean a nuestros valores y percibimos que tenemos un fin común. A partir de ese momento mágico podemos convertir nuestras relaciones en conexiones estratégicas. Me inclino a pensar que para que una conexión sea inteligente debe haber una relación de valor desarrollada desde la autenticidad. En otras palabras, es necesario que nos demos a conocer y, como proceso simultáneo, que podamos tomarnos el tiempo de conocer al otro desde el ser real para que más adelante la relación pueda convertirse en una conexión inteligente.

En mi vida he tenido la oportunidad de experimentar muchas situaciones que hoy puedo decir que me hicieron aprender muchísimo y me permitieron dar en igual medida. Uno de esos ejemplos es mi tiempo de docente de pregrado y postgrado en la universidad. En el pasado, me esforcé mucho por transferir mi conocimiento y brindarles a mis alumnos clases de calidad con un método distinto. Estudié en un sistema muy acelerado y, como profesora en la universidad, decidí cambiar eso. Enviaba el material de lectura para la casa y las clases debían ser dinámicas, con situaciones de valoración de competencias, como debates y juegos de roles, entre otros. Esta práctica revolucionó todo el sistema a un punto tal que me invitaron a diseñar un programa de formación para educar a los demás profesores con mejores herramientas que optimizaran el método tradicional que se venía implementando. Decidí no hacerlo sola e incluí a quienes se verían principalmente afectados por el resultado, los estudiantes. Nos sentamos a discutir y escuché con detenimiento sus distintas propuestas.

Me comentaron cómo les gustaría que les enseñaran, cuál era su velocidad de aprendizaje, qué dispositivos podíamos incluir y aprovechar, qué tipo de presentaciones eran las más efectivas y, por supuesto, cuáles eran las líneas de aprendizaje de las nuevas generaciones. Esto hizo que, como equipo, creáramos un plan más eficiente y que verdaderamente cubriera sus necesidades. A veces es mejor separar el ego y escuchar, dejar que otros hagan, porque así nuestra huella es más fuerte. Hoy, muchos de mis clientes son exalumnos que ahora están regados por el mundo. Su confianza en mí y en mis capacidades le ha dado fuerza a mi escuela de liderazgo. En su mayoría, cuando supieron que estaba desarrollando un programa más profundo, quisieron entrar con los ojos cerrados, demostrando confianza plena en una relación que se fundó con bases sólidas.

Otro gran ejemplo podría ser mi tiempo de voluntariado. Esto sucedió en un centro penitenciario de Colombia. Presté un servicio como voluntaria para educar a los reclusos que quisieran estudiar. Fue una experiencia incomparable, ya que durante ese período no me encontraba en un buen estado emocional. Gracias a la actitud de mis estudiantes, noté que los seres humanos tenemos la cárcel en la cabeza. Observé que quienes estaban dentro tenían tantas ganas de vivir y de salir adelante que mi actitud no tenía justificación. No era posible que yo estuviera fuera y no lo valorara, que no quisiera vivir. Caer en cuenta de esa ironía me sacó de la depresión y reafirmó mi creencia de que en cualquier entorno uno da y aprende en la misma medida. Por otra parte, en el mismo voluntariado, el grupo con el que asistía tenía las responsabilidades bien definidas, cada quien hacía lo que le correspondía, ni más ni menos. Yo iba a hacer mi trabajo y no podía tratar de abarcar áreas que no me correspondieran. Cada uno tenía una tarea específica y el hecho de poder delegar y respetar las labores de nuestros compañeros hacía que el trabajo fuera mucho más simple. Ahí también aprendí a soltar las cosas que no puedo cambiar. Parece mentira, pero el reto más grande era lidiar con los guardias. No hay ningún lugar donde haya aprendido más a no pelear, a evitar el conflicto y a no juzgar que en el voluntariado.

El último ejemplo que mencionaré es la creación de CEPPE (Consciencia, Excelencia, Pasión, Propósito y Estructura). Esta es una escuela de liderazgo que fundé junto con mi esposo en 2020. Trabajar juntos y con un fin común nos ha fortalecido como pareja y nos ha llevado a crecer como profesionales. Hemos encontrado la manera de tener un balance y aprendimos a asumir nuestros roles, pero siempre respetando los espacios. Ha sido una conexión inteligente porque nos ha dejado muchos aprendizajes y nos ha enriquecido como personas, como profesionales y como pareja.

En tiempos difíciles, saber tu propósito hace la diferencia

Tal como acabo de mencionar, en CEPPE nos constituimos jurídicamente justo un mes antes de la cuarentena. Teníamos una planificación ya hecha, la mayoría de nuestros cursos eran presenciales y, por ende, adaptados a una dinámica específica. De pronto, la pandemia llegó al país y las preguntas comenzaron. ¿Cómo facturamos cuando no podemos salir de nuestras casas? ¿Qué estrategia utilizamos para llegar a nuestros clientes potenciales? Entendimos la complejidad de la situación, nos enfocamos en los objetivos y cambiamos la forma. Desde antes ya ofrecíamos algunos cursos en línea, pero ese no era nuestro mercado principal. Prácticamente comenzamos de cero y creamos las páginas web, las bases de datos y la plataforma digital; comenzamos a grabar los cursos, montamos los contenidos y muchas otras acciones. Mutar para convertirnos en una escuela virtual en tan solo dos meses fue todo un reto. Tuvimos que estandarizar los cursos, hacerlos generales, pero igualmente efectivos, educar a los alumnos y desarrollar un lenguaje dentro de un nuevo sistema. Sin embargo, hay que destacar que, aunque ha sido duro, el esfuerzo ha valido la pena, hoy seguimos luchando para evolucionar y adaptarnos porque, aunque esta situación fue originada como una reacción a la pandemia vino para quedarse.

El mundo ha sido tan eficiente en esto de adaptarse al teletrabajo que ahora no hay vuelta atrás. Este cambio traerá consigo un gran número de implicaciones a nivel organizacional y, en muchos casos, buenas oportunidades. Ahora, si no queremos desaparecer como empresa debemos entender que para las nuevas generaciones (es decir, la masa laboral más importante), las nuevas tecnologías y la coherencia del líder son trascendentales y debemos actuar en función a ello. No podemos seguir pensando que el trabajo va por un lado y el ser por otro, sino más bien comprender que de aquí en adelante somos uno solo. Con base en todo lo que hemos experimentado en los últimos tiempos y con el presentimiento de que ahora el camino únicamente seguirá cambiando y los cambios se acelerarán, mi recomendación es que vivamos con propósito. El emprendimiento que desarrollemos precisa tener un propósito claro para ser capaces de adaptarlo a la forma, al alcance y a la cultura que el mundo vaya necesitando. Hay trabajos que van a seguir siendo locales, pero la mayoría ya no tiene fronteras. El nuevo reto que tenemos como sociedad es fomentar el liderazgo personal para lograr que este consiga un espacio en las hojas de vida. Tenemos que cambiar nuestra propuesta, profundizarla. Mi sueño es que logremos priorizar el autoconocimiento, la inteligencia emocional, el balance de vida, el saber crecer y el automotivarnos. Solo así viviremos en un mundo mejor y más feliz.

Rebeca Rodríguez

CADA DÍA ES UN REGALO DE LA VIDA

Cada día me miro en el espejo y me pregunto: «Si hoy fuese el último día de mi vida, ¿querría hacer lo que voy a hacer hoy?» Si la respuesta es "No" durante demasiados días seguidos, sé que necesito cambiar algo.

Steve Jobs

ROSA DE VINCENTIS

Soy Rosa de Vincentis, una mujer venezolana que tuvo la dicha de nacer en un país donde el sol brilla todos los días del año y le regala calidez a una sociedad de espíritu alegre y soñador. Soy hija única de un padre italiano y una madre española, esto explica cómo tuve la oportunidad de crecer en un ambiente completamente multicultural y lleno de color. De niña jugaba a ser mamá, maestra y bailarina, tres pasiones que aún conservo en el presente.

Muy joven, específicamente a los veinticuatro años de edad, me casé y como fruto de ese amor, nacieron dos hijos maravillosos de los cuales me siento absolutamente orgullosa. Durante veinte años fuimos una hermosa familia, lamentablemente, por diversas circunstancias llegó el divorcio. Este fue el primer gran punto de inflexión en mi vida, pero, con *breathwork, rebirthing, coaching,* respiración consciente y mucha meditación pude ser capaz de llenarme de fortaleza y confianza en mí misma para superar esa etapa. Pasado el tiempo me uní a mi segunda pareja y allí nació mi hija menor, quien es hoy mi motor y mi maestra. Ésta fue una relación distinta que durante ocho años me aportó grandes aprendizajes. Teníamos dos personalidades muy diferentes y tuve que trabajar mucho en la tolerancia y en la mentalidad abierta. Sin embargo, también terminó, al separarnos trabajé, profundamente, en mi

autoestima para salir de mis adicciones emocionales y empezar un proceso de empoderamiento.

Durante todos estos años, entre éxitos, fracasos e innumerables aprendizajes, he tenido varios emprendimientos. Desde hace más de doce años, he estado asociada con una gran amiga en Crecimiento y Liderazgo, una empresa que está dedicada a la formación de líderes y al acompañamiento de personas en procesos de transformación. Me considero una mujer muy versátil que piensa que el éxito se construye día a día con creatividad, iniciativa y mucho entusiasmo.

Gracias al amor por mis hijos, a mi fortaleza interior y, sobre todo, a mi conexión espiritual me fue posible superar uno de los períodos más difíciles de mi vida, la muerte de mis padres. El trabajo interno me ha permitido que hoy pueda enfrentar todas las circunstancias a las que la vida me enfrenta con mayor madurez y paz espiritual. Actualmente, debido a la situación política de mi país, vivo junto a mi hija de nueve años en España. Ya llevo cinco años conviviendo en una nueva cultura, aún trabajando en lo que me apasiona, aprendiendo y enseñando cada día, solo que ahora *online*. Pienso en cada día como si fuera el último, así que vivo y solo disfruto el camino, agradeciendo lo que soy y todo lo que me permite vivir con sentido. He comprendido que el futuro es incierto y lo único que puedo hacer al respecto es esperar con paciencia y perseverancia a que las cosas lleguen cuando sea su momento.

Mis pasiones son también mis motivaciones

Yo soy una emprendedora innata. De manera muy inconsciente, observé a quienes trabajan en calidad de dependencia y percibí que yo buscaba un estilo de vida diferente. Inmediatamente después de graduarme como decoradora, empecé a tener pequeños trabajos por mi propia cuenta y una cosa llevó a la otra. Cuando tuve la oportunidad creé mi empresa. Luego fui adquiriendo nuevas destrezas y, a la vez, originando nuevos proyectos que me garantizaban un estilo de vida más libre en todo sentido.

Mis padres fueron empleados la mayor parte de sus vidas y, desde muy corta edad, fui bastante consciente de que este sistema los absorbía lo suficiente como para privarnos de más tiempo en familia. Me siento muy orgullosa de que a pesar de ser parte de una familia tradicional, en muchos sentidos, mi madre no era solo ama de casa, sino que también trabajaba. Sin embargo, yo siempre he soñado con tenerlo todo. De pequeña me decían Susanita, por Susana Chirusi, la mejor amiga de Mafalda (personajes de Quino) cuyo mayor deseo era casarse con un príncipe azul, tener muchos hijos y dedicarse al hogar. Es decir, convertirse en el ama de casa tradicional dentro de su casita feliz. Sin embargo, no me conformaba con la idea de que para tener una cosa había que sacrificar la otra. Descubrí que ser dueña de mi propio negocio me permitía cumplir mi sueño de tener una gran familia feliz y trabajar en lo que me apasiona sin tener que sacrificar mi independencia y flexibilidad horaria.

Como acabo de mencionar, mis padres trabajaban largas horas al día y eso nos alejaba mucho físicamente. Yo no quise repetir el patrón con mis hijos y me he esforzado para mantener los valores y aspectos positivos que me fueron mostrados, pero cambiando un aspecto negativo que me privaba de aprovechar mi tiempo más eficientemente. Por otro lado, mi visión de estabilidad económica también me ha impulsado a emprender. A pesar de que en Venezuela muchas personas se ajustan a la oferta de empleo para adquirir ciertos beneficios y una idea de seguridad económica, mi visión de estabilidad nunca ha estado de acuerdo con ello. Creo que emprender te permite ganar más dinero y crecer en muchos sentidos. En España, como inmigrantes, nos vemos inclinados a querer formar parte del sistema, ya que acá el empleado sí goza de muchos beneficios. A diferencia de mi país de origen, España apoya en gran medida al empleado. Esto admito que es sumamente positivo, el problema es que no se fomenta el emprendimiento de igual manera. Yo nunca había sido empleada y para sobrevivir, a mis inicios, por primera vez me vi en la necesidad de buscar un empleo. Sabía, con claridad, que se trataba de una situación temporal y que bajo ningún pretexto debía abandonar mi proyecto. Una vez sabemos lo maravilloso que es trabajar bajo nuestros propios términos, es muy difícil conformarnos con algo distinto. Me adapto, pero no pierdo de vista la meta. En conclusión, mi motivación para emprender siempre se ha basado en la búsqueda de la libertad tanto en la parte económica, como por la posibilidad de estar más tiempo en casa.

He hablado de mi motivación a nivel general. Sin embargo, me parece pertinente destacar que mis proyectos no solo me dan tiempo y dinero. Creo que los seres humanos debemos dedicarnos a hacer esa actividad que nos llena y nos hace felices. Eso solo es posible si identificamos qué es lo que nos hace vibrar. Una de mis grandes pasiones es comunicar de forma auténtica y espontánea aquellas experiencias que sirvan de inspiración para personas que están atravesando situaciones similares a las que yo he experimentado, por ello, he participado en programas de radio y televisión. Asimismo, he dirigido múltiples formaciones de *coaching*, consultas, talleres y eventos. Creo en el servicio desinteresado y disfruto genuinamente de apoyar a las personas en su crecimiento personal para que tomen su liderazgo y logren vivir en armonía.

Todas y cada una de mis facetas merece su tiempo

Desde el momento en que puse un pie en España, mi misión principal ha sido estabilizarme para poder ofrecerle una buena calidad de vida a mi hija. Para ello, la organización ha sido clave. Es complicado ajustar los horarios para ser mamá, llevar y traer a mi hija del colegio, preparar las comidas, acompañarla a hacer las tareas, entre muchas otras actividades, y, al mismo tiempo, cumplir un horario fijo en una empresa. Sin apoyo, es físicamente imposible estar en dos lugares a la vez. Fue todo un reto, pero lo pude manejar y más tarde me encontré en mejores condiciones para dedicarme a mi emprendimiento. En ese punto, ya me sentía en paz con mi rol de madre y con el de empresaria, así que había llegado el momento de ver cómo incluía al de mujer. No porque las circunstancias sean difíciles podemos consentir que un rol se apodere de nuestras vidas. Tenemos muchas facetas y la felicidad real la experimentamos cuando conseguimos conciliar el ser mujer con el trabajo y la familia.

Como ser humano, el «don de servicio» es la cualidad que más me mueve y me impulsa. Este año, acompañar a meditar a un grupo de ochocientas personas en tres grupos de WhatsApp, durante cuarenta días fue una experiencia nueva y extraordinaria. Justo luego de transcurrido el período planificado, se declaró la cuarentena y, aunque ya les había dado todas las herramientas para que pudiesen meditar sin mí, ellos me dijeron que me necesitaban y que querían contar conmigo. De ahí surgió la idea de hacer un *live* por Facebook. Cuando vi lo sencillo que era, me animé a hacerlo una vez por semana. Brindarles a las personas la oportunidad de aprender a meditar me hace sentir tan bien como espero que se sientan ellos. En otras palabras, ayudo y crezco en simultáneo. Intento aplicar esta cualidad de servir en todos mis proyectos y siempre me llevan por caminos inesperados, pero reconfortantes. Esta experiencia con los grupos de meditación por WhatsApp fue sorprendente. En tan solo tres días se llenaron tres grupos de personas de todo el mundo. Al finalizar los cuarenta días, comencé a recibir invitaciones a programas de Instagram y eso me llevó a querer invitarlos también a ellos. Yo no tenía mucho contacto con las redes sociales, pero a partir de todo este movimiento me sentí motivada y nacieron nuevos programas.

Desde múltiples flancos, mi misión es expandir la conciencia en el mundo. Yo creo que lo que hago es un acto de total y absoluto servicio hacia los otros, como personas, y también hacia el planeta. La expansión de la conciencia nos lleva a resolver muchos problemas. A las pruebas me remito: con el confinamiento el planeta ha encontrado la forma de limpiarse, sanarse y recuperarse. Eso solo nos demuestra que el ser humano es el que daña continuamente el mundo. Somos nosotros quienes desarmonizamos todo en el planeta. Entonces, en lugar de aceptar la ya tan famosa «nueva normalidad» como una solución, lo que debemos proponernos es analizarnos y producir un cambio interno radical, donde aceptemos nuestra responsabilidad sobre todo lo que está sucediendo y actuemos en consecuencia. Eso de la nueva normalidad viene de normas humanas creadas por intereses. Acepto que lo que teníamos estaba mal y, por supuesto, la situación actual tampoco es lo que queremos ni lo que necesitamos para el planeta. Propongo enfocarnos en crear un mundo consciente. No importa cuán pocos seamos con este propósito, recordemos que ayer éramos muchísimos menos y, aunque es un trabajo de hormigas, las vidas que estamos cambiando hacen que el trabajo arduo valga la pena. No olvidemos que si en ocasiones sentimos que estamos luchando contra la corriente, nuestro trabajo es importante para los pocos con quienes contribuimos.

La palabra conexión es vibratoria

La conexión es una energía que nace desde el alma, es estar totalmente presentes y conectados más allá de lo físico y cultural. Por su parte, la inteligencia es la capacidad de usar apropiadamente nuestros recursos. Entonces, considero que una conexión es inteligente cuando nos conectamos con alguien con quien tenemos vibración y cada uno emplea los recursos que tiene para potenciar la relación. Es la sinergia que permite que uno y uno sean más que dos.

He crecido experimentando casos de liderazgo colaborativo y conexión inteligente. SHE es la mejor prueba de que es posible. Cuando llegué a SHE, y conocí a Verónica Sosa, pude identificarme inmediatamente con el espíritu que acá se quiere implementar. A través de SHE promovemos y demostramos que es posible establecer relaciones donde el resultado siempre es ganar-ganar. Podemos hacer que ganes tú, que gane yo y que al mismo tiempo gane el planeta. Lo importante es que demos desde el amor y esa es una fuerza tan grande que la respuesta del universo tiene que ser positiva. Poco a poco, todos nos complementamos y nos engranamos en una cultura colaborativa que nos permite crecer en conjunto. «Juntas es mejor» hace referencia a un liderazgo consciente. Siempre he tenido la suerte de conocer a las personas perfectas para formar mi equipo de trabajo;, muchos se suman a colaborar y a participar en mis distintos proyectos solo porque quieren, por su amor al servicio. Soy de las que consideran que cuando colaboramos de manera desinteresada, recibimos mucho más que dinero.

Toda la vida tiene incertidumbre

Por razones obvias, este año ha resaltado globalmente la incertidumbre. Todo el mundo está a la expectativa y no sabe cómo reaccionar. A mi familia particularmente le ha sentado superbién porque, a nivel organizacional, se nos han facilitado muchas responsabilidades. Además —como ya he mencionado en reiteradas ocasiones— soy experta en gestión emocional ante la pérdida. Lo que a mi parecer ha pasado este año es que mucha gente que había estado dormida se vio forzada a despertar. Se han dado cuenta de que la vida es una constante incertidumbre. Es indispensable que aprendamos a manejar nuestros miedos y a reaccionar ante el cambio y la incertidumbre. Cada vez que un ciclo termina, una parte de nosotros muere para renacer con mayor experiencia. Debemos ir viviendo cada etapa y cerrando ciclos, pero siempre con consciencia del duelo. No podemos iniciar un proceso nuevo cuando no hemos terminado el anterior. Este año ha evitado que corramos a escondernos y no hemos tenido más opción que centrarnos en nosotros para reflexionar. El gran reto ha sido aprender a enfocarnos en el presente y ver cada día como el más especial que podemos tener. Los tiempos actuales nos han creado conciencia de cuán finita es la vida y de que cada día es una nueva oportunidad para elegir ser felices con lo que tenemos.

En palabras de Carla Montero, «La infancia es una etapa maravillosa. No hay pasado, no hay futuro; solo un presente que se mira con inocencia e ilusión». Miremos este día con la inocencia de un niño porque esto nos ayuda a vivir cada día con entusiasmo, con energía y aprovechando cada momento como si fuera el último. No quiero decir con esto que está mal hacer planes, por supuesto que no. La actitud de vivir el hoy no nos impide planificar y programarnos, sencillamente, evita que vivamos aferrados al futuro. Mi mensaje es que en los tiempos de incertidumbre es cuando más necesitamos tomar un minuto para respirar, meditar y, sobre todo, canalizar. Ahora es cuando más necesitamos centrarnos en el ser y desde ahí irradiar esa luz que refleja lo mejor de nosotros.

Rosa de Vincentis

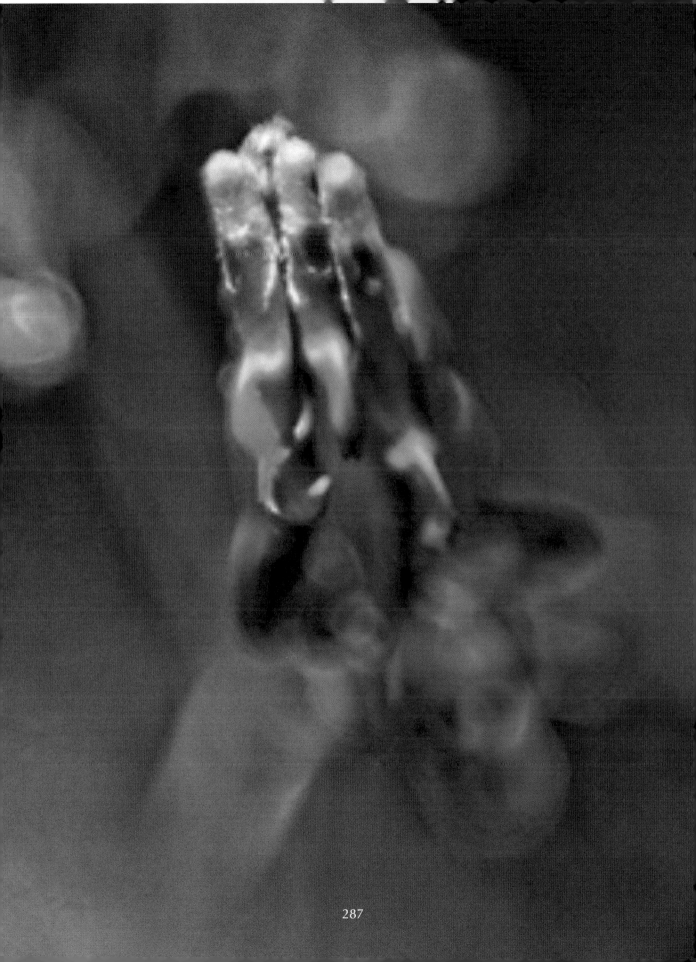

EL ÉXITO SE CONSIGUE CON TRABAJO Y FE

He fallado una y otra vez en mi vida, por eso he conseguido el éxito.

Michael Jordan

RUB DÍAZ

Me llamo Rub Díaz, soy mamá, abogada, consultora de Digital & Business Marketing Strategy y emprendedora multipotencial. Nací y crecí en Venezuela, pero hace ya un tiempo decidí emigrar y, desde entonces, he vivido en tres países diferentes: España, Reino Unido y Países Bajos. Uno de los pilares fundamentales en mi vida es, sin duda, mi familia. Ella siempre ha sido mi motivación, impulso y apoyo. Aunque, al estar lejos de mi tierra natal se complica un poco la situación porque no la puedo tener tan cerca como quisiera.

Sin embargo, es reconfortante rodearme de amigos en estas nuevas tierras. Me encanta conectar con las personas, conocer nuevas culturas, viajar y —como dirían por ahí— hacer *networking* del bueno, basado en la ayuda mutua entre las partes de la relación.

Me considero una mujer muy trabajadora; creo fielmente en que las oportunidades existen y que debemos trabajar y medir durante el proceso. En otras palabras, es indispensable observar y analizar todos los datos que vamos acumulando con cada experiencia para mejorar en el futuro, porque «sin medición, no hay paraíso».

Un día entendí que mis inquietudes no eran únicas, que había más de uno preguntándose por ahí cómo empezar su idea de negocio, cómo trabajar el tema de las redes sociales, si hacer sus eventos digitales o presenciales y un sinfín de preguntas más. Decidí compartir mi experiencia a través de un emprendimiento personal y así poder ayudar a nuevas marcas a mejorar sus redes sociales para que tengan una visibilidad óptima y eficiente que les brinde la oportunidad de crear, crecer y evolucionar.

Tengo un programa para mujeres en el área del emprendimiento, aplicando una metodología propia para que lancen sus proyectos y fluyan como sirenas en el agua. He organizado *workshops*, eventos presenciales y digitales con alta satisfacción de los asistentes, quienes se llevan una gran experiencia y ganas de repetirla.

También me he dedicado a dos proyectos más: <extranjeriadospuntocero.com>, una plataforma de abogados en extranjería en España y Reino Unido y <migraryemprender.com> más orientado hacia las ponencias, la academia y los eventos para emprendedores con la novedad de un directorio gratuito: <directorio.emigraryemprender.com>.

Siempre he creído que el éxito se consigue con trabajo y fe. Esta frase la dije en mi primer evento presencial, organizado en España en 2017. La construí con mi padre y resuena en mí todos los días. Siento que puede ser útil para todos los emprendedores que se atreven a impulsar sus negocios. El éxito se consigue con trabajo constante y honestidad y, por supuesto, la fe es indispensable porque nos ayuda a creer en nosotros mismos para afrontar la vida y nuestros emprendimientos. Esto es fácil de decir, pero implica un gran trabajo interno de autoconocimiento. Recordemos que todos pasamos por diferentes situaciones y estamos acostumbrados a desenvolvernos en distintos estilos de vida, es decir, todos tenemos mundos distintos y eso hace que cada proceso sea único. Sin duda, hay que trabajar en nosotros mismos, invertir y seguir adelante.

Mi familia es mi principal motor

Existen distintos objetivos que me mantienen motivada, pero con respecto a mi decisión de emprender todo comenzó cuando fui madre. Quería estar con mi hijo y trabajar a la vez.

Intente varios proyectos en línea y ninguno progresó. La verdad es que experimenté varios fracasos que al final no lo fueron, porque se transformaron en aprendizajes que más adelante me permitieron volver a empezar con mejores bases. Ninguno de estos primeros intentos fallidos logró desmotivarme, pero una oportunidad de empleo me llevó a hacer una pausa por un tiempo. Sin embargo, aunque no me dediqué de lleno a ellos, tampoco los abandoné. Trabajaba y, en simultáneo, llevaba una cuenta en línea donde ofrecía productos artesanales de Venezuela. Más tarde, cuando no me renovaron el contrato de trabajo, creé mi primer emprendimiento formal, <extranjeriadospuntocero.com> que ha perdurado hasta hoy.

Durante este proceso, decidí mudarme al Reino Unido. Había estado viviendo en España y la idea de vivir en otro país, de experimentar una nueva aventura, pasó a convertirse en otra gran motivación. En general, me siento una mujer muy motivada. El emprendimiento no es una cosa segura, es más bien como una montaña rusa, tanto te puede ir bien como mal, hay muchas subidas y bajadas, pero a medida que avanzas, te adaptas y aprendes. A la hora de emprender la motivación es indispensable. Una de las cosas que siempre recomiendo es que nos reunamos con personas que compartan nuestros mismos intereses. Gracias a este tipo de reuniones, nació en Reino Unido, mi segundo emprendimiento, <emigraryemprender.com>. Comenzó como un evento presencial. Pude realizar cuatro encuentros presenciales, pero por la pandemia de COVID-19 tuve que hacer uno virtual y pronto habrá una segunda edición.

La situación global actual en lugar de desanimarme me motiva aún más. Las circunstancias nos llevan a que todas nos apoyemos más en el mundo virtual para salir adelante, para encontrar nuestra puerta de salida en medio de esta crisis. La pandemia me ha hecho enfocarme y adaptarme. Como no puedo hacer eventos presenciales, empleo mi tiempo en expandir y adaptar la información ya desarrollada para que llegue a más emprendedoras y así trabajar en equipo, con el propósito de ayudarnos para crear encuentros digitales, para tener una academia y tener un directorio gratuito para todas.

En resumen, me motiva a conciliar la vida laboral y la personal. Para mí es muy importante tener flexibilidad de horarios para compartir con mi hijo y mi esposo. En cuanto a los proyectos, me mueve tener la posibilidad de apoyar a quienes emigran para que puedan sacar adelante sus emprendimientos.

La organización y la justa distribución del tiempo entre roles son esenciales

Soy mujer, mamá, esposa, emprendedora y muchas cosas más. Encontrar el tiempo para cumplir con las responsabilidades que cada rol conlleva es todo un desafío. Estoy buscando tener un poco más de estructura a través de la organización. Actualmente, sigo a una terapeuta que recomienda crear listas de responsabilidades con dos renglones: uno para las tareas relacionadas con el rol de madre y el otro para el de empresaria. De hecho, el objetivo final es organizarnos y distribuir apropiadamente el tiempo para cada tarea en una agenda en conjunto. Aunque estoy encaminada y comprometida con la tarea, aún no llegué a ese punto, por ende, es uno de mis retos.

Aunque los desacuerdos a los que, frecuentemente, nuestras distintas facetas se enfrentan van un poco más allá de la organización de los tiempos. En un nivel más profundo, muchas veces nos sentimos culpables por estar sentadas frente al ordenador y no estar atendiendo a nuestros hijos o viceversa, por descuidar nuestro negocio y solo dedicarnos a nuestros hijos. Cuando somos mujeres multifacéticas es importante que aprendamos a hacer a un lado la culpa y entender que tenemos responsabilidades en todos los roles. Tenemos que enfocarnos y tratar de cumplir con todas nuestras facetas de una manera equilibrada, ya que todas son necesarias. El balance es el único salvavidas que nos permite salir a flote.

Tanto el sentido de la responsabilidad como el de culpabilidad son tratables. Propongámonos listas realistas, en lugar de idealizar nuestra eficiencia con una lista que terminará ahogándonos y estresándonos. Debemos ser claras y estar conscientes de que el día solamente tiene veinticuatro horas y que por el solo hecho de cumplir con todos nuestros roles, ya somos supermujeres. Es normal ser exigente, pero es inteligente controlar las exigencias de una manera razonable. Sé que no soy perfecta y eso me parece genial, no necesito ser perfecta para ser eficiente y feliz, solo necesito ser autocrítica y abarcar aquello que puedo manejar. Poco a poco voy mejorando mi estructura y, obviamente, en ella también recuerdo incluir tiempo libre para dedicarme a mí, para hacer, como mujer, lo que sea que me provoque, me anime o me haga feliz.

La clave está en encontrar las herramientas que te ayuden con estos propósitos. Yo, particularmente, soy muy digital y para controlar mis tiempos, por ejemplo, me estoy manejando con el calendario de Google. No voy a mentir, algunas veces necesito la presión de tener varias cosas por hacer porque eso me hace sentir activa. Además, es completamente normal que no podamos controlar todo. En la vida, siempre pueden surgir imprevistos, pero lo importante es no dejar que el drama nos estanque y más bien salir a solucionar. Sin embargo, si la solución no depende de nosotras debemos tratar de no preocuparnos o culparnos; es mejor dejar que todo fluya y seguir adelante.

Todos los seres humanos tenemos características que nos definen. A mí me gusta pensar que mi mejor cualidad es la habilidad de conectar con las personas y, a la vez, conectarlas entre ellas. Creo que es necesario construir una red de contactos en la cual nos podamos apoyar. Cuando somos emprendedoras y queremos expandirnos, necesitamos contar con un equipo, el que siempre estará formado por conexiones. Soy colaboradora y creo que es importante que nos ayudemos entre todas, que entendamos que no estamos solas en el mundo, que somos seres sociales que se complementan y que cuando colaboramos llegamos mucho más lejos. Con esta creencia y esta cualidad me dedico precisamente a eso: a organizar eventos presenciales y digitales. Todos mis proyectos tienen las conexiones como base.

El mundo gira en torno a las conexiones

Una conexión inteligente nace cuando dos o más personas llegan a un acuerdo consciente, crean una alianza para sacar adelante un proyecto, pero siempre estando en sintonía, sintiéndose cómodas y fluyendo juntas. Las energías deben estar alineadas y si en algún momento no se sienten cómodas, es necesario que trabajen en el desarrollo de una buena comunicación para poder conseguir los objetivos y alcanzar la satisfacción mutua. Además, es fundamental la idea es que todas las partes involucradas logren salir beneficiadas de la relación, porque cada una está aportando algo de sí, de su valor. Cuando hablo de un acuerdo consciente, me refiero a que es indispensable ser realistas y saber que están juntas en esa relación para celebrar los éxitos o para aprender de los fracasos, pero que siempre deben apoyarse como equipo. Este tipo de conexiones deben darse desde la conciencia, con ganas de aportar valor y de mantener una energía balanceada y, evidentemente, con una muy buena comunicación.

Una de mis mejores experiencias ha sido mi vínculo con SHE. He aprendido mucho sobre cómo liderar un entorno desde el ser. Sé que todas somos líderes porque lideramos nuestras vidas y nuestros emprendimientos, pero es un poco distinto cuando hablamos de liderar una charla o un panel donde estamos moderando. Mis primeras experiencias de presentarme y hablar frente al público, sobre lo que hacemos, dar la palabra a las personas y escucharlas, fueron con SHE. Aprendí que es posible liderar desde diferentes perspectivas. En los eventos que hago soy yo quien lidera, pero siempre tengo muy en cuenta que el evento no existiría sin quienes colaboran conmigo, Se trata de una relación ganar-ganar porque todas nos beneficiamos de distintas maneras. Trabajamos juntas para impulsar nuestros proyectos y la prueba de que los resultados son positivos es que en el evento digital hubo muchas conexiones y algunas personas que habían asistido anteriormente, ahora eran parte de las emprendedoras conectadas.

Vivir en el presente es la mejor estrategia contra la incertidumbre

El mundo está experimentando una situación poco envidiable. La pandemia nos está poniendo a prueba y si queremos salir victoriosos, debemos desacelerar y enfocarnos en vivir el aquí y el ahora. Creo que la incertidumbre hay que enfrentarla con los pies bien puestos sobre la tierra. Es absolutamente comprensible que nos sintamos un poco perdidos, porque no sabemos qué esperar del futuro, pero esto no nos puede parar. Es momento de cambiar, de adaptarnos, evolucionar, crecer y fluir. En mi caso, en particular, mi estrategia es agradecer cada día por mi salud y la de mi familia. Sé que a mi alrededor muchos están padeciendo momentos muy difíciles en ese aspecto. Sencillamente me dejo llevar y fluyo con lo que tengo en el presente.

Estamos muy acostumbrados a hacer planes, en especial esos que son a largo plazo y, lamentablemente, en la actualidad eso no es una buena idea porque las circunstancias son muy cambiantes. Cada día, cuando pensamos que nos encontramos un poco más cerca del final de esta pandemia, el nacimiento de una nueva cepa la prolonga. Es difícil planificar porque no sabemos si mañana nuestro plan será viable. Sin embargo, podemos ser más realistas y reducir las posibilidades de pérdida de dinero, tiempo y esfuerzo al planificar a corto plazo, teniendo en cuenta variantes como la influencia de una cuarentena en nuestros planes.

Muchas personas no habían podido encontrar el momento justo para enfocarse en la creación de su propio emprendimiento y ahora el tiempo es su mejor aliado. Mi recomendación es que si todavía no están trabajando en ningún proyecto y quieren hacerlo, se animen, porque este es el momento perfecto para comenzar a estudiar, investigar y ponerse manos a la obra, con pie firme y fluyendo con las circunstancias. Uno de nuestros principales problemas de los seres humanos, en general, es que omitimos muchos procesos y la actualidad nos exige bajar el ritmo, ir paso a paso y enfocarnos en el presente.

No voy a mentir y decir que a nivel personal la pandemia haya sido una bendición, porque es obvia la gran problemática que ha representado para la salud global. Sin embargo, creo que la actitud con la que nos enfrentamos a esta crisis es nuestra elección. Lo mejor es ser resilientes y aprender que las oportunidades siempre están ahí para quienes se atreven a abrir los ojos e ir en su búsqueda. Debemos mantenernos optimistas y tratar de ver los aspectos positivos que han surgido por la pandemia. Para mí el mayor reto ha sido la organización familiar. Me parece que estar en casa es complicado, en el sentido de que debemos tener mucha resiliencia para saber lidiar con la monotonía y el encierro. No es simplemente quedarnos en casa por elección, es no poder salir por todo lo que representa estar fuera. No obstante, tengo tiempo para compartir en familia y estoy trabajando en crear un orden que me permita emplear mi tiempo de manera más eficiente.

Me parece que esta crisis nos trajo una oportunidad y está en nosotros encontrarla y explotarla.

Rub Díaz

SÉ LA MEJOR VERSIÓN QUE QUIERAS SER

*Tanto si piensas que puedes,
como si piensas que no puedes,
estás en lo cierto.*

Henry Ford

SANDRA ONTIVEROS

Soy psicóloga y *coach* especializada en empoderamiento femenino y facilitadora del programa #IamRemarkable. Esta iniciativa de Google está enfocada en desarrollar la habilidad del autorreconocimiento en mujeres y grupos no representados y crear conciencia de la importancia de romper los techos de cristal.

Me caracterizo por ser optimista, apasionada y responsable. Tengo dieciséis años de experiencia en el ambiente empresarial, durante los cuales he adquirido conocimientos relacionados con *marketing, e-commerce*, comercio internacional y desarrollo de equipos. A lo largo de mi vida profesional he cultivado la productividad, la orientación hacia resultados y el trabajo en equipo. Soy cocreadora de tres empresas con operaciones internacionales, las que lograron un crecimiento de dos dígitos en los años en los que colaboré con ellas.

Nunca puedo dejar de aprender. Cuando un tema me apasiona soy una devoradora de información: cursos, libros, conferencias, talleres. Cuento con una licenciatura, una maestría y certificados de varios cursos, en diferentes áreas. Cuando algo se me pone en la cabeza, no hay quien me pare. Voy a por todo y eso lo contagio a todo lo que realizo.

Me permito soñar en grande y confío en que si trabajo en equipo se logran más cosas que si lo hago sola. Creo, firmemente, en la conciliación como un derecho de las familias y de todos sus miembros. y trabajo para que todos lo consigan.

Soy una firme defensora de que la diversidad y la inclusión generan en los ambientes laborales, mayor productividad y beneficios para las empresas que logran implementarlas con éxito. Puedo confirmarlo con estudios, donde se muestra que cuando hay mujeres en todos los niveles de una organización se mejora hasta 53 % los resultados, respecto de otras en las que no hay y el retorno de la inversión se incrementa 35 %, si además es una empresa inclusiva.

Junto con una compañera de vida creamos programas a medida para organizaciones, con el fin de mejorar climas laborales inclusivos, planes de carrera y acompañamiento a personas y equipos para mejorar su productividad, quitando creencias limitantes y fomentando las *soft skills* para la consecución de resultados.

Soy cocreadora, en España, de un proyecto enfocado en el autocuidado en la mujer, con el que generamos conciencia de la importancia de ser saludables en cada espacio de la vida. También colaboro de manera activa aportando valor a dos comunidades de mujeres: Madres emprendedoras (de España) y WomenH2H.

Soy mexicana y crecí en un ambiente en el que el hombre tenía más poder y voz que la mujer. Sin embargo, toda mi vida me rebelé contra ello con consecuencias buenas y malas, pero estoy orgullosa de ir poco a poco ganando batallas y de hacerme un lugar en ese mundo al que parecía que solo los hombres podían llegar.

Sé que todas las mujeres tenemos sueños y metas para alcanzar: mi objetivo es conseguir que cada una de las mujeres que acompaño —sea en el ambiente que sea— consiga llegar a ser la mejor versión de sí misma que quiere ser. Sé que si yo lo estoy logrando, cualquier mujer puede también.

Desde niña, lo que vi y viví en mi casa fue la vocación de emprender. Desde mis abuelos —aunque si rasco más atrás estoy segura de que habrá más— provengo de una familia de comerciantes y emprendedores. En mi educación, mis padres fueron los responsables directos de que pensara que era mucho mejor trabajar para mí misma que para otros. Me inculcaron que debía ser productiva, profesional, honrar mi palabra y el valor del esfuerzo y la dedicación.

Sin embargo, debo decir que en mi familia el hombre era más importante y tenía más derechos que la mujer. Nosotras, las mujeres, debíamos ser sumisas, obedientes y femeninas. Así me lo inculcaron día a día en casa y en la escuela —que fue de monjas y de curas, incluso hasta la universidad—. Esto tiene relevancia porque cuando fracasé, fue aún más difícil reconocer mis logros y mis fortalezas.

Durante diecisiete años me dediqué a emprender desde los negocios familiares. Estuve ejerciendo mi profesión en el ramo industrial de pieles y calzado, (que en mi país está dominado por hombres). Mi labor fue iniciar una venta, al por menor, de los productos que vendía la compañía: pieles de res y de cabra, principalmente. Después conforme fui desenvolviéndome incluimos los materiales sintéticos. Pero como mi espíritu no me permite enfocarme solo en lo pequeño, porque siempre he sido de querer más, expandí el negocio a la internacionalización y logré conseguir clientes en el extranjero (Estados Unidos, Costa Rica, España, Italia, China y Hong Kong). Siempre me gusta ser la mejor en lo que hago, por lo que mis conocimientos me quedaban cortos y decidí estudiar mercadotecnia y comercio internacional. Me especialicé en moda por la escuela Mercedes Benz Fashion Week, México y, constantemente, tomaba cursos de tendencias de moda en las escuelas de diseño. Metiéndome en ese mundo pude conocer a grandes personalidades que marcan tendencia en la moda, en México, entre ellas a una gran mujer, Anna Fusoni, inglesa, radicada en México, cuya pasión ha sido democratizar la moda; gran impulsora de los nuevos diseñadores y creadora de desfiles accesibles para todos, no solo para la elite. Para mí fue un gran ejemplo de cómo, cuando alguien cree en ti y te da el apoyo para realizar tus sueños, estos se hacen realidad y, sobre todo, lo grandioso: compartir tu pasión con los demás.

Después de siete años en la empresa de mi padre,

surgió la oportunidad de crear entre mi marido y yo una florería. No sabía nada de flores, salvo que había rosas y otras flores, pero con mi concepción de hacer algo femenino y que fuera un «buen negocio para una mujer», sumado a las ganas de emprender por mi cuenta, pensé que iría bien. Obviamente me di cuenta de que ese cuento de hadas no era tal, era un negocio que requería mucho más tiempo del que yo esperaba, no había nada de delicado ni femenino en cargar como una mula cubos de agua llenos de flores. Además, los horarios eran totalmente incompatibles con mi vida personal y familiar. La pasábamos fatal al tener los eventos los fines de semana: mañanas, tardes y noches. Con un niño de un año eso se convertía en la necesidad constante de tener alguien que lo cuidara. Perdíamos siempre, porque no teníamos idea de nuestro mercado meta; comprábamos flores sin tener claro cuáles serían las preferencias de los posibles clientes. Pusimos la tienda lejos de casa porque creíamos que era un buen lugar al no haber florerías cercanas a ese sitio, pero desplazarnos hasta allí nos llevaba más de una hora. Decidimos cerrarlo antes del año de iniciado. Entonces, aprendí que está bien querer emprender, pero también se necesita saber un poco más del mercado, servicio o producto que vas a manejar. También aprendí que no era una buena razón para abrir un negocio que fuera algo para mujeres, que no existe un negocio así. Con esto derribé otra gran creencia que me limitaba. Además, tenía que saber un poco más para poder soportar las duras tareas de emprender.

En ese tiempo nos llegó el reto, a mi hermano y a mí, de rescatar una empresa de la que mi padre era socio. Era una comercializadora de materiales sintéticos que había sufrido un gran fraude, por parte de las personas que lo dirigían. Nuestra labor ahí era recuperar la mayor cantidad posible de clientes de la cartera y vender poco más de un millón de metros lineales de saldo. Para poner en magnitud el reto que teníamos delante: teníamos que vender productos obsoletos, algunos con corta vigencia porque estaban almacenados desde hacía al menos siete años y nadie los había querido en ese tiempo para que se transformaran en 8.5 millones de pares de zapatos. Formamos un excelente equipo con mi hermano, recuperamos el 60 % de la cartera vencida y vendimos el 100 % de los materiales. Repartimos a cada socio el resultado de esta transacción y en agradecimiento y confianza nos propusieron que volviéramos a empezar con otro nombre y ellos serían nuestros inversores iniciales.

Así surgió mi primer emprendimiento real, al lado de una de las personas que más quiero y admiro en el mundo, mi hermano y en un negocio que conocía bien. Juntos, durante nueve años, lo hicimos crecer con cifras sostenidas de dos dígitos cada año. Generamos un equipo maravilloso, con sus altas y sus bajas, pero experimentando liderazgo cooperativo, organización horizontal y clima de inclusión, respeto y deseo de que cada uno de los integrantes creciera, tanto a nivel profesional como personal.

Esta fue mi primera relación verdadera para crear un espacio donde la conciliación familiar fuera primordial. Dábamos a todos los colaboradores opciones, espacios y apertura para poder lidiar con los problemas que surgieran, atender a la familia, como cada uno quiere, y cumplir con el trabajo. Yo misma pude tener una jornada presencial de cinco horas y el resto hacerlo de manera telemática, desde casa, y convivir más tiempo con mi hijo. Para mí esto era el paraíso, pero por razones personales tuve que dejar la empresa.

Cambié mi país de residencia, de México a España. Pensé que, en primer lugar, lo mejor sería buscar un empleo para conocer mejor la cultura, con la idea de que tendría muchos de donde escoger, porque cualquier compañía estaría encantada con mi experiencia profesional. Nada más lejos de la realidad. No había opciones para mi perfil y cuando había algo, pedían no dos, sino tres o cuatro idiomas. Me sentí totalmente desilusionada y debo confesar que perdí la fe en mí. Cada vez que iba a una entrevista me sentía totalmente desolada y sin energía, por lo poco que valía mi experiencia en este país. Fui a programas para mentoría en emprendimiento, pero el panorama para emprender en España es desolador. Los trámites tardan mucho tiempo y el dinero que tienes que emplear en realizarlos y los requerimientos del gobierno no facilitan el que puedas apostar por una idea loca e improvisada. Tienes que tomarte muy en serio lo que quieres hacer porque el desgaste es brutal, desde el inicio.

Así como estaba, un poco tirada por los suelos, conocí la hermosa comunidad de mujeres WomenH2H, como llamada del cielo su fundadora me invitó. Natalia Blagoeva me explicó que era una comunidad de crecimiento y empoderamiento para las mujeres. Resonó tanto con lo que necesitaba que no dudé ni un segundo. Comencé a participar de manera activa, empecé de nuevo a creer en mí y me animé a pedir una mentorización de carrera. Ahí conocí a otra mujer, Noha Hefny, a la que le estaré eternamente agradecida porque me devolvió el valor más importante que una mujer puede tener: la confianza en mí misma. Hasta entonces, a nivel familiar y social mi vida iba bien, pero profesionalmente estaba perdida, sin esperanzas. Ella con todo su ser, su cariño y su profesionalidad cogió las cenizas que estaban esparcidas en mi corazón y con un poco de agua fue haciendo arcilla. Me ayudó a transformarla, moldearla y darle una nueva forma. Es así como reencontré mi pasión por la gente, por acompañar, recordé lo buena psicóloga que era, me tomé el tiempo de hablar con conocidos y compañeros de profesión para que me ayudaran a conectar con esa chispa que tenía cuando era estudiante y cuando ejercía mi profesión inicial. Me tuve que quitar muchas creencias limitantes y bloqueos emocionales para creer que cerca de los cuarenta años es posible empezar de nuevo y que el poder dentro de cada uno es ilimitado.

También gracias a ella conocí a Viola Edward, quien me abrió las puertas a un mundo de mujeres que, al igual que yo, buscan el bien común para todas y apuestan por crear lazos fuertes para apoyar y acompañar a más mujeres. Ella terminó de darme las herramientas y técnicas para lidiar con mis miedos y frustraciones y fijar la vista en mis cualidades y en realizar acciones.

Mi experiencia como emprendedora me sirve para entender a los líderes de empresas. Porque comprendo la importancia que tienen, para la rentabilidad, los espacios en donde existe colaboración y diversidad y puedo valorar cuánto significa que cada uno de sus miembros crea y desarrolle todo su potencial.

Inicié mi formación como *coach*, para poder resolver el problema que quería. Busqué la certificación internacional y fui profesionalizándome en empoderamiento femenino. Una vez pasado ese duro trago de sentirme desvalida, me di cuenta de la importancia que tiene levantarte de la mano de alguien que cree en ti, por el simple hecho de creer. Por eso, dentro de mi misión está descubrir que en cada persona hay una fuente ilimitada de fuerza, sabiduría y amor.

Me doy cuenta de la importancia de acompañar a mujeres comunes que como yo no han pasado por grandes traumas, catástrofes ni dolores, pero sí tienen luchas internas fuertes. Como no hemos vivido grandes catástrofes, creemos que no es necesario pedir ayuda, que no necesitamos que nos acompañen en este camino. Puedo decir que yo tenía todo y nada de que quejarme, pero me faltaba lo más importante: creer en mí y conectar con mi pasión.

Me doy cuenta de que no hay sueños grandes ni pequeños, solo hay lindos sueños de lo que cada una quiere llegar a ser. Muchas veces, por el día a día y por las tendencias actuales parecería que tenemos que estar todo del tiempo agradecidas. Entonces, aspirar a querer más suena a vanidad, ambición y frivolidad. Nada más lejos de la realidad. Ahora me doy cuenta de que querer más está relacionado con evolución, desarrollo y cumplimiento de nuestras aspiraciones.

También sé que la edad, el género o la situación actual no son determinantes para dejar de lado nuestros grandes anhelos. Puede haber gente anónima que busca la grandiosidad, la fama, la fortuna, pero como lograr aquello que se proponen parece imposible lo abandonan. También me doy cuenta de que hay mujeres que están más enfocadas en encontrar la integración de cada parte de su vida, de manera modesta, con claridad, amor y entrega, pero también lo ven muy complicado y entonces lo abandonan.

Aquí es donde reconozco mi valor: dar voz a estas mujeres modestas, sencillas, que parecen tener vidas simples. El valor de creer en ellas, darles seguridad y romper con las creencias que las limitan a llegar más allá de donde están ahora, a que persigan sus grandes anhelos —sean cuales sean— y a poner en cada una esa semilla de lo que sí pueden llegar a ser: la mejor versión que cada una quiere llegar a ser.

Si yo lo estoy logrando, sé que cualquiera puede.

Sandra Ontiveros

MIRANDO EN EL ESPEJO DE MI MUNDO

Lo más auténtico de nosotros es nuestra capacidad de crear, de superar, de soportar, de transformarnos, de amar y ser más grandes que el sufrimiento.

Ben Okri

SASKIA HARKEMA

Mi nombre es Saskia Harkema y cuando era apenas una niña ya me preguntaba siempre el porqué de las cosas. Desde mi nacimiento miraba el mundo con asombro y aún me gusta hacerlo. Nací en Holanda y, cuando tenía un año, seguí los pasos de mis padres en Sudamérica, lugar donde pasé mi infancia y adolescencia. Como habrán notado, me refiero a un territorio enorme porque mis raíces están esparcidas por todo el continente. Primero en Colombia, país donde nació mi hermana y donde murió cuando apenas tenía seis años. Luego, en Argentina, una tierra hermosa donde tuve la oportunidad de hacer amigas de por vida y más tarde en Brasil, lugar donde descubrí mi amor por la música.

Evidentemente, el hilo rojo en mi vida es estar siempre en movimiento, tuve que irme y empezar muchas veces. Gracias a ello soy una persona muy resistente y con gran facilidad para adaptarme al entorno. Este estilo de vida me ha aportado muchas cualidades, una de ellas es que puedo mezclarme con facilidad en cualquier lugar donde me encuentre. Por distintas razones, me he mudado incontables veces y siempre he tenido la fortuna de llevarme todos los recuerdos conmigo, a través de las cosas que he reunido a lo largo de mi vida. Viajar siempre ha sido importante para mí, ya que es un estilo de vida que me permite descubrir el mundo, tratar de entender las diferencias y, por supuesto, sentirme fascinada por ellas.

En la época joven de mi vida, me dediqué a estudiar mucho porque estaba hambrienta de conocimiento: primero sociología, más tarde administración de negocios y luego un doctorado. Decidí convertirme en maestra y compartir mis conocimientos con los jóvenes. Así fue durante muchos años, pero luego amplié mis horizontes trabajando con profesionales de organizaciones con y sin fines de lucro.

Por otra parte, me casé y tuve un hijo hermoso. Además, siempre con el pensamiento en mis raíces, decidimos adoptar en Colombia. Pasaron tres años antes de que pudiéramos ir, estar con ella y reencontrarnos con este país. El círculo se completó, volví a la tierra donde di mis primeros pasos en la vida. Mi hija se llama Sara Esperanza y con ella comenzó mi viaje para trabajar con los refugiados políticos, las personas marginadas y desamparadas.

En 2020, creé Faces of Change, una fundación cuyo nombre busca dar rostro a las personas que son invisibles en nuestras sociedades. Los veo como «talento en movimiento». Mi mayor lección de vida es que no somos lo que nos pasó, somos mucho más. Nuestra vida es un reflejo de lo que soñamos e imaginamos y creo que si podemos soñarlo, podemos hacerlo. Los sueños nos llevan más allá de la realidad que estamos viviendo y nos impulsan también a buscar en nosotros mismos, en nuestra fuente de creatividad y en nuestra capacidad para enfrentar obstáculos. Aprendí que no podemos rendirnos por las circunstancias y que debemos luchar hasta convertirnos en héroes de nuestra vida.

Me fascina innovar

Realmente, me inclino a pensar que siempre he sido una emprendedora, ya que la esencia de quienes nos movemos en esta experiencia del emprendimiento está en nuestro deseo de crear, de innovar y utilizar nuestra imaginación para dar forma al mundo que nos rodea.

Después de terminar mis estudios, empecé mi carrera laboral trabajando para una gran multinacional, Philips, allí me sentía como en un laboratorio en vivo. Tuve la oportunidad de aprender mucho sobre emprendimiento. Comprendí cuán importante es innovar y cuán incierto es el resultado del lanzamiento de un nuevo producto. Después de un período de siete años, en los que absorbí tanta información y experiencia como me fue posible, decidí atreverme a empezar mi propia empresa como consultora. En consecuencia, dejé de trabajar para Philips y me embarqué en una nueva aventura con la mejor actitud y mucho ánimo, dispuesta a esforzarme para que mi proyecto diera sus frutos. Trabajar en mi propio emprendimiento me dio el tiempo y la libertad suficiente para hacer un doctorado y escribir mi tesis. La posibilidad de innovar me tenía fascinada, este es un sentimiento que aún mantengo. Luego empecé a analizar la información y pude notar que, en las empresas, nueve de cada diez innovaciones fracasan, un dato muy interesante que me hizo preguntarme por qué. No mucho después, llegué a la conclusión de que esta cifra tiene mucho que ver con la composición del equipo, con el ambiente que se crea en una empresa.

Descubrí que aunque las personas son el corazón de una empresa, quienes la dirigimos manejamos de manera muy pobre este motor que, básicamente, es el encargado de conducir nuestra empresa hacia el éxito. Ahora bien, la clave está en aprender a liberar el potencial humano que cada uno tiene para explotar, para que todos podamos trabajar en equipo desde nuestra mejor versión. Este periodo de aprendizaje ha sido muy importante para mí y me ha permitido disfrutar profundamente de mis años de estudio. Por otra parte, gracias al trabajo con un supervisor de Bélgica, que tenía una mente genial y me motivó a explorar durante cuatro años, fue posible que publicara mi libro sobre las diversas formas en la que las organizaciones pueden innovar. Considero esta obra como uno de mis grandes logros en la vida, ya que terminar un doctorado es más una prueba de carácter que de inteligencia.

Además, descubrí que el mayor desafío de tener tu propia empresa no está en la fase de puesta en marcha, sino en cómo acelerar el crecimiento.

Para crecer hay que tener habilidades específicas para dirigir, para gestionar a las personas y para el desarrollo de la empresa, a través de sus diferentes fases. Es un conocimiento muy útil, pero no tan emocionante porque se enfoca en un área que no adoro. Particularmente, me encanta trabajar en equipo, pero no disfruto tanto de la gestión. Al trabajar para una universidad durante ocho años aprendí grandes lecciones, entre ellas, a abordar este tema desde una perspectiva muy empresarial, gracias a ello fui muy exitosa. El resultado fue tan satisfactorio que adquirí enormes cantidades de dinero a través de programas de la UE y pudimos pagar los salarios de doce personas durante esos ocho años. Sin embargo, mientras más crecíamos se necesitaban más procedimientos y menos tiempo podía dedicarle al contenido de lo que estábamos haciendo; ya no me era posible enfocarme en la creatividad y en la innovación como me hubiera gustado.

La familia y el emprendimiento completan a una misma mujer

Como mencioné con anterioridad, soy una mujer casada y con dos hijos. Tengo la bendición de contar con una familia maravillosa que, al igual que mi emprendimiento, me ha ayudado a crecer y a encontrar mi rumbo. Es por ello que me gusta pensar que, más que desacuerdos, existe un gran acuerdo de colaboración entre todos mis roles. En el pasado estuve severamente enferma y decidí tomarme un año sabático para reflexionar sobre lo que quería hacer con mi vida. Durante ese período descubrí que me encanta enseñar, pero que al mismo tiempo amo la libertad de ser empresaria. Por esta razón, renuncié a la universidad y fui a trabajar para una universidad privada que me dio la libertad de organizar el tiempo como deseaba y poder diseñar programas a mi gusto.

Empecé a tomarme muy en serio mis intentos de crear una organización y así fue como nació la fundación Faces of Change. La que, por supuesto, no estaba dirigida a obtener ganancias, pero que necesitaba administrar la organización y todos los programas que estábamos ofreciendo.

Ha sido todo un reto para mí porque una vez más pude cerciorarme de que la gestión es lo que menos disfruto de mis emprendimientos. No obstante, también confirmé que soy una pionera, que tengo grandes habilidades para diseñar y administrar programas internacionales complejos, pero necesito estar ocupada con el contenido. Ahora me conozco mejor y sé hacia dónde me dirijo y por qué. Si tuviera que decir lo que me caracteriza como ser humano y emprendedora, creo que me inclinaría por mi capacidad para construir redes, definir metas y objetivos con una misión y una visión claras y, por supuesto, desarrollar programas. Me parece indispensable saber hacia dónde dirigirme. Como a veces estoy diez pasos por delante de la gente soy buena para solucionar rápidamente y supervisar de manera eficiente es algo que se me da naturalmente.

No es necesario tener pensamientos idénticos para crear conexiones

Desde mi punto de vista, una conexión inteligente es el arte de aprender a vincularnos con personas que nos complementen y de las que podamos aprender. Una característica importante, a mi manera de ver, es que las partes deben sentirse libres de expresar sus opiniones, ya que somos seres humanos distintos y no estamos obligados a pensar exactamente igual. Me gusta que haya gente que no esté de acuerdo conmigo, porque cuando hay cierta fricción entre los integrantes de la relación, la situación nos obliga a salir de nuestra zona de confort y a ver la experiencia como una invitación para aprender y reflexionar sobre nuestras propias ideas y hábitos.

De acuerdo con Steven Covey, uno de los hábitos de liderazgo es la grandeza y esta se relaciona íntimamente con nuestra libertad de elección —que es de hecho nuestro mayor regalo— y con el aprender las claves para crear confianza. Según Covey, tenemos el poder de hacerlo y es casi un deber elegir lo que queremos hacer con nuestras vidas, actuar y dar los pasos para lograrlo. En este proceso, tenemos la oportunidad de conocernos mejor a nosotros mismos y al mundo que nos rodea. Lo que es sumamente relevante, ya que todo emprendimiento requiere de un profundo autoconocimiento, porque nosotros somos el eje de nuestra empresa. Además, considero que a la hora de comprometernos con este tipo de proyectos, debemos fomentar e impulsar una cultura de colaboración, empatía, respeto, integridad y, sobre todo, confianza porque estos valores determinan el comportamiento de la empresa. Estos son claves en mi forma de pensar y actuar, pues considero que permiten la implementación de un liderazgo colaborativo centrado, que va más allá de mi interés propio.

Un ejemplo claro de esta forma de liderazgo colaborativo se dio en 2018, cuando decidí liberarme por completo para centrarme en mis propias empresas. Fundé, Move in2 the Future, con una amiga, a la que conozco desde mi infancia. Nuestros caminos se cruzaron hace más de diez años y decidí trabajar con ella porque nos complementamos muy bien, sin olvidar que compartimos una mente muy creativa. Casi inmediatamente, el coronavirus entró en escena, así que fue un gran desafío navegar por ese período con nuestra empresa emergente. Habíamos desarrollado un programa de capacitación, *coaching* y tutoría, pero debido a pandemia tuvimos que transferir todas nuestras actividades a un mundo virtual en un muy corto plazo. La virtualidad tiene su propia dinámica y nos dimos a la tarea de encontrar nuestra manera de hacer una oferta que fuera atractiva y que también se destacara entre las empresas que aparecieron y empezaron a trabajar en línea. Luchamos durante meses para tratar de encontrar el foco y definir el alcance de nuestra organización. Finalmente, decidimos enfocarnos en personas mayores de cincuenta años y convertirlas en nuestro principal grupo objetivo. Somos conscientes de que no es el grupo más fácil, pero sin duda es muy interesante.

Estoy acostumbrada a la incertidumbre, simplemente me adapto

Una vez más, fue necesario valerme de mi capacidad de adaptación para enfrentarme a esta etapa de incertidumbre global que la pandemia ha causado. Nuestra estrategia, en vista de lo que vimos que sucedía a nuestro alrededor, fue evolucionar. Para mí el emprendimiento significa tener una antena para las oportunidades, atreverme a correr riesgos y a no rehuir la incertidumbre generada por cada decisión que tomamos. Por supuesto, siempre es importante hacer primero una evaluación del riesgo, pero, tal como lo demostró la COVID-19, el futuro es difícil de predecir.

Mi mayor reto —ante las grandes dosis de incertidumbre que nos acompañan en los últimos tiempos— es el hecho de vivir la fase de transición. Lo viejo ya no funciona y todavía no sabemos cómo se ve lo nuevo. Es simplemente emocionante porque nos da la oportunidad de rediseñar el futuro y al mismo tiempo es un poco aterrador, pero los empresarios desempeñamos un papel clave en ese sentido. El economista austro-estadounidense Joseph Schumpeter dijo que el emprendimiento es un proceso de destrucción creativa y, en mi opinión, esto es completamente cierto. Estamos alterando el *statu quo*, lo que es muy necesario para crecer, transformar, mejorar y diseñar un mundo mejor. Creo vehementemente que, en cierto modo, somos las personas quienes con nuestras empresas, damos vida a la economía.

El nombre que elegimos para nuestra empresa, Move in2 the Future, me parece muy apropiado. A menudo utilizo la teoría U de Otto Scharmer como fuente de inspiración tanto para mi trabajo como para la manera de ver mi propia vida. Nos enseña que tenemos un pasado, un presente y un futuro y que lo que suele suceder es que a menudo miramos el pasado para imaginar el futuro. En cierto sentido, esto nos limita mucho, nos encajona, pero el futuro es un espacio abierto de posibilidades y oportunidades y debemos abordarlo con curiosidad e imaginación. Este aprendizaje ha sido clave en la forma que administro mis organizaciones, porque me enfoco en ver el futuro como un camino que está lleno de cosas que no puedo prever, pero que me dan la oportunidad de ser realmente creativa e innovadora. De esta forma tengo la posibilidad de llegar a soluciones que el mundo necesita y eso es lo realmente muy urgente y necesario.

He comprendido que debemos cerrar la puerta a una forma de emprender que se centra en la riqueza, en obtener ganancias, en acumular y explotar recursos. Nuestro camino hacia el futuro debe ser un enfoque empresarial centrado en la humanidad, el bienestar, la creación de igualdad de oportunidades para todos y, más importante todavía, en impulsar el potencial de las personas. La mayoría de la gente con la que he trabajado a lo largo de mi vida elige la seguridad. Aunque son decisiones personales y no puedo criticarlas porque responden a objetivos e ideologías individuales, es triste pensar que siga siendo una práctica común. Es importante que dejemos de frenarnos a nosotros mismos, que nos atrevamos a más, que nos volvamos conscientes de que, en principio, cualquier cosa es posible si así lo creemos. Por esta razón mi lema en la vida es que podemos elegir lo que queremos ser y hacer.

Saskia Harkema

ESPÍRITU, FE Y RESILIENCIA

En medio de la dificultad, yace la oportunidad.

Albert Einstein

SILVIA GARCÍA

Me llamo Silvia García y crecí en un campo donde tuve la oportunidad de aprender mucho de la mano del espíritu al contemplar la naturaleza y trabajar la tierra. Por culpa del ego, también me permití creer que, si yo era feliz por un momento, más tarde, muy seguramente, sufriría las consecuencias. Siendo tan pequeña, mis verdugos eran mi madre, una de mis hermanas, mi hermano mayor o incluso a veces mi papá, una persona que me amaba intensamente. Pasé los años reprimiéndome y, consciente o inconscientemente, no me permitía ser feliz. Así viví mi adolescencia y, poco tiempo después, a mis veintitrés años, inicié una relación de pareja que, aunque en un principio era felicidad pura, gracias a mis cicatrices, a los pocos meses terminó.

Yo misma me transformé en mi freno y fui responsable de los muchos infiernos que me generé. Este estilo de vida me llevó a padecer un cáncer cervicouterino, pero internalicé que yo vine a vivir esta experiencia humana con una misión de vida y estaba en mí cumplirla. Mi propósito no era dejar de ser saludable, todo lo malo sucedió porque en algunas etapas de mi vida olvidé quién era y empecé a actuar como una persona distinta a mí, una persona que no respetaba mi esencia. Hubo un tiempo en el que creí en todas las etiquetas con las que me marcaban cuando era tan solo una niña. Como consecuencia,

durante la adolescencia, me cubrí de altanería para subsistir a pesar de las muchas heridas que las etiquetas y las miradas que las acompañaban me infligían.

Para mi entorno de aquel entonces, yo no era más que una jovencita bizca con unos ojos chuecos que se perdían sin darse cuenta. Hoy entiendo que siempre se trató de estrabismo, una simple enfermedad. Para mis padres y demás parientes era una situación normal, yo era una niña y ¡ya! Sin embargo, cuando te enfrentas a diario con una sociedad dormida, es muy difícil verte a ti misma como alguien normal en esas condiciones. Recuerdo que había quienes me preguntaban por qué dirigía mis ojos hacia otro lado cuando debería estar mirándolos a ellos. Me era imposible sentirme segura tras esas conversaciones.

Estas inseguridades siguieron conmigo por muchos años. Cuando ya estaba en edad de trabajar, fui a entrevistas y evitaba mirar de frente a las personas por temor a que de un momento a otro mis ojos se perdieran. Mi vida cambió cuando finalmente me mudé a casa de una tía que se las arregló para que yo fuera a una academia. Aunque temía que mi papá me sacara de la escuela, yo era inmensamente feliz estudiando y colaborando con algunas tareas del hogar. Cada día aprendía cosas nuevas y agradecí que nunca nadie volviera a criticarme por mis ojos. Poco a poco me acepté y noté que en el espejo se reflejaba mucho más que mis ojos. Hoy sé que cuando eres feliz te amas más y que cuando te amas más eres más feliz.

El aceptarme me llevó a descubrir mi propósito

Suelo decir que sin cuestión no hay diversión y, por ende, siempre me cuestiono para qué escribo, por qué y para qué hago lo que hago cuando lo hago. De esta manera, me he dado cuenta de que, desde el ego siempre surge la creencia de que necesitamos hacer y desde el espíritu surge algo completamente diferente, una inspiración y un anhelo por «ser en el hacer». Ser consciente de toda esta situación me motiva a compartir enseñanzas de vida, a colaborar con otros, para que aprendan a través de mi experiencia y enfrenten los obstáculos con más herramientas que las que yo tuve.

A veces nos enganchamos demasiado con la supuesta realidad, nos cuesta entender que lo que vemos fuera es simplemente un reflejo de muchos adentros. Es necesario comprender que no hay mejor herramienta que el amor para sanar completamente y ayudar a nuestro prójimo en su proceso de sanación. No importa de quien se trate, ni su género ni su historia hacen alguna diferencia, lo importante es ser capaces de amar de manera desinteresada, sin apegos y sin esperar algún beneficio. Me refiero al ágape, a ese amor que nos lleva a poder comprendernos en el aquí y en el ahora. En otras palabras, es encontrar inspiración en el presente para estar en paz y poder nutrirnos a nosotros y a nuestro entorno.

La humanidad ha evolucionado mucho. En nuestros inicios, éramos conciencia infinita, todo era perfecto. Luego el tiempo pasó, se nos atrofió el chip y generamos una idea de separación de nuestra fuente. Más tarde, empezamos a crear una realidad dual y al poco tiempo inventamos que veníamos en distintas presentaciones, por un lado buenos y por otro malos. Así pasaron los años y el hombre se dedicó a pelear consigo mismo y con su entorno. Su ego siguió creciendo cada vez más y con él su inconsciencia e ignorancia. En igual proporción, fue perdiendo la inocencia. En este punto todo empeoró, empezamos a especular y a creernos con poder para hacer daño en el mundo, pero no hay por qué continuar en este camino de autodestrucción. Tenemos la oportunidad de aclarar nuestra mente, de conocernos y realizar cambios internos que nos ayuden a trascender.

La resiliencia es la capacidad que tenemos para trascender y la mejor manera de vivirla es respirando y amándonos conscientemente. Esto se aplica tanto a nosotros como a nuestro entorno, debemos ser conscientes de que somos la totalidad. Constantemente me repito que la resiliencia es la manifestación de la persona que somos en ese acto. No importa cuán grande sea la prueba que nos generemos, siempre tendremos nuevas maneras de trascender porque somos seres espirituales en esta experiencia humana. Cada día podemos seguir generando experiencias para trascender de la mano de nuestro ego, de la mano del espíritu. Podemos asumir la misión de realizar la maestría del amor y dejar de creer en la dualidad, en lo bueno y lo malo, simplemente ser e integrar nuestra humanidad para alumbrar la totalidad.

El ego muchas veces controla nuestras distintas facetas

Soy mujer, hija, madre, esposa y emprendedora. Muchos «yo» en un solo cuerpo y cada uno de estos roles debe luchar constantemente contra el ego. En mi experiencia, este ha sido mi mayor reto, ya que a diario convivo con más que mi ego, lo hago con el de quienes me rodean. Me llevó muchos años lograr la paz y la autoaceptación. De hecho, aún trabajo en ello, pero al menos ya estoy encaminada.

Hoy soy consciente de que yo misma me impuse etiquetas a través terceros, todo fue con un propósito —uno absurdo cabe destacar—, uno que no era originalmente mío sino adoptado por mi ego. Este solo pretendía alejarme de mi destino y de mi misión; apagaba mi pasión y sencillamente me llevaba a hacer cosas, a resolver problemas. Cuanto más crecía mi ego, más grandes eran los problemas que debía resolver. Lo cierto es que al final no lograba solucionar situaciones complejas y me angustiaba, me preocupaba, me juzgaba, me culpaba, me endeudaba creyendo ser buena persona y me complicaba la existencia cada vez más.

Solía ser muy injusta conmigo como mujer y como persona. Como si esto no fuera suficiente, también comencé a ser injusta con mis hijos, a perder la paciencia. Entre mi marido y yo había una guerra de egos constante que solo servía para hacernos infelices. En pocas palabras, mi ego estaba ocasionando desajustes en cada uno de mis roles, impedía alcanzar la paz y la felicidad que mi familia tanto necesitaba. Muchas veces llegué a preguntarme para qué me generé todo eso y la respuesta siempre fue «para despertar». Me ilusiona pensar que, a través de mi experiencia, puedo brindar las herramientas para que la búsqueda de otros sea más consciente, pero igual de maravillosa. Mi vida cambió radicalmente. Me sorprende recordar la mujer que era y en la que me convertí una vez que fui capaz de recordar quién era yo realmente.

Me considero una mujer resiliente, espiritual y con mucha fe. Creo que estas cualidades me han permitido llegar al lugar donde estoy ahora y también me han ayudado a tener una voz más fuerte para compartir mi aprendizaje con el mundo y aportar mi granito de arena al tocar al menos una vida. Clamo y respiro profundamente para que esto que comparto ahora contigo resuene en tu corazón y te llene de paz y de armonía. Pienso que no hay nada más rico, más bello y más hermoso que darnos cuenta de que ni nosotros, ni esta experiencia humana que llamamos vida, somos producto de la casualidad. Hay un gran propósito y es el de «ser, trazar y transitar» el camino de la felicidad. Por mi experiencia puedo decir que esto está en nosotros; hay un recurso que nos fue dado para abordarlo y ese recurso se llama fe.

Cuando se habla de fe, la humanidad tiende a relacionarlo con religión, pero recordemos que antes de que las religiones existieran, la fuente ya existía, ya era, y nosotros con ella y en ella. Tal vez nos resulta más familiar en la era en la que vivimos si decimos «si lo crees, lo creas y si lo enfocas, lo provocas». De cualquier manera, si hablamos de nuestro propio poder, en cualquier presentación, estamos hablando de fe. Cuando no creemos en nosotros, cuando no somos capaces de integrarnos a la fuente, cuando permitimos que la duda nos invada, interrumpimos nuestra pasión. Esto es lamentable porque esta misma pasión es la que necesitamos todos para tener una linda relación con nosotros mismos y con nuestro prójimo.

El universo es infinito, nosotros lo somos, somos partículas de esa gran orquesta universal. Todos venimos a tocar una linda nota, a componer un hermoso verso, y a sumar en conciencia despierta. Somos la paz, inhalamos y exhalamos paz, por ende, compartimos y hacemos la paz, no para una foto o para mostrarnos de manera visible, pues la verdadera paz no se ve en acciones, sino en resultados, en nuestra propia vida y en nuestro entorno.

La unidad y la colaboración son experiencias maravillosas

En este momento debo decir que mi corazón se encuentra apasionado y lleno de gratitud. He encontrado en mi camino personas maravillosas con las que he conectado en un nivel muy profundo, con las que puedo vibrar con la misma energía, en sintonía, y con quienes puedo trabajar en equipo porque compartimos creencias, valores y objetivos. En otras palabras, estoy rodeada de conexiones inteligentes. Verónica Sosa me ha brindado la oportunidad de compartir mi experiencia de vida con otras mujeres que, sin importar la edad, credo, raza, nacionalidad o religión, han elegido vivir esta experiencia humana bajo el lema de «Juntas es mejor». Este proyecto nos lleva a recordar lo maravilloso de la unidad.

Sucede que, en una sociedad despierta, recordamos que más allá de credos, religiones, política o ciencia, nosotros, como humanidad, estamos aquí para manifestar nuestra grandeza. Hubo un tiempo en el que nos encontrábamos dormidos, pero llegó el momento de despertar y hoy hemos recordado que somos seres espirituales en una experiencia humana. Ahora elegimos, con un propósito muy grande, representar a la conciencia masculina o femenina, pues ambas formamos la conciencia divina, y así es cómo practicamos realmente la integración. En este proceso se crean relaciones, no solo familiares, también de amistad, de compañerismo, de sororidad o hermandad entre mujeres. A través de las relaciones que formamos, vamos manifestando nuestra grandeza con los valores y virtudes que cada una manifiesta. La comunidad SHE es, a mi parecer, el mejor ejemplo de que el liderazgo colaborativo es posible y, más que eso, que las mujeres somos seres poderosos, espirituales y solidarios.

Detrás de cada dura experiencia, hay una gran oportunidad

Sin importar lo difícil de las circunstancias, siempre debemos respirar y recordar que mientras más dura es la experiencia humana, mejores oportunidades tendremos y dependerá de nosotros elegir aprovecharlas y trascender. Cada una de esas circunstancias nos hace resilientes y es fantástico cómo nos conocemos y juntas descubrimos cada vez un poco más. Todos somos ciudadanos virtuosos sin importar el género o la edad, las virtudes y los valores que nos hacen valer yacen en nuestro Ser. Cuando perdimos la conexión con nuestra consciencia, comenzamos a reprimir nuestra esencia y eso nos fue deprimiendo. Pero estos tiempos son maravillosos, la pandemia con toda su incertidumbre nos ha llevado a trabajar nuestro mundo interno y nos ha presentado la oportunidad de analizarnos, descubrirnos y trascender.

Quienes aún siguen durmiendo padecen una pesadilla. Nuestra tarea no es juzgar, etiquetar o ignorar, sino más bien respirar por todos y cada uno de ellos con la convicción de que despertarán muy pronto. La resiliencia no es vivir de victorias pasadas, es volar sobre los pantanos y reconocer que, a pesar del sueño en el que nos encontrábamos, jamás estuvimos abandonados, siempre estuvo esa presencia de la cual nunca salimos realmente. Fuimos nosotros quienes inconscientemente elegimos la experiencia que nos llevó a la resiliencia para darnos cuenta de que hay un gran poder en nuestro interior. Debemos darnos la oportunidad de ser esa partícula que da y que recibe.

Todos somos prosperidad y al saberlo compartimos porque la generosidad forma parte de nuestra naturaleza. Al ser en el hacer, ya no podemos detenernos, nos transformamos en seres capaces de dar lo que somos, pues eso es lo que tenemos. Ya no damos lo que conseguimos para dar, por lo tanto dejamos de ser injustos y es la justicia lo que empezamos a manifestar. Una vez que llegamos a este lugar, solo nos valemos de la maestría en el amor que comienza con nosotros mismos y continúa en los demás. De esta manera,

el mundo entero tiene esperanzas de sanar algún día en su totalidad. Las verdaderas vacunas se generan dentro de nosotros, actuando y mirándonos afuera en unidad y con generosidad.

Considero que cuando aprendamos y asumamos la autosanación, veremos lo que es vivir en prosperidad real; los negocios serán realmente negocios, ya que se harán por pasión y no por necesidad y, además, al estar en un ambiente próspero tendrán verdadera rentabilidad. Me maravilla pensar que esa resiliencia de la que tanto he hablado está a la vuelta de la esquina. Es momento de multiplicar la fortuna que yace en algunos y provocar que verdaderamente se distribuya para todos, mas esto no depende de quienes ya la tienen, sino de quienes la logran, pues es un proceso de prosperidad. Juntos tenemos el poder de superar todas las adversidades y encontrar la curación desde nuestro espíritu para vivir en un mundo más armónico, feliz y genuinamente saludable.

Silvia García

HONESTIDAD

La honestidad es la virtud que poseemos los seres humanos para mostrarnos como somos, manifestando respeto a los demás, a sus buenas costumbres, a sus principios morales y a sus bienes.

Recuerdo viejos tiempos en los que mi papi, siempre muy correcto en su actuar, nos instruía a mis hermanos y a mí sobre los diversos valores, en especial el de la honestidad. Él siempre ha sido una persona honesta, tanto a nivel personal como profesional; es un gran médico traumatólogo y un mucho mejor ser humano. Siempre nos habló con tanta pasión y convicción sobre la importancia de estas cualidades que hoy puedo decir que logró transmitir su mensaje de tal manera que ahora lo llevamos en la sangre.

Hoy en día, considero indispensable reflexionar sobre la honestidad antes de cada acción que realicemos, ya que de esta manera seremos capaces de evitar apropiarnos de todo aquello que no nos pertenece. Lamentablemente, en este mundo de redes, nos hemos malacostumbrado a tomar lo ajeno sin etiquetar ni dar créditos a quien ha creado lo que nos inspira, o quien, incluso, nos abre puertas.

Esta cualidad tan importante implica alinear nuestros pensamientos con nuestras palabras y acciones para así poder alcanzar una identidad y una coherencia que nos permitan sentirnos orgullosos de quienes somos.

Como todo en la vida, lo bueno no es fácil de lograr. De hecho, ser honesto requiere de mucha valentía, porque decir siempre la verdad y, más aún, obrar en forma directa y clara es todo un reto incluso para el alma más pura.

Sin embargo, es precisamente gracias a todo lo que esto implica que la honestidad es uno de los pilares fundamentales de SHE. Trabajamos con alianzas y para ello este valor es esencial, debido a que creemos vehementemente que cualquier proyecto es posible cuando se comparte con personas honestas.

¡La honestidad transforma la confianza colectiva en una fuerza imparable!

VERDE NATURALEZA, VERDE ESPERANZA

*No nos cansemos de hacer el bien,
porque a su debido tiempo cosecharemos
si no nos damos por vencidos.*

Gálatas 6:9

SUSI VELASCO

Me llamo Susi Velasco y soy una venezolana que nació en la península de Paraguaná, un lugar hermoso que me permitió crecer junto al mar y que ha inspirado mi amor por la naturaleza. A pesar de la belleza de mi ciudad natal, culturalmente, el pueblo venezolano es sumamente conservador. Por un lado, tuve la oportunidad de disfrutar de una adolescencia encantadora que transcurrió en la seguridad de una comunidad en la que todos nos conocíamos. Era simplemente maravilloso poder jugar en la calle, andar en bicicleta y crecer con plena libertad. Por otro, conocernos todos, ayudarnos y tener vínculos cercanos es un arma de doble filo. Todos se creen con derecho a opinar sobre nuestras vidas y cuando cometemos errores, automáticamente, estamos en boca de todos. Yo asistí a un colegio católico y salí embarazada en los últimos meses de mi bachillerato. Viviendo en un pueblo tan conservador era lógico sentirme avergonzada. En ese momento no entendía que el tabú en todo lo referente a la vida sexual solo puede promover la ignorancia y, por ende, siempre tendrá este tipo de consecuencias.

Fui madre a los dieciocho años y, aunque era muy joven, asumí mi rol lo mejor que pude. Es inevitable pensar en las muchas jóvenes que, como yo, sufren las consecuencias de tener una educación sexual tan precaria. Obviamente era

otra época, ahora, gracias a internet y a muchos movimientos de concientización se ha facilitado en mayor medida la formación sexual. Aunque eso es agua pasada, siempre he querido elevar mi voz con respecto a esta problemática, ya que las madres adolescentes siguen siendo una dura realidad en nuestras sociedades. Por ello, actualmente curso estudios en International Women's Health and Human Rights en la universidad de Stanford.

En 2001, motivada por la idea de viajar y conocer el mundo, estudié comercio exterior, pero mi fuerte pasión siempre ha sido la moda. Mi contacto con diversas culturas me hizo notar lo mucho que nuestra ropa dice sobre la identidad, la cultura, las creencias, y, a su vez, el impacto ambiental que esta tiene. En 2003, me mudé a Mallorca, otra ciudad con mar en la que además podía hablar mi lengua materna, pero que al mismo tiempo me enseñó la cultura alemana. Esto fue clave para aprender este nuevo idioma e irme a Alemania en 2010. En el mismo año de mi llegada pude fundar mi marca de moda Susi von Soler y logré impulsarme con el apoyo del Museo de la Mujeres en Bonn. Igualmente, gracias al interés que Europa despertó en mí al observar un estilo de vida más consciente, me animé a desarrollar un proyecto de moda circular. Mi intención es contribuir activamente en la implementación de una nueva visión ecológica del mundo. Alineada a esa misma ideología, he creado La Flower, Latina makeup, una línea de maquillaje vegano y libre de crueldad animal para resaltar y expandir el uso del maquillaje, como un complemento de la personalidad que nos permite sentirnos más seguras.

Pensemos y vivamos verde

Como mencioné con anterioridad, la moda femenina siempre ha sido una de mis más grandes pasiones. De hecho, de pequeña solía cortar mis vestidos para hacerle trajes a las muñecas. La moda despertaba mi lado creativo. No obstante, nunca soñé con tener alguna profesión, específicamente. Pasaba mis días disfrutando de vivir cerca de la playa, salvando tortugas o haciendo labor social, ya que frecuentemente me pedían ayudar con la alfabetización de la comunidad o con la construcción de paredes para familias de escasos recursos. Ahora que me detengo a pensarlo, mi interés por la moda, la naturaleza y el ayudar al prójimo siempre ha guiado mis pasos.

Mi principal motivación siempre ha sido aportar mi granito de arena para construir un mundo mejor. Con el transcurso de los años, con las muchas experiencias vividas y como cada una de mis pasiones esta misión de vida ha ido definiendo su forma. Mi mayor destreza se da en la moda femenina. Agradezco mucho haber tenido la oportunidad de viajar por el mundo pues —como ya he dicho— me ha permitido ver diferentes estilos de vida y aprender que la ropa tiene mucho que mostrar sobre la identidad, la cultura y las creencias, pero también sobre el impacto ambiental. Europa ha despertado mi conciencia y mis ganas de desarrollar mi segunda pasión: la búsqueda de una visión ecológica global. Alemania es, sin duda, el mejor escenario para llevar a cabo mis proyectos, ya que acá la cultura ambientalista está muy desarrollada.

Llevar a la práctica mi proyecto de moda circular no solo implica la obtención de materia prima —cabe destacar que en Berlín este proceso es más sencillo, gracias a los avances que hay en torno al reciclaje— también es importante que en el proceso de manufactura y ensamblado se ofrezcan condiciones laborales justas a los trabajadores. Por esta razón, creé mi propio taller donde quiero emplear mujeres latinas que vivan aquí. En cuestión de costos, me resultaría considerablemente más económico hacer la producción en mi país, pero considero que mi compromiso es apoyar y hacer sentir segura a la mujer latina y nuestras comunidades necesitan ayuda, no solo en nuestros países de origen sino también fuera. Creo con gran convicción que la bondad es una de las mejores cualidades en una persona y cada día trato de ponerla en práctica, porque no hay mejor satisfacción que la que genera el dar sin esperar recibir nada a cambio, solo por el placer de colaborar. Siempre he pensado que todos cosechamos lo que sembramos y que al final el universo nos recompensa de alguna manera.

Este proyecto me ha permitido sentirme más en contacto con mi comunidad y, al mismo tiempo, dedicarme a un área que me llena internamente.

Mi competencia es conmigo

Como mujer, tengo muchas facetas y he aprendido que, cualquiera sea mi rol, en determinado contexto, lo importante es ser feliz mientras lo ejecuto con la mayor gracia posible. Me caracterizo por ser una mujer decidida, disciplinada y respetuosa. Como en mi juventud pasé mucho tiempo entrenado en las pistas deportivas, desarrollé mucha resistencia y disciplina. Llegó un punto en que noté que mi competencia era conmigo misma. En un sentido real y figurado, superar mis propios tiempos y marcas me hace tener una mentalidad ganadora; las metas con un propósito son, sin duda, mi motor. Mis carreras favoritas son las que se hacen para recaudar fondos para caridad. Salir a correr y saber que cada quilómetro que recorro es un euro para un niño en un hospital o que usar una camiseta rosa es dar apoyo a las mujeres con cáncer de mama es tan gratificante, que cada vez lo hago más rápido. En esas carreras la competencia adquiere un nuevo valor, deja de ser rivalidad para convertirse en un impulso que nos motiva.

Por otra parte, me puedo describir como una mujer libre y soñadora, esa es una faceta que respeto y que siempre será parte de mí. A los quince años, comencé a escribir mi libro *Emociones*. Me había enamorado y, como poeta, necesitaba expresarme. Me di cuenta de que la poesía es una expresión rítmica de sentimientos y en ese libro comparto los poemas de mi blog, una parte de mi vida. Quizás el valor literario que pueda tener sea insignificante, pero aun así yo lo considero mi regalo al mundo. Siento orgullo de vivir con pasión y en plenitud cada una de mis facetas.

La colaboración solo puede hacernos crecer

Creo en el compañerismo y en el apoyo desinteresado. Cuando nos unimos por un fin común que busca contribuir para lograr un mundo mejor, todos nos beneficiamos. Este es el tipo de conexiones que yo llamaría inteligentes. He tenido muchas experiencias de este tipo, pero mencionaré unas pocas. En el año 2010 —como ya he comentado— diseñé mi primera colección de moda bajo el nombre de Susi Von Soler y en 2011 organicé un desfile en mi país donde reuní y colaboré con otras diseñadoras. Fue una experiencia supersatisfactoria porque contamos con el apoyo de nuestro pueblo y también pudimos promover el talento de muchas madres y amigas que hoy en día aún mantienen sus marcas. Sin la colaboración de todas las galas, simplemente, no hubiera sido posible. Además, lo que hizo que este momento fuera más placentero fue el hecho de que todo lo que se reunió fue donado a Global Genes, una organización mundial sin fines de lucro para la defensa, de personas y familias que luchan contra enfermedades raras y genéticas.

Un año después, en 2012, conté con el apoyo del Museo de las Mujeres de Bonn para presentar tres vestidos confeccionados con desechos y mi colección Café. Fue una gran experiencia y aunque tuvo éxito, la competencia en el mundo de la moda es inalcanzable, pues se necesita más que talento y ganas para llegar a lo más alto. Esto no me hizo renunciar, solo dejé este proyecto, temporalmente, de lado para poder priorizar y enfocarme en aquellos que tienen mayores oportunidades de crecimiento en este momento,

Por último, creo tanto en el liderazgo colaborativo que en la actualidad pertenezco a la Cámara Internacional de Conferencistas, una plataforma que sirve precisamente para establecer alianzas profesionales y de negocios. Allí me estoy formando como *woman speaker* internacional.

La pandemia fortaleció mi pensamiento ecológico

Me jubilé a los cuarenta y cinco años. Ya me encontraba en mi año sabático cuando llegó la pandemia y tuve tiempo para retomar mis estudios de moda. Enamorada de los Objetivos de Desarrollo Sostenible, ya que siete de ellos se aplican a la industria de la moda, decidí enfocarme en la moda sustentable. Allí descubrí el modelo de negocios de la moda circular que practico; fue como un llamado directo a mi vocación. En mi opinión, a pesar de todas sus dificultades, la pandemia consiguió aumentar nuestra conciencia sobre temas como la justicia social y el cambio climático.

Este año me ha permitido dedicarle más tiempo a mi otra empresa: La Flower, a través de la cual busco promover el uso del maquillaje responsable y con un propósito. Al contar con la fábrica familiar a mi disposición, en mi cabeza se tejía la necesidad de crear un producto que otorgara respeto por nuestra identidad y valores y que, a la vez, pudiera cubrir el mercado de mujeres latinas influyentes y su imagen en la industria de la belleza y de las redes sociales. Este emprendimiento me abrió las puertas a un nuevo mundo de colores y fórmulas, donde los productos estrella son los delineadores para ojos, labios y cejas. Saber que es un producto vegano, libre de crueldad animal y además fabricado bajo estándares alemanes me da la seguridad de que voy a obtener el 99 % de éxito.

En La Flower makeup para latinas, queremos comparar a la mujer con una flor, símbolo de pureza, belleza, perfección natural y motivo de inspiración. La idea es crear un precedente en un mundo que por ser tan frívolo puede salirse de nuestras manos. No tengo hijas, pero crecí en un país con reinas de belleza y telenovelas que nos han encerrado en un estereotipo de mujeres voluptuosas y extravagantes. La belleza está en los ojos de quien nos mira y creo que si nos ven con amor siempre seremos hermosas. A mí, al igual que a un gran número de mujeres, me gusta ir a la moda y ser femenina. Para ser sinceras, a las mujeres nos gusta sentirnos admiradas, el problema está en que muchas veces carecemos de una belleza interior que vaya a la par con nuestra imagen. Nuestro principal objetivo debería ser tener en esencia, una personalidad noble y bienintencionada. Cuando trabajamos en nuestra belleza interior, el exterior simplemente lo refleja. Por esa razón mi misión, con este proyecto, es elevar la voz del valor interior de la mujer que usa el maquillaje como un complemento de su personalidad y seguridad y no solo como un objeto de provocación.

A través de esta empresa, espero poder ayudar a construir un mundo mejor, donde haya más aceptación, tolerancia y conciencia ecológica. Mi idea es contribuir desde tres puntos focales. En primer lugar, aprovechar que, en la actualidad, las jóvenes se identifican mucho con los productos veganos: promovemos la creación de una mayor conciencia para incorporar cada vez más productos que tengan menor impacto en el planeta. En segundo lugar, para las mujeres maduras y madres, buscamos demostrar que no es necesario llenar estereotipos para maquillarnos con seguridad y belleza y en tercer lugar, el fin es incluir al colectivo LGBT. Nuestros productos también son para ellos y ellas porque debemos fomentar el pensamiento de que todos tenemos derecho a vivir sin cadenas. La identidad de cada quien determina la libertad y la expresión personal, dentro de un mundo donde debe reinar la igualdad de derechos.

Este proyecto se ha fortalecido, incluso, en estos tiempos de incertidumbre. La pandemia es la prueba fehaciente de que el planeta está sangrando por nuestro descuido y desinterés. A través de cada proyecto que me planteo busco ser fiel a mi misión de contribuir a desarrollar un estilo de vida menos dañino, mucho más sensible y justo con el planeta que tanto nos regala. La Flower es simplemente un proyecto que me genera gran satisfacción porque es fiel a mis principios, a mis pasiones y a mis objetivos. Este es el espíritu con el que quiero trabajar y creo que cuando trabajamos con el alma, en algo que solo busca el bienestar común, el entusiasmo se hace contagioso. Decidí contratar a diferentes profesionales, todas mujeres y latinas, las que, poco a poco, se fueron contagiando de mi amor y confianza por este proyecto.

En lugar de pensar en los distintos problemas que estos tiempos de incertidumbre nos han traído, opino que es mejor aceptar nuestra cuota de responsabilidad por la condición a la que hemos llevado al planeta y despertar. Es necesario que reaccionemos y comencemos a instaurar prácticas sostenibles en nuestro estilo de vida. Tal

como he tratado de mostrar a través de mi historia, no es imposible alcanzar nuestras metas, trabajar en la industria que más nos guste y, aun así, cuidar el ambiente. Siempre hay una manera, depende de nosotras encontrarla.

Susi Velasco

MI SUEÑO ES MI DERECHO

Independiente siempre, aislado nunca.

Emilio Visconti Ventosa

TERE EGAÑA

Me llamo Teresa Egaña, y soy una mujer sin moldes.

He tenido el privilegio de vivir desde diferentes perspectivas y maneras de entender la vida, la sociedad y al ser humano. Soy venezolana, y crecí en una familia bendecida con una buena posición socioeconómica que me permitió educarme bien, viajar y conocer otras culturas. He contado con unos padres maravillosos que siempre se mostraron a favor de la autonomía de la mujer y que, juntos, generaron una crianza atípica. Nos educaron a mi hermana y a mí para ser independientes y femeninas a la vez, y vivir cada rol con completa entrega.

Mi papá era ganadero y director de empresas internacionales; nos enseñó tanto a arrear ganado bajo el sol con estamina y coraje, como a disfrutar de catas gastronómicas, de un buen baile y un toque de descaro social. Mamá, elegante y fuerte de carácter, nos enseñó a afrontar la vida con decisión, sin miramientos, pero sin olvidar jamás la gracia que corresponde a ese *buen vivir* urbano que papá impulsaba. Es decir, aprendimos a disfrutar de cada ambiente, adaptándonos con facilidad.

Mi país, históricamente, ha recibido a muchos migrantes de diferentes nacionalidades y esto ha dado paso a una mezcla hermosa de culturas que se complementaron y unificaron para formar la que existe hoy en día. Quizás es también por eso que tengo la capacidad de adaptarme tan fácilmente a las comidas, costumbres y colores del mundo, y de ser feliz tanto en la selva como arriba de un escenario o en una cena diplomática.

Cuando me fui a la universidad, me sorprendió darme cuenta de que había vivido en una burbuja y que era habitual que las mujeres estuvieran sometidas a muchas presiones sociales. Antes me había casado y soy mamá desde que tengo uso de razón, pero pronto en el camino me divorcié. Así como fui la primera hembra en la generación Egaña Toro, también fui la primera divorciada en la familia. Así quedó marcado en mi récord que siempre he sido una mujer libre de pensamiento e irreverente en mis creencias.

Más tarde llegó a mi hogar un sobrino que pasó a ser como mi segundo hijo. Y como lo que se hereda no se hurta, les brindé a ambos la misma educación, aquella que se mueve entre lo citadino y el amor por la naturaleza, aquella que promueve saber elegir en qué y en quién creer.

Mi mantra: cuando no logro lo que quiero, logro algo mejor

Por otro lado, durante varios años de mi vida saboreé los riesgos originados por mi pasión por la aventura… con emociones extremas incluidas; esto me trajo experiencias interesantes pero muy dolorosas que me dejaron aprendizajes y cicatrices importantes. Buscando mi salud emocional, conocí el mundo de la respiración consciente, y me enamoré al instante. Mi vida dio un giro de ciento ochenta grados. Migré de relaciones adornadas por la indignidad a entender que la vida que yo elija puede ser tan digna como la que tuve cuando crecí. Comencé entonces a construirme una manera de vivir más productiva, más amable y generosa, en un entorno de relaciones enriquecedoras.

Mi trabajo también cambió. Pasé de ser dueña de un campamento vacacional excursionista a ser una psicoterapeuta, luego *coach* y mentora, que trabaja con mujeres, inspirando códigos profundos de resiliencia relacional y espiritual. Empecé a crear círculos de mujeres alrededor del mundo, y me di cuenta de que ese era mi propósito de vida. Logré unir mi amor por la naturaleza con mi trabajo de consciencia corporal y florecimiento femenino, y rápidamente los círculos se multiplicaron. Mi resiliencia personal marcó mi camino profesional.

Luego se me presentó un nuevo reto de vida. Cuando mi hijo se fue a estudiar a Australia, tuve que hacerme muy amiga de la tecnología para mantenerme en contacto con él; eso me dio la idea de empezar a implementar la psicoterapia en línea. Descubrí que el mundo no tiene distancias gracias a la digitalización, y tuve más libertad aún.

Entonces empecé a «maquinar» cómo expandir sin límites cada uno de mis sueños y que además se proyectaran más allá de mí, que trascendieran mi vida. Investigando y leyendo mucho, descubrí la diferencia entre ser autoempleada y ser empresaria. Así nació todo un movimiento y una serie de empresas cuyo primer nombre fue Proyecto Mujer, luego Mujer Diamante y ahora Mujer Wow.

Fracasar, errar, perder... Entre una empresa y otra conocí el significado de cada una de estas palabras, y por ende de la resiliencia emprendedora. Enraicé en mi ser la absoluta convicción de que «cuando no logro lo que quiero, logro algo mejor».

Creo en empujar la frontera de lo posible©

Lo que comprendo y atesoro hoy es que la resiliencia depende en gran medida del compromiso, la claridad, el coraje y la absoluta convicción de que un sueño es un derecho y —más allá aún— de que un derecho es un deber. Por lo tanto: un sueño es un deber.

Debo mi capacidad de levantarme una y otra vez a mi sentido de vida, a mi amor por la vida y a mi empeño inquebrantable de logro, es decir, de volver a empezar tantas veces cuanto sea necesario para alcanzar cada meta; aprender y ajustar en cada paso y experiencia, pérdida o frustración, no renunciar nunca.

Mi autonomía e independencia no son negociables

Toda mi vida ha estado guiada por una serie de variadas motivaciones. Cuando decidí emprender había una mezcla de ellas. Yo crecí para ser una heredera, pero la penosa y absurda situación de Venezuela hizo que millones de familias se vieran profundamente afectadas en el aspecto financiero. Heredar perdió vigencia y eso me impulsó a construir algo mío que los míos pudiesen heredar. Podría decirse que esta fue la segunda motivación para emprender.

Por otro lado, mi conexión con mi condición de mujer me ha llevado a entender lo importante que son nuestras innegociables autonomía e independencia para relacionarnos de forma saludable con otros seres humanos. Ser productivas es un asunto de dignidad y respeto a nuestras almas y no una elección como algunas aún lo ven. Cuidado... no juzgo a quienes deciden ser mamás y dedicarse por completo al cuidado de sus hijos pequeños; más bien me parece maravilloso que logren hacerlo. No obstante, a todas nos llega el momento en el que nuestros hijos crecen lo suficiente como para ir al preescolar, y no requieren tanto de nuestra atención y dedicación. Ese es el momento en que la vida nos brinda la oportunidad de avanzar nuevamente hacia nuestra autonomía, con hijos, pareja, y otros seres queridos a bordo.

A mi manera de ver, es fundamental que la mujer no dependa de nadie más que de sí misma para establecer una relación inteligente y amorosa de interdependencia, donde pueda dar lo que pide. Por ejemplo, yo amo aprender más que estudiar y a pesar de eso cada año me certifico en alguna nueva especialidad. Estoy certificada en psicoterapia dinámica, *breathwork*, consciencia corporal y meditaciones activas de Osho, Life & Leadership Coaching, *Coaching* organizacional, Nonflict *coaching*, constelaciones sistémicas, psicología positiva y vierto el conocimiento acumulado durante toda mi vida en el desarrollo de otras mujeres. Este es mi trabajo.

La libertad más elevada es la libertad compartida©

Me parece pertinente aclarar que la elección de ser autónoma no nace de una ideología feminista que considere malvados a los hombres. Es más una cuestión de identidad como individuo. Opino que todas las mujeres tenemos derecho a una vida propia para poder compartirla. Recordemos que yo opino también que un derecho es un deber.

Creo que los radicalismos no son sanos; me gusta ver y analizar la realidad desde distintos enfoques para sacar mayor provecho de cualquier contexto que me permita crecer. Mi relación con los hombres es muy importante para mí porque tuve un padre extraordinario y disfruto de la bendición de entenderme bien con ellos, básicamente porque solo me rodeo de hombres dignos. Sé cómo piensan, cómo sienten, qué les molesta. Los respeto y amo estar rodeada de hombres nobles, inteligentes y con excelentes valores.

Como mencioné en un principio, tuve la gloria de tener un papá que me enseñó la importancia de mi autonomía, y del «dime con quién andas y te diré quién eres».

Tengo a mi hijo y sobrinos que respetan y valoran a todos por igual, a mis amigos, a mis hermanos, y a mis socios. Sí, socios de Mujer Wow; con todos ellos, he podido ver y vivir otra historia con los hombres. Mostrar esta perspectiva diferente de relación feminista es parte también del trabajo que hago con las mujeres.

Respondo a muchos roles

Es primordial entender la diferencia entre un estereotipo y un arquetipo. El primero es lo que socialmente se espera de cada una de nosotras, y el segundo es la forma de ser mujer con la que nacemos y podemos desarrollar a gusto. La religión, la economía y la política tienen mucho que ver con las expectativas y roles sociales, mientras que el inconsciente o el consciente colectivo marcan la universalidad de los patrones de ser mujer. Uno es la resultante de un movimiento externo, el otro interno.

Creo que el mayor conflicto que tenemos como mujeres y emprendedoras nace con esa lucha agotadora de cumplir con estereotipos versus responder a lo que somos auténticamente. Lograr convivir en paz con ambos es un proceso bastante complejo que requiere de mucha energía y consciencia de autovalía.

No voy a mentir. Yo cumplí con roles que detestaba, pero ahora tengo poder de elección y elijo de manera consciente cuál rol acepto y cuál no. Es mi elección cumplir con un estereotipo social determinado en un momento dado y por un tiempo dado. Puedo ser pareja, mamá, hija, empresaria, amiga y cualquier otro rol; hay estereotipos de ellos que de alguna manera me llevan a callar o hablar, hacer o dejar de hacer ciertas cosas, pero ya no de forma impuesta. Como arquetipo, soy una mujer que ama la libertad y el poder moverme a mi gusto, sin embargo los estereotipos me han enseñado a abrazar lo que se espera de mí en la vida, analizarlo y tomar lo positivo. Es decir, dejo que se dé el estereotipo, absorbo lo mejor y así alimento mi arquetipo. De esta manera, me es posible generar una mejor respuesta como mujer y como empresaria. Si no lo logro… Bueno, lo intento de nuevo.

Aún creo en los cuentos de hadas

Para ilustrar un poco mejor el funcionamiento de este proceso, puedo utilizar como ejemplo los estereotipos que se entendieron de manera general a partir de las películas de Disney.

Sé que las feministas de hoy en día han mostrado un gran rechazo hacia estas películas porque asumen que en todas se repite la historia de la mujer que depende del hombre para despertar. Mi enfoque es poner en tela de juicio tanto la visión tradicional malentendida, como la actual.

Borramos lo que nos conviene borrar

La caja de cristal, la torre demasiado alta, el dedo pinchado, el rostro cubierto de hollín… los engaños, venenos, espinas y monstruos de las películas sí existen en la vida real. De hecho, siempre existirán. Y siempre correremos el peligro de volver a quedar «dormidas».

Los cuentos de hadas nos han acompañado desde casi siempre, y han sido traducidos e interpretados según la conveniencia e intención de alguna fe o sociedad, del patriarcado y machismo, pero sobre todo, de la mujer.

Cuando nos convino ser bobas, dependientes, irresponsables, cómodas, nos apegamos por siglos a la esperanza de «encontrar al Príncipe Azul», representado por un hombre con dinero y poder que nos diera lo que no queríamos o no podíamos alcanzar por nosotras mismas.

Cuando nos convino justificar nuestra venganza hacia el hombre que nos dominó alguna vez, menospreciamos al varón principesco que expuso su vida para rescatarnos de nosotras mismas, de nuestra ingenuidad o flojera… o de ambas. Y obviamos que fue una mujer (y no un hombre) quién nos robó, engañó, sentenció, colocándonos en tan desdichada situación… la madrastra ladrona y cruel, la bruja manipuladora, la raptora sin compasión en los cuentos de hadas siempre fueron mujeres.

Pero cuando buscamos nuestro propio poder basándonos en las enseñanzas de la supuesta mujer independiente y empoderada, cambiamos el cuento de hadas y sus personajes originales, para que sea otra mujer quien nos despierte (y no un príncipe), y el personaje malévolo deja de ser la madrastra y el varón se convierte en el tirano de moda. Entonces, el hombre es el malo.

No… aún no nos hemos despertado por completo

Cada uno protege su fe férreamente. Cada movimiento o cada individuo se enceguecen convencidos de su verdad y de su sentido de justicia. Cada creencia sagrada acalla el alma de quien piensa y entiende de otra manera. Cada época, tendencia y generación escribe una nueva versión de la inquisición, reenfocándola según lo que es de interés eliminar o… ¿a quién?

Machismo. Feminismo. Ambos culpables e inocentes, víctimas y victimarios.

Pero, ¿y si el cuento de hadas quería dejarnos otro mensaje?

Arquetípicamente hablando, los cuentos de hadas, sus enseñanzas y representaciones, contienen otros colores y sabores que el machismo y el feminismo no alcanzan a abrazar; en la lucha por quién tiene la razón se pierde la razón, y más aún, el corazón.

Creo en que la mujer actual tiene el duro desafío de elegir entre las «creencias sagradas» de cualquier movimiento o religión, y las creencias liberadoras de acuerdo con nuestra experiencia. Nos toca elegir entre una fe o la dignidad, entre la tradición o la autonomía.

Yo elegí ser *hereje* y salvaguardar mi propia voz. Me aboco a formarla investigando y curioseando, leyendo y comparando información, mitos, leyendas, historias y dándole el beneficio de la duda hasta a la Biblia misma. Lo hago porque creo que la duda es un recurso de la sabiduría y el miedo un impulsor de vida. Me sumerjo en mi elección de no repetir símbolos, frases y refranes sin son ni ton, pues primero quiero comprender realmente qué significan y cuál es el efecto que producen en mi alma y en las almas de las demás. Busco una tercera opción que no dé la razón al feminismo ni al machismo.

Y es que la medicina suele saber mal…

En consecuencia, entiendo los cuentos de hadas (la vida y nuestras relaciones) desde una perspectiva diferente, una mirada desde donde el príncipe azul arriesga su vida para llegar a la mujer a quien, amorosa y respetuosamente, busca despertar de su letargo y silencio inducido o elegido, para que juntos trabajen por un reino que los necesita a ambos.

Entiendo que la fea bruja está dentro de cada mujer y entre las mujeres, y que es un personaje sabiamente colocado en nuestra psique para retarnos a tomar nuestro poder. Luego, acepto que la heroína primero fue inconscientemente boba, dejándose quitar lo suyo por derecho y herencia, sin lucha ni abogadas. Puedo notar cómo recupera su poder cuando se reconoce a sí misma como parte de los elementos de la naturaleza, los escucha entre cantos y experiencias, logrando así que su magia la acerque al amor y a la libertad.

Entonces, ese hombre valiente que la escucha y no la deja sola, va por ella. La quiere y la necesita despierta y completa, porque ese es su derecho también. Así, gobiernan juntos, generando fertilidad y luz para su pueblo. A esta acción la llaman hoy en día propósito y trabajo en equipo.

Cuando le hablo a las mujeres o les leo en mis mañanas de *lecturas arquetipales*, reflexiono que los cuentos de hadas son una metáfora de lo que realmente significa el amor. Son una alegoría de la interdependencia, de la ecología de la vida misma y de todo lo que vive. No fueron escritos para invalidar, sino para revelarnos que todos los personajes mencionados pertenecen a cada una de las mujeres y que están dentro de nosotras mismas más que afuera. Tengo muy claro que hay muchas versiones de un mismo «cuento de vida», y que cada quien elige la que más se acomode a su intención personal, consciente o inconsciente.

Vivir para servir

Mi virtud más preciada es la capacidad que tengo para comunicarme, y le saco el mejor provecho posible. Es divertido pensar como una característica tan natural se volvió mi medio para crecer a nivel profesional. De hecho, mamá dice que siempre pronuncié muy bien las palabras, que de pequeña en algunas ocasiones hablaba tanto que la desesperaba. Hace unos años me vio en televisión y, muy ocurrentemente, me llamó para decirme que «si hubiese sabido que me iba a ganar la vida hablando, jamás me hubiera mandado a callar». Fin de mundo…

Sé que cada una de nosotras está dotada de dones, virtudes y talentos particulares para vivir bien haciendo el bien©, y es a lo que me dedico y enseño. Eso es tener *sentido de vida*, ponerla al servicio de algo que nos trascienda. Entonces la resiliencia es alcanzable.

Juntas es más fácil

Creo fervientemente que la colaboración es la mejor estrategia para crecer y alcanzar resultados satisfactorios. Creo que cuando las mujeres comunes nos reunimos para un fin ulterior, logramos lo extraordinario. Si nos permitimos estar respaldadas y acompañadas por hombres extraodinarios, lo imposible se hace posible.

Todos tenemos algo que aportar para construir un mundo mejor. Considero que el lema de SHE (Sociedad de Hispanas Emprendedoras): «Juntas es mejor», es absolutamente verdadero y la prueba es que Mujer Wow, al igual que mi vida, está constituida y fundamentada en alianzas, hermandad, círculos, uniones y trabajo en equipo. Yo solo funciono de esta manera y llevo a mi entorno a funcionar igual, con trabajo en equipo.

Somos muchas las mujeres que, en diferentes partes del mundo, estamos trabajando por un bien común, y que, a través de alianzas, podemos apoyarnos e impulsarnos las unas a las otras. Cuando nos unimos en base a valores y visiones compartidas, cada una aporta lo que tiene y sabe hacer, lo mejor de sí misma, con el objetivo de retroalimentarnos y ofrecer nuestro grano de arena en la cocreación de un mundo en el cual podamos convivir mejor.

No hay mal que por bien no venga

Todas las circunstancias de la vida —buenas y malas— tienen algo para enseñarnos. No creo que para aprender una lección sea indispensable pasar por momentos difíciles, pero sí considero que cuando hay cosas difíciles o que funcionan de una manera caótica o dolorosa, algo bueno permanece en espera.

La pandemia, por ejemplo, generó todo tipo de cambios a nivel global y personal. A la mayoría de las mujeres les ha costado mucho adaptarse a una vida *online*. No fue sino hasta que llegó la pandemia que se vieron empujadas a estar de manera casi cien por ciento activas en un mundo digital. Ha sido una época de grandes transformaciones estructurales y de pensamiento. La pandemia ocasionó que un enorme número de personas se quedara sin empleo y que —como consecuencia— hayan tenido que valerse de toda su resiliencia, creatividad y destrezas para emprender y sobrevivir.

El mundo del emprendimiento ya no es una opción sino más bien una obligación, porque la gente se ha visto en la necesidad de hacer lo mejor que puede para venderlo, poner al servicio de las circunstancias sus talentos para solucionar no solo su supervivencia sino también necesidades distintas, vacíos en un nuevo mercado que hay que atender.

El ritmo de trabajo ha cambiado y va a seguir cambiando. Nos hemos adaptado increíblemente y, aunque al principio todo era caos y desesperación, poco a poco todo ha ido encontrando su lugar en esta nueva estructura global. Cada pieza se ha ido ubicando.

Creo que tarde o temprano resurgirá el mundo presencial. Vamos a evolucionar, crearemos algo nuevo y más completo. Se quedará lo mejor de este mundo virtual y se gestarán nuevas formas de conectarnos corporalmente.

El ser humano, especialmente la mujer, es relacional

Mi estrategia para enfrentar cualquier tiempo de incertidumbre ha sido armarme de paciencia, buscar apoyo y mantenerme alerta. Además, dada mi relación con la naturaleza y el autocuidado, suelo salir a hacer ejercicio al aire libre como una forma de *mindfulness*, y rodearme de amistades, familia y buenos momentos.

En general, disfruto todo lo nuevo que aparece en el mundo. Me encanta ver cómo la gente, la mujer florece. Adoro las catas, saborear culturas y nuevas formas de pensar. Sí, soy una catadora de la vida. Y todos los días reafirmo mi creencia de que no hay mal que por bien no venga.

Estoy abocada a expandir las nuevas certificaciones internacionales de Mujer Wow para empresas responsables, y a renarrar *la historia mal-contada de la mujer©*. Esta última es mi investigación de toda la vida que plasmaré en un libro que está por nacer… en unos meses o un año, quizás.

En fin: amo ser mujer. Amo estar viva. Amo lo que hago.

Y es así cómo, ante mis dolores y frustraciones, la resiliencia vive en mí, cada día, en cada experiencia, en cada elección… respetando lo que siento y obedeciendo lo que mi alma pide.

Tere Egaña

UN PROPÓSITO DADO POR DIOS

*Porque yo sé muy bien los planes
que tengo para ustedes
—afirma el Señor— planes de bienestar
y no de calamidad, a fin de darles
un futuro y una esperanza.*

Jeremías 29:11

URANIA YANES

Mi nombre es Urania Mercedes Yanes de Escamilla, pero soy conocida como Ury, nací un 8 de febrero de 1980 en la ciudad de San Salvador, en la República de El Salvador, país llamado el Pulgarcito de América por su pequeño territorio.

Dios me ha dado la oportunidad de vivir hasta hoy por lo cual estoy infinitamente agradecida. Hablar de mí misma no es tan fácil, como se supone que debería ser, pero me gustaría contarles estimadas lectoras y lectores, como han transcurrido estos cuarenta años a nivel personal, familiar y profesional.

Vi la luz del mundo en el seno de la familia Yanes Corleto hace ya cuatro décadas. La cabeza del hogar es mi padre Astul Yanes y el corazón es mi madre, Flora Corleto de Yanes. Cuando nací ya había dos pequeñas, Vicky y Flory. Pero, en realidad, yo cuento como mi verdadero nacimiento un día del mes de septiembre de 1998 (lamentablemente no tengo registrada la fecha exacta), cuando tuve un encuentro hermoso con mi Padre celestial, mi Salvador, Jesucristo, en ese momento le entregué mi vida y mi corazón y, a decir verdad, ha sido la mejor decisión que pude haber tomado. Ahora puedo decir: «¡soy una hija de Dios!». Él en su infinita misericordia me ha permitido servirle, en la que yo llamo mi casa: la Misión Buenas Nuevas, junto con mis amados pastores Manuel y Mayté Guzmán.

Ha sido Dios, precisamente, quien me ha dado la oportunidad de desarrollarme en las diferentes áreas de mi vida: primero logrando culminar la carrera de licenciada en mercadeo, y posteriormente realizando un posgrado en administración y dirección de empresas (MBA) para poder seguir especializándome en áreas como *marketing*, liderazgo, trabajo en equipo y servicio al cliente, entre otras. Me ha dado la oportunidad de sumar más de quince años de experiencia en diferentes áreas relacionadas con *marketing* y de trabajar para empresas regionales donde, aparte de lograr aprender muchísimo, conocí personas extraordinarias que me ayudaron en mi crecimiento profesional.

Actualmente me desarrollo como consultora y facilitadora en la empresa familiar Yancor Coaching & Mentory (sobre la que hablaré más adelante). Allí nos dedicamos a formar líderes con valores, creativos e innovadores.

No puedo cerrar este breve relato sobre mi vida, sin mencionar a quienes son mis motores: mi amado esposo David y mis niñas, Isabella (mi milagro) y Dayana (mi niña grande). El Señor nos ha regalado una familia muy hermosa, en la que hemos vivido diferentes aventuras, entre tristezas y alegrías, pero siempre agradecidos a Dios por su misericordia.

Cómo no estar agradecida a él por estas primeras cuatro décadas de vida, si me ha demostrado su fidelidad y su infinito amor a través de cada paso que me ha permitido dar hasta este momento.

Un día gris

El 9 de mayo del 2015, contraje matrimonio con David, fue un día muy feliz, pero, fuera de las expectativas, llovió mucho y una persona cuando me felicitaba, me dijo: «la lluvia es designio de bendiciones, así que su matrimonio será muy bendecido». Eso era nuevo para mí, pero lo tomé a bien y a pesar de esa lluvia inesperada y lo gris del cielo fue un día maravilloso, nunca lo voy a olvidar.

Con lo que no contaba era que poco más de un mes después de ese hermoso día, habría un verdadero día gris —pues así lo fue para mí—, cuando quien fuera mi jefa durante una década de mi vida profesional me daba una noticia totalmente inesperada: «Urania, ya no podrá continuar con nosotros, usted sabe cómo está la situación económica…». ¡Wow! Me tomó por sorpresa. Esas palabras fueron seguidas de inmediato por: «le daremos tiempo para que pueda encontrar otra oportunidad». Bueno —dije—: «por lo menos no será de un día para otro». Para serles sincera, lloré mucho, me sentía decepcionada, triste, pasaron tantas cosas por mi cabeza… ¡Me acababa de casar!, de adquirir nuevas responsabilidades, y, en fin, muchos pensamientos que no me dejaron dormir tranquila esa noche. Recuerdo que cuando llegué a casa mi esposo me abrazó y me dijo: «todo va a estar bien». Esas palabras fueron de mucho apoyo en ese momento, al igual que las recibí de mis padres y hermanas.

Pasó el tiempo que me habían dado para buscar otra oportunidad laboral y llegó el día que debía despedirme de las personas con las que había compartido casi una década de mi vida, entonces, entre lágrimas, recordé algo que dice la Biblia: «Dad gracias a Dios en todo», y eso hice. Aunque dolía, sabía que debía agradecer a Dios.

Aproximadamente un mes después de esa noticia nada agradable, mi hermana me llamó para comentarme que también habían despedido del trabajo a mi cuñado. En su caso, aunque era también un momento difícil, él ya estaba desarrollándose fuera de ese trabajo como catedrático en algunas instituciones de estudios superiores del país, y como facilitador en empresas dedicadas a la capacitación en formación profesional.

Una petición atrevida… ¡Dios me sorprende!

Mientras buscaba una nueva oportunidad laboral, estuve apoyando a mi mamá en su laboratorio clínico con algunas actividades para promover el negocio. Sin embargo, sabía que debía encontrar algo pronto, pero pasaba el tiempo y no veía nada claro, así que un buen día le dije a Dios: «Señor, no quiero que pase de "esta fecha" que yo no tenga una respuesta a mi petición» y ¿saben qué…? ¡Dios me sorprendió!

Mi cuñado y mi hermana, habían estado planificando abrir un negocio propio. Buscaron el apoyo de papá, quien al saber de qué se trataba no dudó en echar a andar el proyecto, para el cual me tomaron en cuenta durante la planificación, por ser parte de la familia. En un primer momento surgió la idea de habilitar unas instalaciones para alquilar espacios a empresas que brindaran servicios de capacitación. Sin embargo, a medida que la idea fue avanzando, se decidió ofrecer también los servicios de formación profesional, dada la experiencia de mi cuñado. Además, por ser un tema que le ha apasionado siempre a mi papá, y con el cual yo también me sentía identificada, probablemente por una cuestión de sangre, pero también porque una de mis responsabilidades en el último empleo había sido capacitar al personal del área de ventas y porque era un tema que, siempre me había llamado la atención, desde que inicié mi vida laboral.

Así nació Yancor Coaching & Mentory. Les diré qué significa Yancor, es sencillo, son las tres primeras letras de nuestros apellidos familiares: Yanes y Corleto.

La respuesta a mi petición a Dios con fecha límite fue contestada, precisamente, ese día por la noche, cuando sentados en la sala de la casa de mis padres, me dieron la oportunidad de hacerme cargo de todo lo necesario para iniciar el negocio. Había que hacer adecuaciones a las instalaciones (mi cuñado ya había encontrado un lugar estratégico en San Salvador), promover el negocio, iniciar la venta, etcétera.

Los inicios de un sueño

¿Qué nos motivó a iniciar este proyecto? Podríamos decir que, la necesidad, las ganas de salir adelante, el deseo de no seguir siendo empleados de terceros, pero más allá de eso, fueron nuestras ganas de servir a los demás. Por un lado a aquellas personas que necesitaban un lugar donde brindar sus capacitaciones a un costo moderado y, por otro, el deseo de hacer de El Salvador un lugar mejor para vivir, aportando conocimiento y desarrollo profesional a las personas que nos permitieran servirles.

Siempre hemos dicho que Yancor es un ejemplo de resiliencia, por la manera en que surgió en un momento de crisis. Para mí es más, es el momento en que Dios me permitió levantarme y salir adelante. Pero, en verdad, todo esto que nos propusimos, no podría ser una realidad si no hubiera sido que desde el día cero pusimos todo en sus manos y le dijimos «Dios, Yancor es tuyo».

El inicio del emprendimiento significó grandes retos: como pagar derecho de piso por desconocimiento de algunas cosas, y un sinfín de etcéteras. Para mí no fue una tarea nada fácil, me sentía sobrecargada, con muchas responsabilidades, al punto que llegué a cometer muchísimos errores. A pesar de contar con muchos años de experiencia laboral era la primera vez que tenía a cargo algo propio, donde tienes que lograr que funcione sí o sí. Eso generó fricciones con mi padre y mi hermana Flory, es decir, entre quienes estábamos más involucrados. La parte administrativa y financiera no era precisamente mi fuerte, y eso me estaba pasando factura. A pesar de todo, Dios nos ayudó, Flory que tenía un empleo fijo de medio tiempo decidió finalmente renunciar y dedicarse por completo a Yancor. Sentí un gran alivio gracias a eso, sinceramente. En los inicios de un negocio propio, a uno le toca hacer de todo, y así fue, pero tuvimos la valiosa colaboración de una gran mujer, la tía Ana Ruth (la tía Ruthy, prima de papá) quien nos echó la mano y se puso hombro con hombro con nosotros. Le agradezco a ella todo el apoyo que nos brindó cuando más lo necesitábamos.

Pero bien, gracias a Dios, ya con mi hermana trabajando de lleno para Yancor, las cosas fueron tomando mejor forma, Él ha puesto mucha gracia en ella y la ha dotado de mucha sabiduría, ¡le doy gracias por su vida! Ahí, juntas, empezamos a darnos más apoyo, pues ella podía darse cuenta de primera mano de muchas cosas y logramos limar las asperezas que habían surgido en el pasado. A medida que fue pasando el tiempo, empecé a dedicarme más a lo que realmente me apasiona que es brindar capacitaciones, sin dejar de lado el apoyo en la parte administrativa y operativa dentro de la empresa. Ahora puedo decir que «estoy en mi salsa».

El legado de mis padres

Mis padres siempre me inculcaron que hay que ayudar al prójimo sin esperar nada a cambio y les estoy eternamente agradecida por ello. De hecho, para eso nos llama Dios a través de su Palabra. Creo que Yancor me ha dado esa oportunidad. ¡Es tan gratificante ver los rostros de las personas cuando están recibiendo nuestras capacitaciones, cuando están abriendo los ojos al aprendizaje de algo nuevo! Esos son los momentos en que me siento realizada, cuando doy a otros lo poco o mucho que he adquirido con la experiencia, tanto laboral como académica. Por eso me he seguido preparando, para dar lo mejor como facilitadora. Adquirí una certificación internacional como *andragoga* (la andragogía es la educación para adultos), y también una certificación internacional como *coach* en inteligencia interpersonal y liderazgo ético, tema que me apasiona y con el cual me siento muy identificada, precisamente, porque nos enseña sobre la empatía afectiva y la vocación de servicio.

En agosto de 2018 nació «mi milagro», Isabella. Ello implicó tener que ausentarme de mis labores, aunque era lógico que no podía dejar todo de lado pues había mucho trabajo por hacer, pero tuve el apoyo de mi hermana y de mi padre, como también de las personas que en ese momento estaban colaborando en la empresa. Mi hermana me hacía llamadas larguísimas para ponerme al tanto de todo o me visitaba en casa para poder hablar de cómo iban las cosas. En esos momentos yo no podía hacer mucho, pero creo que al menos con algunas ideas o solo con escucharla la ayudaba.

Definitivamente, llevar a la par una vida de emprendimiento y la vida personal y familiar no es fácil. Debes trabajar sin horario, asumir fracasos y saber que llevas esas cargas a casa porque que no se las puedes dejar a nadie más, porque al final tú debes asumirlas. En ese entonces resultó complicado tener a una pequeña de pocos meses de nacida y dejarla en una guardería para poder seguir con las labores Porque sabes que demanda tiempo y desvelos, pero que al día siguiente debes levantarte y continuar adelante.

Sin embargo, el apoyo de mi esposo y de mi mamá fueron vitales en esos momentos, de hecho lo sigue siendo, aunque en definitiva si no fuera por la fortaleza que Dios me brinda, nada podría hacer.

Al final del día es muy satisfactorio poder ver crecer la empresa que viste nacer, que tiene tu nombre (en este caso mis apellidos), saber que se está desarrollando, que va creciendo poco a poco, que se han traspasado fronteras, y que tú has puesto tu granito de arena. ¡En definitiva, es gratificante!

Nada pasa por casualidad

Siempre he creído en las conexiones inteligentes y —a raíz de haberme certificado como *coach* en inteligencia interpersonal y liderazgo ético— Dios me permitió conocer a grandes personas. Una de ellas es Lincoln Escobar, quien posteriormente me presentaría a Verónica Sosa, una persona de la cual he aprendido mucho, aunque hace poco que la conozco. Me he dado cuenta de que Dios no nos ha cruzado por casualidad. Ha sido gracias a esta conexión que hoy tengo la oportunidad de estar contando parte de mi historia.

Tampoco ha sido casualidad cada persona que se ha sumado a la «familia Yancor», todas personas muy profesionales, pero también muy humanas, con quienes compartimos nuestro valor supremo: amar a Dios y a nuestros prójimos. Personas que nos han brindado su apoyo, incluso en momentos muy difíciles, como lo han sido los de la pandemia de COVID-19.

El propósito de Dios

Ha sido, precisamente, en estos tiempos de crisis mundial, momentos duros, difíciles a nivel financiero, en los que Dios nos ha querido mostrar que Yancor existe para algo más y, si bien, nosotros le habíamos dicho: «Yancor es tuyo», no nos habíamos apropiado de ello. Pero en estos tiempos difíciles decidimos creer en sus promesas, y nos afianzamos en ellas para salir adelante. Hemos sabido de muchos negocios que están pasando

peor que el nuestro, pero, en definitiva, Dios nos ha demostrado que Yancor no surgió solo para dar capacitaciones o consultorías, sino para poder difundir su Palabra entre aquellas personas que nos permiten servirles, y es por ello que nos ha dado la oportunidad de seguir operando.

Dios ha estado traduciendo el propósito de servir a los demás en servirles a través de su Palabra. Eso es lo que tratamos de hacer, día tras día, cuando damos palabras de fe y esperanza a las personas. No necesitamos estar en un templo o en una campaña evangelizadora para llevar a cabo el propósito de Dios, el que yo he hecho mío también. Creo firmemente que los planes de Dios son de bienestar para mi vida y estoy segura que también lo será para la tuya.

¡Dios te bendiga!

Urania Yanes

333

«CALLADITA ME VEO MÁS BONITA»

No somos producto de nuestras circunstancias.
Somos producto de nuestras decisiones.

Stephen Covey

VERÓNICA ANTÚNEZ

Georges Clemenceau dijo una vez: «manejar el silencio es más difícil que manejar la palabra» Yo no podría estar más de acuerdo, ya que mucho de lo que soy hoy en día se lo debo a la capacidad de entender en su momento que el silencio no es solo un arma mortal con una gran capacidad para la destrucción, sino también una magnífica herramienta que, si aprendemos a utilizar correctamente y en el momento adecuado, jugará a nuestro favor. En mi experiencia, este siempre ha sido el caso y, gracias a ello, hoy puedo decir con orgullo que Verónica Antúnez, CPA, oficial de préstamos hipotecarios en Illinois, escritora, oradora internacional, embajadora en Chicago de la Sociedad de Hispanas Emprendedoras (SHE) y networker es una mujer empoderada, exitosa y, en especial, resiliente.

Nací y crecí en México, pero hace ya dos décadas tomé la decisión de mudarme a Estados Unidos y ahora vivo en la bella ciudad de Chicago. Este lugar me brindó la oportunidad de guardar mi primer silencio importante, que a pesar de haber sido el más difícil, también fue el que me mostró lo poderosa que puedo ser y la importancia de aprender a tomar decisiones, de no temer a actuar por mí y por mi familia. Personalmente, considero que tanto decir «no» como guardar silencio fueron experiencias plenamente liberadoras y ambas me abrieron las puertas a un sinfín de oportunidades que más adelante me demostraron lo bendecida que soy.

Cuando veo al pasado y admiro el camino recorrido doy gracias, incluso, por los malos tiempos que me trajeron al presente. En un momento de mi vida decidí ser feliz (porque así es, amigas, la felicidad es una elección) y cambié todo a mi alrededor, rompí estereotipos, entendí que durante muchos años llevé el yugo de una sociedad conservadora que no me estaba aportando nada más que tristeza, insatisfacción y una dependencia absurda. Una vez que abrí los ojos comprendí que el poder para cambiar estaba en mí y solo en mí. Ahora puedo ver claramente que, aunque la familia y la estabilidad son importantes, el amor lo es más. Pero no un amor posesivo donde las parejas piensan que cada uno es dueño del otro, donde las madres absorben a sus hijos y los hacen dependientes hasta que huyen para dejar el nido; hablo más bien de un amor puro y desinteresado. Lo cierto es que todos tenemos derecho a ser personas independientes y si internalizamos que somos seres que evolucionan a diario, que debemos quemar y disfrutar al máximo cada una de nuestras etapas en la vida y que solo somos dueños de nosotros y de nuestro actuar, reduciremos los divorcios, lloraremos menos cuando nuestros hijos crezcan y se vayan y aprovecharemos mejor nuestro tiempo juntos.

¿Cómo llegué a este punto donde la paz, la armonía y la satisfacción personal reinan en mi vida?

La respuesta es sencilla, descubrí qué me motivaba y por qué. Cuando determinamos nuestro objetivo en la vida, las decisiones, prácticamente, se toman solas. Desde siempre mi mayor motivación ha sido mi familia. El amor que siento por ellos me ha llevado a buscar la estabilidad económica y emocional. Me he encontrado en situaciones donde he tenido dos oportunidades, una es mejor para mí como persona y la otra implica una mejora para mi familia. Mi amor por ellos, o mejor dicho, por nosotros me ha facilitado mucho la toma de decisiones. Si ellos están bien, si son felices y puedo compartirlo con ellos, automáticamente, soy feliz. Por ejemplo, amo salir a trabajar, estar rodeada de personas, conversar y demás; pero cuando lo hacía, estaba mucho tiempo fuera de casa. Un día la empresa donde estaba trabajando se mudó y ese fue mi momento para decidir en qué dirección avanzar. Por supuesto, tenía varias ofertas en el mismo campo, pero preferí trabajar desde casa con un emprendimiento familiar. Este fue un punto de no retorno en mi vida, porque esa decisión cambió radicalmente nuestro estilo de vida. Pude permitirme pasar más tiempo en familia y disfrutar de todos esos pequeños momentos que me había estado perdiendo.

Con los años, aprendí a ver lo positivo en lo negativo y a aprovechar los tiempos malos como oportunidades para evolucionar y mejorar. Es necesario que caigamos en cuenta de que somos un ejemplo para nuestros hijos, familia y entorno. Solo de esta manera, seremos capaces de cambiar nuestra actitud ante la vida y de definir los nuevos patrones que nuestros hijos vivirán. Entiendo que legalmente hay un sistema que nos permite ejercer cierto poder sobre el otro y la historia, la cultura y la costumbre hacen de esa práctica la más común. No quiero decir con esto que no funcione, pero siempre hay espacio para expandir nuestras mentes y funcionar aún mejor. Para mí, el amor está por encima de la idea preestablecida de cómo deben ser la familia y las relaciones amorosas. Es absurdo intentar poseer a nuestros hijos cuando en su lugar deberíamos simplemente amarlos y, por ende, respetarlos lo suficiente como para permitirles ser libres, dignos, llenos de amor y belleza, en lugar de reducirlos a seres oprimidos, poseídos, controlados, divididos y carentes de individualidad. ¿Por qué necesitamos encajar en la sociedad? ¿Realmente vale la pena sacrificar nuestra esencia solo para ser aceptados? ¿Dejaremos que ese sea nuestro legado? Para ser honestos, en la actualidad son más exitosos los seres únicos, quienes se arriesgan a perseguir sus sueños sin darle mayor importancia al qué dirán.

¡Encuentra el balance y respeta cada uno de tus roles en la vida!

Solo yo sé de lo que soy capaz, sin importar lo me digan los terceros. Puedo ser mujer, madre, esposa y empresaria a la vez. Como oradora, muy a pesar de los temas que toco, soy dura con mis palabras porque debo transmitir esa fuerza, esa garra que quienes me escuchan están necesitando. No porque no las entienda ni sepa lo difícil de sus situaciones, ¡yo he sido ellas! Lo hago precisamente porque las entiendo y las quiero ayudar. Yo no me tomé una poción mágica para salir adelante. Simplemente empecé a conocerme, valorarme y respetarme.

Creo de manera vehemente que la resiliencia es la cualidad más preciada en un ser humano. Sin importar los obstáculos, todo tiene algo positivo. Hace mucho dejé de creer en problemas; para mí solamente hay situaciones por resolver y si me sobrepasan, pues las pongo en reposo, Dios y el tiempo se encargarán. Soy fiel creyente en Dios y tengo plena confianza en él. Sé que siempre llega a tiempo. Lo que sí puedo hacer es controlar cómo me siento y he encontrado la manera perfecta de hacerlo en la escritura terapéutica. A través de ella puedo drenar y liberarme espiritualmente de toda la mala energía que únicamente serviría para entorpecer mi camino, si así lo permitiera. Ningún factor externo puede tener el poder de hacerme perder la paz. Eso de: «el que se enoja pierde» es totalmente cierto. Por experiencia puedo afirmar que lo mejor es respirar, guardar silencio, esperar y tomar decisiones con cabeza fría, porque cada decisión que hemos tomado nos ha traído al lugar en el cual nos encontramos ahora. Si no nos gusta donde estamos, es hora de cambiar nuestras decisiones. Somos lo suficientemente valientes y nuestro destino está en nuestras manos. El momento es ahora, vamos a comernos el mundo antes de que él nos coma a nosotras; seamos valientes y atrevámonos a vivir. No desperdiciemos nuestro tiempo en la tierra, como si fuéramos muertos que respiran, más bien, enfoquémonos en hacer que la vida juegue a nuestro favor, ya tendremos tiempo de sobra para estar muertos.

Verónica Antúnez, la empresaria y la mujer nos encontramos en un punto medio que nos favorece a ambas. Compartimos la misma visión de vida y trabajamos arduamente para complementarnos en pro de la felicidad. Gracias a las decisiones que he tomado desde cualquiera de mis facetas, hoy me considero una mujer muy bendecida, resiliente y poderosa que cree en la honestidad, en la vida familiar y empresarial. Sin embargo, no todo ha sido color de rosa, saber manejar el tiempo es uno de mis principales retos. Es difícil estar en dos lugares al mismo tiempo, especialmente cuando manejamos horarios entre distintos continentes. Aún no he desarrollado la mejor estrategia para lidiar con ello, pero todo es un proceso. A nivel profesional, trabajar con el dinero de otro siempre añade una complicación extra. En el *network marketing*, el mayor reto es evitar que la persona con la que estás trabajando pierda dinero y que, en caso de ser así, entienda que este es un negocio en el que se gana mucho, pero también hay mucho riesgo de pérdida. Es importante ser claros y honestos para no defraudar a quienes están confiando en nosotros.

Juntas es mejor

En mi opinión, al compartir las diferentes experiencias de vida podemos apoyarnos para ser más fuertes y avanzar con paso firme. Cuando nos retroalimentamos, preparamos el terreno para mujeres que aún están fuera esperando su oportunidad de ser escuchadas. Nuestras historias sirven para empoderar a otras mujeres. Si dejamos de vernos como competencia, podemos unirnos y reforzarnos. Today's Inspired latina es una de las mejores experiencias que he tenido porque hubo un gran nivel de retroalimentación que aún sirve como base para construir un mundo diferente donde evolucionamos como mujeres y podemos ofrecer una nueva y mejor normalidad a la mujer del futuro. A través de esta experiencia pude reafirmar que el empoderamiento colectivo es indispensable.

Hubo un momento de mi vida en el que me vi sola, sin dinero y en un país distinto al mío. A pesar de lo negro que se podía ver mi futuro desde el exterior, yo estaba llena de esperanzas, consciente de que esa era la oportunidad que había estado esperando. Fue un momento difícil, pero lleno de expectativas y con la ayuda de quienes llamo «ángeles terrenales», que me tendieron la mano en mi momento de más necesidad, logré pararme sobre mis propios pies y ser capaz de admirar el renacer de la mujer empoderada que en aquel punto decidí ser. Por ello siempre es importante rodearte de personas que te respetan, que fomentan tu independencia y que te impulsan a ser tu mejor versión.

En tiempos de incertidumbre como los actuales, tenemos que enfocarnos: recordar nuestro objetivo, nuestra motivación y actuar

La pandemia ha sido todo un reto para el mundo entero, ya que nos ha privado del contacto físico tan necesario para el ser humano. Pero también ha sido la prueba de que tenemos la capacidad de adaptarnos y evolucionar, incluso en las peores circunstancias. Tanto a nivel personal como profesional, perder las reuniones presenciales ha sido un golpe difícil de esquivar, en especial, porque no todos somos amigos de la tecnología. Sin embargo, la necesidad nos llevó a crecer, a expandir nuestro mundo y a colaborar para poder adaptarnos a la nueva realidad que nos tocó vivir. A mí, en particular, me afectó en menor medida porque podría decirse que en mi área estábamos inconscientemente preparados para la pandemia. Nuestras reuniones son mayoritariamente internacionales, por lo que nuestros encuentros ya eran en línea, sin mencionar que nuestro trabajo es digital e incluso hemos podido crecer más. Es decir, antes de la cuarentena, no necesitábamos ir a una oficina para tener una computadora e internet, ya estábamos en ella. El cambio y el accionar en tiempos de crisis, en nuestro caso, se redujo a orientar a nuestros contactos que necesitaban ayuda para aprender a utilizar la tecnología. Después de vencer ese obstáculo, el resto simplemente fluyó.

Es necesario entender que la vida es tan generosa que nos da solo cosas buenas. Las comúnmente conocidas como malas, yo las llamo lecciones de vida porque nos enseñan y nos guían para luego evitar repetir los mismos errores. Simplemente son experiencias que nos preparan para salir triunfadores en el futuro. Lo mejor que podemos hacer es vivir la vida y no conformarnos con verla pasar. Debemos estar un paso adelante para saber controlar nuestras emociones y vivir plenamente.

Sé que todos tenemos derecho a entender la vida de diferentes maneras. Yo aprovecharé este espacio para compartir mi visión de ella y los aprendizajes que he podido atesorar hasta ahora. Espero de corazón que sean tan útiles para ustedes como lo han sido para mí.

En primer lugar, entendamos que la pareja perfecta no existe. Busca hasta conseguir a alguien que, a pesar de no ser perfecto, te acompaña en tus penas, que te ayuda a sanar y cicatrizar y que además te impulsa a sacar lo mejor de ti. También es indispensable comprender que todas las personas que amamos van a morir. Por lo tanto, valorémoslos y dediquémosles tiempo porque este es irrecuperable. No temamos decir: «te amo», «te extraño», «te quiero», «eres muy importante para mí» porque estas palabras mágicas nos llenarán a ambos. No esperemos, porque el tiempo solo nos hace más viejos. Aprovechemos nuestro tiempo con las personas que nos suman y no con aquellas que nos restan. De lo contrario, caeremos en una bancarrota emocional por invertir tiempo en quienes ni siquiera se interesan por nuestro bienestar.

Por otra parte, es importante aprender que el cambio es lo único constante. Así que si estás pasando por tiempos malos, recuerda que todo pasa, cambia y evoluciona. Si por el contrario estás viviendo un momento increíble, tómate el tiempo de disfrutarlo, saborearlo y atesorarlo en tu memoria para que te ayude a enfocarte cuando tengas que enfrentarte nuevamente a los tiempos difíciles. Todas las experiencias te hacen más fuerte, incluso las que te quiebran y te hacen cuestionarlo todo. El camino a la felicidad también está lleno de espinas.

Por último, quiero que internalices que la vida no es justa, así que no esperes que lo sea contigo, porque a veces a la persona más honesta le va mal, la persona más fiel puede ser infiel a sí misma cuando se autosabotea. Sin importar cuán injusta sea la vida contigo, ¡juégatela!

Quien no lo hace nunca vive en plenitud. Eres la única responsable de la vida que has creado. Debes soñar y buscar una vida mejor. Tenemos que atrevernos a romper las reglas, a ver más allá del borde, a que no nos preocupe el qué dirán. Quizás nuestros sueños son tan grandes que no pueden ser comprendidos por mentes pequeñas. Vivamos y amemos como si no hubiera un mañana. Seamos libres de sentir, pensar y actuar, dejemos que nos rompan el corazón, ilusionémonos y soñemos porque eso nos da el coraje y la fuerza para hacer de nuestra vida un huracán imparable. Debemos aprender que caer es importante porque nos permite levantarnos con mayor fuerza y convicción. Vive la vida y nunca olvides que así como los panteones están llenos de muertos que nunca vivieron, las calles están llenas de vivos que están muertos, ¡no seas uno de ellos! Controla tus silencios, di «no» cuando sea necesario y decide ser feliz.

Verónica Antúnez

VIVIENDO LA LIBERTAD DE ELEGIR

*Yo dormía y soñé que la vida
era alegría. Me desperté y
vi que la vida era servicio.
Serví y comprendí que el servicio
era alegría.*

Rabindranath Tagore

VIOLA EDWARD

Soy Viola Edward y nací en Irak en 1959. Fui la muy esperada y amada niña de una madre libanesa y un padre asirio. A mis tres años, cuando mi madre estaba embarazada de mi hermana Layla, falleció mi padre, que solo tenía veintinueve años. Esta tragedia creó una herida tan profunda en mi familia que sus secuelas permanecieron presentes durante mucho tiempo. Dieciocho meses después de este suceso, mi madre decidió llevarnos a su país; allí aprendimos árabe mientras vivíamos con nuestra amorosa familia materna. Cuando tenía trece años, debido al creciente conflicto que finalizó en una larga guerra civil en el Líbano, emigramos a Venezuela. Allí viví por treinta años y me enamoré tanto de este país que incluso adopté la nacionalidad venezolana. En 2003, movida por mi corazón para unirme a mi amado Michael de Glanville, me mudé a la isla de Chipre.

Comencé a trabajar a los trece años y mi pasión por el desarrollo humano y el conocimiento hicieron que estudiara en casa realizando formaciones nocturnas y diferentes tipos de educación alternativa. En 1993, tras veintiún años de experiencia en el entorno empresarial, renuncié a mi exitosa carrera como gerente de *marketing*. Aquella decisión fue mi liberación, tenía treinta y cuatro años y estaba dispuesta a traspasar los límites de lo establecido para atreverme a abrir

mi corazón, permitir que mi verdadera esencia emergiera hasta la superficie, brillara y contribuyera a la creación de una sociedad sostenible.

Me convertí en consejera personal y corporativa, psicoterapeuta transpersonal, entrenadora de mentores, *coachs* y trabajadores de la respiración consciente (*breathwork*), emprendedora social, consultora de empresas B, humanitaria y filántropa. Desde los años noventa he sido pionera en el desarrollo de la salud mental y bienestar en las empresas, donde he propuesto un espacio que une la terapia de respiración y la gestión empresarial. Asimismo, trabajo a nivel internacional con personas y corporaciones en una polinización cruzada entre autodesarrollo, gestión gerencial y liderazgo. Soy una emprendedora creativa que crea sinergias e implementa propuestas innovadoras. Además, inclino la balanza para apoyar a tantas personas como sea posible y siento gran orgullo al introducir el trabajo de la respiración consciente en la rehabilitación de adicciones, tema que en mi vida superé con éxito.

He sido bendecida con múltiples premios y reconocimientos, tales como Doctorado *honoris causa*, Mujer Inspiradora y Contribución Excelente a la Mentoría. Soy autora de los libros *Respirando el ritmo del éxito* y *¿Quién hace la cama?*, *best seller* en Amazon, y también soy coautora de once libros más. Por otro lado, soy CEO, cofundadora y propietaria de GRIT Academy y Kayana Consulting, socia y directora ejecutiva de Creative Women Plataform, fundadora del Foro del capital femenino (plataforma que ayuda a romper barreras entre hombres y mujeres para relacionarse como pares en todos los ámbitos de la vida), cocreadora de BQ-La Inteligencia de la Respiración, y formo parte de las juntas directivas de varias revistas y ONG, además de ejercer como embajadora de Derechos Humanos y Equidad de Género.

Siempre me he caracterizado por ser una emprendedora innata

Amo enormemente la libertad y mi familia. Considero que estas dos han sido las más grandes motivaciones que me han llevado a emprender continuamente. Al igual que mi madre y mi hermana, yo fui y soy una mujer con mucho temple, todas logramos vivir en libertad y mantener a la familia. Esta cualidad me ha demostrado que puedo lograr todo lo que me propongo en la vida, así fue en mis inicios y así sigue siendo.

Libertad hermosa, libertad soñada, a veces cerca, otras, jugueteando a estar lejos, pero siempre seductora, posible. Estas dos motivaciones se confrontan y pelean. Por un lado, el deseo de experimentar y explorar, y por el otro, el amor a la familia y la necesidad de la tribu. Tardé muchos años en entender este conflicto básico de muchos seres humanos que nos provoca debate en el alma y nos nubla la vista hasta que elegimos —algunos ya firmes y otros a media decisión— amar el proceso y recrear el vínculo que existe entre la libertad y la familia.

En mi pequeña familia, éramos una unidad de tres: mi madre, mi hermana menor y yo que, como hija mayor, también hacía de madre de Layla. Al huir del Líbano tuve que interrumpir mis estudios y luego, en Venezuela, no pude continuar inmediatamente porque, con apenas trece años de edad, era aún muy joven para ingresar en una escuela nocturna, eso sin mencionar que debía trabajar para contribuir con el sustento familiar. De manera que con quince años, me había formado como peluquera y conocía el oficio de vender. Sin embargo, mis deseos de continuar mis estudios me llevaron hacia mi primer emprendimiento a los dieciséis años cuando, sin decirle nada a mi mamá, negocié con la directora de una institución escolar. El trato consistía en que yo podría culminar mi educación media con una beca que me exoneraba del pago mensual y al mismo tiempo trabajaría allí por las mañanas.

Este fue mi primer emprendimiento sola y con mucha fuerza pude cambiar la profesión de peluquera que no me gustaba, obtener una beca para estudiar y un nuevo trabajo en un ambiente que me fascinaba. En ese momento inicié mi siguiente emprendimiento, convencer a mi madre y tener su bendición. Fue un proceso largo y laborioso, pero al final ambas exhaustas y con lágrimas de amor y de susto por la incertidumbre

fuimos capaces de conseguirlo. La libertad que experimenté y el maravilloso apoyo de mi familia expandieron mis alas para continuar emprendiendo con éxito dentro de la esfera corporativa y más tarde, en el campo terapéutico holístico.

Con el tiempo comprendí y acepté que cada vez que usamos nuestros dones para crecer, la luz se enciende y se expande y provoca que otra luz haga lo mismo. El cosmos, como una fuerza centrífuga, procura que cada realización apoye y energice a las otras en nuestro camino de presente continuo. Ahora, con mi diosa de la madurez, continuo así. Con amor a mí misma y a mis procesos y con amor a los demás, inicio, emprendo y sigo. Si me desvío, sigo, reinicio y finalizo. En definitiva, lo verdaderamente importante es que aprendo, conecto, lloro, río y, por supuesto, siempre me siento muy agradecida por la experiencia y las lecciones aprendidas en cada proceso.

Todas mis facetas son tan similares como distintas, fantásticamente únicas

Todos los seres humanos cumplimos con diversos roles que nos definen y al mismo tiempo nos completan. En mí habitan diversas mujeres y todas somos tan iguales y a la vez tan distintas que simplemente se puede describir como una experiencia fantástica. Cada rol cuenta con muchos recursos y dones, es por ello que el lugar que ocupa en nuestras vidas y la forma en la que manifiesta sus habilidades, hace que cada faceta sea única.

Muchas veces he sentido temor al iniciar algún proceso de profundización, pero hoy agradezco haber aprendido a distinguir entre el miedo y el discernimiento. Cuando lo primero que viene a mi mente son aquellas cosas que no he podido lograr o la voz de alguien diciéndome «mira lo que no has logrado», lo puedo identificar como miedo y trauma; entonces respiro, lo trabajo y no dejo que me frene. Pero cuando la intuición me sugiere y me vienen recuerdos de experiencias pasadas que puedo visualizar y sentir, es mi momento de elegir, es decir que puedo discernir cuándo y en qué cantidad de energía quiero invertir. En esos momentos es indispensable recordar que —más allá de cualquier temor o miedo a la incertidumbre— todos los seres humanos tenemos un gran tesoro que alberga nuestros dones y cualidades naturales cuando las trabajamos se convierten en talentos preciosos en todos los niveles. Cada uno de nosotros tiene dones y cualidades específicas coherentes con su propósito en la vida.

En mi andar aprendí que la experiencia es siempre un camino poderoso. Es mejor ser activos y atrevernos a explorar libremente que frenarnos vacilantes y limitados por nuestros miedos. Cuando reconozco los conflictos que van apareciendo en mi camino, se genera una dinámica simultánea de oportunidades de aprendizaje. Siento que la valentía, heredada de mi madre y alimentada por mí, abrió mi sentir y mi pensar acerca del amor relacional. Hoy reconozco que uno de mis grandes capitales humanos es mi capacidad de conectar empáticamente con el otro para generar impacto, lo que constituye una mina preciosa en mis emprendimientos.

Todo comienza en nosotros mismos, incluso las conexiones

La inteligencia es el amor al servicio de la acción. Esto me lleva a pensar que cuando hablamos de conexiones inteligentes, describimos relaciones que son beneficiosas porque prestamos la atención necesaria al cuidado de los valores que nos unen y también a los que nos diferencian. Considero que todo comienza en nosotros, la primera conexión inteligente que tengo es conmigo misma; esta solo es posible al estar alineada entre lo que quiero, sueño, digo, siento y modelo. Se trata de la conexión entre mi cerebro derecho e izquierdo y, en simultáneo, entre mi corazón, mi cerebro y mi alma. Es un trabajo lleno de retos y sonrisas, y quizás nos lleve toda una vida, pero el proceso vale cada respiración.

Una vez logramos conectarnos con nosotros mismos nos es posible establecer las conexiones con los demás, con los iguales. Por un lado están aquellos a quienes cuidamos como nuestros hijos, estudiantes y colaboradores y por otro lado, están aquellos que más bien nos cuidan a nosotros, como nuestros padres, nuestros mayores y nuestros mentores. Las conexiones inteligentes son sistémicas, todo conecta con todo, no hay una parte del sistema que no afecte a la otra, ya sea para impulsarla o para frenarla. Las llamamos inteligentes, porque nos impulsan a todos los involucrados con un propósito y un sentido de profundidad y de grandeza.

Sin embargo, es necesario internalizar que en las conexiones inteligentes también puede haber separaciones. Es muy importante identificar cuando una relación ha terminado y, por supuesto, dejarla ir. Es todo un proceso y debemos aprender a lidiar con estas rupturas, a hacer los duelos pertinentes y continuar. Es difícil cuando la decisión no está en nuestras manos porque es a nosotros a quienes están dejando ir, ya sea porque el ciclo terminó, porque algo más ocurrió o incluso sin que siquiera logremos saber qué sucedió, sin tener una explicación que justifique la ruptura.

Las razones pueden ser múltiples y yo, en particular, hago todo lo posible para conectar, entender y aprender del proceso. Siempre duele, la vida es así, las separaciones generan dolor, pero debemos entender que el tiempo es un gran sanador y tenemos que abrirnos a nuevas conexiones inteligentes porque, aunque no lo veamos en el momento, es verdad eso de que cuando una puerta se cierra, siempre se abre otra. No obstante, debe haber un trabajo de autoevaluación, tenemos que sanar y aprender del pasado para ser capaces de vivir en el presente y no permitir que el dolor nos ciegue. Solo así podremos ver y sentir lo que el presente nos regala y abrirnos a mejores relaciones para el futuro.

También debemos ser conscientes de que nuestras conexiones inteligentes necesitan ser nutridas y atendidas constantemente. Del mismo modo que todo lo vivo, estas se vuelven vibrantes al ser nutridas, atendidas, comprendidas, retadas, alabadas, agradecidas y honradas. Debemos comprometernos y luchar por establecer relaciones que siempre se basen en autenticidad, honestidad y transparencia. En las conexiones inteligentes todos ganamos porque hay para todos y, aunque a veces las porciones parecieran diferentes, es importante entender que los beneficios no solo se miden en la cantidad del aporte sino también en la calidad de cada conexión o proceso.

Yo me considero una mujer verdaderamente afortunada porque soy capaz de sentir, vibrar, conectar, expandirme, sufrir, llorar, dejar partir y recomenzar. Cada día estoy viva y agradecida por ello. Independientemente de su duración, todas las conexiones inteligentes se cruzan entre sí, bailan a un son muy particular y de acuerdo con la ocasión. Está en nosotros disfrutarlas, alimentarlas y aprender de ellas para sacarles el mayor provecho posible.

Mientras haya respiración hay vida

Si algo me ha enseñado la vida es que la incertidumbre siempre es parte de ella. Mi estrategia para confrontarla es a través de la respiración, ya que opino que mientras haya respiración hay vida y, mientras haya vida, seguirá habiendo infinitas posibilidades. Empiezo por inhalar tan calmada y profundamente como puedo y a exhalar de manera larga y lenta como si tuviera todo el tiempo del mundo, ya que en realidad el aquí y el ahora es todo el tiempo que verdaderamente tengo y, para mí, es bastante. Tal como lo expresó el físico Premio Nobel Werner Heisenberg cuando dijo que «La incertidumbre es la convicción de que muchas de las cosas que nos rodean no son previsibles y escapan de nuestro control», la incertidumbre está presente todo el tiempo en la vida y depende de nosotros la actitud con la cual la enfrentamos.

Sin embargo, nuestra inteligencia biopsicosocial-espiritual nos permite desarrollar una estupenda resiliencia, porque desde que nacemos superamos retos y desafíos; adquirimos en cada etapa distintas capacidades para superar las adversidades y aprendemos la versatilidad y nos adaptamos sin perder nuestra esencia. Vamos creando, desarrollando y ampliando nuestras habilidades, actitudes y fortalezas. Este proceso es continuo, ya que somos seres que evolucionan constantemente, no somos seres concluidos.

Esta inteligencia de confianza e impulso de superación puede ser tanto personal como social, tal como sucede con la adversidad que estamos viviendo en la actualidad. Hay una situación que involucra a un número considerable de personas que —yendo de lo micro a lo macro— desde una transformación individual trabajan en equipo y —a pesar de que los resultados aparentemente están planteados en su contra— logran vencer esos obstáculos de manera exitosa, con empuje y determinación, sin pensar en la derrota. Es un movimiento donde las víctimas se transforman en actores indispensables para lograr un cambio y, desde ese sentimiento de fuerza, se inicia un proceso que crece y se refuerza con la suma de los demás afectados.

El presente nos pone a prueba. Debemos enfocarnos en respirar y vivir el presente, en trabajar internamente y como equipo para hacernos cada día más fuertes y mejor conectados. Solo de esta manera, conseguiremos salir victoriosos de una situación que nos lleva a pensar constantemente en la incertidumbre y en lo que no podemos hacer. Es hora de enfocarnos más bien en todo lo que sí podemos para continuar creciendo y avanzando.

Viola Edward

UNA VIDA CON PROPÓSITO

El propósito de la vida humana es servir,
mostrar compasión y tener voluntad de ayudar a otros.

Albert Schweitzer

VIVIAN WATSON

Me llamo Vivian Watson y soy *coach* de vida y negocios para agentes de transformación, terapeuta energética y maestra espiritual. Nací en Venezuela en 1971 y fui una niña muy tímida e introvertida, pero con muchas ganas de aprender y con muchas inquietudes. Cuando tenía diez años me mudé a Londres con mi familia, durante un año, y allí descubrí el amor por la literatura y la historia.

Estudié periodismo en la Universidad Católica Andrés Bello en Caracas, porque siempre me ha apasionado escribir. Además formé parte del grupo de teatro de la universidad y para mí es como si hubiese cursado dos carreras: periodismo y teatro. Estoy convencida de que no sería la persona que soy ahora si no hubiera hecho teatro universitario.

El enfoque de nuestro grupo era muy social y se hacía hincapié en el teatro como un acto de entrega al otro. Solíamos llevar nuestras obras a zonas de bajos recursos, tanto en Caracas como en el interior del país. El trabajo con niños, a través de nuestras obras infantiles, así como con personas discapacitadas me abrió una perspectiva completamente nueva sobre el mundo y sembró en mí el deseo de servir.

Cuando terminé la carrera trabajé una temporada en la radio y al poco tiempo gané una beca para cursar un máster de Escritura Creativa en la Universidad de Lancaster, en el Reino Unido. Me casé con mi novio de toda la vida y nos trasladamos a Lancaster. Allí estuve un año, buscando mi propia voz como escritora, descubriendo nuevos autores, y disfrutando de la vida universitaria. Tras terminar el máster nos mudamos a Madrid, donde vivo ahora, con la idea de continuar con estudios de doctorado.

Madrid me enamoró desde el primer momento. Hicimos grandes amigos y poco a poco nos fuimos asentando. Lo que iba a ser una estadía de dos años se fue alargando, hasta que nos planteamos quedarnos de forma indefinida. Al poco tiempo nos separamos.

Trabajé como profesora de inglés en empresas, lo que me resultaba muy cómodo porque me dejaba tiempo libre para escribir. Y entonces conocí a quien es hoy mi marido y el padre de mis hijos, Tobías y Andrea.

La maternidad me transformó, nunca había pensado en ser emprendedora, pero la necesidad de pasar más tiempo con mis hijos me llevó al camino de hoy. Lo que empezó siendo un blog de maternidad en el que recomendaba productos y hacía colaboraciones con distintas marcas, terminó convirtiéndose en una mentoría que une el aspecto espiritual y de mentalidad con la estrategia de negocios.

El deseo de ser una emprendedora se despertó en mí cuando me convertí en madre. Desde muy niña mis padres me inculcaron la idea de que lo mejor era trabajar para uno mismo y no depender de un jefe. Mi padre trabajó muy duro para crear su propia empresa de instalaciones eléctricas en la Venezuela de los años ochenta. Sin embargo, nunca me interesó seguir su ejemplo. No me atraían los negocios.

Cuando quedé embarazada de mi primer hijo, era una mileurista que trabajaba por las mañanas y escribía por las tardes. El sueldo nos alcanzaba para cubrir nuestros gastos y poco más, pero no nos importaba. Vivíamos en el centro de Madrid, en la zona de Huertas, muy conocida por su gran cantidad de bares y restaurantes. Nos encantaba tomarnos unos vinos por la zona y luego subir a casa. Realmente no necesitábamos más.

Todo eso cambió cuando supe que sería madre. De pronto, nuestro pequeño piso empezó a parecerme incómodo. Me faltaba espacio. Las calles que antes tanto me gustaban me parecían ahora llenas de ruido. Además, justo frente a nuestro edificio había empezado una construcción. El ruido de la obra y el polvo que al principio toleraba, de pronto se me hicieron insoportables.

Nos mudamos a una zona más tranquila y empecé a investigar sobre parto y crianza, temas que jamás me habían interesado hasta entonces. Así descubrí la crianza consciente y decidí tener a mi bebé en casa, en un parto respetado. Pero no fue hasta el nacimiento de mi hijo que realmente me di cuenta de que no quería dejarlo al cuidado de otras personas para ir a trabajar una vez finalizada la baja por maternidad.

Además, necesitaba compartir lo que sentía con otras madres puérperas. Estaba segura de que yo no era la única que no quería dejar a su bebé para ir al trabajo. Pero no conocía a otras madres y en mi entorno no me sentía muy comprendida.

La maternidad supuso para mí una verdadera revolución. Todo mi mundo se puso patas arriba, y me llevó bastante tiempo encontrar mi nueva identidad como madre. Jamás me hubiera planteado emprender, de no haber sido porque no quería dejar a mi bebé al cuidado de nadie que no fuera yo.

Fue así como llegué al mundo de los blogs. En 2009 los blogs de maternidad ya estaban muy desarrollados en el mundo de habla inglesa, no así en el mundo hispanohablante. Poco a poco me fui dando cuenta de que tenía razón: había otras madres como yo que se sentían igual, y, no solo eso, además ¡ganaban dinero *online*! Descubrir el concepto de *mompreneur* (mamá emprendedora) fue como abrir una ventana que antes había estado cerrada a cal y canto. Si otras habían podido, yo también podría.

Fue así como abrí mi primer blog «serio» y lo llamé *Nace una mamá*. El blog empezó a crecer y a tener una audiencia importante. Con el tiempo, algunas marcas me contactaron para hacer colaboraciones y así llegaron mis primeros ingresos *online*. Pero, desde luego, aquello

no era suficiente. Pensando en qué podría hacer para que fuese realmente rentable, se me ocurrió enseñar a otras madres a crear sus propios blogs.

Tenía ya muchas lectoras fieles que a menudo me escribían, me hacían consultas, y muchas me preguntaban cómo había hecho para crear el blog. Lo cierto es que había aprendido por mi cuenta, viendo tutoriales en YouTube y haciendo algún curso. Aprendí a manejar Wordpress y me esforzaba mucho por cuidar el aspecto y funcionalidad del blog. ¿Por qué no enseñar a otras madres lo que sabía hacer?

Empecé por ofrecer un primer taller presencial que se llamó Mamá bloguera. Como era mi primer taller y no sabía muy bien cómo hacerlo, mi marido me sugirió que pidiera consejo a un amigo suyo, Alberto Aguelo, experto en comunicación. A Alberto le encantó la idea de un taller de blogs para madres y me ofreció hacerlo entre los dos. Estoy segura de que sin su ayuda me habría resultado todo mucho más difícil.

De manera que armamos el taller en un centro de formación en Madrid. Muchas de las participantes asistieron con sus bebés. Fue una experiencia muy enriquecedora y me di cuenta de que me encantaba enseñar.

Luego del taller, varias lectoras que vivían en zonas geográficas alejadas empezaron a pedirme un curso *online*, y allí vi una gran oportunidad. Así nació mi primera formación totalmente virtual, a la que llamé Conviértete en una mamá bloguera. La desarrollé sin tener la menor idea de lo que estaba haciendo, pero aprendiendo sobre la marcha.

Nunca olvidaré las primeras ventas. Con el primer dinero que gané compré mi primer *software* de carrito de compra, que usé para captar las ventas siguientes. Empecé a vender el curso sin tenerlo totalmente terminado, como recomendaban algunas de las blogueras a quienes seguía. Recuerdo haber pasado casi una noche sin dormir tratando de dilucidar cómo hacer que un vídeo no fuese público y pudieran verlo solo quienes habían comprado el curso, pues en el año 2011 la tecnología no era lo que es ahora. Hoy en día es mucho más intuitiva y sencilla de usar, pero en aquel entonces había que saber de programación y un montón de cosas que yo desconocía y que aprendí de forma autodidacta.

La primera edición del curso *online* se completó con unas treinta y cinco personas. Yo estaba encantada, primero, porque me había demostrado a mí misma que era posible y, segundo, porque por fin veía un camino.

Luego abrí mi segundo blog Mamá en Internet, para enseñar a otras madres a lanzarse a emprender *online*, y me reinventé como asesora de negocios digitales para madres emprendedoras.

Cuando nació mi segunda hija, ya no volví a trabajar por cuenta ajena. Con mi negocio *online* ganaba lo mismo que trabajando fuera de casa.

A medida que fui consiguiendo clientes privadas para mi asesoría de negocios, me fui dando cuenta de que no todas conseguían los mismos resultados, aun cuando realizaran las mismas acciones.

También era cierto que aunque las cosas iban bien, estaba facturando y las cuentas se pagaban, yo vivía estresada todo el tiempo. Había creado mi negocio con la idea de estar con mis hijos, pero cuando estaba con ellos no dejaba de pensar en el negocio. Me sentía agotada, de mal humor, y un poco esclava de mi emprendimiento. Desde luego esa no era la idea que había tenido cuando lo comencé, y algo tenía que hacer para cambiarlo.

Empecé a investigar cómo podía ayudar mejor a mis clientas y a mí misma y descubrí el mundo del *coaching*. Aprendí que no bastaba con nuestras acciones, sino que nuestra forma de pensar determinaba los resultados. Descubrir que la base de todo es la mentalidad me pareció fascinante, y decidí formarme como *coach* e integrarlo en mis servicios de asesoría. Además, con mi primera mentora de negocios advertí que mi perspectiva cambió totalmente, me enseñó a facturar más con menos esfuerzo.

Poco a poco, fue cambiando mi motivación para sacar adelante el negocio. Ya había conseguido generar ingresos por mi cuenta y poder estar con mis hijos. Ahora lo que me movía era un propósito más grande: quería ayudar a los demás a mejorar sus vidas.

Cuando terminé la formación como *coach* cambié también de público. Dejé de dedicarme a trabajar exclusivamente con madres emprendedoras para dedicarme a quienes he llamado agentes de transformación: *coaches*, terapeutas, formadoras y líderes cuya misión es transformar vidas.

Todo iba bastante bien. El negocio fluía, yo había aprendido a desconectar más y estar más presente con mis hijos y me sentía bastante satisfecha con todo lo que estaba haciendo, pero ocurrió algo que lo cambió todo. En 2018 falleció mi hermano menor de forma repentina. Solo tenía treinta y nueve años. Su pérdida ha sido una de las situaciones más dolorosas que me ha tocado vivir, pero también una de las más transformadoras.

En medio del duelo, me desconecté del negocio y la facturación comenzó a verse afectada. Lo que venía haciendo con éxito hasta entonces, de pronto dejó de funcionar y las ventas cayeron en picado. Uno de los principales desafíos a los que nos enfrentamos las emprendedoras —sobre todo quienes somos visibles en las redes sociales— es que cuando nuestra energía no está muy alta, nuestros resultados pueden verse afectados.

Los negocios digitales dependen de la visibilidad *online*. La gente tiene que verte para comprar. Si lo que vendes son servicios —más cuando se trata de *coaching* o terapia— es importante que te muestres desde la energía adecuada.

Sin embargo, en la vida pasan cosas que escapan a nuestro control. Cuando estamos atravesando momentos difíciles no resulta sencillo estar expuesta, lo que realmente queremos es meternos en nuestra cueva por un tiempo.

Reconozco que no me di el permiso de parar del todo en aquel momento, y eso me pasó factura. Sin embargo, lo que entonces viví como una situación límite, ha sido una de mis mayores bendiciones, porque me empujó a buscar ayuda.

Me puse en contacto con algunas amigas, *coaches* y terapeutas que se convirtieron en mi equipo de apoyo y mi soporte durante casi dos años. Con ellas empecé a hacer terapia energética para ayudarme a atravesar el duelo y sanar una serie de antiguas heridas que se habían reavivado durante ese proceso.

Poco a poco, empecé a volver a mí, pero no a la persona que era antes de perder a mi hermano, sino a una nueva versión de mí misma, más grande, más valiente, más auténtica. Fue un verdadero despertar espiritual, que me develó aún más la necesidad y el deseo de servir. A medida que, con la ayuda de mis *coaches* iba dejando atrás los condicionamientos y las formas de pensar que ya no me servían, iba conectando, cada vez más profundamente, con mi verdad y mi intuición iba creciendo más y más.

Sin buscarlo, y un poco por accidente, descubrí con sorpresa que tenía dones espirituales de los que no había sido consciente hasta entonces —a pesar de que mis *coaches* me habían insistido repetidamente que esos dones estaban allí—.

Descubrí mi capacidad de sanar, de «leer la energía», de canalizar mensajes, de transformar sin ningún esfuerzo la energía de quienes me rodean. Aunque al principio me costó aceptar que todo eso era cierto y no simples imaginaciones mías (mi ego no paraba de decirme: «pero quién te crees que eres»). A la larga la evidencia era tan aplastante que no tuve más remedio que creer y empezar a usarlo.

Cuando me di el permiso, no solo de usar mis dones con mis clientes, sino de hablar de ellos abiertamente, todo cambió en mi negocio. Fue allí cuando realmente las cosas empezaron a fluir. Lo que estaba estancado de pronto se despejó, y los clientes empezaron a llegar sin esfuerzo.

Hoy en día he logrado unir mi trabajo energético y espiritual con mi mentoría de negocios. Ofrezco a mis clientes una forma holística e integral de hacer crecer sus empresas, comenzando con su propio trabajo interior.

He aprendido que tu negocio solo puede crecer hasta donde creces tú. Porque el trabajo interior es el verdadero trabajo. De allí parte todo lo demás.

Estamos viviendo un momento único en el planeta, nunca antes hubo tanta gente que, a la vez, quisiera elevar su conciencia. Esto no es casual. Es un cambio muy profundo que viene gestándose desde hace unos años.

La crisis global producida por la COVID-19 es un elemento más en este proceso. La realidad que teníamos antes de la pandemia no va a volver. Nos toca construir una realidad nueva, más acorde con nuestros valores y con aquello que de verdad es importante.

La tarea de los agentes de transformación y de los emprendedores comprometidos con trabajar desde su esencia es vital en estos momentos. Estamos construyendo un mundo nuevo. Pensar en mi contribución en este momento histórico que estamos viviendo me llena de ilusión y me anima a comprometerme cada vez más con mi trabajo.

Creo firmemente que nuestro mayor activo es nuestra conexión con la Fuente, y que esa conexión es la base de toda abundancia. En mi mentoría enseño a mis clientas a potenciar esa conexión y a trabajar de adentro hacia afuera, primero en ellas mismas, y luego en su estrategia y en la estructura de sus negocios. Sé que cuanto a más personas ayude a tener un negocio que transforma vidas, habrá más vidas transformadas. Y eso significa una elevación importante en la consciencia del planeta entero. Ese es mi propósito.

Vivian Watson

LA MAGIA DE LA PERSEVERANCIA

Nunca desistas de tus sueños,
sigue las señales.

Paulo Coelho

VIVIANA TORO

Todos tenemos una historia y la mía, con sus altibajos me ha enseñado que siempre hay esperanza y que si perseveramos no habrá objetivos imposibles. Mi nombre es Viviana Toro y soy una prueba viviente de que querer es poder. Soy de origen colombiano, nací específicamente en el Valle del Cauca y crecí en la ciudad de Barranquilla. Estudié psicología en la universidad, aunque debo confesar que esa no era mi única pasión. Desde que tengo uso de razón, he tenido como *hobby* el diseño de moda y desde muy temprana edad me gustaba asesorar a mis amigas y vecinas respecto a su imagen. Tengo el talento para resaltar la belleza externa y la psicología me ha dado las herramientas para saber resaltar la belleza interna. Si lo pienso, detenidamente, creo que mis estudios y mi *hobby* siempre se han complementado de manera extraordinaria. Por otro lado, soy amante de la música, de la naturaleza y de hacer sentir bien a quienes me rodean. Fui educada para socializar, aceptar y respetar a todos los seres humanos por igual y busco ser un ejemplo para transmitir estos mismos valores a mis hijas.

Desde hace dieciocho años vivo en Holanda con mi esposo, que es un príncipe persa, y nuestras dos pequeñas. Llegué a este país con la idea de continuar mis estudios de psicología, pero la vida tenía otros planes y, poco a poco, me fue

llevando nuevamente al mundo de la moda. Gracias a mi amor por los colores, empecé a trabaja y me formé como *visual merchandiser*. Esto me abrió muchas puertas y, a pesar de la barrera de idioma, tuve la oportunidad de viajar por todo e país, adquirir experiencia y, más tarde, formar a nuevos talentos. Años después, pude capacitar me en *management* dentro de la misma empresa y, por supuesto, seguir creciendo. Con el paso del tiempo y las nuevas experiencias, decidí enfocarme en el área de asesoría de imagen personal y trabajé para varias marcas reconocidas.

Las ganas de seguir avanzando me hicieron comenzar a pensar en la idea de emprender, pero por diversas circunstancias no lo pude llevar a cabo hasta siete años más tarde. Considero que si algo nos apasiona debemos prepararnos en esa área para dar lo mejor de nosotros. Por ello tengo una certificación internacional en liderazgo ético e inteligencia interpersonal, soy conferencista inspiradora internacional certificada, escritora y orgullosa embajadora SHE, en Holanda Aunque hubo momentos de quiebre, con el apoyo de mi esposo y de mi mentora, Verónica Sosa nunca desistí de mis sueños y actualmente soy la fundadora de Viviana Toro Consulting, un espacio donde creamos coherencia entre la esencia del cliente y sus habilidades como profesional Nuestra prioridad es conectar de manera integra con la esencia de nuestras clientas, fortalecer su amor propio y enseñarles que la belleza física es un factor irrelevante, ya que la belleza es bella cuando conectamos con nuestra esencia y lo que realmente debe importar es cómo nos sentimos interiormente.

Mi motivación siempre ha sido la misma

Me parece que una de mis misiones en la vida es acompañar a las mujeres, en especial, a las mamás en un proceso que les permita encontrar esa luz propia que creen haber perdido. A veces no nos damos cuenta de que estamos desorientadas hasta que un ángel se acerca y nos guía. Esta fue mi historia. Después de pasar por una enfermedad conocí a mi mentora y, con mucha disposición y perseverancia, todas las experiencias pasadas me llevaron a tomar fuerza y emprender.

Todo empezó con una muy buena noticia: estaba embarazada. Siempre escuchamos que, durante el embarazo, podemos sufrir de náuseas, vómitos y que posiblemente caminaremos como pato, pero lo que nunca se nos pasa por la cabeza es que esa forma de caminar podría no ser algo temporal y, en su lugar, volverse una enfermedad con dolor crónico. Ese fue exactamente mi caso. Luego de haber experimentado cinco maravillosos meses de pura felicidad, sin ningún tipo de malestar, con una bebé sana y grande creciendo en mi vientre, comencé a tener serios dolores de pelvis. En un principio, pensé que era normal, solo parte del proceso, que las hormonas estaban preparando las articulaciones para el parto, pero cuando esos dolores se volvieron más fuertes, me hicieron exámenes y resultó que no era lo normal. Me mandaron reposo absoluto hasta el momento del parto porque tenía inestabilidad pélvica, pero con la promesa de que después del parto todo volvería a la normalidad. A las treinta y ocho semanas, tuve una niña sana y hermosa.

Desde el principio, amé ser madre y mi bebé me brindaba una felicidad inimaginable, pero mi salud no mejoró después del parto como me habían asegurado que pasaría. De hecho, tres meses después intenté regresar al trabajo y lo que conseguí fue un reposo más largo. Allí empezó una gran prueba, nunca me he considerado adicta al trabajo, pero tampoco pensaba que me sería imposible combinar el trabajo con el hogar. Fueron tiempos cargados de mucha frustración y llanto porque, incluso, aunque amaba a mi hija y me encantaba disfrutar de mi maternidad, aún me faltaba una parte de mí. Como comenté antes, mi esposo es un regalo del cielo y siempre estuvo ahí, al pie del cañón, para apoyarme y muy pacientemente ofrecerme una mirada optimista y llena de esperanza. Pasé por muchos médicos, tratamientos y terapias para volver a ser capaz de trabajar unas pocas horas al día. Mi salud comenzó a mejorar y estaba superfeliz porque pensaba que, gracias al tratamiento, era capaz de trabajar y con dolores mínimos, pero casi dos meses después me di cuenta de que estaba embarazada nuevamente. Al parecer, con la combinación de medicamentos, el efecto de las pastillas anticonceptivas disminuyó y había sido el embarazo lo que había influido tan positivamente en mi salud. En enero de 2017 nuestra segunda hija nació fuerte, grande y sana. Pero mi condición física siguió en deterioro y me vi obligada a resignarme y a aceptar que no podía estar más de tres horas de pie. Renuncié a mi trabajo, pero no por eso me quedé sin hacer nada. Decidí invertir mi tiempo en estudiar, porque me negaba a renunciar a mi sueño de trabajar y de algún día ser emprendedora. Desde casa hice dos cursos en línea, uno de fotografía y otro de crianza.

Durante este tiempo, los médicos siguieron evaluándome y llegaron a decirme que no había solución y que mi condición era irreversible. Hasta allí llegó mi fuerza. Poco a poco fui cayendo en un abismo de desesperación y depresión, pero consciente de que nadie a mi alrededor tenía la culpa y que de hecho me necesitaban, así que intenté mostrarme fuerte y recurrí a videos y libros de autoayuda. Lo reconozco, estaba en una tonta cápsula de victimismo, no veía la luz, no era feliz porque no me sentía completa. Mi esposo siempre estuvo firme, amoroso, apoyándome y nunca perdió la fe. Él buscó y encontró un tratamiento en Estados Unidos que luego lo dirigió a un especialista en nuestro país (es increíble que muchas personas desconocen este tratamiento). Desde el primer día, sin dudarlo, comencé a hacerlo. Consistía en diez inyecciones increíblemente dolorosas, pero muy efectivas. Después de unos meses, me empecé a sentir considerablemente mejor y, en 2018, decidí ir a un evento de SHE al que había querido asistir desde hacía ya tres años. De ahí en adelante mi vida solo cambió para mejor. Comencé a trabajar mis ocho horas diarias en una *boutique* y, poco a poco, mi vida se encaminó. Comprendí que eso de que «después de la tormenta, siempre llega la calma» es totalmente cierto y ahora cuando me enfrento a situaciones difíciles, trato de tener paciencia y esperar por la calma.

A través de SHE, conocí a Verónica Sosa, quien logró conectarse con mi esencia. Ella sacó a relucir esa luz que estaba guardada dentro de mí y que por tantos problemas estaba escondida. Llegué siendo un mar de inseguridades, pero con sus palabras descubrí que aún tenía una luz que era capaz de brillar con mucha intensidad y que el hacerlo solo dependía de mí. Haber sido beneficiada con ese proceso, me hizo encontrar su importancia. A partir de entonces, trato de imitar lo que ella logró en mí. Me motiva a invitar y ayudar a que otras mujeres, que andan por el mundo con una luz tenue, busquen el cambio, sigan a su corazón y se rodeen de personas que las conecten con su esencia para recargar energías y conseguir seguridad en sí mismas, de manera consciente. Debemos ser capaces de irradiar con nuestra propia luz y así mostrar nuestro poder interno.

El equilibrio es elemental

Durante mucho tiempo pude trabajar sin pensar en que tenía que compartir mi tiempo con hijos que dependieran de mí. Luego, por mis problemas de salud, se invirtió la situación. Pude disfrutar exclusivamente de mi maternidad y no tenía un trabajo que me absorbiera. En ninguno de los dos casos me sentía completa. Como mujer, me gusta tener distintas responsabilidades, tener la posibilidad de ser mujer, esposa, madre, amiga, entre otros muchos roles. Ahora que soy una mujer saludable y además emprendedora, el gran reto está en poder encontrar el balance en mi vida. Lo ideal es ser capaz de frenar, ya que hacer una pausa, en el momento justo, nos permite observar con atención y descifrar cuáles son las áreas en las que deberíamos trabajar para establecer un equilibrio y no afectar la calidad de nuestro desenvolvimiento en ninguno de los roles. Mi esposo siempre dice que cuando una mamá es feliz, la familia y el entorno también lo son. A mí me gusta mucho este pensamiento, pero también creo que lo puedo adaptar un poco. Me parece más acertado decir que cuando somos felices como mujeres, nuestro actuar se reflejará así en todas las facetas que tengamos. Debemos crear relaciones buenas, estables y sanas con los demás, pero la primera debe ser con nosotras mismas.

Desde niña fui educada con muchos valores que hoy busco transmitir a mis hijas. Los más importantes, desde mi punto de vista, son la empatía y el respeto. Creo que ambos son la base de cualquier buena relación en la sociedad. El respeto nos lleva a la tolerancia y aceptación, la empatía nos ayuda a comprender al otro, nos hace más humanos. Si como seres humanos logramos desarrollar estas dos características, haremos del mundo un lugar mejor y seremos notablemente más sensibles ante las distintas circunstancias que debamos enfrentar. Como es evidente, trato de aplicar estas cualidades en mi día a día y, por supuesto, en mi proyecto. Mis clientes son diversos y entiendo que cada persona tiene un tipo de proceso distinto, todos llevamos a cuesta una maleta llena de creencias, limitaciones, crianzas y demás. La empatía simplemente nos ayuda a conectar.

Todos tenemos luz y sombra

Es grandioso cuando las personas logramos abrirnos y conectarnos con otros desde la autenticidad. Cuando esto sucede, somos capaces de crear algo mágico, completo y puro. Una conexión inteligente nace de la disposición de trabajar en conjunto, sin celos, sin envidia y con el propósito firme de crecer juntos como un equipo. Hace algún tiempo, Verónica, mi mentora, me dio el coraje que necesitaba para terminar de atreverme a emprender. Durante un año estuve dándole forma a mi proyecto y, al mismo tiempo, definiéndome con él. Cuando asistí a un evento de SHE, por segunda vez, ya mi vida había cambiado, había crecido y me había vuelto más segura, más profesional. Podría decirse que, después de un año, asistí al evento como una persona nueva. Irradiaba luz y, sin siquiera, darme cuenta gané un concurso de disfraces que me premió con la oportunidad de asistir a Bélgica, en calidad de oradora. Ahora soy embajadora SHE en Holanda y he aprovechado al máximo todo lo que esta tiene para dar. Creo que es una experiencia invaluable y demuestra lo hermosa que es la vida cuando se trabaja en equipo por una misma meta.

Así como esta experiencia ha habido muchas otras. Cuando te rodeas de personas que te permiten conectarte con ellas y te aceptan con tu luz y tu sombra, es imposible que el resultado no sea positivo. Atreverme a pedirle a alguien que me firmara un libro creó una conexión que más tarde me permitió ser la asesora de sus clientes. Creo que esas relaciones simplemente fluyen a partir de la autenticidad y la clave está en permitirte brillar e irradiar tu luz.

Con cabeza fría se toman mejores decisiones

Mi historia ha tenido largos períodos de incertidumbre. Una vez superada mi enfermedad, pude fortalecer mi fe y confianza. Hay situaciones que van más allá de nuestra comprensión y control. Una vez que analizamos y comprendemos esa idea clave, es más sencillo enfocarnos en lo positivo y dejar que Dios o el universo se hagan cargo de aquello que es más grande que nosotros. Obviamente, en una primera instancia, toda esta situación de la COVID-19 me alteró. Estaba sumamente preocupada por la salud de mi familia en Colombia. Me puse muy nerviosa, lloré cuanto pude e incluso caí en el círculo de pesimismo, alarma y negatividad en el que te envuelven las noticias, pero me retiré un poco del problema y comprendí que mi comportamiento no era el correcto. Solo me estaba haciendo daño con una actitud que no era para nada saludable. Comencé un proceso de trabajo interno, me conecté con mis ángeles, con la energía del arcángel Rafael, que es el arcángel de la salud mental, física y emocional; medité todas las noches hasta que encontré mi paz. Finalmente, en más armonía con mi entorno, conecté con mi fe y con el sentimiento de confianza. Me di a la tarea de internalizar que no sabemos qué pasará en el futuro y que no ganamos nada con desesperarnos. Lo importante es vivir el ahora, enfocarnos en el presente y, sobre todo, ser responsables. Hay mucho que se escapa de nuestro control, pero podemos colaborar haciendo lo poco que sí podemos controlar, adaptarnos a nuestro contexto, respetar las reglas y tratar de no agobiarnos. Este es un momento para aprender, estudiar y seguir fortaleciéndonos. Si nos dejamos llevar por la preocupación y por la desesperación corremos el riesgo de no tomar decisiones claras y eso simplemente nos lleva a cometer errores. En estas circunstancias, actuar con cabeza fría, desde la calma y la fe, es la única arma que nos permite defendernos de la incertidumbre. No podemos olvidar que, aun si nos cuesta ver el final del camino, todas las tormentas en algún momento pasan y debemos confiar en que la calma después de esta tormenta está por llegar.

Viviana Toro

UNA MUJER CON PANTALONES Y CON FALDA

*Una mujer es como
una bolsita de té.
Nunca sabes lo fuerte que es
hasta que se encuentra
en agua caliente.*

Eleanor Roosevelt

ZUREYA QUEIPO

Mi nombre es Zureya Queipo, nací y crecí en Venezuela dentro de una familia tradicional. Me casé y formé una familia, igualmente tradicional, de la cual nacieron tres hijas. Estudié administración de empresas y, en teoría, tenía todo lo que necesitaba para ser feliz. Sin embargo, durante mucho tiempo tuve un vacío interno que nada a mi alrededor podía llenar. En una ocasión, me encontraba en España en una convención de renacimiento y escuché mencionar algo sobre la «esencia de mujer». Noté que se refería al mismo renacimiento, pero solo enfocado en mujeres. Esta frase permaneció conmigo y fue el inicio de mi búsqueda sobre la sabiduría femenina. Durante el proceso me descubrí a mí misma y aprendí que cuando las mujeres nos pusimos los pantalones se nos olvidó llevar la falda. En otras palabras: hemos asumido una energía masculina como propia y esto nos ha funcionado muy bien, pero ahora también es necesario internalizar que todo en la vida necesita un balance. Lo ideal es que seamos capaces de adoptar ese lado masculino, pero no como un estado permanente. Es necesario ser conscientes de que desde lo femenino también podemos lograr muchas cosas.

Mi experiencia me enseñó mucho y me hizo pensar que en el mundo hay otras mujeres que, como yo, han sufrido por no conocerse y no entender lo valioso de la femineidad. Decidí actuar y me di a la tarea de llevar este mensaje a todas aquellas mujeres que se creen felices, pero que, en realidad, no lo son, porque tener todo no implica necesariamente la felicidad y a veces lo bueno no es suficiente. Así surgió la Escuela de Mujeres Sabias. Comenzamos con cursos de un solo día, luego pasamos a cursos de fines de semana y actualmente realizamos entrenamientos con una duración de diez meses, en los cuales se trabajan diversos tópicos. Acá no ofrecemos un título, porque nuestro fin no es formar, es mucho más que eso, es permitirle a la mujer la oportunidad de conocerse a sí misma.

Desde un punto de vista lineal, soy *coach* sistémico, consteladora familiar y organizacional, *practitioner* en programación neurolingüística, sacerdotisa, ministra chamánica, grafóloga y muchas cosas más. Amo estudiar y me parece que como terapeuta siempre debo estar actualizándome. Me gusta pensar en mí como una mujer sabia que expande esa sabiduría entre otras mujeres que, cabe destacar, no son conscientes de que la tienen. A mis sesenta y cinco años, me siento plena como mujer y, además, puedo aceptar que no necesito tenerlo todo para sentirme feliz. Al día de hoy continúo construyendo sueños y disfrutando de todos los nuevos detalles que sigo descubriendo. Al mismo tiempo, me dedico a dictar talleres y seminarios, a hacer terapias privadas y a ayudar, siempre recordándole al mundo que solo brindo un enfoque particular y que cada persona debe mantener su mente abierta para buscar en distintos lugares, hasta encontrar aquello que le funcione. Tengo la bendición de saber lo que me apasiona y la fuerza para llevarlo a cabo.

Tengo el poder de cambiar el curso de mi historia

Como mencioné al principio, soy venezolana. Nací en Maracaibo, una ciudad ubicada al noroeste del país. Recuerdo que un día vi en la televisión a Viola Edward, hablaba de un curso de renacimiento que se realizaría en Caracas, la capital. Ella me generó una admiración automática y sentí la necesidad de asistir a esa formación. Desafortunadamente, mi esposo me desanimó cuando se lo mencioné, porque él consideraba que yo era una mujer que ya tenía un gran conocimiento. Al tiempo supe de un nuevo curso y, esta vez sin decirle a nadie al respecto, decidí hacerlo. Con todos mis miedos y culpas en la maleta, me ausenté de casa el tiempo necesario y, sencillamente comuniqué que estaría en una formación. Fue difícil, pero fue el primer paso. Ahora, siempre que recuerdo esa experiencia, me enorgullezco de haberme atrevido y de haber tenido esa fuerza.

Hubo un momento de mi vida en el que analicé mi situación: observé que aunque tenía todo para ser feliz, simplemente, no lo era. Ya tenía a mis tres hijas y —sin saber aún de constelaciones familiares— de alguna forma entendí que si yo no cambiaba mi historia mis hijas estarían destinadas a repetirla. Eso me dio mucho valor y me motivó a tomar las medidas necesarias, pues lo que más anhelaba era que ellas pudieran ser felices. En otras palabras, construir un legado diferente se convirtió en mi impulso, en mi motor de fuerza. De alguna manera aún lo es, ya que las mujeres de mi familia no han cuidado de su salud y yo he elegido cambiar eso. Deseo poder seguir haciendo lo que se requiera durante el tiempo que viva, porque comprendo que cada día en que soy más consciente de quién soy, hay un punto menos en la lista de cosas de las que mis hijas se tienen que hacer cargo. Me motiva pensar que cuando cierre los ojos por última vez ya habré hecho todo lo que podía y todo lo que sabía hasta ese momento, para dejar un mejor legado a las generaciones venideras.

La organización es importante para encontrar el equilibrio

Las mujeres tenemos muchos roles que coexisten en nuestro ser y la manera en que los gestionamos va cambiando día a día. Es interesante ver que muchas mujeres se preguntan lo mismo: ¿cuál es su misión en la vida?, una pregunta complicada. Hoy en día puedo decir que la misión va cambiando. Cuando nos convertimos en madres, entramos en una faceta de la vida que solo finaliza al morir. Sin embargo, cuando nuestros hijos aún son pequeños, ellos

son nuestra misión. Estar con ellos y darles todo lo que necesitan para que crezcan sanos y saludables se convierte en nuestro propósito. Esto absorbe la mayor parte de nuestro día y eso no lo podemos cambiar, porque, simplemente, ellos nos necesitan. A mi edad, cuando ya mis hijas crecieron y se volvieron responsables de sus vidas, tengo todo el tiempo del mundo para dedicarme a mí y a mis proyectos. En otras palabras, soy mujer a tiempo completo, así que los diferentes roles que pueda tener no llegan a generar mayores conflictos.

Por otro lado, hay un aspecto importante a resaltar, con los años, incluso cuando creemos que somos dueñas de nuestro tiempo y espacio, pueden surgir nuevos conflictos. El más común es la cárcel en la que nosotras mismas nos hemos metido. Nos cuesta dejar de escuchar a la madre, a la hija, a la esposa y enfocarnos en la mujer. Muchas veces queremos dedicarnos a trabajar en un proyecto, a descansar o, incluso, a recrearnos y entonces escuchamos todas estas voces que nos juzgan por tomarnos ese tiempo sin antes haber cocinado, limpiado y ordenado. Hubo muchos momentos en los que no podía sentarme hasta que estaba absolutamente toda la casa en perfectas condiciones. Esto me llevó a posponer el trabajo en reiteradas ocasiones y, al final, hubo casos en los que me vi obligada a cambiar las fechas que había pensado para mis proyectos por falta de tiempo. Finalmente, entendí que solemos estar para todo y para todos, a tal punto que nos olvidamos de estar para nosotras mismas y esto no es correcto porque debemos estar primero y ante todo para nosotras. Siempre habrá cosas que nos distraigan de nuestros proyectos, pero la clave está en priorizar.

Como dije antes, vengo de una familia tradicional donde las mujeres somos educadas para servir. Mi esposo es estadounidense y recuerdo que una vez, cuando éramos novios, él me cocinó, cosa que hoy sigue haciendo. Ese día, al terminar de comer yo me ofrecí a limpiar la cocina, como es costumbre en mi familia, y él no me lo permitió. Unos minutos más tarde, me llevó el postre. Para mí era extraño, porque las mujeres estamos acostumbradas a servir, a atender, a cocinar y eso no tiene por qué ser así, puede ser algo mutuo en la pareja. En ese momento acepté que solo debía sentarme y disfrutar de sus atenciones, las que, además, yo merecía. Es muy importante tener ese apoyo de la pareja y comunicarse abiertamente para lograr un balance. La mujer se tiene que dar cuenta de que ella es la única con el poder de permitirse ser libre, nadie más puede hacerlo. Tenemos que aprender a escuchar y atender nuestras necesidades.

Todos tenemos cualidades que nos marcan y caracterizan como seres humanos. En mi caso, mi mejor virtud es escuchar. Todos oímos, pero pocos escuchamos, aun cuando somos totalmente capaces de hacerlo. Cuando una persona me habla yo escucho su voz, su energía, su vibración, lo que quiere decir entre líneas. Como terapeuta, escuchar es clave en mi línea de trabajo, esto me ayuda a comprender qué herramientas son las más apropiadas para cada persona. No obstante, como ser humano, es muy difícil escuchar el cien por ciento de las veces, porque en ocasiones nos podemos distraer, pero generalmente doy lo mejor para estar allí presente, realmente.

Una conexión inteligente debe ser también emocional

Los seres humanos nos conectamos naturalmente a través de la palabra, de la energía, del trabajo o de lo que hacemos, porque simplemente es parte de nosotros. Considero que lo que no se puede sentir no se puede sanar. También somos seres inteligentes y como no funcionamos igual con todas las personas, debemos establecer relaciones con aquellos con quienes vibremos. Por lo tanto, yo me atrevería a decir que las conexiones deben ser inteligentemente emocionales. A veces, incluso cuando hay una vibración o se comparte una energía no es sencillo establecer una dinámica efectiva. Por ello, pienso también que una conexión inteligente debe basarse en el apoyo mutuo. Sin embargo, es indispensable tener claro que ese apoyo debe ofrecerse de la manera en que la otra parte lo quiere recibir. Para lograrlo debemos aprender a preguntar y a escuchar atentamente si hay algo que podemos hacer por el otro y cómo quiere que lo hagamos.

A lo largo de los años he tenido muchas experiencias de liderazgo colaborativo que han sido muy exitosas. Una de las más bonitas se dio la primera vez que dicté un taller aquí, en Atlanta. Tenía poco tiempo de haber llegado al país y dictaba algunas formaciones de mujeres sabias en mi sótano. Por obvias razones, solo trabajaba con grupos pequeños. Un día, una de las muchachas que asistía se me acercó y me dijo que tenía que salir del sótano, que debía llevar estos talleres a grupos más grandes. Estas mujeres me apoyaron de una manera incondicional y juntas sacamos adelante el proyecto. Aunque en el momento no era mi trabajo, me encargué de producir el evento, ya que ninguna de ellas sabía cómo hacerlo y yo era la única con experiencia. Fue muy provechoso, porque en el proceso les iba enseñando. Reunimos un grupo de cien personas en el que, incluso, asistieron hombres. En ese equipo había mujeres de México, Perú, Venezuela, Guatemala y Argentina. Tanto el trabajo en equipo como el resultado final fueron extraordinarios y, además, un gran éxito. Todas nos conectamos inteligente y emocionalmente para sacar adelante un proyecto que nos ayudó a todas y nos llenó de satisfacción.

Siempre hay algo positivo

La vida está llena de cambios y, cuando estamos en constante movimiento y evolución, la incertidumbre es parte del paquete. Este último año ha sido diferente y retador, pero eso no tiene por qué detenernos. Recuerdo que en marzo de 2020 tenía toda mi energía y atención puestas en la inauguración de la primera convención de mujeres sabias. Las ponentes venían de distintos lugares del mundo y dos días antes del evento comenzaron a cancelar por la pandemia. El sábado, a solo un día del inicio, ya habían renunciado tres ponentes. En ese momento caí en la cuenta de que eran muchas señales de que no podría continuar con el evento y decidí pedir apoyo para suspenderlo. Hasta ese momento no me había percatado de la gravedad de la situación, así que comencé a ver más noticias y a informarme al respecto.

En tan solo una semana ya había podido empaparme del tema y empecé a darme cuenta y a sentir el alto nivel de desolación, desamparo, tristeza y *shock* que se estaba viviendo. En otras palabras, el mundo comenzó a sufrir el miedo en sus distintas presentaciones. Me tomé un momento para pensar, tranquilizarme y reaccionar. Hasta entonces yo no había sido muy activa en las redes sociales, pero me parecieron una excelente herramienta para llegar a más personas y poder ayudar sin tener que salir de casa. Mi intención era dar ánimo, llevar un mensaje de aliento, colaborar para hacer frente a unas circunstancias que nos podrían afectar enormemente a nivel emocional y de energías. Empecé a conectarme en vivo para decirles a las personas que, aunque estaba consciente de lo difícil que resultaba, era necesario comenzar a enfocarnos en las cosas buenas, a centrarnos en cualquier aspecto positivo que pudiésemos encontrar.

Increíblemente, esta época de continuas calamidades me hizo moverme a un mundo distinto, a una virtualidad que me abrió las puertas a nuevas experiencias y me ha ayudado a seguir creciendo y evolucionando. Gracias a mi presencia en las redes, empezaron a surgir muchos talleres en línea que me han mantenido sumamente ocupada hasta el día de hoy. Nunca antes había sido tan organizada, pero toda esta situación me llevó a mejorar esa característica para poder ser más eficiente. A pesar de lo bien que me ha ido y de lo mucho que he logrado hacer en estos tiempos de crisis, hay aspectos que me siguen afectando. Por ejemplo, me hace mucha falta el abrazo, pero sé que todo va a pasar y prefiero enfocarme ahora en lo que sí puedo hacer. Tal como mencioné antes, es sensacional sentir que cada día sigo descubriéndome, que hay una parte en mí que puede ser organizada, sigo soñando, creando y aprendiendo del mundo y de mí misma.

Mi recomendación es no rendirnos y, por supuesto, no dejar que el temor, la tristeza y la desolación nos consuma. Debemos buscar nuevas maneras y ocupar nuestras mentes en hacer todo aquello que nos llene de energía positiva y nos permita colaborar, de alguna forma, tanto con nuestro bienestar físico y mental como con el del mundo. Así como yo sigo aprendiendo y adaptándome al camino, todo el mundo puede hacerlo, solo requiere actitud positiva y buena disposición. No olvidemos que nuestras misiones cambian constantemente, quizás estos tiempos difíciles nos hagan descubrir una nueva misión de vida.

Zureya Queipo

JUNTAS ES MEJOR

AGRADECIMIENTOS

Cerramos la edición de este primer libro creado en comunión de almas, de propósito y de intenciones con una sensación de inmensa gratitud instalada en el corazón. El recorrido ha sido tan extraordinario como intenso, los aprendizajes invaluables, el resultado… ¡a la vista está! Un libro único y pionero en su estilo, concebido y gestado en el amor por la vida, que abre la puerta de la continuidad a los que están por llegar.

Gracias a todas y cada una de las personas que han contribuido a hacer realidad este proyecto lleno de luz, que estamos seguras va a iluminar muchos caminos: coautoras, equipo de gestión y coordinación, equipo de redacción y asesoramiento lingüístico, equipo editorial, maquetación y diseño y equipo de marketing.

Gracias a nuestras familias por apoyarnos, sostenernos, comprender nuestras locuras y creer en nosotras.

Y un agradecimiento infinito y muy especial para Lourdes Serra i Novo, fotógrafa de profunda sensibilidad, que con la magia de su trabajo y su fotografía macrocreativa, nos ha ayudado a trasmitir lo que significa para nosotras la esencia femenina y ha convertido este proyecto en una auténtica obra de arte.

Verónica Sosa y Eva Ramírez

Lú

LOURDES SERRA I NOVO
FOTÓGRAFA
un viaje por la inspiración

Todas las fotografías de este libro son una creación artística de
Lourdes Serra i Novo.
@nlourdesserra

Made in the USA
Columbia, SC
12 July 2022

63080761R00208